Richard Fitter · Alastair Fitter · Marjorie .mey

Pareys Blumenbuch

Wildblühende Pflanzen Deutschlands und Nordwesteuropas

Übersetzt und bearbeitet von

Prof. Dr. Konrad von Weihe
Institut für Angewandte Botanik der Universität Hamburg

Mit 3120 Einzeldarstellungen, davon 2900 farbig

VERLAG PAUL PAREY · HAMBURG UND BERLIN

Die Originalausgabe erschien unter dem Titel

THE WILD FLOWERS OF BRITAIN AND NORTHERN EUROPE

im Verlag Collins Publishers, London

© 1974 Marjorie Blamey, Richard Fitter, Alastair Fitter

CIP-Kurztitelaufnahme der Deutschen Bibliothek

Fitter, Richard
Pareys Blumenbuch : wildblühende Pflanzen
Deutschlands und Nordwesteuropas.
  Einheitssacht.: The wild flowers of Britain
  and Northern Europe ⟨dt.⟩.
  ISBN 3-490-05118-1
NE: Fitter, Alastair; Blamey, Marjorie

ISBN 3-490-05118-1

Alle Rechte der deutschen Ausgabe, insbesondere auch die der Übersetzung, des
Nachdrucks, der Entnahme von Abbildungen, des Vortrages sowie jeder Art der
photomechanischen Wiedergabe und der Speicherung in Datenverarbeitungsan-
lagen, auch auszugsweise, vorbehalten. Für die deutsche Ausgabe © 1975 Verlag
Paul Parey, Hamburg und Berlin. Anschriften: D-2000 Hamburg 1, Spitalerstr. 12;
D-1000 Berlin 61, Lindenstraße 44—47. Printed in Germany by Westholsteinische
Verlagsanstalt Boyens & Co., Heide in Holstein. Farbtafeln: Lithographie F. E.
Bording, Kopenhagen; Druck Heraclio Fournier, S. A., Vitoria (Spanien). Um-
schlag: Jan Buchholz und Reni Hinsch, Hamburg.

Inhalt

Verbreitungsgebiete 6
Einführung 7
Abkürzungsverzeichnis 11
Übersicht über die Bestimmungshilfen 12
Allgemeine Bestimmungshilfe 13
Bestimmungshilfe Bäume und höhere Sträucher 23

NACKTSAMIGE PFLANZEN 24
Kiefern- und **Tannen**gewächse 24
Zypressen- und **Eiben**gewächse 24

BEDECKTSAMIGE PFLANZEN 26
Zweikeimblättrige Pflanzen 26
Weidengewächse 26
Gagel-, Walnuß- und **Birken**gewächse 30
Haselnuß- und **Buchen**gewächse 32
Ulmen-, Platanen- und **Ahorn**gewächse 34
Roßkastanien- und **Stechpalmen**gewächse 36
Linden-, Ölbaum- und **Bittereschen**gewächse 36
Osterluzei- und **Riemenblumen**gewächse 38
Sandel-, Hanf- und **Nessel**gewächse 38

Knöterichgewächse 40, 44
Eiskraut- und **Portulak**gewächse 42
Gänsefußgewächse 46
Fuchsschwanzgewächse 48

Bestimmungshilfe Mieren, Hornkräuter und Verwandte 50

Nelkengewächse 52
  u. a. Mieren 52
    Hornkräuter 54
    Lichtnelken 58
Seerosengewächse 66
Hahnenfußgewächse 66, 68
Sauerdorngewächse 78
Mohngewächse 78

Bestimmungshilfe Kreuzblütler 82

Kreuzblütler 84
  u. a. Goldlack 86
    Levkoie 92
Waugewächse 100
  u. a. Reseda 100
Sonnentaugewächse 100
Dickblattgewächse 100, 102
  u. a. Fetthennen 102
Steinbrechgewächse 100, 104, 140
Rosengewächse 106
  u. a. Himbeere, Brombeeren 108
    Fingerkräuter 112

Bestimmungshilfe Schmetterlingsblütler 116

Schmetterlingsblütler 118

u. a. Ginster, Goldregen 120

Klee 130

Sauerkleegewächse 132

Storchschnabelgewächse 132, 134

Leingewächse 132

Wolfsmilchgewächse 136

Balsaminen- und **Kreuzblumen**gewächse 138

u. a. Springkräuter 138

Seidelbast- und **Rauten**gewächse 138

Spindelstrauch-, Buchs- und **Kreuzdorn**gewächse 140

u. a. Pfaffenhütchen, Faulbaum 140

Ölweiden-, Tamarisken- und **Pimpernuß**gewächse 140

Malvengewächse 142

Hartheugewächse 144

u. a. Johanniskräuter 144

Veilchengewächse 146

Cistrosen- und **Frankenien**gewächse 148

u. a. Sonnenröschen 148

Kürbis- und **Nachtkerzen**gewächse 148

Weiderichgewächse 150

Hartriegel- und **Efeu**gewächse 154

Bestimmungshilfe Doldenblütler 152

Doldenblütler 154

Wintergrün- und **Diapensien**gewächse 168

Heidekrautgewächse 170

Krähenbeerengewächse 172

Schlüsselblumengewächse 174

Grasnelken-, Ölbaum- und **Fieberklee**gewächse (36), 178

u. a. Liguster 178

Hundsgift- und **Seidenpflanzen**gewächse 178

u. a. Immergrün 178

Enziangewächse 180

Winden- und **Sperrkraut**gewächse 184

Rötegewächse 184

u. a. Wald-Meister 184

Borretschgewächse 188

u. a. Vergißmeinnichte 190

Lungenkräuter 190

Eisenkrautgewächse 192

Bestimmungshilfe Lippen- und Rachenblütler 194

Lippenblütler 196

u. a. Taubnesseln 200

Melisse 202

Thymiane 204

Nachtschattengewächse 206

Rachenblütler 208
Sommerwurzgewächse 218
Kugelblumengewächse 218
Wasserschlauchgewächse 218
Wegerichgewächse 220
Dreizackgewächse 220
Moschuskrautgewächse 220
Baldriangewächse 222
Geißblattgewächse 222
Kardengewächse 224
Glockenblumengewächse 224
Lobeliengewächse 226

Bestimmungshilfe Korbblütler 228
Korbblütler 230
  u. a. Gänseblümchen 232
      Margerite 240
      Huflattich 240
      Disteln 244
      Kornblume 248

Einkeimblättrige Pflanzen 258
Froschlöffelgewächse 258
Schwanenblumengewächse 258
Froschbißgewächse 258
Eriocaulaceae 260
Liliengewächse 260
  u. a. Maiglöckchen 260
      Wilde Tulpe 262
Schmerwurzgewächse 266
Amaryllisgewächse 270
Aronstabgewächse 270
Schwertliliengewächse 272
Knabenkrautgewächse 274

Bestimmungshilfe (kleinblütige Wasserpflanzen) 288
Ergänzende Übersicht über **Wasserpflanzen** 288

Anhang Ergänzende Artenliste 298
      Anmerkungen zur Pflanzenökologie 312
      Verzeichnis von Fachausdrücken 317
      Fundortmeldungen 321
      Weiterführende Literatur 321
      Register der lateinischen Artnamen 322
      Register deutscher Gattungsnamen 333

Verbreitungsgebiete

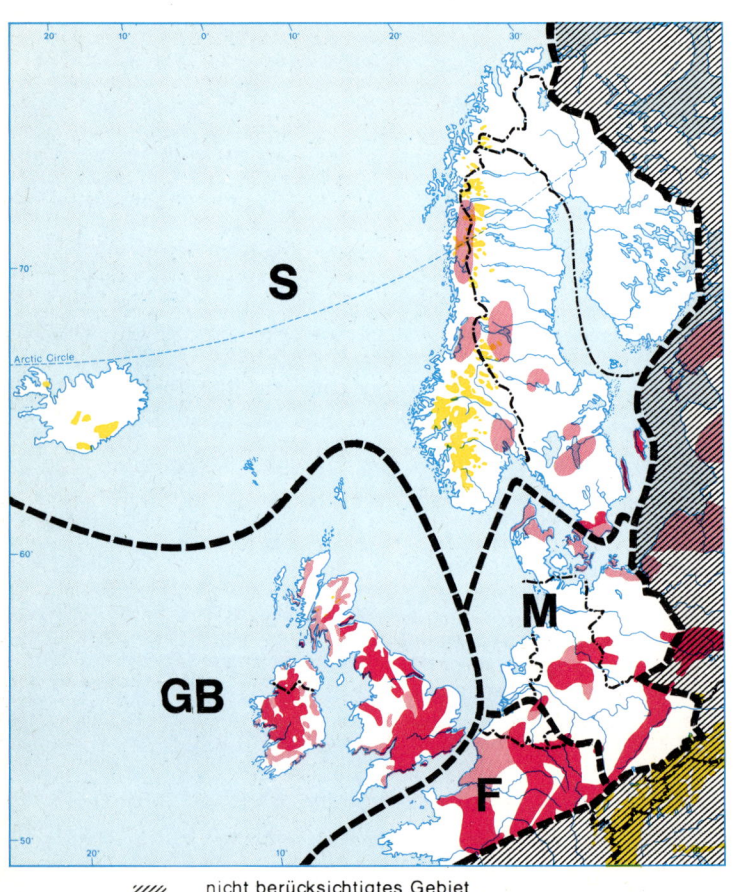

▨	nicht berücksichtigtes Gebiet
▬ ▬	Grenzen zwischen den Teilgebieten
🟥	Schwerpunkte für Vorkommen von Kalkgesteinen
🟧	zerstreutes Vorkommen von Kalkgesteinen
🟨	Höhen über 1000 m

Die Verbreitung von Kalkgesteinen ist nicht vollständig wiedergegeben, ein Nachweis fehlt u. a. in den Alpen.
Zur Abgrenzung und Kennzeichnung der einzelnen Teilgebiete s. die Erläuterungen S. 7.

Einführung

Die hier vorliegende Übersicht und Einführung in die **Flora** der wildblühenden Pflanzen Deutschlands und Nordwesteuropas berücksichtigt über 2400 der in diesem Gebiet beobachteten Blütenpflanzen. Ausgenommen sind — bis auf wenige Beispiele — Süßgräser, Riedgras- und Binsengewächse sowie eine geringe Anzahl von Wildpflanzenarten, die aus den östlichen Gebieten nach Finnland vordringen; ferner eine Anzahl von Arten, die in enger Verwandtschaft zu den hier aufgeführten z. T. häufiger vorkommenden Arten stehen bzw. die speziellen, sehr artenreichen Formenkreisen (wie z. B. Gold-Hahnenfuß, Brombeeren, Löwenzahn, Habichtskräuter etc.) zuzuordnen sind und zu deren Bestimmung eine spezielle Einarbeitung erforderlich ist. Ergänzend zu den Wildarten ist hingegen eine Reihe von Arten mit aufgenommen worden, die häufiger im Gebiet eingeschleppt, aus Gärten oder landwirtschaftlichen Kulturen verwildert, in Forsten angepflanzt oder in der Flora der Wildpflanzen eingebürgert auftreten, sowie einige Farnpflanzen, deren Ähnlichkeit mit hier aufgeführten Blütenpflanzen eine Verwechselungsmöglichkeit einschließen kann.

Das bei der Auswahl der Arten **berücksichtigte Gebiet** reicht von Island und dem arktischen Norwegen im Norden bis etwa zum Gebiet der Loire und den deutschen Alpen im Süden (s. S. 6). Im einzelnen verläuft die Ost- und Südbegrenzung von der Barents-See entlang der finnischen Ostgrenze, durch den finnischen Meerbusen, östlich von Gotland zur Ostgrenze der DDR, folgt der südöstlichen und südlichen Grenze der Bundesrepublik Deutschland bis Basel und setzt sich über Dijon bis zur Loire-Mündung fort.

Zur Kennzeichnung der Verbreitung der einzelnen Arten wurde das Gesamtgebiet (T) in vier Teilgebiete untergliedert (s. S. 6), die im einzelnen folgende Länder bzw. Inseln umfassen:

S: Norwegen, Schweden, Finnland, Island, Färöer
GB: Großbritannien, Irland, Isle of Man, Shetlandinseln, Hebriden
F: Frankreich, Belgien, Luxemburg, Kanalinseln (Guernsey, Jersey)
M: Dänemark, Niederlande, Bundesrepublik Deutschland, Deutsche Demokratische Republik (Die Verbreitung in Deutschland ist im Text zusätzlich durch „D" näher gekennzeichnet.)

Text

Mit Ausnahme von Bäumen und hohen Sträuchern sowie der ergänzenden Übersicht über Wasserpflanzen folgt die Anordnung der Pflanzenfamilien und vielfach auch die der Pflanzengattungen der in der botanischen Literatur üblichen Reihung, die sich z. T. aus der Verwandtschaft bzw. der Entwicklung der einzelnen Einheiten ableitet (s. unten). Im übrigen ist die Anordnung der Arten innerhalb der Pflanzenfamilien und Gattungen nach mehr oder weniger auffälligen Ähnlichkeiten der Pflanzen aufgebaut, die von den in den Abbildungen dargestellten Arten und Merkmalen ausgehen. Diesem Grundprinzip folgt der den Abbildungstafeln gegenüberstehende Text, der die in der Abbildung nicht oder nicht deutlich darstellbaren wichtigen Merkmale aufführt und — soweit erforderlich — nur abweichende Merkmale nachgeordneter ähnlicher Arten wiedergibt. Wichtige Unterscheidungsmerkmale sind *kursiv* angegeben.

Der Text umfaßt im einzelnen:

Bestimmungshilfen: Einführende und orientierende Übersichten über Artbeispiele des Abbildungs- u. Textteiles S. 24—297 an Hand einfacher, auffälliger Merkmale (s. Anmerkungen S. 12).

Familien- u. Gattungsmerkmale: Soweit möglich, sind den Artbeschreibungen übergeordnete Familien- bzw. Gattungsmerkmale vorangestellt worden. Diese für mehrere der hier aufgeführten Gattungen bzw. Familien gemeinsam gültigen Merkmale sind bei den Artbeschreibungen in der Regel nicht wiederholt worden. Bei der Lektüre der Artbeschreibungen sind diese übergeordneten Merkmale somit als Bestandteil der Merkmale der Einzelart zu berücksichtigen.

Numerierung: Die den Abbildungstafeln gegenüberstehenden Artbeschreibungen sind den Ziffern neben den Abbildungen entsprechend numeriert. Ähnliche Arten wurden im Text den abgebildeten und beschriebenen Arten angefügt und hinter der Nummer mit kleinen Buchstaben gekennzeichnet. Die Reihenfolge dieser nachgenannten Arten weist in den meisten Fällen eine Reihe abnehmender Ähnlichkeiten mit der abgebildeten Art aus; nach dem gleichen Prinzip ist auch die „Ergänzende Artenliste" (S. 298—311) mit dem Abbildungs- und Textteil (S. 24—297) verbunden. Beim Rückverweisen wurde die Seitenzahl mit der Artnummer kombiniert, z. B. Pfennigkraut 174/8.

Deutsche Namen folgen den Angaben in der Flora von *Garcke*(1972); dort fehlende Namen wurden nach den Bezeichnungen in *Encke*(1958—1961; „Pareys Blumengärtnerei") bzw. *Krüssmann*(1960—1962, 1972) ergänzt.

Lateinische Namen: Der wissenschaftliche Name einer Pflanzenart (z. B. *Lysimachia nummularia* Linnaeus), der eine weltweite Verständigung und exakte Vergleiche zuläßt, besteht aus zwei lateinischen oder latinisierten Namen (1. Name: Gattung, 2. Name: Art) und den Namen der Autoren, die diese Namengebung zuerst durchgeführt haben. In der hier vorliegenden Darstellung wurde — ebenso wie in „Pareys Vogelbuch" — auf die Autorennamen verzichtet und nur der lateinische Name entsprechend der Flora von *Garcke*(1972) verwendet; die dort nicht aufgeführten Namen sind der europäischen Flora von *Tutin* u. Mitarbeiter(1964—1972) bzw. verschiedenen Regionalfloren entnommen.

Höhen der Pflanzen, die im Text aufgeführt sind, beziehen sich im allgemeinen auf die Beobachtungen im mitteleuropäischen Raum. Im Norden oder in Gebirgen können die angegebenen Größen unterschritten werden. In wärmeren Gebieten und an nährstoffreichen Standorten treten gelegentlich auch größere Exemplare auf.

Lebensdauer: Auf Grund der Lebensdauer unterscheidet man zwischen einjährigen, zweijährigen und ausdauernden Pflanzen. Zu den ausdauernden Pflanzen zählen Stauden, Halbsträucher, Sträucher und Bäume. Auf die Lebensdauer wird bei den Artbeschreibungen hingewiesen. Pflanzen, bei denen verschiedene Lebensdauertypen nebeneinander existieren, werden z. B. als „Einjährige/Staude" gekennzeichnet.

Behaarung: Angaben über die Behaarung beziehen sich im allgemeinen auf die Beobachtung ohne Vergrößerungsglas und auf das augenfällige Aussehen

der Pflanze; die Angabe „kahl" schließt somit nicht eine meist spärliche Behaarung einzelner Pflanzenteile oder eine Behaarung von Jungpflanzen aus.

Beschreibung der Formen u. Farben: Die Beschreibung der Formen der einzelnen Pflanzenteile erfolgt mit relativ wenigen anschaulichen und immer wiederkehrenden Begriffen. Einige Begriffe sind im Anhang erläutert (S. 317). Angaben über Blatt- und Blütengrößen beziehen sich — wenn nichts anderes angegeben — auf den Durchmesser oder die größte Länge der Blattspreite oder der Blüte. Angaben über Färbungen der Kronblätter oder der Blütenhüllblätter sind oftmals vereinfacht als Blüten- oder Blütenstandsfarbe aufgeführt worden. Allgemein ist zu beachten, daß gelegentlich bei gelb-, rot- oder blaublütigen Pflanzen auch weißblütige Individuen auftreten können; ebenso können gelegentlich weißblütige Pflanzen z. B. rötlich überlaufene Blüten aufweisen.

Blütezeiten: Die Blütezeiten sind in römischen Zahlen bezogen auf die Monate (I—XII) angegeben worden; im Norden, in den Gebirgen sowie im westlichen Gebiet können Abweichungen auftreten. Sofern keine Blütezeiten bei nachgeordneten ähnlichen Arten angegeben sind, liegt die Blütezeit innerhalb der der vorgenannten Art.

Standort: Die Angaben über die Standorte, an denen die jeweilige Art auftreten kann, folgen allgemeinen geographischen Begriffen bzw. beziehen sich auf die S. 312 ff. umrissenen Standortfaktoren und Vegetationseinheiten.

Naturschutz: Die im Gebiet der Bundesrepublik Deutschland auf Grund der grundlegenden Naturschutzgesetzgebung ganz oder teilweise geschützten Pflanzenarten sind durch „§" gekennzeichnet. Hierüber hinaus sind die Naturschutzbestimmungen der einzelnen Bundesländer sowie die entsprechenden Rechtsvorschriften der übrigen Staaten des Gesamtgebietes zu beachten.

Arzneipflanzen, Drogen, Giftwirkungen: Mit einem Äskulapstab (⚕) sind die Arten hervorgehoben, die zur Gewinnung von Drogen oder z. T. zur Bereitung von Arzneimitteln — bezogen auf die Deutschen Arzneibücher (DAB 7), den Deutschen Arzneimittel-Codex (DAC) und das Homöopathische Arzneibuch (HAB) — Verwendung finden oder gefunden haben. Die Giftwirkung, die von bestimmten Pflanzen auf Tier oder Mensch ausgehen kann, ist fast immer eine Frage der zur Einwirkung gelangenden Menge des Pflanzenmaterials und damit der Konzentration der giftigen Substanzen. Nur die Arten, die „stark wirkende Arzneimittel" liefern oder bei denen nach *Ludewig* u. *Lohs*(1971) bzw. *Liebenow* u. *Liebenow*(1973) besondere Giftwirkungen bei Menschen und/oder Tieren beobachtet worden sind, sind durch das Symbol „⚔" gekennzeichnet. Es ist besonders darauf hinzuweisen, daß eine Giftwirkung durch hier nicht gekennzeichnete Arten somit nicht auszuschließen ist.

Verbreitung: Das Vorkommen einer Pflanzenart im Gesamtgebiet ist im Text mit „T", das in den einzelnen Teilgebieten mit den auf S. 7 beschriebenen Abkürzungen (S,GB,F,M) kenntlich gemacht. ( ) weisen aus, daß die betreffende Art in dem eingeklammerten Gebiet nur eingeschleppt oder verwildert auftritt. [ ] schließen jeweils spezielle Verbreitungsangaben für ein Teilgebiet ein. Für die in Deutschland auftretenden Arten wurde das Symbol „D" mit nachfolgender Verbreitungs- bzw. Häufigkeitsangabe verwendet (s = selten, z = zerstreut, v = verbreitet u. ±häufig oder „Alp", sofern die betreffende Art nur in den Alpen auftritt).

Anhang: Der Anhang enthält eine ergänzende Artenliste (S. 298). Sie ermöglicht in gewissem Umfang unter Berücksichtigung der Ähnlichkeiten zu den im Hauptteil beschriebenen und abgebildeten Arten eine Bestimmung seltener oder nur regional auftretender Arten. Außerdem enthält der Anhang Anmerkungen zur Pflanzenökologie (S. 312), ein Verzeichnis von Fachausdrücken (S. 317), Hinweise für Fundortmeldungen (S. 321) sowie — außer den Registern lateinischer Art- und deutscher Gattungsnamen — Hinweise zur weiterführenden Literatur (S. 321).

Abbildungen

Über 1200 Pflanzenarten werden farbig — z. T. im Maßstab 1 : 1 — abgebildet. In den Fällen, in denen eine Wiedergabe in Originalgröße nicht möglich ist, ist eine Einzelblüte in natürlicher Größe dargestellt. In Einzelfällen — z. B. Schwertlilien — erfolgte eine Verkleinerung. In vielen Fällen sind Habitusbilder oder besondere Merkmale nachgeordneter Pflanzenarten, Unterarten oder Varietäten gesondert auf der Abbildungstafel oder auf der Textseite wiedergegeben, auf die durch das Zeichen ☐ hinter dem lateinischen Pflanzennamen etc. verwiesen wird. Beim Vergleich der zu bestimmenden Pflanzen mit den Abbildungen ist die mögliche Veränderung von Merkmalen durch den Standort zu berücksichtigen. Die vorliegenden Abbildungen sind ein wichtiges Hilfsmittel für die Bestimmung der Arten; in jedem Einzelfall sind aber die zugehörige Beschreibung und die eventuell vorliegenden Hinweise auf ähnliche Arten und die dort aufgeführten Merkmale zu berücksichtigen.

Das Bestimmen und Sammeln von Pflanzen

Das Bestimmen von Wildpflanzen mit Hilfe dieses Buches sollte — wenn irgend möglich — an Hand frischer blühender Pflanzen am natürlichen Wuchsort durchgeführt werden. Das Bestimmen von getrockneten oder für ein Herbarium präparierten Pflanzen setzt im allgemeinen große Erfahrung im Bestimmen, eine breite Artenkenntnis und ein zusätzliches Studium von Florenwerken mit Schlüsseln und umfassenden Artdiagnosen voraus.

Sofern eine sofortige Zuordnung zu bestimmten Familien oder Gattungen nicht möglich ist, kann mittels der hier vorliegenden Bestimmungshilfen nach einfachen Merkmalen, an Hand von Artbeispielen eine mehr oder weniger große Ähnlichkeit mit vielleicht verwandten Arten ermittelt werden.

Ein Vergleich der Abbildungen auf den Tafeln mit der zu bestimmenden Pflanze wird eine oder mehrere Ähnlichkeiten aufzeigen. Die Beschreibungen der auffälligen Merkmale in den neben den Abbildungen stehenden Texten einschließlich eines Vergleiches mit den Beschreibungen nachgenannter ähnlicher Arten wird zur Eingrenzung und zur Bestimmung der Art oder eines Verwandtschaftskreises führen.

Die Naturschutzgesetzgebung schließt für bestimmte Pflanzenarten die Entnahme von ganzen Pflanzen sowie das Sammeln von Pflanzenteilen aus. Bestimmungen in den einzelnen Bundesländern untersagen jegliche Veränderungen von Naturdenkmalen oder in Naturschutzgebieten. Entsprechende Rechtsvorschriften liegen auch in den übrigen Staaten des behandelten Gesamtgebietes vor.

Wenn auch außerhalb dieser Rechtsvorschriften die Entnahme von Pflanzen und Pflanzenteilen möglich ist, so sollte grundsätzlich ein Sammeln oder Ausgraben allgemein seltener oder auch regional seltener Arten zur Erhaltung des Florenbestandes eines Gebietes nicht erfolgen. Das Wissen um Fundorte und Verbreitung der Arten ist das tragende Element der wissenschaftlichen Floristik. Fundorte seltener Arten sollten notiert und der wissenschaftlichen Bearbeitung zugänig gemacht werden (s. Hinweis S. 321).

Ist eine Bestimmung am Fundort nicht möglich, so können in manchen Fällen Farbphotographien und Notizen über die wichtigsten Merkmale eine spätere Bestimmung ermöglichen.

Systematische Gliederung der Samenpflanzen

Ein Vergleich aller Merkmale, die u. a. die Formen von Pflanzenteilen und ganzen Pflanzenorganen der Samenpflanzen aufweisen können, hat ergeben, daß solche Merkmale wie z. B. Größen und Formen der Laubblätter, die Höhe der Pflanzen, die Länge der Stengel etc. in sehr hohem Maße durch Standortfaktoren verändert werden können. Ausgenommen von dieser Regel sind alle Pflanzenteile der Blüte (einschl. Blütenhülle), die unabhängig von den Standortfaktoren weitgehend konstant immer in gleicher Weise ausgebildet werden. Vergleicht man diese konstant bleibenden Merkmale untereinander, so ist es möglich, Gruppen von Pflanzen mit gleichen Merkmalen zusammenzufassen und damit ein Ordnungssystem mit einer Hierarchie aufzubauen, das von oben nach unten betrachtet, insgesamt eine zunehmende Mannigfaltigkeit konstanter Merkmale aufweist.

Diese Hierarchie umfaßt u. a. Abteilungen, Klassen, Familien, Gattungen und Arten. Die in diesem Buch genannten systematischen Einheiten der sich durch Samen fortpflanzenden Pflanzen oberhalb der Einheiten der Pflanzenfamilien haben u. a. die folgenden Merkmale:

NACKTSAMIGE PFLANZEN (Abt. *Gymnospermae*): Samen sich frei auf der Oberseite eines meist schuppenförmigen Blattes oder sich an der Spitze eines beblätterten Sprosses entwickelnd (Blätter meist nadel- oder schuppenförmig). S. 24

BEDECKTSAMIGE PFLANZEN (Abt. *Angiospermae*): Samen sich in einem Fruchtknoten eingeschlossen entwickelnd (Blätter meist nicht nadel- oder schuppenförmig). S. 26—297

Zweikeimblättrige Pflanzen (Kl. *Dicotyledoneae*): Keimling mit 2 gegenständigen Keimblättern (Blütenhülle oft mit 5blättrigen Wirteln, Blätter mit meist netzförmiger Nervatur). S. 26—257

Einkeimblättrige Pflanzen (Kl. *Monocotyledoneae*): Keimling mit nur 1 Keimblatt (Blütenhülle meist mit 3blättrigen Wirteln, Blätter in der Regel mit paralleler Nervatur). S. 258—287

Innerhalb der Familien können bisweilen Pflanzen mit gemeinsamen Merkmalen zu Unterfamilien (Subfamilia), innerhalb von Gattungen zu Untergattungen (Subgenus), Sektionen (Sectio) oder Serien (Series) und innerhalb von Arten zu Unterarten (Subspecies), Varietäten (Varietas) und Formen (Forma) zusammengefaßt werden; durch entsprechende Abkürzungen wird im Textteil — soweit erforderlich — auf die jeweilige Untereinheit hingewiesen.

Abkürzungsverzeichnis

agg.	= aggregatus (Einschluß verwandter Arten)	Spr.	= Sproß
		ssp.	= Subspecies (Unterart)
Alp	= Alpen (Gebiet der Bundesrepublik Deutschland)	St.	= Stengel
		Subfam.	= Subfamilia (Unterfamilie)
B.	= Blatt	Subgen.	= Subgenus (Untergattung)
Bl.	= Blüte		
Blst.	= Blütenstand	T	= Gesamtgebiet
D	= Deutschland (Bundesrepublik und DDR) mit nachfolgenden Angaben	±	= mehr od. weniger
		I-XII	= Monate der Bl'zeit od. Sporenreife
	s = selten	$\emptyset$	= Durchmesser
	z = zerstreut	♂	= männlich
	v = verbreitet, ± häufig	♀	= weiblich
		☿	= zwittrig
Einj./Zweij.	= Einjährige/Zweijährige	×	= Bastard od. Hybride (vor Artnamen)
F	= Teilgebiet, s. S. 7	□	= Hinweis auf Abbildung
Fam.	= Familia (Familie)	⚕	= drogen- bzw. arzneiliefernde Pflanze
Fr.	= Frucht		
GB	= Teilgebiet, s. S. 7	☠	= Giftwirkung bei Mensch u./od. Tier
lanzettl.	= lanzettlich		
M	= Teilgebiet, s. S. 7	§	= gesetzlich geschützte Pflanze
Medit.	= Mediterrangebiet		
Pfl.	= Pflanze	( )	= im entsprechenden Gebiet eingeschleppt od. verwildert
S	= Teilgebiet, s. S. 7		
Sect.	= Sectio (Sektion)		
Ser.	= Series (Serie)	[ ]	= spezielle Verbreitungsangabe für ein Teilgebiet
sp.	= Species (Art); spp. = Arten		

Übersicht über die Bestimmungshilfen

Die unten aufgeführten verschiedenen Bestimmungshilfen sind keine Schlüssel, die mit weitgehender Sicherheit die Bestimmung einer Einzelart oder Artengruppe erlauben, sondern Orientierungshilfen, die anhand beschriebener oder abgebildeter, auffälliger Merkmale Beispiele ähnlicher Arten zusammenfassen.

Allgemeine Bestimmungshilfe 13. Gliederung nach Form und Farbe der Blüten und Blütenstände; berücksichtigt — bis auf wenige Ausnahmen außer Bäumen, Sträuchern und Wasserpflanzen mit unscheinbaren Blüten — abgebildete Arten des Hauptteiles (S. 24—298). Die Einteilung ist wie folgt:

EINZELBLÜTEN GROSS, DEUTLICH ERKENNBAR

Blüten stern- od. schüsselförmig, offen   13

Kronb. 2   13

Kronb. 3   13

Kronb. 4   13

Kronb. 5   14

Kronb. 6
u. mehr   15

Blüten glocken- od.
krugförmig   16

Blüten mit deut-
licher Lippe   17

1lippig   17

2lippig   17

Blüten von abweichender Form   18

**EINZELBLÜTEN KLEIN, IN ÄHREN-, TRAUBEN- OD.
DOLDENARTIGEN z. T. KOPFIGEN BLÜTENSTÄNDEN   19**

Blütenstände ± dicht-
kugelig-kopfig   19

Blütenstände
dicht-büschelig   19

Blütenstände korb-
förmig   19, 20

Blütenstände schirm- od.
scheibenförmig flach   20

Blütenstände blattlos   20

Blütenstände einseits-
wendig   21

Blütenstände wirtelig in
Blattachseln   21

Blütenstände (klein)
ähren- od. traubenartig
in Blattachseln   21

**EINZELBLÜTEN KLEIN, IN MEIST RISPENARTIGEN BLÜTEN-
STÄNDEN OD. ZU ZWEIT OD. EINZELN   21**

Blüten- od. Blütenstände
locker, gestielt   21

Blüten- od. Blütenstände klein,
± geknäuelt in
Blattachseln   22

Blüten einzeln od. zu
zweit in Blattachseln   22

Spezielle Bestimmungshilfen

Bäume und hohe Sträucher   23

Mieren, Hornkäuter und Verwandte   50

Kreuzblütler   82

Schmetterlingsblütler   116

Doldenblütler   152

Lippen- und Rachenblütler   194

Korbblütler   228

Wasserpflanzen (kleinblütig)   288

Allgemeine Bestimmungshilfe

Einzelblüten groß, deutlich erkennbar   siehe S. 13
Einzelblüten klein   siehe S. 19
(bez. Bäume, hohe Sträucher, Mieren u. Verwandte, Kreuzblütler, Schmetterlingsblütler, Doldenblütler, Lippen- u. Rachenblütler, Korbblütler u. kleinblütige Wasserpflanzen s. Hinweis auf S. 12)

EINZELBLÜTEN GROSS, DEUTLICH ERKENNBAR

Blüten stern- od. schüsselförmig, offen

Acker-Meister **184**

Kronb. 2
(od. kronb'artige Bl'hüllb.)

Hexenkräuter **148**

Gold-Hahnenfuß **70**

Gewöhnlicher Seidelbast **138**, Schwedischer Hartriegel **154**, Ackerröte **184**

Mastkräuter **56**, Kreuzblütler **82**, Zwerglein **132**, Wassernuß **258**, Schattenblume **260**, Alpen-Mohn **300**

Kronb. 3
(od. kronb'artige Bl'hüllb.)

Moos-Teichkraut **102**, Froschlöffel, Igelschlauch, Froschkraut, *Damasonium alisma*, Herzlöffel, Pfeilkraut, Froschbiß, Krebsschere **258**

Ranunculus hyperboreus **68**, Gold-Hahnenfuß **70**, Blumensimse **220**

Froschlöffel, Igelschlauch, Froschkraut, Herzlöffel **258**

Froschlöffel, Igelschlauch, Froschkraut, Herzlöffel **258**

Mohne, Roter Hornmohn **80**, Rötliches Hirtentäschel **96**, Garten-Kresse **98**

Roter Hornmohn **80**, Goldlack **86**

Mohne, Gelber Hornmohn, Schöllkraut **80**, Kreuzblütler **82**, Blutwurz **112**, Nachtkerzen **148**, Zindelkraut **180**

Kronb. 4
(od. kronb'artige Bl'hüllb.)

Leinblatt, *Thesium* spp. **38**, Moos-Nabelmiere **52**, Wasser-Teichkraut **102**, Schwedischer Hartriegel (Hüllb.) **154**, Wald-Meister **184**, Labkräuter **186**

Mistel **38**, Mastkräuter **56**, Schutt-Kresse **98**, Milzkräuter **100**

Schlaf-Mohn **80**, Kreuzblütler **82**

Moosbeere **172**, Hügel-Meister **184**, *Galium debile* **186**

Wiesenrauten, Christophskraut, Aufrechte Waldrebe **72**, Strandling **290**

Pariser Labkraut **186**

Kleine Wiesenraute **72**, Rosenwurz **100**

Kreuzlabkräuter, Echtes Labkraut **186**

Gemeine Waldrebe **72**

Akeleiblättrige Wiesenraute, Alpenrebe **72**

Lorbeer-Seidelbast **138**, Saat-, Pariser Labkraut **186**, Einbeere **268**

Kreuzblütler **82**, Weidenröschen **150**

Weidenröschen **150**

Weidenröschen **150**

 Ehrenpreise **214**

 Schopfiger Ehrenpreis **214**

 Ehrenpreise **214**

 Wald-Ehrenpreis **214**

Kronb. 5
(od. kronb'artige Bl'hüllb.)

 Quellkraut, Claytonie **42**, Mieren u. Verwandte **50**, Leimkräuter, Lichtnelken **58–62**, Felsennelke **62**, Rosen **108**, Erdbeer-, Stein-Fingerkraut **110**, Stockrose **142**

 Claytonia sibirica **42**, Leimkräuter **58–62**, Rote Lichtnelke **60**, Kuhkraut, Kopfnelke, Felsennelke **62**, Rosen **108**, Kleinblütiges Fingerkraut **110**, Storchschnäbel **134**, Malven **142**, Mehlige Schlüsselblume **174**

 Pechnelke **60**, Französisches Leimkraut **62**

 Echte Schlüsselblume **174**

 Portulak **42**, Fingerkräuter **112**, Schlüsselblumen **174**

 Malven **142**, Mehlige Schlüsselblume, Primula scotica **174**

 Mieren u. Verwandte **50**, Aufgeblasenes Leimkraut **58**, Leimkräuter, Lichtnelken **58–62**, Ebensträußiges Gipskraut **60**

 Leimkräuter, Lichtnelken **58–62**, Ebensträußiges Gipskraut **60**, Storchschnäbel **134** Ohrlöffel-Leimkraut **58**

 Hühnerbiß **62**

 Silene wahlbergella **58**

 Feder-Nelke **64**

 Kuckuck-Lichtnelke (Kronb. zerschlitzt) **60**, Nelken **64**, Malven **142**

 Nelken **64**

 Leinblatt, Thesium spp. **38**, Fetthennen **102**, Purgier-Lein **132**, Diptam **138**, Siebenstern **176**, Fieberklee, Schwalbenwurz **178**, Schwarzer, Gelber Nachtschatten **206**

 Gipskräuter **62,** Purpurrote, Unechte Fetthenne **102**, Diptam **138**, Fieberklee **178**

 Leinblatt **38**, Mäuseschwanz **74**, Fetthennen **102**, Schwalbenwurz **178**, Rubia peregrina **186**, Tomate **206**

 Hopfen **38**, Salzkraut **48**, Stellaria media ssp. pallida (Kelch) **54**, Frauenmäntel **106**, Stachelbeere **140**, Efeu **154**, Saat-, Pariser Labkraut **186**

 Lomatogonium spp. **182**

 Gipskräuter **62**, Bach-Nelkenwurz (Kelch) **110**, Moor-Tarant **182**, Bittersüßer Nachtschatten **206**

 Vogelknöterich **40**, Gipskräuter **62**, Hahnenfüße, Wasser-Hahnenfüße **70**, Sonnentau, Sumpf-Herzblatt **100**, Steinbrech **104**, Mädesüß, Geißbart **106**, Erdbeeren, Erdbeer-Fingerkraut **110**, Rosen, Brombeeren **108**, Apennin-Sonnenröschen **148**, Wintergrün **168**, Sumpf-Porst **172**, Salz-Bunge **176**, Sonnenwendkraut **188**, Mehlige Königskerze **208**

 Vogelknöterich **40**, Seifenkräuter **60**, Mauer-Gipskraut **62**, Rosen, Brombeeren **108**, Zwergmispeln **114**, Oxalis articulata **132**, Storchschnäbel **134**, Frankenie **148**, Winterlieb **168**, Milchkraut **176**, Nonnea rosea **188**, Lungenkräuter **190**, Gemeiner Natterkopf, Mertensie **192**

Hundszungen **188**

Mönchskraut **188**

Amsinckia intermedia **188**, Königskerzen **208**

Sumpf-Dotterblume, Hahnenfüße **68–70**, Gewimperter Steinbrech **104**, Odermennige **106**, Fingerkräuter **112**, Gehörnter Sauerklee, *Oxalis pes-caprae,* Gelbblütiger Lein **132**, Sonnen-, Sand-, Nadelröschen **148**, Grünblütiges Wintergrün, Diapensie **168**, Seekanne **178**, *Amsinckia intermedia, Anchusa ochroleuca* **188**, Königsk., Schabenkraut **208**

Hanf **38**, Knorpelkräuter **46**, Dornmelde **48**, Grüne Nieswurz **66**, *Saxifraga caespitosa* **104**, Zaunrüben **148**

Dauer-Lein **132**, Wiesen-Storchschnabel **134**, Gauchheil **176**, Blaues Sperrkraut **184**, Lungenkräuter, Gedenkemein, Vergißmeinnicht, Scharfkraut **190**, Natterköpfe, Ochsenzungen, Borretsch, Mertensie **192**, Großer Ehrenpreis **214**

Kornrade **60**, Gegenblättriger Steinbrech **104**, Braunroter Storchschnabel **134**, Frankenie **148**, Wasserfeder **176**, Blaues Sperrkraut **184**, Hundsz., Sonnenwendkraut **188**, *Echium lycopsis,* Trachystemon, Mertensie, Eisenkr. **192**, Viol. Königsk. **208**

Mieren u. Verwandte **50**, Großes Windröschen **76**, Steinbrech **104**, Brombeeren, Kratzbeere, Moltebeere **108**, Reiherschnäbel, *Erodium* spp. **132**, Einblütiges Wintergrün **168**, Mannsschilder **176**, Steinsamen **188**

Schuppenmieren **56**, Reiherschnäbel, *Erodium* spp. **132**, Alpenheide **172**, Nordischer Mannsschild **176**, Tausendgüldenkräuter **180**

Rubus arcticus **108**, Gauchheil **176**

Zwerg-Miere **52**, Mastkräuter **56**, Gewimperter Steinbrech **104**, Echte Nelkenwurz **110**, Gelbling **112**, Johanniskräuter, *Hypericum* spp. **144**, Gilbweideriche, Pfennigkraut **174**, Buntes Vergißmeinnicht **190**

Salzmiere **52**, Knäuel **56**, *Erodium maritimum* **132**

Damaszener Schwarzkümmel **66**, Immergrün **178**, Enziane **182**, Blauroter Steinsame **188**, Vergißmeinnichte **190**

Storchschnäbel **134**, Blauroter Steinsame **188**, Frauenspiegel **226**

Veilchen **146**

Zweiblütiges Veilchen, Stiefmütterchen **146**

Veilchen **146**

Veilchen, Stiefmütterchen **146**

Kronb. 6 u. mehr
(od. kronb'artige Bl'hüllb.)

Weiße Seerose **66**, Frühlings-Küchenschelle, Busch-Windröschen **76**, Silberwurz **110**, Siebenstern **176**, Faltenlilie, Graslilien, Weißer Germer **260**, Milchsterne **268**

Winterling **66**, Scharbockskraut **68**, Gelbes Windröschen **76**, Berg-Nelkenwurz **110**, Gelber Enzian **180**

Weißer Germer, Simsenlilien **260**

Anemone apennina, Blauaugengras **272**

Küchenschellen, Leberblümchen **76**, Siegwurz, *Gladiolus* spp. **272**

Reseda phyteuma **100**, *Simethis planifolia* **260**, Pyrenäen-Milchstern, Mäusedorn **268**

Garten-Monbretie **272**

Mäuseschwanz **74**, Gelbe Reseda **100**, Schmerwurz **266**, Pyrenäen-Milchstern, Mäusedorn **268**

 Blut-Weiderich **150**, *Simethis planifolia* **260**

 Mädesüß **106**, Silberwurz **110**

 Ysop-Weiderich **150**, Krähenbeere **172**

 Brennendrotes, Sommer-Teufelsauge **74**

 Gelbe Teichrose **66**, Frühlings-Teufelsauge **74**

 Simethis planifolia, Graslilien **260**, Bär-Lauch **264**, Milchsterne **268**

 Tripmadam, Sprossende Hauswurz **102**, Bitterling **180**, Beinbrech **262**

 Gelbsterne **262**

 Meerzwiebeln, *Scilla* spp. **266**, Blauaugengras **272**

 Küchenschellen **76**, Hauswurz **102**, *Simethis planifolia* **260**

Blüten glocken- od. krugförmig

 Wald-Sauerklee **132**, Schuppenheiden **172**, Alpenglöckchen **174**, Faltenlilie **260**

 Oxalis articulata **132**, Zarter Gauchheil **176**, Moosglöckchen **222**

 Gehörnter Sauerklee, *Oxalis pes-caprae* **132**, Pfennigkraut **174**

 Stinkende Nieswurz **66**

 Alpenglöckchen **174**, Glockenblumen **226**

 Besenheide **170**

 Mittleres, Rundblättriges Wintergrün **168**

 Wolfsmilch (Blst.) **136**, Grünblütiges Wintergrün **168**

 Nabelkraut **100**, Nickendes, Kleines Wintergrün **168**, Preisselbeere, Bärentraube, Schuppenheiden **172**, Beinwell **188**, Maiglöckchen **260**, *Allium ampeloprasum* **264**, Weißwurze, Spargel **268**, Märzbecher, Knotenblume **270**

 Kleines Wintergrün **168**, Glockenheiden, *Erica* spp., Irische Heide, Blauheide, Sumpfrosmarin **170**, Seiden **184**, Tellima **301**

 Tolmiea **301**

 Hauswurz **102**, Fichtenspargel **168**, Spargel **268**

 Nabelkraut **100**, Blaubeere **172**, Tollkirsche **206**, Weißwurze, Salomonsiegel **268**, Tellima **301**

 Beinwell **188**, Glockenblumen **226**, Traubenhyazinthen **266**

 Haselwurz **38**, *Rhododendron lapponicum*, Besenheide, Glockenheiden, Irische Heide, Blauheide **170**, Beinwell **188**, Tollkirsche **206**, Lauch **264**

 Alpenglöckchen **174**, Weißer Safran **272**

 Roter Fingerhut **212**, Herbst-Zeitlose **266**

 Punktierter Enzian **182**, Gelbe Fingerhüte **212**

 Tollkirsche **206**

 Alpenglöckchen **174**, Enziane **182**, Natterköpfe **192**, Glockenblumen, Moorglöckchen **226**

 Haselwurz **38**, Enziane **182**, Glockenblumen **226**, Herbst-Zeitlose **266**, *Crocus* spp. **272**

 Lauch, Winterzwiebel **264**, Nickender Milchstern, Spargel **268**, Märzbecher, Knotenblume, Schneeglöckchen **270**

 Wiesen-Küchenschelle **76**, Bach-Nelkenwurz (Kelch) **110**, Schachblume **262**, Berg-Lauch **264**

Pfennigkraut **174,** Wilde Tulpe **262,** Winterzwiebel **264,** Spargel **268**

Bach-Nelkenwurz **110,** Schachblume **262,** *Allium ampeloprasum*, Berg-Lauch **264**

Gewöhnliche Zaunwinde, Acker-Winde **184,** Stechapfel **206**

Acker-Winde, Strand-Zaunwinde, Seiden **184**

Seiden **184,** Bilsenkraut, Bauern-Tabak **206**

Enziane **182,** Giftbeere **206,** Glockenblumen **226**

Giftbeere **206,** Glockenblumen, Frauenspiegel **226**

Blüten mit deutlicher Lippe
(s. auch S. 116, 146)

1lippig (übrige Kronb. fehlend od. undeutlich)

Gamander **196**

Gelber Günsel, Berg-, Salbei-Gamander **196**

Günsel **196**

Osterluzei **38**

2lippig (od. 1lippig u. übrige Kronb. deutlich)

Lippen- u. Rachenblütler **194,** Kugelblumen **218**

Lippen- u. Rachenblütler **194,** Geißblatt **222**

Rachenblütler **208,** Sommerwurz **218**

Lippen- u. Rachenblütler **194,** Frühlings-Braunwurz **208,** Sommerwurz **218,** Heckenkirsche **222,** Wasserschlauch **290**

Lippen- u. Rachenblütler **194,** Kugelblumen **218**

Eisenkraut **192,** Lippen- u. Rachenblütler **194,** Sommerwurz **218**

Lerchensporn, Erdrauch **78**

Fester Lerchensporn, Erdrauch **78**

Gelber Lerchensporn **78,** Wachtelweizen **216**

Helmkräuter **196**

Kreuzblumen **138**

Fettkraut **218**

Drüsiges Springkraut **138,** *Pinguicula lusitanica* **218**

Impatiens capensis **138**

Rühr-mich-nicht-an, Kleinblütiges Springkraut **138**

Fettkräuter **218**

Löwenmaul, Frauenflachs, Leinkräuter, Orant **210**

Löwenmaul, Leinkraut, Zymbelkraut, Lochschlund **210**

Neotinea intacta **280,** Waldhyazinthe, Netzblatt **282,** Violette Sumpfwurz **284,** Korallenwurz **286**

Bienen-, Hummel-, Spinnen-Ragwurz, Kohlröschen, Calypso **274,** Männliches, Kleines, Purpur-Knabenkraut, *Orchis laxiflora* **276,** Fleischrotes, Fuchs-Knabenkraut **278**

Braunrote, Breitblättrige Sumpfwurz **284**

Frauenschuh **274**, Blasses Knabenkraut **276**, Fleischrotes, Breitblättriges Knabenkraut **278**, Weichwurz, Kleingriffel **286**

 Neotinea intacta, Eiförmiges Zweiblatt **280**, Weichwurz, Kleingriffel **286**

 Frauenschuh, Hummel-, Spinnen-, Fliegen-Ragwurz, Kohlröschen **274**, Dingel **286**

 Helm-, Brand-, Affen-, Wanzen-Knabenkraut **276**, Hundswurz, Händelwurz **278**

 Wanzen-Knabenkraut **276**, Herz-Zweiblatt **280**

 Ohnhorn, Riemenzunge **280**, Nestwurz **286**

 Ohnhorn, Riemenzunge, Eiförmiges Zweiblatt **280**

 Widerbart **286**

 Neotinea intacta **280**, Weißes, Langblättriges Waldvöglein, Netzblatt **282**

 Zwergknabenkraut **280**, Rotes Waldvöglein **282**

 Hohlzunge **280**

 Zwergknabenkraut, Einknolle, Hohlzunge **280**

 Weißzüngel **282**, Korallenwurz **286**

 Korallenwurz, Weichwurz, Kleingriffel, Glanzkraut **286**

 Korallenwurz, Weichwurz, Kleingriffel, Glanzkraut **286**

 Lobelie **226**

 Wasser-Lobelie **290**

Blüten von abweichender Form

 Cyclamen hederifolium **176**

 Echtes Alpenveilchen **176**

 Gemeine Akelei **74**

 Gelbe Narzisse **270**

  Fingerhüte **212**

 Glockenblumen **226**

 Türkenbund **262**

 Pyrenäen-Lilie **262**

 Calypso **274**

 Frauenschuh **274**

 Trollblume **68**

 Bunter Eisenhut **74**

 Gelber Eisenhut **74**

 Blauer Eisenhut, *Aconitum septentrionale* **74**

 Gladiolus illyricus, Siegwurz **272**

 Schwertlilie, *Iris* spp. **272**

 Aronstab (Blütenstände) **270**

EINZELBLÜTEN KLEIN, IN ÄHREN-, TRAUBEN- ODER DOLDEN-ARTIGEN, z. T. KOPFIGEN BLÜTENSTÄNDEN

Blütenstände ± dicht-kugelig-kopfig

Geknäueltes Hornkraut **54,** Deutsches Filzkraut **234,** Lauch **264**

Kopfnelke **62,** Gemeine Grasnelke **178,** Lauch **264**

Deutsches Filzkraut **234**

Spitzkletten **230,** Weinbergs-Lauch **264**

Kugelblume **218,** Feldsalat **222,** Gewöhnliche Traubenhyazinthe **266**

Lauch **264,** Kleine Traubenhyazinthe **266**

Stachelnüßchen **106,** Klee **130,** Behaarte Karde **224**

Klee **130**

Wiesenknopf **106,** Inkarnat-Klee **130**

Sand-Wegerich **220**

Krautige Weide **28,** Hornklee, *Lotus* spp., Hopfenklee, Schneckenklee **128,** Berg-Klee **130,** Strahllose Kamille **232**

Hopfen **38,** Kleiner Wiesenknopf **106**

Knautien, Skabiosen, Teufelskrallen **224**

Rot-Klee **130,** Teufelsabbiß **224**

Wald-Sanikel, Sterndolden, Feld-Mannstreu **154**

Wald-Sanikel, Sterndolden **154**

Strauß-Gilbweiderich **174**

Wald-Sanikel, Feld-Mannstreu **154**

Stranddistel **154,** Kugelblume **218,** Knautien, Skabiosen, Teufelskrallen **224**

Teufelsabbiß **224**

Wassernabel **154**

Wassernabel **154,** Moschuskraut **220**

Seiden **184**

Blütenstände dicht-büschelig

Sterndolden, Wald-Sanikel **154,** Korbblütler **228,** *Eriocaulon aquaticum* **260**

Eriocaulon aquaticum **260**

Sterndolden, Wald-Sanikel **154,** Korbblütler **228**

Filzkräuter **234**

Saflor **248**

Feines Hasenohr **164,** Gelbe Skabiose **224,** Korbblütler **228**

Hohe Ambrosie, Spitzkletten **230**

Korbblütler **228**

Feldsalat, Knautien, Skabiosen, Teufelsabbiß, Karden **224,** Korbblütler **228**

Blütenstände korbförmig
(löwenzahnähnlich)

Korbblütler **228**

Blütenstände korbförmig
(z. T. margeritenähnlich)

   Korbblütler **228**

Blütenstände schirm- oder scheibenförmig flach

 Pfeilkresse **98**, Fetthennen **102**, Doldenblütler **152**, Holunder **222**, Schafgarben **238**

 Purpurrote Fetthenne **102**, Doldenblütler **152**, Holunder **222**, Wasserdost **230**

 Rosenwurz **100**, Fetthennen **102**, Wolfsmilch **136**, Doldenblütler **152**, Goldhaar-Aster, Dürrwurz **230**

 Garten-Wolfsmilch **136**, Doldenblütler **152**

 Gekrönter Feldsalat **308**

 Feldsalat **222**, Dürrwurz **230**

Blütenstände blattlos
(ähren-, kolben-, trauben- od. schmal-rispenartig)

 Floh-Knöterich, Wasserpfeffer, Buchweizen **40**, Hecken-Knöterich, *Polygonum cuspidatum, polystachium* **42**

 Floh-Knöterich, Wasserpfeffer, Buchweizen **40**, Winden-Knöterich, *Polygonum polystachium* **42**

Knöterich **40**, Ampfer **44**

Weiden **28**, Gagelstrauch, Birken **30**, Blumensimse **220**, Beifuß **238**, Rohrkolben **296**

 Weiden **26-28**, Ampfer-Knöterich, Wasserpfeffer **40**, Winden-Knöterich **42**, Ampfer **44**, Gänsefüße, Melden,

Wildbete **46**, Portulak-Keilmelde **48**, Dreizack, Sechszack **220**, Kalmus **296**

 Strandflieder, *Limonium* spp. **178**

 Schlangenwurz **40**, Geißbart **106**, Hasen-Klee **130**, Mittlerer Wegerich **220**, Ährige Teufelskralle **224**, Weißzüngel **282**

 Schlangenwurz, Wasser-, Knöllchen-Knöterich **40**, Hasen-, Inkarnat-Klee **130**

 Garten-Fuchsschwanz **48**, Inkarnat-Klee **130**

 Spitz-, Schlitzblatt-Wegerich **220**

 Mäuseschwanz (Einzelblüte) **74**, Großer, Schlitzblatt-Wegerich **220**, Simsenlilien **260**, Einknolle **280**, Kleingriffel **286**

 Hopfen, Hanf, Brennesseln **38**, Gänsefüße, Melden **46**, Queller, Fuchsschwänze **48**, Strand-Wegerich, Dreizack, Sechszack **220**

 Strandflieder, *Limonium* spp. **178**, Roß-Minze **204**, Kohlröschen **274**

 Erdrauch **78**, Reseda **100**, Weißer Steinklee **126**, Thymianblättriger Ehrenpreis **214**, Schattenblume **260**

 Erdrauch **78**, Schopfiger Ehrenpreis **214**

 Ohrlöffel-Leimkraut **58**, Alpen-Wiesenraute **72**, Sauerdorn **78**, Färber-Wau, Gelbe Reseda **100**, Steinklee **126**, Goldruten **230**

 Hopfen, Hanf, Brennesseln **38**

Ehrenpreise **214**, Traubenhyazinthen **266**

 Alpen-Wiesenraute **72**, Erdrauch **78**, Ehrenpreise **214**, Kleine Traubenhyazinthe **266**, Kohlröschen **274**

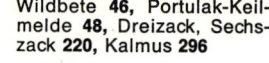

Blütenstände einseitswendig
(ähren-, trauben- od. doldenartig)

 Nickendes Leimkraut **58,** Wicken **122,** Nabelkraut **100,** Nickendes Wintergrün **168,** Maiglöckchen **260,** *Allium triquetrum* **264,** Nickender Milchstern **268,** Drehähren, *Spiranthes* spp. **282**

Wicken **122,** Glockenheiden, *Erica* spp. **170,** Schuppenwurz **218**

Garten-Monbretie **272**

Fichtenspargel **168,** Kanadische Goldrute **230**

Nabelkraut **100**

Hohes Helmkraut **196,** Filzige Glockenblume **226,** Hasenglöckchen **266**

Wicken **122,** Glockenheiden, *Erica* spp. **170,** Strandflieder, *Limonium* spp. **178**

Blütenstände wirtelig in Blattachseln

 Labkräuter **186,** Wasserfeder **176,** Lippenblütler **194**

 Lippenblütler **194**

 Ampfer **44,** Lippenblütler **194**

 Kreuz-Labkräuter **186,** Lippenblütler **194**

 Ampfer **44**

 Lippenblütler **194**

 Wasserfeder **176,** Lippenblütler **194**

Blütenstände (klein) ähren- oder traubenartig in Blattachseln

 Hanf, Brennesseln **38,** Gänsefüße, Melden **46,** Fuchsschwänze **48**

 Garten-Fuchsschwanz **48**

EINZELBLÜTEN KLEIN, IN MEIST RISPENARTIGEN BLÜTENSTÄNDEN OD. ZU ZWEIT OD. EINZELN

Blüten oder Blütenstände locker, gestielt

 Wiesenrauten **72,** Mädesüß **106,** Labkräuter **186,** Spornblume **222,** Kanadisches Berufkraut **230**

 *Galium debile* **186,** Baldriane **222,** Wasserdost **230**

 Pariser Labkraut **186,** Spornblume **222**

 Kleine Wiesenraute **72,** *Rubia peregrina*, Echtes Labkraut **186,** Schmerwurz **266**

 Unechter Gänsefuß **46,** Nagelkraut **56,** Frauenmantel **106,** Wolfsmilch (Trugdolden) **136,** Saat-, Pariser Labkraut **186**

Akeleiblättrige Wiesenraute **72**

Blüten oder Blütenstände klein, ± geknäuelt in Blattachseln

Hirschsprung, Knorpelkraut **56**, Krähenfüße **98**, Teichkräuter **102**, Filz- u. Ruhrkräuter **234**

Filz- u. Ruhrkräuter **234**

Wald-Ruhrkraut **234**

Bupleurum baldense **166**, Filz- u. Ruhrkräuter **234**

Glaskräuter **38**, *Koenigia islandica* **42**, Knäuel, Bruchkräuter **56**, Milzkräuter **100**, Ackerfrauenmantel **106**, Vogelkopf **138**

Ackerröte **184**

Blüten einzeln oder zu zweit in Blattachseln

Leinblatt, *Thesium* spp. **38**, Vogel-Knöterich **40**, Quellkraut **42**, Hirschsprung **56**, Moos-Teichkraut **102**, *Exaculum pusillum* **180**, Labkräuter **186**, Schlammkraut **290**

Bubiköpfchen **38**, Vogel-Knöterich **40**, Winden-Knöterich **42**, Ysop-Weiderich **150**, Krähenbeere **172**, Kleinling, Milchkraut **176**, *Exaculum pusillum* **180**, *Sibthorpia europaea* **216**, Bachburgel, Schlammkräuter **290**

Wacholder **24**, *Exaculum pusillum* **180**, *Sibthorpia europaea* **216**

Wacholder **24**, *Koenigia islandica* **42**, Knorpelkraut **46**, Queller, Strandsode, *Suaeda* spp., Salzkraut **48**, Einjähriges Bingelkraut **136**, Vogelkopf **138**, Stachelbeere **140**, Ludwigie **290**

Bestimmungshilfe Bäume und hohe Sträucher

(S. 24-36 ff.)

Die unten folgende Gruppierung von Bäumen und hohen Sträuchern nach auffälligen Blattmerkmalen ist unabhängig von der systematischen Verwandtschaft
der Arten. Die abgebildeten Blätter sind Artbeispiele der nebenstehend beschriebenen Blattformen.

Berücksichtigt sind hier Beispiele über 1 m hoher Holzgewächse, die entweder
als Bäume Stamm und Krone ausbilden oder als Sträucher — ohne eine Stammbildung — unmittelbar über der Bodenoberfläche etwa gleichstarke Äste in oft
großer Zahl entwickeln. Bei verschiedenen Baumarten, z. B. Erlen, Birken,
Weiden, Buchen etc., führen das Absägen der Stämme, der Rückschnitt oder
das Köpfen zur Entwicklung einer großen Zahl von „Stockausschlägen" und damit zu Wuchsformen, die strauchähnlich sein können. Die Blätter an „Stockausschlägen", „Wassertrieben" etc. können in der Form von den
übrigen Blättern abweichen.

Blätter eiförmig(-elliptisch) oder spitz-eiförmig
Verschiedene Weiden (u. a. Sal-Weide 26) 26-28; Hainbuche,
Rotbuche, Stein-Eiche 32; Ulmen 34; Stechpalme 36; Apfel,
Birne, Mehlbeere, Schlehe, Pflaume, Kirschen 114; Kreuzdorn
140; Hartriegel, Kornelkirsche 154; Erdbeerbaum 172; Wolliger
Schneeball 222

Blätter ±rautenförmig-3eckig bis rundlich-herzförmig
Schwarz-Pappel, Hänge-, Moor-Birke 30; Linden 36

Blätter länglich-lanzettl.(-elliptisch) u. verkehrt länglich-ei-
förmig
Gagelstrauch 30; Echte Kastanie 32; Pfaffenhütchen 140; Liguster 178

Blätter rundlich(-elliptisch) bis verkehrt-eiförmig
Zitter-Pappel, Zwerg-Birke, Erlen 30; Hasel 32; Sauerdorn 78;
Gemeine Zwergmispel, Gemeine Felsenbirne 114; Buchs-
baum 140

Blätter buchtig-gelappt oder -gezähnt
Eichen 32; Stechpalme 36; Weißdorn 114

Blätter handförmig-gelappt
Grau-, Silber-Pappel 30; Platane, Ahorn 34; Johannisbeere,
Stachelbeere 140; Gewöhnlicher Schneeball 222

Blätter lanzettl. bis lineal-lanzettl.
Verschiedene Weiden 26-28; Sanddorn 140

Blätter nadelförmig, dornig od. schuppenförmig
Tannen, Fichten, Lärche, Kiefern, Scheinzypresse, Wacholder,
Eibe 24; Stechginster 120; Tamariske 140

Blätter mehr- oder 3zählig gefiedert
Walnußbaum 30; Eschen, Götterbaum 36; Rosen, Himbeere,
Brombeeren(z. T.) 108; Vogelbeere 114; Besenginster, Goldregen, Blasenstrauch, Robinie 120; Pimpernuß 140; Holunder
222

Blätter gefingert
Roßkastanie 36; Brombeeren (z. T.) 108; Baum-Lupine 120

Kiefern- und Tannengewächse Fam. Pinaceae

Holzgewächse; außer 3 immergrün; Samenzapfen holzig. Häufig gepflanzt.

1 WEISS-TANNE *Abies alba.* Bis 60 m; Baum, pyramidenförmig; Äste ±regelmäßig fast wirtelig; Borke schuppig, grauweißlich; B. einzeln, an Nebenästen kammförmig, 2seitswendig, unterseits 2 weiße Längsstreifen, an der Spitze ausgerandet, Stiel mit scheibenförmiger Basis am Zweig sitzend; Zapfen aufrecht, 10-14 cm, Samenschuppen sehr stumpf. IV-VI. Bergwälder u. gepflanzt. (S,GB),F,M[D:s-v]. Daneben weitere Arten gepflanzt: u. a. **Nikko-T.** *A. homolepis* (Japan), **Riesen-T.** *A. grandis* (N-Amerika). **1a Küsten-Douglasie** *Pseudotsuga menziesii* ☐. Bis 30(100) m; Äste unregelmäßig wirtelig; Borke rotbraun; B. nicht ausgerandet; Zapfen überhängend, 5-10 cm. Gepflanzt. Heimat: N-Amerika.

2 FICHTE *Picea abies.* Bis 60 m; Baum, pyramidenförmig; Äste ±regelmäßig wirtelig; Borke schuppig, meist rötlich- od. graubraun; B. einzeln, 4seitig, dunkelgrün, stachelspitzig, z. T. an Nebenästen kammförmig, 2seitswendig, an erhabener Riefe am Zweig sitzend; Zapfen hängend, 10-15 cm, Samenschuppen ausgerandet od. gestutzt. IV-VI. Nadelwälder, bes. Berggebiete u. gepflanzt. S,(GB),F,M[D:s-v]. **2a Sitka-F.** *P. sitchensis.* B. flach, oben dunkelgrün, unten 2 weißliche Längsstreifen; Zapfen 5-10 cm, Schuppen gezähnt. Gepflanzt. Heimat: N-Amerika. **2b Hemlockstanne** *Tsuga heterophylla* ☐. Zweige unregelmäßig wirtelig; beb. Zweigspitzen hängend; B. flach, gestielt auf kissenförmiger Erhebung; Zapfen 1,5-2,5 cm, eiförmig-rundlich. Gepflanzt. Heimat: N-Amerika.

3 EUROPÄISCHE LÄRCHE *Larix decidua.* Bis 35(50) m; Baum, pyramidenförmig, sommergrün; Borke rauh, grau bis braun; B. einzeln od. gebüschelt, hellgrün; ♂-Blst. gelb, ♀-Blst. rosarot; Zapfen bis 2 cm, eiförmig. III-VI. Nadelwälder der Gebg. u. gepflanzt. (S,GB),F,M[D:Alp]. **3a** → S. 298.

4 WALD-KIEFER *Pinus silvestris.* Bis 50 m; Baum, jung ±pyramidenförmig, alt mit ±flacher Krone; Borke schuppig, oben am Stamm rötlich-braun; B. zu 2, bläulich-grün, oft gedreht, 2,5-8 cm; Knospen klebrig-harzig; ♂-Blst. gelb, ♀-Blst. rötlich-grün; Zapfen eiförmig, hängend, 3-7 cm. V-VI. Wälder, Heiden, Moore; daneben gepflanzt. ⚥ T[D:s-v]. **4a Schwarz-K.** *P. nigra.* Borke schwarzbraun; B. dunkelgrün, starr, 5-17 cm. Gepflanzt. Heimat: SO-Europa. **4b Strand-K.** *P. pinaster* ☐. Borke tiefrissig; Knospen nicht harzig; B. 10-20 cm, dunkelgrün, gekrümmt; Zapfen breiter. Gepflanzt. (GB,F) Heimat: S-Europa, NW-Afrika. Daneben gepflanzt: u. a. **Gedrehte K.** *P. contorta,* **Monterey-K.** *P. radiata,* **Weymouth-K.** *P. strobus.* Heimat: N-Amerika. **4c, 4d** → S. 298.

Zypressengewächse Fam. Cupressaceae

5 SCHEINZYPRESSE *Chamaecyparis lawsoniana.* Bis 65 m; Baum/Strauch, vielgestaltig, immergrün; Borke rotbraun; B. *schuppenförmig,* gegenständig, den flachen Zweigen angedrückt, oft graugrün; Hauptzweigspitzen z. T. hängend; ♂-Blst. rosarot, ♀-Blst. gelbbraun; Zapfen kugelig, 8 mm. IV. Gepflanzt. Heimat: N-Amerika. **5a** → S. 298.

6 GEMEINER WACHOLDER *Juniperus communis.* 1-6(12) m; Strauch/Baum, immergrün, säulenförmig aufrecht (var. *communis*) od. niederliegend (var. *intermedia*); B. graugrün, zu 2-4 wirtelig, dornspitzig, 7-22 mm; Bl. gelblich; Beerenzapfen vorerst grün, im 2. Jahr schwarz, blau bereift. IV-VI. Heiden, Wälder, magere Weiden; saure Böden. ⚥§ T[D:s-z]. **6a Zwerg-W.** *J. sibirica.* Niederliegend; B. 4-8 mm. Zwergstrauchgebüsche der Gebirge u. der nördlichen Küsten. ⚥§ T[D:Alp]. **6b** → S. 298.

Eibengewächse Fam. Taxaceae

7 EIBE *Taxus baccata.* Bis 20 m; Baum/Strauch, immergrün; Borke rotbraun, streifig; B. dunkelgrün, an abstehenden Zweigen 2seitswendig; Bl. grün, ♂-Bl. mit zahlreichen gelben Staubb., ♀-Bl. auf anderen Bäumen; Samen mit *rotem,* ±bereiftem fleischigen Samenmantel. II-IV. Wälder; oft auf Kalk; daneben gepflanzt. ⚥§ T[D:s]. **8** → S. 298.

1 1a 2 2b 4 4b 3 5 7 6

25

BEDECKTSAMIGE PFLANZEN Abt. Angiospermae

Zweikeimblättrige Pflanzen Kl. Dicotyledoneae

Weidengewächse Fam. Salicaceae

Bäume od. Sträucher, sommergrün; B. wechselständig, meist fein gezähnt u. mit Nebenb.; Bl. klein, ohne Bl'hüllb., mit schuppenförmigen, ungezähnten Tragb., in Kätzchen vor od. nach den B. erscheinend; ♂-(Staubbeutel meist gelb) u. ♀-Bl. (Fr'b. meist grün) auf verschiedenen Pfl.; Fr. eine Kapsel; Samen mit Haarschopf; Bastarde sehr häufig.

1 LORBEER-WEIDE *Salix pentandra.* 1-5(15) m; Strauch/Baum, kahl; Borke grün, rauh; Zweige glänzend; B. *eiförmig-elliptisch,* zugespitzt, dunkelgrün, drüsig gesägt, jung klebrig u. aromatisch; Kätzchen schlank; Staubb. 5-10; Narbe rot. V-VI(mit B.). Bruchwälder. T[D:z-s].

2 BRUCH-WEIDE *Salix fragilis.* 5-15(25) m; Baum/Strauch, ausladend, oft gekappt; Borke braun, rauh; Zweige kahl, brüchig; B. lanzettl., lang zugespitzt, kahl, unterseits heller; Nebenb. früh abfallend; Kätzchen schlank; Staubb. 2. IV-V(mit B.). Bruchwälder, Gebüsche. T[D:v-z]. **2a Silber-W.** *S. alba* ☐. Weniger ausladend, Zweige nicht brüchig; B. beidseits seidenhaarig, später verkahlend. IV-V. Auenwälder (ssp. *alba*), daneben gepflanzt (ssp. *coerulea* B. oben blaugrün); ssp. *vitellina* ☐ Dotter-W., Zweige gelbbraun). ∮ T[D:v]. Daneben **2×2a. 2b Trauer-W.** *S. babylonica.* Zweige hängend; B. lineal-lanzettl. Gepflanzt. Heimat: Transkaukasien bis Japan. **2c Mandel-W.** *S. triandra.* Bis 10 m; Strauch/Baum; Borke glatt, braun, flockig; B. lanzettl.-länglich; Nebenb. rel. groß; Kätzchen dicker; Staubb. 3. T[D:v-z].

3 SAL-WEIDE *Salix caprea.* 2-10 m; Strauch/Baum; Zweige nur jung behaart (außer Formen im N); B. *eiförmig, mit aufgesetzter Spitze,* meist gerundet, oberseits fast kahl (außer N), unterseits bläulichgrün, filzig; Kätzchen gedrungen, sitzend; Tragb. schwarzbraun mit weißen Haaren, in Knospe silberweiß. III-V(vor B.). Wälder, Lichtungen. T[D:v]. **3a Aschgraue W.** *S. cinerea* ☐. Bis 6 m; Strauch; Zweige mit Striemen auf dem Holz unter der Rinde, lange grauod. schwarz-filzig; B. lanzettl.-verkehrt-eiförmig, oberseits aschgrau-trübgrün, behaart, unterseits graugrün, filzig (*S. atrocinerea* ± rostfarbig behaart). GB,F). Nasse Standorte. T[D:v]. **3b Ohr-W.** *S. aurita* ☐. Bis 2 m; Strauch; Zweige abstehend, striemig unter der Rinde; B. verkehrt-eiförmig, deutlich runzelig; Tragb. der Kätzchen an Spitze schwärzlich. **3c Großblättrige W.** *S. appendiculata.* Holz undeutlich striemig; B. ähnlich 3, aber zum Grund verschmälert, kahler. Berggebiete. M[D:s-z].

4 PURPUR-WEIDE *Salix purpurea.* Bis 6 m; Strauch; Zweige ± gerade, schlank, oft jung rötlich; B. verkehrt-lanzettl., *bläulich-grün,* bisweilen fast gegenständig, später kahl, trocken schwärzlich; Tragb. an Spitze schwärzlich, unten rötlich; Staubbeutel(jung) u. Narben (oft) rot. III-IX(vor B.). Gebüsche, Auenwälder, Ufer. ∮ (S),GB,F,M[D:v]. **4a Schimmel-W.** *S. daphnoides* ☐. Bis 10 m; Baum/Strauch; Zweige bläulich-weiß-bereift; B. länglich-lanzettl., fein gesägt, später nicht schwarz; Staubbeutel gelb. S,(GB),F,M[D:s-v].

5 KORB-WEIDE *Salix viminalis.* 2-4(10) m; Strauch/Baum; Zweige gerade, biegsam(zur Korbflechterei verwendet); B. *lang, schmal-lanzettl.*(bis 25 cm), unterseits seidenhaarig, fast ganzrandig, Ränder etwas eingekrümmt; Kätzchen länger als 3; Tragb. braun, weißhaarig. III-IV(vor B.). Auengebüsche, Ufer; daneben Sorten u. Hybriden gepflanzt u. eingebürgert. (S),GB,F,M[D:v]. **5a Lavendel-W.** *S. elaeagnos.* Zweige brüchig; B. unterseits weißgraufilzig. M[D:s-v].

Dotter-Weide (s. 2a)

Weidengewächse (Forts.)

1 SCHWARZ-WEIDE *Salix nigricans.* 1-4 m; Strauch/Baum; Zweige meist behaart; B. *eiförmig-elliptisch,* spitz, unterseits grau, ±kahl, beim Trocknen schwarz werdend; Kätzchen kurz; Tragb. grün u. schwarz-braun. IV-V(meist vor B.). Gebüsche, Grauerlenwälder. T[D:s-z]. Ähnlich: *S. borealis.* B. unterseits ±grün, weniger leicht schwarz werdend. S. **1a** *S. phylicifolia.* Strauch; Zweige am Holz ohne Striemen, fast kahl; B. oberseits glänzend, mit kurzen Drüsenzähnen, unterseits graugrün, beim Trocknen nicht schwarz werdend. S,GB,M. Ähnlich: *S. hibernica.* B. fast ganzrandig, unter der Mitte am breitesten. GB[Irland]. **Zweifarbige W.** *S. bicolor.* Zweige am Holz mit kurzen Striemen; B. jung behaart, später kahl. Gebirge. M[D:s]. **1b Bleiche W.** *S. starkeana.* Zweige ±kahl; B. breit-lanzettl. bis rundlich, jung bisweilen rötlich u. behaart. Moore, Rasen. S,M[D:s]. Ähnlich: *S. xerophila.* Zweige u. B. wollig behaart. S.

2 LAPPLAND-WEIDE *Salix lapponum.* Bis 1 m; Strauch; B. elliptisch od. verkehrt-lanzettl., zugespitzt, ganzrandig, beidseits ±graufilzig bis weißwollig; Kätzchenschuppen braun, weißhaarig; Staubbeutel jung rötlich. V-VII(mit B.). Tundren(Moore, Wiesen), Bergland. S,GB. **2a** *S. glauca.* Mit längeren Haaren; B. meist ohne Nebenb., verkehrt-eiförmig, graugrün, unterseits bläulichgrün; Kätzchen gelb. S. Ähnlich: *S. stipulifera.* Nebenb. vorhanden, lanzettl. S.

3 *Salix lanata.* Bis 3 m; Strauch; Zweige *dicht filzig;* B. breit eiförmig, *ganzrandig,* jung gelb-haarig, später grau-haarig, zuletzt oberseits fast kahl; Nebenb. ganzrandig; Kätzchenschuppen lang goldgelb behaart. V-VI(mit B.). Tundren, Bergland. S[Arktis],GB[Schottland]. Ähnlich: *S. glandulifera.* Nebenb. drüsig gezähnt. S[Arktis].

4 *Salix arbuscula.* Bis 2 m; Strauch; Zweige kahl, Holz striemig; B. *lanzettl.-elliptisch,* spitz, 0,5-2(4) cm, oberseits glänzend, unterseits graugrün; Staubbeutel jung rötlich; Narben rotbraun. V-VI(mit B.). Bergland. S,GB[Schottland]. Ähnlich: **Bäumchen-W.** *S. waldsteiniana.* Bis 1 m; B. 3-5 cm. M[D:z]. **4a Spieß-W.** *S. hastata* ☐. B. groß, breit-elliptisch, glanzlos, kahl, beim Welken braun; Nebenb. halbherzförmig. Hochstaudengebüsche, im Süden Gebirge. S,M[D:Alp]. **4b** *S. myrsinites* ☐. 10-40 cm; Stamm u. Äste niederliegend, ±Teppich bildend; Zweige jung behaart; B. ±eiförmig, beiderseits glänzend, gezähnt, am Rand behaart, abgestorben bis zum nächsten Jahr bleibend; Staubbeutel rot. Feuchte Felsen, Bergland. S,GB[Schottland]. Ähnlich: **Matten-W.** *S. breviserrata.* B. fein gezähnt, im Entwicklungsjahr abfallend. M[D:Alp]. **Myrten-W.** *S. alpina.* B. ganzrandig. M[D:Alp].

5 KRIECH-WEIDE *Salix repens.* Bis 1(2) m; Strauch, vielgestaltig; Stamm *kriechend;* Zweige jung seidig, später kahl; B. lanzettl. bis breit-verkehrt-eiförmig, meist ganzrandig 2-4× so lang wie breit, oberseits verkahlend: ssp. *repens* (u. a. Heiden); 1,3-2,5× so lang wie breit, ±graugrün, behaart bleibend: ssp. *argentea* (Dünen); 4-10× so lang wie breit: ssp. *rosmarinifolia* (Rasen, Heiden, Moore); Kätzchen kurz, Tragb. mit dunkler Spitze. IV-V(vor B.). T[D:v-z]. **5a Heidelbeer-W.** *S. myrtilloides.* 15-50 cm; B. schmal elliptisch, beidends gerundet, ganz kahl, graubläulich, Rand zurückgebogen. Moore, Sümpfe. S,M[D:s].

6 KRAUTIGE WEIDE *Salix herbacea.* Bis 3(5) cm; Halbstrauch/Strauch; Stamm unteridisch kriechend; Zweige oberirdisch, krautig; B. *rundlich,* gesägt, kahl, beiderseits glänzend; Kätzchen kurz, Schuppen gelbgrün. VI-VIII(nach B.). Tundren, Schneetälchen der Gebirge. S,GB,M[D:Alp]. **6a Polar-W.** *S. polaris.* B. breit elliptisch, ±ganzrandig; Kätzchenschuppen rötlich-schwarz; Staubbeutel rot. S. Daneben Stamm u. Zweige dem Boden ±angedrückt: **Stumpfblättrige W.** *S. retusa.* Rel. locker verzweigt; B. verkehrt-eiförmig, 10-15 mm lang, stumpf; M[D:Alp] u. **Quendelblättrige W.** *S. serpyllifolia.* Dichtverzweigt; B. rhombisch od. verkehrt-eiförmig, 3-11 mm lang, spitz od. stumpf. M[D:Alp]. **6b Netzblättrige W.** *S. reticulata* ☐. B. ±elliptisch, 1-3 cm lang, dunkler grün, lang gestielt, netzadrig-runzelig, unterseits weißlich mit hervortretenden Nerven, ganzrandig; Kätzchenschuppen hellbraun, grau behaart; Staubbeutel u. Narben rot. S,GB,M[D:Alp].

Arten auf S. 30 u. 32 sommergrün (außer Stein-Eiche S. 32); B. wechselständig; Bl. getrenntgeschlechtlich (bei Pappel u. Gagelstrauch auf verschiedenen, bei den übrigen Arten auf gleicher Pfl.)

Weidengewächse (Forts.)

PAPPEL *Populus*. Knospen mit mehreren ungleichen Schuppenb.; Kätzchen vor den *breiten* B. erscheinend, ♂ rötlich, ♀ grünlich-gelb; Bl. mit gezähnten od. zerschlitzten Tragb.

1 GRAU-PAPPEL *Populus canescens* (einschl. 1a×2). Bis 30 m; Baum; mit Schößlingen; Borke grau, glatt, schwarzfleckig; Krone ausgebreitet; junge Zweige u. Knospen *weißfilzig;* Frühjahrsb. eiförmig-spitz, lang gezähnt, im Sommer verkahlend, Sommerb. u. Schößlingsb. ±gelappt, immer behaart; Tragb. der Bl. kurz handförmig-zerschlitzt. III-IV. Feuchtere Wälder; daneben gepflanzt. GB,F,M[D:z]. **1a Silber-P.** *P. alba* ☐. Junge B. u. Knospen dichter grau- od. weißfilzig; Frühjahrsb. tief handförmig 5lappig, immer unterseits weißfilzig; Tragb. der Bl. gezähnt. Auenwälder; daneben gepflanzt. (GB,F),M[D:v-z].

2 ZITTER-PAPPEL *Populus tremula*. Bis 10(30) m; Baum/Strauch, mit Schößlingen; Krone ausgebreitet; Borke ±glatt, gelbbraun, spät rissig; junge Zweige kahl od. fast kahl; Knospen klebrig; B. eiförmig bis kreisrund, stumpf-gezähnt, früh kahl; Stiele seitlich zusammengedrückt, bei Luftbewegung „zitternd"; Schößlingsb. ähnlich wie 1; Tragb. der Bl. tief geschlitzt. III-IV. Lichte Wälder, Waldränder, auch Heiden, Moore. T[D:v].

3 SCHWARZ-PAPPEL *Populus nigra*. Bis 30 m; Baum, seltener mit Schößlingen, Krone ausgebreitet (ssp. *nigra*) od. schmal, säulen- od. pyramidenförmig (ssp. *pyramidalis*); Borke früh schwärzlich-rissig; junge Zweige kahl, Knospen klebrig; B. 3eckig-eiförmig, kürzer u. breiter am Kurztrieben. III-IV. Naß-feuchte Auenwälder; daneben gepflanzt (so ssp. pyramidalis). GB,F,M[D:v]. **3a Euroamerikanische P.-Hybriden** *P. × canadensis* (*P. deltoides × nigra*). B. jung gewimpert, oft am oberen Stiel 1-2 Drüsen. In verschiedenen Sorten gepflanzt. **3b** *P. gileadensis* ☐ (Evtl. *P. balsamifera × deltoides*). Ähnlich 3a u. 3c; Knospen u. junge B. mit Harz-Geruch; B. ohne Drüsen, unterseits heller u. auf den Nerven behaart. Gepflanzt. ⚡ **3c** → S. 298.

Gagelgewächse Fam. Myricaceae

4 GAGELSTRAUCH *Myrica gale*. 0,3-2,5 m; Strauch, aromatisch duftend; rötlichbraune Zweige u. B. mit gelben Drüsen; B. verkehrt länglich-eiförmig, unterseits behaart; ♂-Kätzchen gelb-orange, ♀-Kätzchen kürzer, rötlich, alle aufrecht, auf verschiedenen Pfl. IV-V(vor den B.). Moore, ±nasse torfige Böden. § T[D:z-s]. **4a** → S. 298.

Walnußgewächse Fam. Juglandaceae

5 WALNUSSBAUM *Juglans regia*. Bis 30 m; Baum, Krone ausgebreitet; Borke grau, jung glatt; B. gefiedert, aromatisch; Bl. gelblich-grün, ♂ in hängenden Kätzchen, ♀ zu wenigen, ±sitzend u. aufrecht; Steinfr.(Steinkern im Handel als „Nuß" bezeichnet). IV-V. Wälder; daneben gepflanzt. ⚡ (GB,F),M[D:s].

Birkengewächse Fam. Betulaceae

6 HÄNGE-BIRKE *Betula pendula*. Bis 30 m; Baum, junge Borke *weiß,* später schwärzlich; junge Zweige früh kahl, warzig drüsig, später hängend; B. rautenförmig-3eckig, Ecken spitz, doppelt-gesägt; Kätzchen gelblich, ♂ hängend, ♀ ±aufrecht, kürzer. IV-V(mit den B.). Wälder, Heiden; ±sandige Böden. ⚡ T[D:v]. **6a Moor-B.** *B. pubescens* ☐. Niedriger, auch als Strauch; junge Zweige erst spät verkahlend, ±ohne warzige Drüsen; B. mit abgerundeten Ecken, z. T. nur einfach gesägt. Moore, feuchte Heiden, Wälder, Gebüsche; ±moorige Böden. ⚡ T[D:z-v]. Daneben 6×6a.

7 ZWERG-BIRKE *Betula nana*. Bis 1 m; Strauch, Äste z. T. niederliegend-aufsteigend, nur jung sammethaarig; B. ±kreisrundlich, stumpf-gekerbt, jung behaart; Kätzchen wie 6, kleiner. IV-VII (nach den B.). Moore, Tundren, S,GB,M [D:s]. Daneben 7×7a. **7a** → S. 298.

8 SCHWARZ-ERLE *Alnus glutinosa*. Bis 25 m; Baum/Strauch; Krone ausgebreitet; Borke schwarzbraun-rissig; Zweige fast kahl; B. *rundlich,* sehr stumpf, gesägt, ausgereift kahl; ♂-Kätzchen hängend, ♀ eiförmig u. rötlich. II-IV (vor den B.). Bruch- u. Auenwälder. T[D:v]. **8a Grau-E.** *A. incana* ☐. Borke glatt, weißgrau; junge Zweige flaumig; B. eiförmig, spitz, zumindest jung oberseits behaart. Auenwälder. S,(GB),F,M[D:s-v]. Daneben 8×8a. **8b** → S. 298.

Haselnußgewächse Fam. Corylaceae

1 HAINBUCHE *Carpinus betulus.* Bis 25 m; Baum, Krone ausgebreitet; Borke glatt, graubraun, Zweige schwach behaart; B. länglich eiförmig, zugespitzt, doppelt-gesägt; Kätzchen grünlich; Fr. eine Nuß am Grund eines 3lappigen Deckb. IV-VI. Laubwälder; daneben gepflanzt. T[D:v].

2 HASEL *Corylus avellana.* Bis 6 m; Strauch; Borke rötlichbraun; B. rundlich-herzförmig-zugespitzt, doppelt-gesägt, behaart; ♂-Bl. in hängenden Kätzchen, Staubbeutel gelb; ♀-Bl. aufrecht, in knospenähnlichen Blst., Narben leuchtend rot; Fr. eine Nuß, in becherförmiger, zerschlitzter Hülle. I-IV. Laubwälder, Gebüsche, Hecken. T[D:v].

Buchengewächse Fam. Fagaceae

3 ROTBUCHE *Fagus sylvatica.* Bis 30 m; Baum, Krone ausladend; Borke glatt, grau; Knospen rötlichbraun; B. eiförmig, spitz, schwach gezähnt, Nerven am Rand etwas vorstehend, jung seidig behaart; Bl. grünlich, ♂-Kätzchen fast kugelig, ♀-Bl. aufrecht, zu 2; Fr. braun, 3kantig zu 2 in 4teiligem, stacheligem Fr'becher. IV-V(mit B.). Laubwälder; daneben gepflanzt. ⚥ T[D:v].

4 ECHTE KASTANIE *Castanea sativa.* 10-35 m; Baum, Krone ausladend; Borke längsrissig, graubraun; B. länglich-*lanzettl.*, gezähnt; Kätzchen gelblich, duftend, oben ♂, unten ♀; Fr. eine braune Nuß, meist zu 3 in stachliger, 3- od. 4klappiger Hülle. VI-VII. Eichenwälder; daneben gepflanzt. ⚥ (T[D:s-z]) Heimat: S-Europa, N-Afrika.

5 STEIN-EICHE *Quercus ilex.* Bis 25 m; Baum, immergrün; Borke schwärzlich-grau, schuppig, Zweige grau behaart; B. eiförmig, spitz, ganzrandig od. dornig gezähnt, unterseits grau behaart; Kätzchen grünlich-gelb, ♂ lang, ♀ kurz; Fr. eine Nuß, in napfförmigem Becher. V-VI. Laubwälder; daneben gepflanzt. (GB),F.

6 STIEL-EICHE *Quercus robur.* Bis 50 m; Baum, Krone ausladend; Borke längsrissig, grau-braun. Zweige u. B. fast kahl; B. *kurzgestielt,* länglich-verkehrteiförmig, tiefbuchtig *gelappt;* Kätzchen grünlich-gelb,, ♂ länger als ♀; Fr. eine Nuß, in langgestieltem Fr'stand, Fr'becher kahl. IV-V(mit B.). Laubwälder; daneben gepflanzt. ⚥ T[D:v]. **6a Trauben-E.** *Q. petraea* ☐. B. *langgestielt;* Fr'-stand sitzend od. nur kurzgestielt. Laubwälder(meist Bergland). ⚥ T[D:z-v]. **6b Zerr-E.** *Q. cerris* ☐. Junge Zweige behaart; B. größer, spitz gelappt; Fr'-stände sitzend, Fr'becher klettig rauh, braunfilzig. (GB),F(M). **6c Flaum-E.** *Q. pubescens.* Im Gebiet meist strauchig; junge Zweige dicht flaumig; B. meist langgestielt, unterseits *weichhaarig;* Fr'becher filzig. Eichenbuschwälder. F,M [D:s]. **6d Rot-E.** *Q. rubra* ☐. Zweige dunkelrotbraun; B. spitz gelappt, Lappen mit grannenartiger Spitze, im Herbst gelb- od. braunrot. Häufig gepflanzt. Heimat: N-Amerika. Daneben weitere amerikanische Eichen kultiviert.

1 Hainbuche

3 Rotbuche   4 Echte Kastanie   6 Stiel-Eiche

Ulmengewächse Fam. Ulmaceae

1 BERG-ULME *Ulmus scabra.* 10-40 m; Baum, Krone ausladend; Borke längs-rissig; ohne Wurzelschößlinge; junge Zweige borstig behaart; B. ±verkehrt-eiförmig, wechselständig, oberseits borstig; Bl. klein, Hülle rostfarbig gewim-pert, fast sitzend, Staubb. rötlich; Fr. mehr od. weniger kreisrund, scheiben-förmig, Samen in der Mitte. III-IV. Laubwälder. T[D:s-v]. **1a Englische U.** *U. procera* ☐. Mit Wurzelschößlingen; Zweige bleibend behaart; B. kleiner u. rundlicher, oberseits borstig od. kahl; Fr. mit Samen über die Mitte. Wälder. GB,F. **1b Feld-U.** *U. carpinifolia* ☐. Mit Wurzelschößlingen; Zweige meist kahl; B. oberseits fast kahl; Fr. mit Samen oberhalb der Mitte. Laubwälder. ♀ T[D:s-v]. **1c Flatter-U.** *U. laevis.* Zweige u. B. unterseits kahl od. flaumig; Bl. u. Fr. langgestielt; Fr'rand bewimpert. Laubwälder. S,F,M[D:s-z].

Platanengewächse Fam. Platanaceae

2 AHORNBLÄTTRIGE PLATANE *Platanus hybrida.* 10-30 m; Baum, Krone aus-ladend; Borke glatt, grau, sich plattenförmig ablösend; B. wechselständig, meist 5lappig, Lappen spitz; Bl. u. Fr. in *rundlichen Köpfen;* Bl. grün. Häufig gepflanzt. (GB,F,M) Herkunft unsicher.

Ahorngewächse Fam. Aceraceae

Bäume od. Sträucher; B. langgestielt, handförmig gelappt, gegenständig; Bl. oft klein, grünlich-gelb; Kronb. 5; ♂- u. ♀-Bl. auf gleicher Pflanze; Fr. sich in 2 langgeflügelte Nüßchen spaltend.

3 BERG-AHORN *Acer pseudo-platanus.* Bis 30 m; Baum; Borke grau, glatt, sich im Alter ablösend; B. bis etwa zur Mitte 5lappig, ungleich-gekerbt-gesägt; Bl. in *hängender* Rispe; Flügel der Fr. spitz- od. stumpfwinkelig spreizend. V-VI. Laubwälder; daneben gepflanzt. (S,GB),F,M[D:s-v]. **3a Spitz-A.** *A. platanoides* ☐. B'lappen zugespitzt, mit wenigen spitzen Zähnen; Bl. gelb-grün, Blst. dolden-förmig, aufrecht; Flügel der Fr. ±waagerecht-ausgespreizt. IV-V(vor B.). S,(GB), F,M[D:s-v]. **3b Schneeballblättriger A.** *A. opalus* ☐. B'lappen kurz, ±stumpf, stumpf-gekerbt; Flügel der Fr. ±parallel. Warme Eichenwälder. F,M[D:s].

4 FELD-AHORN *Acer campestre.* 2-20 m; Baum/Strauch; Borke rauh, grau; Zweige jung behaart; B. stumpf, 5lappig, äußere Lappen meist ganzrandig, kleiner als 3, jung rötlich; Blst. *aufrecht,* doldenförmig; Flügel der Fr. ±waage-recht ausgebreitet, meist behaart. V. Laubwälder, Gebüsche. T[D:z-v]. **4a Drei-lappiger A.** *A. monspessulanum* ☐. Strauch/Baum; B. 3lappig, derb, oberseits glänzend; Bl. manchmal vor den B.; Flügel der Fr. ±parallel. Warme Eichen-gebüsche. F,M[D:s].

1a Englische Ulme   **3** Berg-Ahorn

1 Berg-Ulme   **2** Ahornblättrige Platane   **4** Feld-Ahorn

1a

1b

3a

2

3

3

3b

4

4a

Roßkastaniengewächse Fam. Hippocastanaceae

1 ROSSKASTANIE *Aesculus hippocastanum.* Bis 25 m; Baum; Borke graubraun, jung glatt; Knospen klebrig; B. gegenständig, *5-7zählig gefingert;* Kronb. 5; Bl. weiß mit gelben od. roten Flecken, in großen, aufrechten Rispen; Fr. eine kugelige, weichstachelige Kapsel; Same groß, rötlich od. schwärzlich braun. V-VI. Gepflanzt. ⚥ (GB,F,M) Heimat: SO-Europa.

Stechpalmengewächse Fam. Aquifoliaceae

2 STECHPALME *Ilex aquifolium.* 1-10 m; Baum/Strauch, immergrün; Borke schwärzlich grau, jung glatt; B. eiförmig, meist wellig-dornig-gezähnt, lederartig, dunkelgrün; Kronb. 4, weiß, bisweilen rötlich; Bl. gebüschelt, ♂ u. ♀ auf verschiedenen Pfl.; Fr. eine rote Beere. V-VIII. Wälder, Gebüsche, Hecken. ⚥⚲§ T[D:z-s].

Lindengewächse Fam. Tiliaceae

3 WINTER-LINDE *Tilia cordata.* 10-30 m; Baum, Krone ausladend; Borke schwarzbraun, ±glatt; junge Zweige früh verkahlend; B. schief-rundlich-herzförmig, unterseits mehr grün u. in den Aderwinkeln *rostbraun-bärtig;* Kronb. 5, gelblichweiß; Bl. duftend, in gestielten Büscheln; zungenförmiges Flügelb. z. T. mit Blst'stiel verwachsen; Fr. kugelig, nußförmig. VI-VII. Laubwälder. ⚥ T[D:s-v]. **3a Sommer-L.** *T. platyphyllos* □. Junge Zweige behaart; B. größer, unterseits behaart bis fast kahl, beiderseits grün, alle Nerven hervortretend, in den Aderwinkeln *weißbärtig;* Bl. größer, nur zu 2-5 gebüschelt; Bl. 1-2 Wochen vor 3. Laubwälder. ⚥ T[D:s-v]. **3b** *T.* ×*vulgaris.* Bastard 3×3a; ähnlich 3, aber B. größer, Nerven hervortretend, ohne rostbraune Haarbüschel. Wild od. gepflanzt.

Ölbaumgewächse Fam. Oleaceae

4 GEMEINE ESCHE *Fraxinus excelsior.* 10-40 m; Baum, Krone ausladend, Borke graubraun, später gefurcht; Knospen *schwarz;* B. gegenständig, *gefiedert,* seitliche Fiederb'chen sitzend; Bl'hülle fehlend; Bl. z. T. ☿, mit rötlichschwarzen Staubbeuteln, später grünlich; Fr. an der Spitze geflügelt. IV-V(vor B.). Feuchte Laubwälder, Gebüsche. ⚥ T[D:v]. **4a Manna-E.** *F. ornus.* 5-10 m; Baum; untere seitliche Fiederb'chen kurzgestielt; Bl. weiß, duftend, mit den B. erscheinend. Gepflanzt, z. T. eingebürgert. (F,M[D:s]) Heimat: S-Europa.

Bittereschengewächse Fam. Simaroubaceae

5 GÖTTERBAUM *Ailanthus altissima.* Bis 20 m; Baum; Borke glatt, grau; *Wurzelschößlinge;* B. sehr groß, wechselständig, gefiedert; Bl. grünlichgelb, in gestielter Rispe; Fr. aus mehreren Fr'chen, jung rötlich, an der Spitze geflügelt. VII. Gepflanzt; bisweilen eingebürgert. ⚥ (GB,F,M) Heimat: China.

2 Stechpalme

1 Roßkastanie   **3 Winter-Linde**   **4 Gemeine Esche**

1

2

3

3a

3a

4

5

37

Osterluzeigewächse Fam. Aristolochiaceae

1 OSTERLUZEI *Aristolochia clematitis.* 0,3-1 m; Staude, kahl, unangenehm riechend; B. stumpf ei-herzförmig, wechselständig, ganzrandig; Bl. gelb, zygomorph, langröhrig, am Grunde bauchig, mit flacher Lippe, büschelig in den oberen B'achseln. V-IX. Gebüsche, Unkrautfluren. ⚥⚲ (GB),F,M[D:s-z].

2 HASELWURZ *Asarum europaeum.* 5-10 cm; Staude, kriechend, pfefferartig riechend; B. rundlich-nierenförmig, glänzend, langgestielt; Bl. braunrot, *glokkig*-3zählig, III-VIII. Laubwälder, Gebüsche; auf Kalk. ⚥ (GB),F,M[D:s-v].

Riemenblumengewächse Fam. Loranthaceae

3 MISTEL *Viscum album.* Bis 1 m; Strauch, gabelig verzweigt, Halbparasit auf Laub- u. Nadelbäumen; B. lanzettl. spatelig, gegenständig, gelblich, *lederartig;* Bl. geknäuelt, sitzend, gelblichgrün; Kronb. meist 4; ♂- u. ♀-Bl. auf verschiedenen Pfl.; Fr. eine *weiße Scheinbeere.* II-V. Wälder. ⚥⚲ T[D:s-z]. **3a Riemenblume** *Loranthus europaeus.* Halbparasit auf Eichen; Bl. in Ähren od. Trauben. ⚥⚲ M[D:s].

Sandelgewächse Fam. Santalaceae

4 *Thesium humifusum.* 10-20 cm; Staude, Halbparasit, oft niederliegend; B. lineal, 1nervig, wechselständig; Bl. innen weiß, außen gelblich-grün, in Trauben, mit 3 B'chen unter jeder Bl.; Kronröhre 5zipfelig, bleibend, viel kürzer als Fr. VI-VIII. Trockene Rasen; auf Kalk. GB,F. **4a Alpen-Leinblatt** *T. alpinum* Saum der Bl'hülle nur an der Spitze eingerollt; Fr'stiele aufrecht-abstehend. VI-VII. Rasen; meist Bergland. S,F,M[D:s-z]. **4b Wiesen-L.** *T. pyrenaicum.* Ähnlich 4a; bis 50 cm; Fr'stiele aufrecht-abstehend. F,M[D:s-z]. **4c Gewöhnliches L.** *T. linophyllon.* Saum der Bl'hülle zur Fr'zeit bis auf den Grund eingerollt; mit Ausläufern; B. lineal, 1nervig. Trockene Rasen; meist kalkfreie Böden. F,M [D:s-z]. **4d Bayrisches L.** *T. bavarum.* Ähnlich 4c; bis 80 cm; ohne Ausläufer; B. lanzettl., deutlich 3nervig. Waldränder, Rasen; meist auf Kalk. S,F,M[D:s-z]. **4e Vorblattloses L.** *T. ebracteatum.* Unter der Bl. nur 1 B'chen; mit Ausläufern. V-VI. Heiden. M[D:s]. **4f Schnabelfrüchtiges L.** *T. rostratum.* Ähnlich 4e; ohne Ausläufer. Kiefernwälder. M[D:s].

Hanfgewächse Fam. Cannabaceae

5 HOPFEN *Humulus lupulus.* Staude; St. bis 6 m lang, windend, rauh behaart; B. tief handförmig, 3-7lappig, grob-gesägt; Bl. grün, ♂ in verzweigten Büscheln, ♀ in zapfenähnlichen Blst. auf anderen Pfl. V-IX. Bruchwälder, Hecken; daneben gepflanzt. ⚥ T[D:v].

6 HANF *Cannabis sativa.* 0,3-3,5 m; Einj., unangenehm riechend; B. 3-9zählig gefingert; B'chen gesägt; Bl. grün, ♂ rispig geknäuelt, ♀ auf anderen Pfl. VII-IX. Unkrautfluren; daneben gepflanzt. ⚥⚲ (T[D:s-z]) Heimat: Asien.

Nesselgewächse Fam. Urticaceae

7 GROSSE BRENNESSEL *Urtica dioica.* 0,3-1,5 m; Staude, mit Brennhaaren; B. eiförmig-länglich, gesägt, gegenständig, länger als ihre Stiele; Bl. grün, mit gelbgrünen Staubbeuteln, kätzchenähnlich, ♂- u. ♀-Bl. auf verschiedenen Pfl. VI-X. Auenwälder, Unkrautfluren. ⚥ T[D:v]. **7a Kleine B.** *U. urens* ☐. 10-60 cm; Einjährige, weniger Brennhaare; B. elliptisch od. eiförmig, untere kürzer als ihre Stiele; ♂- u. ♀-Bl. auf einer Pfl. Unkrautfluren, Äcker, Wege. ⚥ T[D:v]. **7b →** S. 298.

8 ÄSTIGES GLASKRAUT *Parietaria ramiflora.* Bis 30 cm; Staude, behaart; St. ausgebreitet, ästig, rötlich; B. eiförmig, wechselständig, ganzrandig, bis 4 cm, nicht mehr als 3× so lang wie der Stiel; Bl. grün mit gelben Staubbeuteln, gebüschelt in den B'achseln; ♂- u. ♀-Bl. auf verschiedenen Pfl. V-X. Mauern, Felsen. GB,F,M[D:s]. **8a Aufrechtes G.** *P. erecta.* 0,3-1 m; meist nicht ästig; B. 3-12 cm, bis ∼ 4× länger als der Stiel. Unkrautfluren, Auenwälder. F,M[D:s]. **8b Bubiköpfchen** *Soleirolia soleirolii.* 5-20 cm; B. bis 6 mm, rundlich; Bl. einzeln, rosa. V-VIII. Gepflanzt u. eingebürgert. (GB,F) Heimat: Medit.

Knöterichgewächse Fam. Polygonaceae

S. 40-44. B. wechselständig, am Grund mit charakteristischer, den St. umgebender tütenförmiger Scheide (Ochrea); Bl'hülle kelch- od. kronb'artig, oft bleibend u. die Fr. ± umgebend; *Polygonum* mit meist 5zipfliger, kronb'artiger Bl'hülle. Häufig in Unkrautfluren u. an feuchten Standorten.

1 SCHLANGENWURZ *Polygonum bistorta.* 0,3-1 m; Staude, unverzweigt, fast kahl; B. länglich-*3eckig*-eiförmig, untere mit wellig-geflügelten B'stielen; Bl. rötlich-weiß, in dichten, bis 1,5 cm dicken Scheinähren. VI-X. Feuchte Wiesen, Auenwälder. (S),GB,F,M[D:s-v].

2 WASSER-KNÖTERICH *Polygonum amphibium.* St. 0,3-1 m lang; Staude, kriechend; Schwimmform: St. flutend; B. länglich, langgestielt, *kahl;* Landform ☐: St. ± aufrecht; B. lanzettl., kurzgestielt, *behaart;* Bl. hell-purpurrot, in gedrungenen, dichten Scheinähren. VI-IX. Teiche, Gräben od. nasse Wiesen, Äcker. ⚲ T[D:z-v].

3 FLOH-KNÖTERICH *Polygonum persicaria.* 25-60 cm; Einjährige, verzweigt, bisweilen liegend-aufsteigend, fast kahl; B. lanzettl., oft *schwarzgefleckt,* in den Stiel verschmälert; Ochrea anliegend u. langbewimpert; Bl. weißlich od. purpurrot, in meist mehreren dichten Scheinähren. VI-IX. Unkrautfluren, Äcker, Schutt. ⚲⚲ T[D:v]. **3a Ampfer-K.** *P. lapathifolium* ☐. 20-60 cm, oft größer u. schwach bis stärker behaart; Ochrea locker-anliegend u. kurzbewimpert; Bl. weiß, grünlich od. purpurrot in dickeren od. dünneren Scheinähren. Unkrautfluren, Ufer, Gräben. T[D:v].

4 KNÖLLCHEN-KNÖTERICH *Polygonum viviparum.* 5-30 cm; Staude, unverzweigt, kahl; B. schmal lanzettl. erscheinend, in den Stiel verschmälert; Scheinähren schmalzylindrisch, an der Spitze weiße od. schwachrosa Bl., am Grund mit purpurroten *Brutknospen.* VI-VIII. Rasen u. Grasfluren der höheren Gebirge bzw. N-Europas. S,GB,M[D:s-v].

5 WASSERPFEFFER *Polygonum hydropiper.* 25-60 cm; Einj., kahl, *pfefferartiger Geschmack;* B. lanzettl.; Ochrea der oberen B. fast wimperlos; Bl. grün bis rötlich, drüsig-punktiert, in lockerem, dünnem Blst. VI-IX. Ufer, Gräben, feuchte Wege. ⚲⚲ T[D:v]. **5a Milder K.** *P. mite.* Ohne Pfeffergeschmack; B. beidends verschmälert; Ochrea langgewimpert; Bl. später rötlich, meist nicht drüsigpunktiert, in aufrechterem Blst. GB,F,M[D:z]. **5b Kleiner K.** *P. minus.* Ähnlich 5a; B. schmaler, bis etwa 9 mm breit, am Grunde gerundet; Blst. schlanker, aufrecht. T[D:z-s]. **5c** *P. foliosum.* Ähnlich 5b; aber Ochrea nicht od. kaum bewimpert; Blst. unten durchblättert. S.

6 VOGEL-KNÖTERICH *Polygonum aviculare.* Einj., vielgestaltig, niederliegend od. aufrecht, ästig; B. elliptisch bis lanzettl., 1-20 mm breit, am Haupttrieb meist größer; Ochrea meist silbrig häutig, seltener rotbraun, mit wenigen Nerven; Bl'hülle rosa od. weiß; Bl. zu 1-6 in Winkeln oberer B.; Bl'hülle bleibend, die Fr. *einschließend.* VI-XI. Unkrautfluren, Äcker, Schutt, Spülsäume der Küsten. ⚲ T[D:v]. **6a** *P. maritimum* ☐. Staude; St. am Grund verholzt; B'ränder eingerollt; Ochrea vielnervig; Bl'hülle kürzer als Fr. VII-IX. Küsten des Atlantik. ⚲ GB,F. **6b Strand-K.** *P. oxyspermum.* Einj.; Fr. die Bl'hülle um das Doppelte überragend. Meeresstrand. S,M[D:s]. **6c Sand-K.** *P. raii.* Ähnlich 6b; Ein-/ Zweij., grau bis bläulichgrün; Fr. die Bl'hülle um ein Drittel überragend. Steinig sandiger Meeresstrand. T[D:s]. **6d** *P. arenastrum.* Einjährige, ästig, niederliegend; B. elliptisch bis lanzettl., ± gleichförmig an den Ästen; Bl'hülle mindestens im unteren Drittel verwachsen. Unkrautfluren, Wege, Schutt, Ufer. T?[D:v].

7 ECHTER BUCHWEIZEN *Fagopyrum esculentum.* 15-60 cm; Einj.; St. zuletzt meist rot; B. herzpfeilförmig; Bl. weiß od. rosenrot, gebüschelt. VI-IX. Gebaut u. selten verwildert. ⚲⚲ (T[D:s]) Heimat: M-Asien. **7a Tatarischer B.** *F. tataricum.* 30-90 cm; St. meist grün; B. oft breiter als lang; Bl. meist grünlich. Unkraut in Feldern von 7. (S,F,M[D:s]) Heimat: M-Asien.

41

Knöterichgewächse (Forts.)

1 WINDEN-KNÖTERICH *Polygonum convolvulus.* Einj.; St. bis 1 m lang, niederliegend od. windend; B. herz-pfeilförmig, gestielt; Bl'hülle grün-weißlich bis rötlich, 3 äußere Zipfel stumpf gekielt; Bl. in lockeren Blst.; Fr'stiele 1-3 mm, oberhalb der Mitte gegliedert; Fr. schwärzlich, glanzlos, körnig-gestreift. VI-X. Unkrautfluren, Äcker. ⚥ↀ T[D:v]. **1a Hecken-K.** *P. dumetorum* ☐. St. bis 1,5 m lang, windend; Bl'hülle grün-weißlich, 3 äußere Zipfel häutig geflügelt; Fr'stiele 5-8 mm, unterhalb der Mitte gegliedert; Fr. schwach glänzend, fast glatt. Hekken, Gebüsche, Waldränder. T[D:z].

2 *Polygonum cuspidatum.* 1-2 m; Staude, oft in dichten Herden; St. kräftig, oft rot-gefleckt od. -überlaufen, gelegentlich zickzackförmig; B. breit-eiförmig, am Grund oft gestutzt; Bl'hülle weiß; Bl. in lockeren Blst. VIII-X. Ufer, Gebüsche; gepflanzt u. eingebürgert. (T[D:z-v]) Heimat: O-Asien. **2a** *P. sachalinense* ☐. 0,7-2(4) m; B. länglich-eiförmig, bis 30 cm lang, zugespitzt, am Grund herzförmig od. gestutzt; Bl. grünlich-gelb (bisweilen seltener blühend). Gepflanzt u. verwildert. (GB,F,M[D:s-z]) Heimat: S-Sachalin.

3 *Polygonum polystachium.* 0,6-1,2 m; Staude, truppförmig; St. kräftig, aufrecht; B. lanzettl., am Grund *verschmälert,* gelegentlich unterseits behaart; Bl. weiß od. rosa, in lockeren rotgestielten Rispen. VII-X(seltener blühend). Unkrautfluren, Flußufer; gepflanzt u. verwildert. (GB,F,M[D:s]) Heimat: O-Himalaya.

4 *Koenigia islandica.* 1-6 cm; Einj.; St. aufrecht, rötlich; ähnlich 6, aber B. breit-elliptisch, 3-5 mm, sitzend; Zipfel der Bl'hülle 3, grünlich; Bl. kurzgestielt, zu wenigen gebüschelt. VII-IX. Feuchte, offene Standorte. S[Arktische Gebiete], GB[Schottland].

Knöterichgewächse Forts. S. 44

Eiskrautgewächse Fam. Aizoaceae

5 *Carpobrotus edulis.* Staude/(Strauch), niederliegend; St. holzig, bis mehrere Meter lang; B. *fleischig,* lineal, im Querschnitt *3eckig;* Bl. bis 9 cm, purpurrot od. gelb; Staubbeutel gelb. V-VIII. Küstenfelsen, Dünen. (GB,F) Heimat: S-Afrika.

Portulakgewächse Fam. Portulacaceae

6 QUELLKRAUT *Montia fontana.* Ein-/Zweij.; Staude, sehr vielgestaltig; St. 2-50 cm lang, bisweilen rötlich; B. gegenständig, spatel- od. eiförmig, am Grund stielartig verschmälert; Bl. gestielt, sehr klein, einzeln od. zu wenigen doldig; Kronb. 5, weiß. IV-X. Quellen, Gräben, feuchte Äcker u. Wege; Kalk meidend. T[D:s-z].

7 CLAYTONIE *Claytonia perfoliata.* 10-20 cm; Einj., kahl; untere B. langgestielt, rhombisch-oval; St. oben mit einem Paar rundlicher, am Grund breitverwachsener B.; Kronb. weiß, 5, kaum ausgerandet. IV-VII. Unkrautfluren, Äcker; meist saure sandige Böden. (GB,F,M[D:s]) Heimat: N-Amerika. **7a Portulak** *Portulaca oleracea.* 8-30 cm; B. verkehrt-eiförmig-länglich, zu mehreren unterhalb der gelben Bl. VI-IX. Unkrautfluren, Äcker, Schutt; daneben gebaut. ⚥ (GB),F,M [D:s-z].

8 *Claytonia sibirica.* Bis 20(30) cm; Einj., kahl, weniger fleischig; obere St'b. sitzend, *nicht* am Grund miteinander verwachsen; Kronb. rosa, 5, tief *ausgerandet,* 8-10 mm. IV-VII. Feuchte, schattige Orte; saure Sandböden. (T) Heimat: N-Amerika, NO-Asien.

2a *Polygonum sachalinense*

42

1
1a
2
3
4
5
6
7
8

Knöterichgewächse (Forts.)

AMPFER *Rumex*. Kräuter, kahl od. behaart; B. wechselständig mit Ochrea (s. S. 40); Bl. klein, vorerst grün, später rötlich zu mehreren gebüschelt in traubigrispigen Blst.; Bl'hüllb. 6, die 3 inneren später vergrößert und als Valven der 3seitigen Nuß anliegend; Merkmale der Fr'hülle wichtig für die Bestimmung. Verschiedentlich Bastarde.

1 GROSSER SAUER-AMPFER *Rumex acetosa*. 0,3-1 m; Staude, scharf schmeckend; B. elliptisch-länglich, pfeilförmig, 2-6mal so lang wie breit, obere st'umfassend; Ochrea geschlitzt-gezähnt; Äste des Blst. einfach. V-VIII. Wiesen, Weiden, Wegränder. ⚥⚲ T[D:v]. **1a, 1b, 1c, 1d** → S. 298.

2 KLEINER SAUER-AMPFER *Rumex acetosella*. 10-40 cm; Staude; B. lanzettl.-spießförmig, obere etwas gestielt. V-VIII. Offene Standorte; saure, kalkfreie Böden. ⚲ T[D:v]. **2a** ☐, **2b** → S. 298.

3 STUMPFBLÄTTRIGER AMPFER *Rumex obtusifolius*. 0,5-1,2 m; Staude, B. breit elliptisch-eiförmig, bis über 25 cm lang, ±stumpf, untere am Grund herzförmig; Blst. locker; innere Zipfel der Fr'hülle 3eckig-länglich, meist am Rande gezähnt, 1 od. mehrere Schwielen tragend. VI-X. Unkrautfluren, Wegränder, Wiesen, Grabenränder. ⚥ T[D:v]. **3a Krauser A.** *R. crispus* ☐. B. lanzettl., ±spitz, am Rande wellig kraus, am Grunde kaum herzförmig; Blst. ±dicht; innere Zipfel der Fr'hülle rundlich, meist ganzrandig u. alle Schwielen tragend. Unkrautfluren, Ufersäume, Wegränder. ⚥ T[D:v]. **3b Nordischer A.** *R. longifolius*. Untere B. 2,5-4,5mal so lang wie breit, am Rand ±wellenförmig; Bl'-knäuel genähert; innere Zipfel der Fr'hülle ±ganzrandig u. schwielenlos. VI bis VIII. Unkrautfluren. T[D:s]. Verschiedene Bastarde zwischen 3, 3a u. 3b. **3c, 3d, 3e, 3f, 3g** → S. 298.

4 KNÄUELBLÜTIGER AMPFER *Rumex conglomeratus*. 0,3-0,8 m; Staude; Äste weit abstehend; unterste B. herz- od. eiförmig-länglich, am Grunde gerundet, langgestielt, obere schmaler, seltener rötlich; Bl. quirlig geknäuelt, in fast bis zur Spitze beb. Blst.; Zipfel der inneren Bl'hülle lineal-länglich, ganzrandig, meist alle Schwielen tragend. VI-IX. Ufer, Wegränder, Gebüsche, Wälder. T[D:v-z]. **4a Hain-A.** *R. sanguineus*. Ähnlich 4; nur unterste Bl'knäuel mit Tragb. od. alle b'los; 1 Zipfel der inneren Fr'hülle Schwielen tragend. Feuchte Wälder. T[D:z-v]. **4b** *R. rupestris*. Ähnlich 4a; aber niedriger; B. blaugrün. Küsten, Dünentäler. GB,F.

5 SCHÖNER AMPFER *Rumex pulcher*. 15-60 cm; Zweij./Staude; untere B. häufig geigenförmig; Äste sperrig abstehend; Bl'knäuel entfernt, fast alle mit Tragb.; innere Zipfel der Fr'hülle eiförmig-länglich, gezähnt, mit Schwielen. V-VIII. Trockene Unkrautfluren. (S),GB,F,M[D:s].

6 FLUSS-AMPFER *Rumex hydrolapathum*. Bis 2,5 m; Staude, verzweigt, Äste ±aufrecht; B. lanzettl., bis über 1 m lang, 4-5mal so lang wie breit; innere Zipfel der Fr'hülle eiförmig-3eckig, ganzrandig, alle mit Schwielen. VII-IX. Ufer, Gräben, Röhrichte. T[D:v-z]. **6a Wasser-A.** *R. aquaticus*. Untere B. bis etwa 2,5mal so lang wie breit, länglich eiförmig; innere Zipfel der Fr'hülle ohne Schwielen. Ufer, Röhrichte. T[D:z-s]. **6b** → S. 298.

7 SUMPF-AMPFER *Rumex palustris*. 0,1-1 m; Ein-/Zweij., reichverzweigt; Pfl. zuletzt *grünlichgelb;* B. lanzettl. bis lineal-lanzettl., untere am Rand wellig, bis etwa 6mal so lang wie breit; wirtelige Bl'knäuel mit Tragb., unten voneinander entfernt; Fr'stiele ziemlich dick u. steif, meist nicht länger als kurz borstig gezähnte, Schwielen tragende innere Zipfel der Fr'hülle. VII-IX. Flußufer, Grabenränder. T[D:z-s]. **7a Strand-A.** *R. maritimus*. Zuletzt goldgelb; Fr'stiele fein u. weich, meistens länger als die lang u. feingezähnten, Schwielen tragenden inneren Zipfel der Fr'hülle. Grabenränder, Flußufer, Küsten. T[D:v-s].

8 SÄUERLING *Oxyria digyna*. 5-15 cm; Staude; St. b'los, selten 1-2 B.; B. *nierenförmig,* dick; Bl'hülle 4blättrig; Fr'flügel zuletzt blutrot. VI-VIII. Steinschuttfluren der Gebirge, im Norden auch bis Meereshöhe. T[D:Alp].

3a Krauser Ampfer

Gänsefußgewächse Fam. Chenopodiaceae

Gänsefuß *Chenopodium* u. Melde *Atriplex* sind meist Einjährige (außer 1), oft mehlig bestäubt; B. wechselständig, grob gezähnt, ährenähnliche Blst. mit kleinen Bl.; Bl'hüllb. meist grün u. krautig u. am Grunde verbunden (außer 3); Staubbeutel gelb; Bl. bei *Chenopodium* zwittrig, bei *Atriplex* getrennt geschlechtlich u. ♀-Bl. meist zwischen 2 ±3eckigen Vorb. eingeschlossen. Gänsefuß-Arten vornehmlich an Hand der B'formen, Melde-Arten vornehmlich mit Hilfe der Vorb. zu unterscheiden.

1 GUTER HEINRICH *Chenopodium bonus-henricus*. 15-60 cm; Staude, gelegentlich rötlich; B. groß, bis über 10 cm, jung mehlig bestäubt, 3eckig, spießförmig, ganzrandig; Bl. in fast b'losen Scheinähren. V-VIII. Unkrautfluren. T[D:z-s]. Nicht zu verwechseln mit 6b mit dünneren B. u. getrenntgeschlechtlichen Bl.

2 WEISSER GÄNSEFUSS *Chenopodium album*. 0,15-1,5 m; ±*stark mehlig-bestäubt*, sehr vielgestalig; St. nicht rotstreifig; B. vielgestaltig, rautenförmig bis lanzettl. VI-X. Unkrautfluren. T[D:v]. **2a Feigenblättriger G.** *C. ficifolium* □. Untere B. tief spießförmig-3lappig, Mittellappen lang, fast parallelrandig. GB,F,M[D:s-z]. **2b Graugrüner G.** *C. glaucum*. Pfl. oft liegend-aufsteigend; B. länglich, buchtig-gelappt, unterseits meergrün u. mehlig. T[D:s-z]. **2c, 2d, 2e** → S. 298.

3 ROTER GÄNSEFUSS *Chenopodium rubrum*. 30-60 cm; St. meist rot, kahl; B. rautenförmig-3eckig, buchtig-gezähnt, glänzend; Zipfel der Bl'hülle z. T. bis zum Grund *getrennt*. VII-X. Unkrautfluren, Ufer, Schutt; z. T. vermehrt in Küstennähe. T[D:z-s]. **3a Dickblatt-G.** *C. chenopodioides*. 10-50 cm; St. oft ausgebreitet od. niederliegend; B. dicklich, schwächer gezähnt; Zipfel der Bl'hülle z. T. bis über die Mitte verwachsen. Küsten-Spülsäume; salzhaltige sandige Böden. GB,F,M[D:s].

4 UNECHTER GÄNSEFUSS *Chenopodium hybridum*. 0,3-1 m; kahl; B. meist 3eckig, am Grund gestutzt, buchtig gezähnt; Blst. ährig-rispig mit b'losen Bl'knäueln. VI-X. Unkrautfluren, Gärten. T[D:v-z]. **4a Mauer-G.** *C. murale*. Pfl. kräftiger; B. rauten-eiförmig, reich gesägt-gezähnt; Scheinrispen ausgebreitet. T[D:z-s]. **4b Stadt-G.** *C. urbicum*. Pfl. früh kahl; B. 3eckig-rautenförmig, weniger tief gezähnt, am Grunde in den Stiel verschmälert. T[D:s].

5 VIELSAMIGER GÄNSEFUSS *Chenopodium polyspermum*. 15-60 cm; vielgestaltig, meist ausgebreitet; St. gelegentlich rötlich; B. elliptisch bis eiförmig, *ganzrandig*. VII-X. Unkrautfluren, Äcker, Wegränder. T[D:v-z]. **5a Stinkender G.** *C. vulvaria*. 15-30 cm, mehr niederliegend, nach Heringslake riechend. Unkrautfluren, Schutt, Wegränder, Salzwiesen. ⚥ T[D:s-z].

6 AUSGEBREITETE MELDE *Atriplex patula*. 0,3-1 m; vielgestaltig, reich verzweigt, wenigstens jung mehlig bestäubt; untere B. rhombisch-oval bis lanzettl., in den Stiel verschmälert, ganzrandig od. 3eckig vorwärts gerichtet; Vorb. breit-rhombisch bis spießförmig. VII-X. Unkrautfluren, Äcker, Schutt. T[D:v]. **6a Strand-M.** *A. litoralis* □. B. lineal bis lanzettl., obere sitzend. Spülsäume der Küsten. T[D:v-s]. **6b Spießblättrige M.** *A. hastata* □. Vielgestaltig, untere B. 3eckig spießförmig, gezähnt, untere Lappen ±rechtwinklig abstehend; Vorb. ganzrandig od. gezähnt. Unkrautfluren, Ufer, Spülsäume, Schutt. T[D:v-z]. **6c, 6d, 6e, 6f** → S. 298.

7 LAPPIGE MELDE *Atriplex laciniata*. Bis 30 cm; Pfl. niederliegend ausgebreitet, *silbrig*-grau; St. rötlichbraun, reich verzweigt, ±niederliegend; B. breitrhombisch bis lanzettl.; Vorb. ±rhombisch-spießförmig. VII-X. Spülsäume, sandige Küsten. T[D:s]. **7a Rosen-M.** *A. rosea*. Bis 1 m; St. aufrecht, Vorb. spitz, gezähnt. Unkrautfluren. (GB),F,M[D:s-z]. **7b** → S. 299.

8 WILDBETE *Beta vulgaris* ssp. *maritima*. Staude; St. reich verzweigt, niederliegend, bisweilen rötlich; B. grün, *lederig*, gekerbt; blühende Äste aufsteigend; Bl. ähnlich wie bei Chenopodium. VI-IX. Spülsäume der Küsten. T[D:s].

9 GROSSES KNORPELKRAUT *Polycnemum majus*. 10-20 cm; Einj., St. etwas flaumig, ±aufsteigend; B. *3kantig-pfriemlich*; Bl. einzeln, grünlich, in den oberen B'winkeln. VII-X. Unkrautfluren, Äcker, Schutt. F,M[D:s]. **9a, 9b** → S. 299.

2a Feigenblättriger Gänsefuß

1

2

3

4

5

6a

6b

6

7

8

9

Gänsefußgewächse (Forts.)

1 PORTULAK-KEILMELDE *Halimione portulacoides.* 20-80 cm; Halbstrauch, ±weißlich schülferich, St. bräunlich; B. länglich-verkehrt-eiförmig, ganzrandig, untere gegenständig; Bl. grünlich, in kurzen verzweigten Scheinähren, ♂- u. ♀-Bl. getrennt; Fr'hülle sitzend. VII-X. Salzwiesen, Prielränder; Küstengebiete. GB,F,M[D:v-z]. **1a Stielfrüchtige K.** *H. pedunculata.* 5-30 cm; Einjährige, nicht holzig; B. meist wechselständig; Fr'hülle lang gestielt. Salzwiesen; Küstengebiete. S,F,M[D:s].

2 QUELLER *Salicornia* spp. Bis etwa 30 cm; Einjährige, fleischig, sehr vielgestaltig, verzweigt, zur Fr'zeit oft rötlich od. gelblich; B. schuppenförmig, gegenständig, fleischig, durchscheinend; Bl. unscheinbar, grün, am St. meist zu 3; Staubbeutel gelb; Scheinähren 1-3 cm lang, ±spindelförmig u. Pfl. kurz abstehend verzweigt *(S. ramosissima)* od. Scheinähren 4-8 cm lang, ±zylindrisch u. Pfl. lang aufrecht verzweigt *(S. stricta).* VIII-IX. Küstengebiete in Höhe od. unterhalb der Tidehochwasserlinie; meist Schlickböden; selten Binnenland. T[D:v-s]. **2a** *Arthrocnemum perenne.* Strauch, kriechend, Polster bis 1 m ∅ bildend. Sandigere Salzwiesen, Küstengebiete. GB,F.

3 STRANDSODE *Suaeda maritima.* 5-30 cm; Einj., vielgestaltig, aufrecht od. niederliegend-aufsteigend, ästig; B. lineal, halbstielrund, fleischig, spitz, am Grund verschmälert; Bl. klein, grün, zu 1-3 geknäuelt in der Achsel oberer B.; Narben 2. VII-X. Salzwiesen, Küstenspülsäume; selten Binnenland(Salzstellen, Schutt). T[D:v-s].

4 *Suaeda vera.* Bis 1,2 m; Strauch, kahl, etwas graugrün; B. zylindrisch, an Spitze u. Grund gerundet; Bl. wie 3; Narben 3. VI-X. Sandige, steinige od. felsige Küsten oberhalb der Tidehochwasserlinie. GB,F.

5 SALZKRAUT *Salsola kali.* 5-60 cm; Einj., sehr vielgestaltig, oft ausgebreitetästig, behaart od. kahl; St. gelegentlich streifig; B. pfriemlich, sitzend, fleischig, an der Spitze meist ±dornig; Bl. grünlich, meist einzeln in den B'achseln; Bl'hülle zur Fr'zeit knorpelig-dornig od. pergamentartig-dünn, die Fr. umhüllend. VII-X. Sandige Küsten, Unkrautfluren, Schutt. T[D:z-s].

6 DORNMELDE *Bassia hirsuta.* 15-30 cm; Einj., oft niederliegend, meist rauhhaarig; B. lineal, ±fleischig; Bl. zu 1-2 b'winkelständig; Anhängsel der Fr'hülle, stumpf-*dornig.* VIII-IX. Spülsäume der Küsten. M[D:s]. **6a Sand-Radmelde** *Kochia laniflora.* B. schmaler; Anhängsel der Bl'hülle nicht dornig, häutig. Sandige Grasfluren. M[D:s]. **6b Besen-R.** *K. scoparia.* Ähnlich 6a, B. aber lanzettl., 3nervig. (F,M[D:s]) Heimat: O-Europa bis M-Asien. **6c Schmalflügeliger Wanzensame** *Corispermum leptopterum.* Ähnlich 6b; aber Bl'hüllb. meist 1; Fr. flach ±elliptisch, rundum schmal geflügelt. VIII-IX. Unkrautfluren. F,M[D:s]. **6d Grauer W.** *C. marschallii.* Ähnlich 6c; aber Bl'hüllb. fehlend; Fr'flügel breit, an der Spitze ±breit ausgeschnitten. M[D:s].

Fuchsschwanzgewächse Fam. Amaranthaceae

7 GRÜNÄHRIGER FUCHSSCHWANZ *Amaranthus chlorostachys.* 0,3-1 m; Einj.; oberwärts flaumig, meist verzweigt; B. ±rhombisch-eiförmig, gestielt, wechselständig, ganzrandig; Bl. sehr klein, meist grün, in sehr dichten, oft verzweigten b'losen Scheinähren, mit spitzen Tragb.; Bl'hüllb. 5, häutig. VII-IX. Unkrautfluren, Schutt, Äcker. (GB,F,M[D:z]) Heimat: Trop. Amerika. **7a Rauhhaariger F.**
A. retroflexus. Dicht kurzrauhflaumig, zottig, blaßgrün erscheinend; Scheinähren dicht, gelappt. Heimat: N-Amerika. **7b Weißer F.**
A. albus. 10-50 cm; St. weißlich, meist kahl; B. mit Stachelspitze; Gesamtblst. reichblättert. Heimat: N-Amerika. **7c Garten-F.** *A. caudatus* ☐. Gesamtblst. leuchtend purpurrot, hängend. Aus Gärten verwildert. Heimat: vermutlich S-Amerika. **7d** *A. blitoides, A. bouchonii, A. cruentus, A. graecizans, A. lividus* u. andere Arten gelegentlich in Unkrautfluren innerhalb des Gebietes.

7c Garten-Fuchsschwanz

49

Bestimmungshilfe Mieren, Hornkräuter und Verwandte

(S. 52—56)

Gruppe z. T. sehr ähnlicher Arten der Fam. der Nelkengewächse (*Caryophyllaceae* S. 52-64): Kelchb. meist 5, frei, nicht zu einer Röhre (selten am Grund) verwachsen; Kronb. meist 5 u. weiß (selten rötlich, gelblich od. fehlend); Form der Laubb. u. Kronb., Anzahl der Griffel, Vorhandensein von Nebenb. sind wichtige Bestimmungsmerkmale; Kronb. bisweilen ausgerandet od. fast bis zum Grund gespalten (so z. B. bei einigen Sternmieren od. Hornkräutern 10 Kronb. vortäuschend).

BEISPIELE AUFFÄLLIGER MERKMALE

PFLANZE

graugrün, blaugrün, meergrün: Quendelblättriges Sandkraut 52; Sumpf-Sternmiere, Spurre, Weißmiere 54; Hirschsprung 56

drüsig(klebrig)-behaart: Geknäueltes Hornkraut 54; Acker-Spörgel 56

Stengel 1reihig behaart: Vogelmiere, Dreigriffeliges Hornkraut 54

kahl(od. fast kahl): *Arenaria norvegica*, Feinblättrige Miere 52; Salz-Schuppenmiere, Niederliegendes Mastkraut, Knäuel, Hirschsprung, Kahles Bruchkraut, Nagelkraut 56

Stengel 4kantig: Große Sternmiere, Quell-Sternmiere 54

Stengel verholzt: *Minuartia recurva* 52

BLÄTTER

wechselständig: Hirschsprung 56

sitzend: Quendelblättriges Sandkraut 52; Große, Quell-Sternmiere 54

lineal(-fädlich): Frühlings-, Feinblättrige Miere 52; Spörgel, Schuppenmieren, Mastkräuter, Hirschsprung 56

zurückgekrümmt: *Minuartia recurva* 52

scheinbar wirtelig: Frühlings-Miere 52; Spörgel, Knotiges Mastkraut 56

mit Nebenblättern: Spörgel, Schuppenmieren, Hirschsprung, Bruchkräuter, Knorpelkraut, Nagelkräuter 56

am Stengel gebüschelt: Frühlings-Miere 52; Knotiges Mastkraut 56

fleischig: *Arenaria norvegica,* Salzmiere 52; Salz-, Flügelsamige Schuppenmiere, Strand-Mastkraut 56

BLÜTEN

grünlich od. gelb: Salzmiere 52; *Stellaria media* ssp. *pallida* 54; Niederliegendes Mastkraut, Bruchkräuter 56

rötlich bis rot: Schuppenmieren 56

größer als 1 cm: Große Sternmiere, Wasserdarm, Acker-Hornkraut 54

Kronb. ausgerandet od. tief gespalten: Sternmieren, Vogelmiere, Wasserdarm, Hornkräuter 54

ohne Kronb.: *Stellaria media* ssp. *pallida* 54; Mastkräuter, Knäuel 56

Kronb. kürzer als Kelchb.: Sandkräuter(z. T.), Dreinervige Nabelmiere, Feinblättrige Miere 52; Quell-Sternmiere, Hornkräuter(z. T.) 54; Salz-Schuppenmiere, Mastkräuter 56

Nelkengewächse Fam. Caryophyllaceae

S. 52-64. B. gegenständig, einfach, fast immer ungezähnt; Blst. wiederholt gegabelt; Kronb. 4-5(selten fehlend); Kelchb. frei (S. 52-56) od. zu einer Röhre verwachsen (S. 58-64); Fr. eine Kapsel, selten Nuß od. Beere.

1 QUENDELBLÄTTRIGES SANDKRAUT *Arenaria serpyllifolia.* 2-15 cm; Ein-/Zweij., sehr ästig, meist behaart; B. eiförmig, zugespitzt, obere sitzend; Bl. 5-8 mm, Kronb. kürzer als Kelchb., weiß; Staubbeutel gelblich. IV-XI. Trockene Sandfluren, Äcker, Rasen. T[D:v].

2 *Arenaria norvegica.* 3-7 cm; Einj./Staude, kahl od. schwach behaart; B. eiförmig-lanzettl., ±fleischig, undeutlich nervig; Bl. 8-12 mm, Kronb. länger als Kelchb.; Staubbeutel gelblich. VI-VIII. Lückige Grasfluren; meist auf Kalk. S, GB. **2a Gewimpertes Sandkraut** *A. ciliata.* ±rasig; B. am Grund bewimpert, nicht fleischig, deutlich 1nervig, gestielt. Gebirgsrasen. T[D:Alp]. **2b** *A. balearica.* Rasig; B. rundlich. Mauern; aus Kultur verwildert. (GB) Heimat: Medit. **2c** *A. gothica.* Bis 12 cm; B. ±elliptisch. S[Gotland]. **2d** *A. humifusa.* Bis 3 cm; St. niederliegend, wurzelnd, B. schmaler, verkehrt eiförmig; Bl. meist einzeln; Staubbeutel blaß purpurn. S[nördl. Gebiete]. **2e** → S. 299.

3 DREINERVIGE NABELMIERE *Moehringia trinervia.* 10-30 cm; Einj., aufstrebend, behaart; B. ±eiförmig, spitz, *3(-5)nervig;* Bl. ca. 8 mm, Kronb. etwa ¹/₂ so lang wie Kelchb., weiß. V-VII. Wälder; nährstoffreiche Böden. T[D:v]. **3a Moos-N.** *M. muscosa.* Staude; B. fadenförmig, scheinbar nervenlos; Kronb. meist 4, länger als Kelchb. Steinschutt, Felsen der Gebirge. F,M[D:s-z]. **3b** → S. 299.

4 FRÜHLINGS-MIERE *Minuartia verna.* 5-15 cm; Staude, rasig; St. kahl od. drüsig; B. schmal lineal, 3nervig, scheinbar zu mehreren am Knoten; Bl. 8-9 mm; Kronb. meist etwas länger als Kelchb., weiß; Staubbeutel rötlich. V-IX. Trockene Rasen; oft auf Kalk, seltener auf Schwermetallböden. GB,F,M[D:s-v]. **4a** *M. rubella.* Viel kleiner als 4; Blst. kaum beb.; Bl. 5-8 mm, zu 1-2; Kronb. kürzer als Kelchb. VII-VIII. Felsspalten; Berggebiete. S,GB. **4b** *M. biflora.* Ähnlich 4a, aber B. stumpflich, 1nervig; Bl. zu 1-3; Kronb. länger als Kelchb. VII. S. **4c Borsten-M.** *M. setacea.* Oben ±kahl; B. borstlich-fadenförmig; Kronb. oval, wenig länger als der Kelch. VI-VIII. Felsrasen. F,M[D:s-z]. **4d, 4e, 4f** → S. 299.

5 FEINBLÄTTRIGE MIERE *Minuartia hybrida.* 5-15 cm; Einj., schlank; St. steif aufrecht, sehr ästig, fast kahl; B. pfriemlich-borstenförmig; Bl. ca. 6 mm, weiß, Kronb. viel kürzer als schmal-hautrandige Kelchb.; Staubbeutel rötlich. V-IX. Trockene Rasen; sandige od. steinige Orte. GB,F,M[D:s-z]. **5a Steife M.** *M. stricta.* 5-15 cm; Staude, kahl, steif aufrecht, mit mehreren wenigb. Bl'trieben; Bl. ca. 8 mm, meist zu 3; Kronb. wenig länger als Kelchb. VI-VIII. Nasse Moore; Berggebiete. S,GB,M[D:s?]. **5b Klebrige M.** *M. viscosa.* 2-10 cm; Einjährige; St. feinhaarig-drüsig, oben dichtfilzig. Unkrautfluren. S,F,M[D:s]. **5c Büschel-M.** *M. fastigiata.* Kelchb. weiß knorpelig verhärtend; Blst. dicht-scheindoldig. Trockene Rasen. M[D:s]. **5d** *M. mediterranea.* Ähnlich 5; Blst. dicht; Bl'stiele kürzer als Kelch. F[W-Küste Normandie].

6 *Minuartia recurva.* Bis 12 cm; Staude, schwachdrüsig behaart; St. holzig; B. sichelförmig *gekrümmt;* Kronb. etwas länger als Kelchb., weiß. VI-X. Gebirge. GB[Irland].

7 ZWERG-MIERE *Minuartia sedoides.* 4-8 cm; Staude, dicht polsterig, kahl; B. lineal-pfriemlich, dicht stehend; Bl. kurz gestielt, das Polster wenig überragend, *gelblich-grün,* oftmals ohne Kronb.; nicht zu verwechseln mit St'losem Leinkraut (S. 58). VI-VIII. Steinige Rasen der Gebirge. GB,F,M[D:Alp].

8 SALZMIERE *Honckenya peploides.* Bis ca. 20 cm; Staude, kriechend, ±gelblich-grün; B. eiförmig, spitz, *fleischig,* kahl, sitzend; Bl. 6-10 mm, weiß; Blst. gabelig-scheindoldig; Kronb. ±so lang wie Kelchb. V-VIII. Küstendünen u. sandige Spülsäume. T[D:v-s].

53

Nelkengewächse (Forts.)

STERNMIERE *Stellaria*. Kronb. 5, weiß, ausgerandet od. gespalten; Griffel 3.

1 GROSSE STERNMIERE *Stellaria holostea*. 15-30 cm; Staude, kurz aufsteigend; St. 4kantig; B. lanzettl., lang zugespitzt, *sitzend;* Bl. 1,5-3 cm; Kronb. bis $^1/_2$gespalten. IV-VI. Wälder, Hecken; ±lehmige Böden. T[D:v]. **1a Sumpf-S.** *S. palustris*. Pfl. meergrün; Bl. 12-18 mm; Kronb. fast bis zum Grund gespalten. V-VII. Nasse Wiesen, Moore. T[D:v-s]. **1b Gras-S.** *S. graminea* ☐. Bl. 5-12 mm; Kronb. ±so lang wie Kelchb. V-VIII. Wiesen, Weiden. T[D:v-z]. **1c, 1d, 1e** → S. 299.

2 VOGELMIERE *Stellaria media*. St. 2-40 cm lang, ±niederliegend-aufsteigend; Einjährige, sehr veränderlich; St. rund, einreihig behaart; B. *eiförmig*, untere lang gestielt; Bl. 5-10 mm; Kronb. bis zum Grund gespalten, so lang od. kürzer als Kelchb., bisweilen fehlend. I-XII. Unkrautfluren. T[D:v]. **2a Hain-Sternmiere** *S. nemorum* ☐. 20-60 cm; Staude; St. allseits behaart; Kronb. 2mal so lang wie Kelchb. V-IX. Wälder. ⚥ T[D:s-z]. **2b** *S. media* ssp. *neglecta* ☐. Bl. bis 1 cm; Kronb. etwas länger als Kelchb.; Staubbeutel rot. Auenwälder. [D:z]. **2c** *S. media* ssp. *pallida* ☐. Bl. 4-8 mm; Kronb. fehlend; Staubbeutel jung grau-violett. Unkrautfluren; sandige Böden. [D:z]. **2d Quell-S.** *S. alsine* ☐. St. 4kantig; B. ±sitzend; Bl. 4-6 mm; Kronb. viel kürzer als Kelchb. V-VIII. ±nasse Wälder, Quellfluren. T[D:z-v]. **2e, 2f** → S. 299.

3 WASSERDARM *Myosoton aquaticum*. 15-45 cm; Staude, aufsteigend, oben flaumig; B. eiförmig, spitz, untere kurz gestielt; Bl. ca. 1,5 cm; Kronb. tief gespalten, länger als Kelchb.; von 2a durch 5 Griffel unterschieden. VI-X. Nasse Ufer, Auenwälder. T[D:v].

4 SPURRE *Holosteum umbellatum*. 2-25 cm; Einj., bläulich-grün; B. ei-lanzettl.; Blst. doldenartig; Kronb. weiß, gezähnt, viel länger als Kelchb. III-V. Sandfluren, Äcker. S,GB?,F,M[D:s-z].

HORNKRAUT *Cerastium*. Kronb. 5, weiß, ausgerandet; Griffel 5 (außer 5d, 5e; Griffel 3).

5 ACKER-HORNKRAUT *Cerastium arvense*. 5-30 cm; Staude, kurz behaart; B. lineal-lanzettl., am Grund nicht verschmälert; Bl. 12-20 mm; Kronb. 1-2mal so lang wie Kelchb. IV-VIII. Trockene Rasen, Wegränder. T[D:v]. **5a Filziges H.** *C. tomentosum*. Weiß-filzig. Kultiviert u. verwildert. (T) Heimat: SO-Europa. **5b Alpen-H.** *C. alpinum*. 5-20 cm; lang weißlich behaart; B. am Grund verschmälert; Tragb. der Bl. schmal-hautrandig; Bl. 18-25 mm. VII-IX. Steinrasen der Gebirge. S,GB,M[D:Alp]. **5c** *C. arcticum*. Ähnlich 5b, aber weißliche Haare kürzer; Tragb. ohne Hautrand, b'ähnlich. S,GB. **5d Dreigriffeliges H.** *C. cerastoides* ☐. Kahl, oberstes St'stück mit 1 Haarlinie; Bl. 9-12 mm; Griffel 3. VII-VIII. Quellfluren der Gebirge. S,GB,M[D:Alp]. **5e, 5f, 5g** → S. 299.

6 GEMEINES HORNKRAUT. *Cerastium fontanum*. 7-30 cm; meist Staude, sehr leicht behaart, mit nichtbl. beb. Trieben; B. ±lanzettl.; Kronb. tief ausgerandet, ±so lang wie Kelchb.; obere Tragb. zuletzt trockenhäutig berandet. IV-XI. Grasfluren, Äcker. T[D:v]. **6a Viermänniges H.** *C. diffusum*. 4-15 cm; Einj.; Staubb. u. Griffel 4-5; Tragb. krautig. III-VII. Dünengrasfluren. T[D:s]. **6b Kleinblütiges H.** *C. brachypetalum*. Einj., graugrün; Kronb. kürzer als Kelchb.; Tragu. Kelchb. abstehend behaart. Trockene Orte. T[D:s]. **6c Sand-H.** *C. semidecandrum*. Einj., früh gelbgrün; Kronb. schwach ausgerandet, kürzer als Kelchb.; alle Tragb. hautrandig. III-VI. Sandfluren. T[D:v-z]. **6d Niedriges H.** *C. pumilum*. Ähnlich 6c, oft rötlich; ±drüsig-klebrig; untere Tragb. krautig. IV-VI. Trockene Rasen; auf Kalk. T[D:s].

7 GEKNÄUELTES HORNKRAUT *Cerastium glomeratum*. 2-25 cm; Einj., blaß- bis gelbgrün, drüsig behaart; Bl. fast *geknäuelt*, gelegentlich nicht ganz geöffnet; Kelch- u. Tragb. behaart. III-X. Unkrautfluren. T[D:z-v].

8 WEISSMIERE *Moenchia erecta*. 3-10 cm; Einj., bläulich-grau, kahl; Kronb. 4, weiß, nicht ausgerandet; Griffel 4; Kelchb. breit *weißrandig*. IV-VI. Sandfluren. GB,F,M[D:s].

Nelkengewächse (Forts.)

1 ACKER-SPÖRGEL *Spergula arvensis.* 10-50 cm; Einj., ±drüsig behaart; B. lineal-pfriemlich, unterseits gefurcht, scheinquirlig gebüschelt, am Grund mit kleinen Nebenb.; Bl. 4-8 mm, weiß, Kronb. 5, nicht ausgerandet; Griffel 5. V-IX. Äcker; kalkmeidend. T[D:v]. **1a, 1b** → S. 299.

2 SALZ-SCHUPPENMIERE *Spergularia marina.* 10-20 cm; Einj., ±fleischig; B. etwas stumpflich, mit kleinen Nebenb.; Bl. 5-8 mm, meist rosa; Kronb. 5, spitz, kürzer als Kelchb.; Griffel 5. V-IX. Höher gelegene Salzwiesen, selten Binnenland. T[D:v-s]. **2a** *S. rupicola.* Staude, ±drüsig behaart; B. kürzer; Bl. 8-10 mm; Kronb. so lang wie Kelchb. Küstenfelsen. GB,F. **2b Flügelsamige S.** *S. media* ☐. Staude; oberwärts drüsig; Bl. 9-12 mm; Kronb. weiß od. blaßrosa, länger als Kelchb. Nasse bis feuchte Salzwiesen, selten Binnenland. T[D:v-s]. **2c Rote S.** *S. rubra.* 4-15 cm; Einj./(Staude), kurz u. oberwärts drüsig behaart; B. weniger fleischig, kurz stachelspitzig; Nebenb. silberweiß; Bl. 3-6 mm, rosenrot. Ufer, Äcker, Wegränder; kalkarme, sandige Böden. T[D:v-z]. **2d, 2e, 2f** → S. 299.

3 KNOTIGES MASTKRAUT *Sagina nodosa.* 5-15 cm; Staude; B. lineal, obere viel kürzer, im Winkel B'büschel tragend; Bl. weiß, 5-10 mm; Kronb. 5, nicht ausgerandet, 2mal so lang wie Kelchb.; Griffel 5, VI-IX. Feuchte Wiesen, Moore, Grabenränder. T[D:z-s].

4 NIEDERLIEGENDES MASTKRAUT *Sagina procumbens.* 2-5 cm; Staude, ±dichtrasig, kahl; B. lineal, kurz-stachelspitzig; Bl. 2-4 mm, grünlich-weiß, lang gestielt; Kronb. meist 4, bis ½ so lang wie Kelchb., oft fehlend; Griffel meist 4; Kelchb. zur Fr'reife abstehend. V-IX. Wege, Rasen, Äcker. T[D:v]. **4a** *S. intermedia.* Polster bildend; Kronb. 4-5, weiß, kürzer als rotrandige Kelchb. (Kronb. länger als Kelchb.: *S. caespitosa*), Kelchb. der reifen Fr. angedrückt. Berggebiete. S,GB. **4b Alpen-M.** *S. saginoides.* Polster bildend; B. kurz-stachelspitzig; Kronb. 5, etwas kürzer als Kelchb.; Staubb. meist 10. VI-X. Wege, Rasen, Berggebiete. S,GB,M[D:s-z]. **4c Kronblattloses M.** *S. apetala.* 3-15 cm; Einjährige, locker wüchsig, ästig; Kronb. sehr klein, bald hinfällig; Kelchb. von reifer Fr. abstehend. IV-IX. Wege, Äcker. T[D:z-s]. **4d Strand-M.** *S. maritima.* Einj., dunkelgrün, etwas fleischig, ähnlich 4c; B. ohne Stachelspitze; Kronb. fehlend; Kelchb. zur Fr'reife nicht abstehend. Lückige Salzwiesen. T[D:v-s]. **4e Pfriemblättriges M.** *S. subulata* ☐. Staude, dichtrasig; B. bis 1,5 mm lang-stachelspitzig; Kronb. 5, ±so lang wie Kelch; Griffel 5. Sandfluren, Heiden, Weiden. T[D:s]. **4f** → S. 299.

5 EINJÄHRIGER KNÄUEL *Scleranthus annuus.* 2-10 cm; Einj., grasgrün; Bl. gekäuelt, ohne Kronb.; Kelchb. 5, Zipfel ±spitz, grün, schmal weißrandig. V-X. Äcker, Wegränder; sandige Böden. T[D:v-z]. **5a Ausdauernder K.** *S. perennis.* Bis 15 cm; Staude, kräftig, graugrün; Äste am Grund holzig; Kelchzipfel sehr stumpf, breit weißberandet. Sand- u. Steingrusfluren. T[D:z-s].

6 HIRSCHSPRUNG *Corrigiola litoralis.* Einj.; St. niederliegend, bis 25 cm lang; gelegentlich rötlich; B. lineal-keilig, ±wechselständig; Bl. weiß, geknäuelt; Kelchzipfel 5, breit weißberandet. VI-X. Feuchte Ufersäume, Äcker. T[D:s].

7 KAHLES BRUCHKRAUT *Herniaria glabra.* Staude/Einj.; St. niederliegend, bis 15 cm lang, ±kahl; Bl. *grün*, geknäuelt in der B'achsel; B. elliptisch; Bl'hülle gelbgrün; Fr. spitz, länger als Bl'hülle. V-X. Sandfluren. ⚥ T[D:z-s]. **7a** *H. ciliolata.* Staude, schwach behaart; Fr. stumpf, ±kürzer als bewimperte Kelchb. VI-VIII. Sandfluren, Felsen, Küstengebiete. GB,F. **7b, 7c** → S. 299.

8 KNORPELKRAUT *Illecebrum verticillatum.* Einj.; St. bis 25 cm lang, kahl; ähnlich 7, aber Kelchb. *schneeweiß.* VI-X. Feuchte Wegränder; kalkarme, sandige Böden. GB,F,M[D:s].

9 NAGELKRAUT *Polycarpon tetraphyllum.* 5-15 cm; Einj., kahl, ästig; B. verkehrt-eiförmig, zu 4 *scheinquirlig;* Bl. gebüschelt, weiß; Kronb. kürzer als weißrandige Kelchb. VI-IX. Unkrautfluren; sandige Böden. GB,F,M[D:s]. **9a** *P. diphyllum.* Nicht ästig; rötlich überlaufene B. zu 2. Küstengebiete; sandige Böden.GB,F.

Nelkengewächse (Forts.)

S. 58-64. Bl. meist groß; Kronb. 5; Kelchb. 5, zu einer Röhre verwachsen.

1 AUFGEBLASENES LEIMKRAUT *Silene vulgaris.* 10-50 cm; Staude, etwas bläulich-grün, meist ±kahl; St. am Grunde gelegentlich verholzend; B. elliptisch od. lanzettl., spitz; Bl. weiß; Kronb. tief gespalten; Kelchröhre eiförmig, aufgeblasen; Bl. oben gedrängt; Griffel 3. V-IX. Magere Rasen, Steinschutt; meist auf Kalk. T[D:s-v]. **1a** *S.* vulgaris ssp. maritima □. Niedrig, mit sterilen Trieben; B. etwas fleischig; Kronb. breiter; Bl. zu 1-4. Küstenfelsen, Spülsäume. S,GB,F.

2 NICKENDES LEIMKRAUT *Silene nutans.* 25-70 cm; St. nur unten verzweigt u. weichhaarig, oberwärts klebrig; untere B. spatelförmig; Bl. weiß, sich nachts öffnend, duftend, im Blst. ±einseitswendig; Kronb. *zurückgerollt,* sehr schmal, tief gespalten. V-IX. Magere Rasen, Gebüsche. T[D:s-v]. **2a Hain-L.** *S. italica.* Verzweigt; Bl. aufrecht, ±allseitswendig; Kronb. weniger zurückgerollt. (GB),F (M[D:s]).

3 KLEBRIGE LICHTNELKE *Melandrium viscosum.* 30-70 cm; Ein-/Zweijährige, dicht *klebrig-zottig;* B. eiförmig-lanzettl., untere mit welligem B'rand; Bl. weiß, ca. 2 cm, in langem ährenartigen Blst.; Kronb. tief gespalten; Kelch behaart. V-VII. Sandfluren, Wegränder. S,M[D:s]. **3a Tatarisches Leimkraut** *Silene tatarica.* 30-60 cm; Staude, kahl od. schwach behaart, mit nichtbl. Trieben; B. schmaler; Bl. kleiner; Kelch kahl. VII-VIII. Ufer. S,M[D:s].

4 OHRLÖFFEL-LEIMKRAUT *Silene otites.* 20-60 cm; Staude, am Grunde klebrig behaart; untere B. rosettenartig, spatelförmig; Bl. klein, 3-5 mm, *gelbgrünlich,* abweichend von anderen Leimkräutern, fast wirtelig gedrängt; ♂- u. ♀-Bl. bisweilen auf verschiedenen Pfl. V-IX. Trockene Rasen, Dünen. GB,F,M[D:z-s]. **4a Grünblütiges L.** *S. chlorantha.* St. kahl; Blst. traubig; Kronb. grünlich. VII bis VIII. Kiefernwälder. M[D:s].

5 STENGELLOSES LEIMKRAUT *Silene acaulis.* 1-4 cm; Staude, kahl, am Grunde etwas verholzend, dicht rasenförmige *Polster;* Bl. rosa, die Polster überragend. VII-VIII. Steinrasen der Hochgebirge, im Norden in Meereshöhe. S, GB,M[D:Alp]. Nicht zu verwechseln mit Zwerg-Miere(S. 52) mit weniger spitzen B. u. grünlichen Bl. bzw. mit Gemsheide od. Alpenheide (S. 172) mit breiteren B. u. anders gebauten Bl.

6 GARTEN-LEIMKRAUT *Silene armeria.* 15-60 cm; Einj., ohne sterile Triebe; St. kahl, oben *klebrig;* B. ±eiförmig, blaugrün, obere st'umfassend; Bl. leuchtend rosa; Blst. scheindoldig; Kronb. nur ausgerandet. VI-IX. Heiden, Gebüsche; daneben verwildert. (S,GB),F,M[D:s].

7 FLACHS-LEIMKRAUT *Silene linicola.* 30-60 cm; Einj.; St. oben *rauh,* verzweigt; B. lanzettl.; Bl. hell-fleischrot, dunkler geadert; Kelch keulenförmig, zwischen den Rippen geadert. VI-VII. Leinfelder. F,M[D:s].

8 FELS-LEIMKRAUT *Silene rupestris.* 5-25 cm; Staude, oben meist ±kahl, *bläulich-grün;* B. lanzettl.; Bl. weiß, seltener rosenrot, lang gestielt; Kronb. tief ausgerandet; Kelch zwischen den Rippen nicht nervig. VI-IX. Mauern, Felsspalten, Berggebiete. S,F,M[D:s].

9 *Silene wahlbergella.* Niedrig; Staude; St. unverzweigt, schwach behaart; B. schmal-lanzettl. bis spatelförmig; Bl. einzeln; Kelchröhre *aufgeblasen,* weißlich grün, *länger* als purpurrote Kronb. VI-VIII. Bergwiesen; auf Kalk. S. **9a** *S. furcata.* Ähnlich 9, St. oben verzweigt u. klebrig behaart; Kelch kleiner, weniger aufgeblasen; Kronb. weißlich. S.

10 GABELIGES LEIMKRAUT *Silene dichotoma.* 20-60 cm; Einj., alle St. blühend, kurzhaarig; B. ±spatelig bis lanzettl.; Bl. ca. 15 mm, weiß, selten rötlich; Kronb. *tief gespalten;* Kelch behaart, nicht klebrig. V-VIII. Unkrautfluren, Schutt, Äcker, Wegränder. (GB,F,M[D:s-z]) Heimat: SO-Europa, SW-Asien.

Nelkengewächse (Forts.)

1 ROTE LICHTNELKE *Melandrium silvestre.* 30-60 cm; Staude, behaart; obere B. eiförmig, zugespitzt, untere B. gestielt; Bl. *rot* (gelegentlich blaßrosa od. weißlich: Bastard 1×2 ☐), am Tage geöffnet; Kronb. gespalten; Kelchzähne 3eckig, spitz; ♂- u. ♀-Bl. auf verschiedenen Pfl.; Kapselzähne zurückgerollt. III-XI. Wälder, Wiesen; feuchte, nährstoffreiche Böden. T[D:v].

2 WEISSE LICHTNELKE *Melandrium album.* 30-90 cm; Einj./(Staude); ähnlich 1; Bl'stiele u. Kelch drüsig; Bl. *weiß,* am Abend geöffnet; Kelchzähne schmal 3eckig; Kapselzähne aufrecht. V-X. Unkrautfluren, Schutt, Wegränder. T[D:v-z].

3 ACKER-LICHTNELKE *Melandrium noctiflorum.* 15-45 cm; Einj., oberwärts drüsig-klebrig; B. länglich-verkehrt-eiförmig; Bl. (nachts geöffnet) weiß od. blaßrosa; Kronb. morgens eingerollt, unterseits *gelblich;* Griffel *3;* Bl. zwittrig; Kapselzähne zurückgerollt. VI-IX. Unkrautfluren, Äcker, Schutt. T[D:z-s].

4 KUCKUCK-LICHTNELKE *Lychnis flos-cuculi.* 30-60 cm; Staude, zerstreut behaart; B. spatelig bis lineal-lanzettl.; Bl. rosarot; Kronb. bis über die Mitte 4spaltig. V-VIII. Nasse bis feuchte Wiesen. T[D:v].

5 PECHNELKE *Viscaria vulgaris.* 15-60 cm; Staude; St. oberwärts unter den Knoten *klebrig;* B. lanzettl.; Bl. etwa 2 cm, scheinbar *wirtelig* in traubenartigen Blst.; Kronb. ausgerandet. V-VIII. Magere Rasen, Heiden, Felsen; kalkarme Böden. T[D:s-z].

6 ALPEN-PECHNELKE *Viscaria alpina.* 5-15 cm; Staude; St. nicht klebrig; B. lanzettl.; Bl. kopfig gedrängt an der Spitze des St., kleiner (ca. 6-12 mm) u. mehr rosenrot, *tief* ausgerandet. VI-VII. Gebirge. S,GB.

7 KORNRADE *Agrostemma githago.* 0,3-1 m; Einj., zottig; B. lineal; Bl. blaß purpurn, dunkler gestreift; Kronb. ±ausgeschweift; Kelch behaart, mit 5 *langen,* schmalen, ausgebreiteten u. die Kronb. überragenden Zipfeln. V-VIII. Getreideäcker. ⚶⚘ T[D:s-z].

8 GEMEINES SEIFENKRAUT *Saponaria officinalis.* 30-70 cm; Staude, ausgebreitet, ±kahl, kriechend; B. länglich-lanzettl.; Bl. hell fleischfarben, 2,5-4 cm; Kronb. nicht ausgerandet, lang aus dem walzenförmigen Kelch herausragend; Griffel 2. VI-IX. Unkrautfluren, Flußufer, Wege, Schutt; gelegentlich gefülltblütig ☐ kultiviert. ⚶⚘ (S,GB),F,M[D:v-s]. **8a** → S. 299.

1×2 Bastard:
Rote × Weiße Lichtnelke

8 Gemeines Seifenkraut
(„gefüllte" Blüte)

Nelkengewächse (Forts.)

1 FRANZÖSISCHES LEIMKRAUT *Silene gallica.* 10-50 cm; Einj., behaart; B. länglich, untere spatelförmig; Bl. 10-12 mm, ±einseitswendig; Kronb. ±ausgerandet, weiß od. rosa, gelegentlich mit blutrotem Fleck (var. *quinquevulnera* ☐). VI-VII. Unkrautfluren, Schutt, Äcker, GB,F,M([D:s]).

2 KEGEL-LEIMKRAUT *Silene conica.* 15-30 cm; Einj., drüsig-weichhaarig; B. schmal lanzettl.; Bl. 4-5 mm, meist rosenrot; Kelch früh *kegelförmig verdickt,* 30nervig, kürzer als Kronb. V-VII. Sandfluren, Dünen. GB,F,M[D:s].

3 HÜHNERBISS *Cucubalus baccifer.* 0,4-1,5 m; Staude, kurz behaart, weit ästig, oft spreizkletternd; Bl. ca. 18 mm, hängend, grünlich-weiß; Kronb. tief gespalten; Fr. ☐ eine runde *schwarze Beere.* VII-IX. Auenwälder. (GB),F,M[D:s].

4 EBENSTRÄUSSIGES GIPSKRAUT *Gypsophila fastigiata.* 15-45 cm; Staude, sehr veränderlich, oberwärts behaart; B. lineal, 2-8 cm; Kronb. 5-8 mm, *weiß od. rötlich,* in gedrungenem *ebensträußigen* Blst.; Kronb. ±ausgerandet, etwa 1,5 mal so lang wie Kelch; Griffel 2. VI-IX. Sandrasen, Wälder. F,M[D:s-z]. **4a Kriechendes G.** *G. repens.* 8-25 cm; kahl, meergrün; Kronb. 2mal länger als Kelchb. V-VIII. Kalkschuttfluren der Gebirge. M[D:s-v].

5 MAUER-GIPSKRAUT *Gypsophila muralis.* 5-18 cm; Einj., oben ±kahl; B. lineal, 5-25 mm, meergrün; Bl. 4-6 mm, rosa, in lockerem Blst.; Kronb. ±ausgerandet, 2mal so lang wie Kelch; Griffel 2. VI-X. Unkrautfluren, feuchte Wälder. S,F,M[D:s-z].

6 KUHKRAUT *Vaccaria pyramidata.* 30-70 cm; Einj., kahl, blaugrün, verzweigt; B. lanzettl.; Bl. fleischfarben, 1-1,5 cm, lang gestielt; Kelch aufgeblasen, *5flügelig.* VI-VII. Unkrautfluren. Äcker, Schutt; auf Kalk. (GB),F,M[D:s-z].

7 FELSENNELKE *Tunica saxifraga.* 10-25 cm; Staude, meist kahl; B. lineal; Bl. weiß od. bleichpurpurn, meist einzeln, lang gestielt, in *lockeren* Blst.; Kronb. ±ausgerandet. VI-IX. Trockene Rasen, Felsrasen, Mauern. (GB),F,M[D:s]. **7a** → S. 299.

8 KOPFNELKE *Kohlrauschia prolifera.* 15-50 cm; Einj., kahl; B. lineal, B'-scheide so lang wie breit; Bl. rosenrot, *in dichtem Kopf,* Bl. von *braunen, trockenen Hüllschuppen* umgeben; 1-2 Bl. gleichzeitig geöffnet; Kronb. ausgerandet. V-X. Sandfluren, trockene Rasen; meist auf Kalk. S,F,M[D:s-z]. **8a** *K. nanteuilii.* Ähnlich 8, mittlerer St'teil oft behaart; B'scheiden 2mal so lang wie breit. GB,F.

3 Hühnerbiß (fruchtend)

Nelkengewächse (Forts.)

NELKEN *Dianthus:* Stauden (außer 7); B. ± lineal, meist steif, oft graugrün u. am Grund scheidenartig verwachsen; Bl. weiß od. rot; Kelch röhrig, nicht gerippt, krautig, am Grund von 2-6 schuppenförmigen Außenkelchb. umgeben.

1 PFINGST-NELKE *Dianthus gratianopolitanus.* 10-30 cm; lockerrasig, mit *langen,* niederliegenden sterilen Trieben; B. am Rande *rauh;* Bl. bis 3 cm, einzeln, duftend, rosa; Kronb. kurz gezähnt, purpurrot gebärtet; Kelchschuppen 2-4, spitz. V-VII. Felsrasen, Wälder; oft auf Kalk. § GB,F,M[D:s]. **1a Busch-N.** *D. seguieri.* Kronb. dunkelrot punktiert; Bl. zu 2-4. VI-VIII. Magere Rasen. M[D:s]. **1b** → S. 299.

2 GARTEN-NELKE *Dianthus caryophyllus.* 20-50 cm; kahl, lockerrasig; B. meergrün, *glattrandig;* sterile Triebe kurz; Bl. 3,5-4 cm, zu 1-5 in lockerem Blst., duftend, purpurrot; Kronb. kahl, *kurz gezähnt;* Kelchschuppen ähnlich 1. VII bis VIII. Kultiviert, selten verwildert. (T) Heimat: Medit.

3 FEDER-NELKE *Dianthus plumarius.* 15-30 cm; ähnlich 2; B'rand *rauh;* Bl. 25-35 mm, duftend, rosa od. weiß, Platte etwa $^1/_2$fingerig in schmale federartige Lappen zerschlitzt; Kelchschuppen 2-4, kurz zugespitzt, bis $^1/_3$ so lang wie Kelchröhre. VI-VIII. Kultiviert, selten verwildert. (T) Heimat: SO-Europa.

4 *Dianthus gallicus.* Bis 50 cm; lockerrasig, *behaart;* B. steif, sehr kurz(bis 15mm); Bl. 2-3 cm, lila-rosa; Kronb. ähnlich 3, glatt aber nur bis $^1/_3$ zerschlitzt; Kelchschuppen ähnlich 1. VI-VIII. Küstendünen. F.

5 PRACHT-NELKE *Dianthus superbus.* 20-60 cm; wenig- od. reichästig, etwas blaugrün; Bl. 3-6 cm; Platte der Kronb. fast bis zum Grund *fiederig zerschlitzt;* Kelchschuppen lang, begrannt. VI-X. Wiesen, Wälder, Hochgrasfluren. S,F,M [D:s-z]. **5a Sand-N.** *D. arenarius.* B. schmaler(bis ca. 1 mm breit); Bl. weiß. Heiden, Kiefernwälder. S,M[D:s].

6 HEIDE-NELKE *Dianthus deltoides.* 15-30 cm; lockerrasig, mit *kurzen,* kriechenden, sterilen Trieben. St. *behaart;* B. kurz, am Rande rauh; Bl. 1,5-2 cm, purpurrot mit weißen Punkten; Kronb. gezähnt; Kelchschuppen meist 2, mit pfriemlicher Granne, $^1/_2$ so lang wie Kelchröhre. VI-IX. Magere Rasen; meist Sandböden. T[D:z-s].

7 BÜSCHEL-NELKE *Dianthus armeria.* 30-60 cm; *Zweij.,* dunkelgrün, weich bis rauhhaarig; B'scheiden sehr kurz; Bl. 8-15 mm, hellkarminrot, zu etwa 2-10 kopfig gehäuft, umgeben von langen grünen Tragb.; Kelchschuppen 2, krautig, behaart, so lang wie behaarte Kelchröhre. VI-VIII. Trockene Rasen, Gebüsche; kalkarme Böden. T[D:s-z].

8 KARTHÄUSER-NELKE *Dianthus carthusianorum.* 15-60 cm; veränderlich; St. kahl; B'scheiden bis 4mal länger als B'breite; Bl. ca. 2 cm, blutrot, selten blaß od. weiß, kopfig gehäuft, umgeben von *kurzen, braunen Tragb.;* Kelchschuppen etwa $^1/_2$ so lang wie dunkler Kelch. V-IX. Trockene Rasen, lichte Wälder. F,M [D:s-z]. **8a Bart-N.** *D. barbatus* ☐. Bl. in sehr dichten, vielblütigen kopfigen Scheindolden; Kelchschuppen lang begrannt, länger als Kelchröhre. Kultiviert, selten verwildert. (T) Heimat: S-Europa.

8a Bart-Nelke

Hahnenfußgewächse Fam. Ranunculaceae

S. 66-76. Kräuter, seltener Holzgewächse, vielgestaltig; Bl'hülle verschiedener Herkunft(oft 5b.); Kronb. od. kronb'ähnliche Kelchb. od. kronb'ähnliche Honigb.; gelegentlich in Bl. auch unscheinbare kleine Honigb. mit Nektarien; Staubb. u. Fr'b. meist sehr zahlreich.

1 STINKENDE NIESWURZ *Helleborus foetidus.* 30-60 cm; Staude, wintergrün; St. beb.; B. fußförmig, 3-9 lanzettl. Abschnitte, oberste ungeteilt; Bl'hülle einfach, *glockig,* gelblich-grün, oft rotrandig, zu mehreren gedrängt. I-V. ± Frische bis trockene Laubwälder, Gebüsche; meist auf Kalk. ⚥☿ GB,F,M[D:s-z].

2 GRÜNE NIESWURZ *Helleborus viridis.* 30-50 cm; Staude, nicht wintergrün; St. nur unter Ästen beb.; Grundb. meist 2; B. fußförmig, 5-13 lanzettl. Abschnitte, oberste geteilt; Bl'hülle einfach, ausgebreitet, grün wie B. II-IV. Feuchtere bis frische Laubwälder; Mullböden. ⚥☿ GB,F,M[D:s-z]. **2a** → S. 299.

3 DAMASZENER SCHWARZKÜMMEL *Nigella damascena.* 15-30 cm; Einj., verzweigt; B. 2-3fach fiederteilig, Abschnitte *fadenförmig;* Bl. einzeln, blau, von fiederteiligen Hochb. umgeben. V-VIII. Kultiviert u. verwildert. ⚥ (GB,F,M) Heimat: Medit., Kleinasien. **3a Acker-S.** *N. arvensis.* Bl'hülle bläulich-weiß, unterseits grünstreifig, lang gestielt, ohne Hochb'hülle. VI-IX. Unkrautfluren, Äcker, Schutt. (GB),F,M[D:s].

4 WINTERLING *Eranthis hiemalis.* 5-15 cm; Staude, kahl; Grundb. handförmiggeteilt, nach der Bl. erscheinend; Bl'hüllb. 5-8, gelb; *unter der Bl. 3 sitzende B.* I-III. Kultiviert u. in Wäldern z. T. eingebürgert. (GB),F,M[D:s]) Heimat: S-Europa.

Hahnenfußgewächse Forts. S. 68

Seerosengewächse Fam. Nymphaeaceae

Stauden, kahl, im Grund stehender od. langsam fließender Gewässer wurzelnd, mit Schwimmb.; Bl'hüllb. 4-5(*Nuphar*) od. Kelchb. 4 u. zahlreiche Kronb. (*Nymphaea*).

5 GELBE TEICHROSE *Nuphar luteum.* Schwimmb. breit-eiförmig, bis 40 cm, größer als 6, untergetauchte zarter; Bl. gelb, 4-6 cm, gestielt oberhalb der Wasseroberfläche. VI-IX. Teiche, Altwasser; bisweilen tiefer als 6. ⚥ T[D:v]. **5a Kleine T.** *N. pumilum* ☐. Kleiner; Bl. 1,4-3,5 cm; Bl'hüllb. nicht so stark überlappend. VI-VIII. Stehende, nährstoffärmere Gewässer. T[D:s]. Daneben Bastarde 5×5a, bisweilen auch an Orten, an denen Elternarten fehlen.

6 WEISSE SEEROSE *Nymphaea alba.* Schwimmb. rundlich-oval, Grundlappen ±spreizend, Bucht offen; Bl. bis 14 cm, weiß; Narbenscheibe ±flach. VI-IX.

Teiche, Altwasser. § T[D:v-z]. **6a Glänzende S.** *N. candida* ☐. ±Kleiner; Grundlappen der B. z. T. überlappend, Bucht schmal od. fehlend; Bl. bis 9 cm; Narbenscheibe vertieft. S,F,M[D:s-z].

8a Glänzende Seerose

Hahnenfußgewächse (Forts.)

1 TROLLBLUME *Trollius europaeus.* 10-15 cm; Staude, kahl; B. handförmig 5-teilig, Zipfel 3spaltig; Bl. *fast kugelig,* bis ca. 4 cm; Bl'hüllb. 10-15, goldgelb, eingekrümmt. V-VIII. Feuchte Wiesen; meist Berggebiete. § T[D:s-z].

2 SUMPF-DOTTERBLUME *Caltha palustris.* 15-50 cm; Staude, formenreich, kräftig, kahl, aufrecht od. niederliegend(Berggebiete); B. groß, kreisrund bis *herz-nierenförmig,* ± gekerbt, dunkelgrün, glänzend, bisweilen oberseits heller gefleckt; Bl. 1-5 cm; Bl'hüllb. 5, goldgelb; Balgfr'chen kopfige Sammelfr. bildend. III-VIII. Nasse Wiesen, Bruchwälder. ⚥⚲ T[D:v].

HAHNENFUSS *Ranunculus.* 5 kelchb'artige Bl'hüllb. u. 5 kronb'artige gelbe (oberseits oft spiegelnde) od. weiße(s. S. 70) Honigb.; hiermit deutlich von 1 u. 2 zu trennen.

3 SCHARFER HAHNENFUSS *Ranunculus acer.* 0,3-1,2 m; Staude, behaart; Grundb. handförmig 5-7teilig, im Umriß ± rundlich, Mittelabschnitt *nicht gestielt*(vgl. 4 u. 5); Bl'stiele nicht gefurcht; Bl'hüllb. den Honigb. angedrückt; Honigb. goldgelb. IV-X. Frische bis feuchte Wiesen, Weiden. ⚥⚲ T[D:v]. **3a Wolliger H.** *R. lanuginosus.* Abstehend-rauhhaarig; B'zipfel breit, weniger tief eingeschnitten. V-VIII. Laubwälder. M[D:s-v]. **3b Vielblütiger H.** *R. polyanthemus.* Stärker verzweigt als 3; unten abstehend, oben angedrückt behaart; Bl'stiele gefurcht. V-VII. ± Trockene Wälder. S,F,M[D:s-z]. **3c Wald-H.** *R. nemorosus.* Ähnlich 3b; Grundb. 3teilig, Zipfel breiter; Schnabel der Balgfr'chen verlängert. Wiesen, Laubwälder. S[Öland],F,M[D:s-v]. **3d, 3e** → S. 299, 300.

4 KNOLLIGER HAHNENFUSS *Ranunculus bulbosus.* 15-30 cm; Staude, behaart; St'grund *knollig verdickt;* B. oft ähnlich 3, aber Mittelabschnitt *gestielt* u. weniger tief eingeschnitten; Bl'stiel gefurcht; Bl'hüllb. herabgeschlagen. III-VIII. Trockene Rasen, Wiesen; meist auf Kalk. ⚥⚲ T[D:z-v]. **4a Sardinischer H.** *R. sardous.* Ein-/Zweij.; St'grund nicht verdickt; B. 1-2fach 3zählig, bisweilen glänzend; Honigb. blaßgelb, V-X. Feucht-nasse Äcker, Weiden, Ufer. T[D:s]. **4b Illyrischer H.** *R. illyricus.* 30-45 cm; Staude, seidenhaarig-weißzottig; B'abschnitte lineal-lanzettl. V-VI. S[Gotland],M[D:s].

5 KRIECHENDER HAHNENFUSS *Ranunculus repens.* 15-50 cm; Staude, leicht behaart, kriechend, *Ausläufer wurzelnd;* B. 1(-2)fach 3zählig, Mittelabschnitt *gestielt*(ähnlich 4); Bl'stiele gefurcht; Bl'hüllb. abstehend. V-IX. Feuchte Ufer, Wiesen, Wälder. ⚥⚲ T[D:v]. **5a** *R. paludosus.* Bis 50 cm; stärker behaart, nicht kriechend; Fr'chen lang geschnäbelt. F. **5b Berg-H.** *R. montanus.* 5-15 cm; ohne Ausläufer; B'abschnitte lanzettl.; Bl'stiele nicht gefurcht. IV-VIII. Wiesen der Gebirge. M[D:s-v]. **5c, 5d** → S. 300.

6 GROSSER HAHNENFUSS *Ranunculus lingua.* 0,5-1,5 m; Staude, kahl, lange Ausläufer; B. *lanzettl.,* gezähnt, bis 25 cm lang; Bl. *2-4 cm.* VI-IX. Röhrichte, Gräben, Ufer. T[D:z-s].

7 BRENNENDER HAHNENFUSS *Ranunculus flammula* ssp. *flammula.* 15-50 cm; Staude, kahl; St.(oft unten rötlich) ± aufrecht, nur am Grund wurzelnd; B. ± lanzettl. bis elliptisch, bis ca. 6 cm, sitzend bis kurz gestielt, ± gezähnt; Bl'stiele gefurcht; Bl. 0,6-2 cm. VI-X. Sümpfe, Ufer. ⚥⚲ T[D:v]. **7a** *R. flammula* ssp. *reptans.* St. niederliegend, fadenförmig, an den Knoten wurzelnd; alle B. gestielt; Bl. 0,3-1 cm. Sandig-kiesige, feuchte Standorte; besonders Gebirge. ⚥⚲ T[D:s]. **7b** *R. ophioglossifolius.* 10-40 cm; Einjährige; B. ei-herzförmig, untere lang-gestielt; Bl. 5-9 mm. V-VIII. Sümpfe. S[Gotland],GB?,F. **7c** *R. hyperboreus.* Ähnlich 7a; B. breiter 5lappig; Bl'hüllb. u. Honigb. je 3. Berggebiete. S.

8 SCHARBOCKSKRAUT *Ranunculus ficaria.* 5-15 cm; Staude, kahl; St. niederliegend-aufsteigend; B. rundlich-herzförmig, untere in B'winkeln mit Brutknöllchen; Honigb. 8-12, schmal, beim Verblühen etwas weißlich. III-V. Wälder, Gebüsche. ± frisch-feuchte Böden. ⚥⚲ T[D:v]. **8a** *R. lapponicus.* Kriechend, an den Knoten wurzelnd; B. nierenförmig, 3lappig; Bl'hüllb. herabgeschlagen; Honigb. 6-8. Berggebiete. S. **8b** *R. cymbalaria.* Bl. zu 1-10; Bl'hüllb. u. Honigb. je 5. Eingebürgert. (S) Heimat: N-Amerika.

1

2

3

4

5

6

7

8

Hahnenfußgewächse (Forts.)

1 GOLDGELBER HAHNENFUSS *Ranunculus auricomus*. Vielgestaltige Kleinarten-Gruppe; bis 60 cm; Staude, ±kahl od. behaart; Grundb. ungeteilt od. gespalten-gelappt, obere B. fingerförmig(bisweilen ähnlich S. 68/3); Bl. wenige; Honigb. 0-5, oftmals unvollständig ausgebildet; Fr'chen behaart. IV-V. Frischfeuchte Wälder, Wiesen. T[D:v]. **1a, 1b** → S. 300.

2 GIFT-HAHNENFUSS *Ranunculus sceleratus*. 20-60 cm; Einjährige, kahl; B. glänzend, handförmig stumpflich gelappt; Bl. zahlreich; Bl'hüllb. zurückgeschlagen, etwa so lang wie hellgelbe Honigb.; Sammelfr. konisch-zylindrisch, mit zahlreichen Fr'chen. V-XI. Nasse Ufer, Gräben, Teiche. ⚥ T[D:z]. **2a** → S. 300.

3 ACKER-HAHNENFUSS *Ranunculus arvensis*. Bis 60 cm; Einj., kahl; Grundb. ungeteilt od. 3spaltig; Bl'stiele nicht gefurcht; Bl. klein (4-12 mm), blaßgelb; Bl'hüllb. abstehend; Fr'chen zu 4-8, bis 8 mm, fast immer *stachelig*. V-VII. Äcker; meist auf Kalk. T[D:s-z].

4 *Ranunculus parviflorus*. 10-40 cm; Einj., kurz behaart, meist ausgebreitet-aufsteigend, wenig hahnenfußähnlich, etwas an S. 68/4a erinnernd; St. beb.; Grundb. rundlich; Bl'stiele gefurcht; Bl. 3-6 mm; Bl'hüllb. zurückgeschlagen, nicht kürzer als Honigb. V-VII. Trockene, offene Kalkstandorte. GB,F.

5 PLATANENBLÄTTRIGER HAHNENFUSS *Ranunculus platanifolius*. Bis 1,3 m; Staude; Grundb. 3-7spaltig (Mittelabschnitt nicht bis zum Grund frei); Bl. bis 2 cm, *weiß*, auf fast kahlem Stiel. V-VIII. Staudengebüsche, Bergwälder. F,M [D:s-z]. **5a** → S. 300.

6 GLETSCHER-HAHNENFUSS *Ranunculus glacialis*. 4-15 cm; Staude, fast kahl; Grundb. 3zählig; Bl. groß, einzeln od. zu wenigen; Honigb. weiß od. rosa; Bl'hüllb. *rotbraun behaart*. VI-VIII. Steinfluren, nahe Schneegrenze der Gebirge; nicht auf Kalk. ⚥ S,M[D:Alp]. **6a** → S. 300.

WASSER-HAHNENFUSS u. Verwandte (*Ranunculus* Subgen. *Batrachium*). Wasserpfl., nährstoffreicheres od. -ärmeres, bisweilen salzhaltiges Wasser; Schwimmb.(sofern vorhanden) ±handförmig gelappt, untergetauchte meist stark fiederig geteilt; Honigb. weiß, am Nagel meist gelb(außer 8c); Arten z. T. schwer zu unterscheiden.

7 WASSER-HAHNENFUSS *Ranunculus aquatilis*. Staude/Einj., formenreich; Zipfel untergetauchter B. nach allen Seiten abstehend; Schwimmb. nierenförmig bis halbkreisförmig, Rand gezähnt; Bl'stiele länger als B'stiele; Bl. bis ca. 2 cm; Honigb. mit runder Nektargrube. IV-IX. Stehende od. langsam fließende Gewässer. T[D:z-v]. **7a Steifer H.** *R. petiveri*. Schwimmb. meist schwach ausgebildet, weniger gezähnt; Bl. größer als 2 cm; Honigb. mit birnförmiger Nektargrube; Bl'stiele bis 3mal so lang wie B'stiele. T[D:s]. **7b Baudots H.** *R. baudotii*. Ähnlich 7a; B'zipfel untergetauchter B. außerhalb des Wassers nicht zusammenfallend; Bl. 1,2-2 cm. Brackwasser. T[D:s]. **7c Haarblättriger H.** *R. trichophyllus*. Nur untergetauchte B., ±steif, wiederholt 3-2teilig; Bl. 3,5-16 mm; Nektargrube der Honigb. halbmondförmig. Süß-, selten Brackwasser. T[D:z]. **7d Strahlender H.** *R. radians*. Ähnlich 7c; aber stets mit stärker als 7 geteilten Schwimmb.; Bl'stiele etwa so lang wie B'stiele; Bl. 1-1,6 cm. T[D:s]. **7e Spreizender H.** *R. circinatus*. Ähnlich 7c; untergetauchte B. 3teilig u. wiederholt borstlich-2teilig, starr in kreisrunder Fläche; Bl. 8-16 mm. T[D:z-s]. **7f Flutender H.** *R. fluitans*. B. flutend(selten querovale Schwimmb.), Zipfel lang lineal-fadenförmig; Bl. 1,5-3 cm. Bäche, Flüsse. T[D:z].

8 EFEUBLÄTTRIGER HAHNENFUSS *Ranunculus hederaceus*. Staude/Einj.; St. kriechend; alle B. efeuähnlich-nierenförmig; Bl. bis ca. 1 cm; Bl'hüllb. wenig kürzer als die sich nicht berührenden Honigb. V-IX. Teiche, Quellen; kalkarmes Wasser. T[D:s]. **8a** *R. homiophyllus*. Ähnlich 8; Honigb. 2mal so lang wie Bl'hüllb.; Bl. bis ca. 1,5 cm. GB,F. **8b Dreiteiliger H.** *R. tripartitus*. Nierenod. halbkreisförmige Schwimmb. u. fein geteilte Wasserb.; Honigb. bis 6 mm, sich nicht berührend. III-VI. GB,F,M[D:s]. **8c Reinweißer H.** *R. hololeucus*. Ähnlich 8b; Bl. 1,3-2 cm; Honigb. *ganz weiß*, mehr als 2mal so lang wie Bl'hüllb., sich berührend. V-VII. Nährstoffarme, flache Gewässer. F,M[D:s].

Hahnenfußgewächse (Forts.)

WIESENRAUTE *Thalictrum*. Stauden; Bl. gedrängt in Rispen od. Trauben; Bl'-hüllb. 4-5, kronb'artig, hinfällig; Staubb. zahlreich, lang, durch Länge u. Färbung Gesamtaussehen des Blst. bestimmend; B. 2-3fach gefiedert.

1 GELBE WIESENRAUTE *Thalictrum flavum*. 0,3-1,2 m; unterirdisch kriechend; fast kahl; obere B'chen länglich-lanzettl.; Bl. aufrecht, dicht gedrängt; Bl'hüllb. weißlich; Staubb. gelb. VI-VIII. Feuchte Wiesen, Gräben. T[D:v-z]. **1a Einfache W.** *T. simplex.* Bis 1 m; B'chen schmaler, länglich-keilförmig; Bl. vorerst überhängend. Feuchte Wiesen, Trockenrasen. S,F,M[D:s]. **1b Hohe W.** *T. morisonii.* Ähnlich 1; aber St. glänzend, obere B'chen lineal, Rispe ausladend. Ufer, Gebüsche. M[D:s]. **1c Glänzende W.** *T. lucidum.* Nicht unterirdisch kriechend; obere B'chen lineal, oberseits glänzend. M[D:s].

2 AKELEIBLÄTTRIGE WIESENRAUTE *Thalictrum aquilegifolium*. 0,4-1,5 m; B'chen meist so lang wie breit; Bl. größer als 1 u. 3; Bl'hüllb. blaßgrün od. lila; Staubfäden *verbreitert, lila,* sehr lang. V-VII. Auenwälder, Staudenfluren. S (GB),M[D:s-z].

3 KLEINE WIESENRAUTE *Thalictrum minus*. 0,15-1,5 m; formenreich (an feuchteren Standorten bis 1,5 m); B'chen etwa *so lang wie breit;* Bl. gelblich, vorerst überhängend, locker stehend. V-VIII. Dünen, trockene Rasen, lichte Wälder, Staudenfluren der Gebirge; meist auf Kalk. T[D:z-s].

4 ALPEN-WIESENRAUTE *Thalictrum alpinum*. 5-20 cm; unverzweigt; B. 2fach 3zählig; B'chen rundlich; Bl. in Traube; Bl'hüllb. rötlich-grün; Staubfäden violett; Staubbeutel gelb. V-VII. Feuchte Rasen; meist Berggebiete. S,GB.

5 CHRISTOPHSKRAUT *Actaea spicata*. 30-65 cm; Staude, kahl, unangenehm riechend; Grundb. 1-2fach 3zählig gefiedert; Bl. weiß, in einer Traube; Bl'-hüllb. u. Honigb. je 4-6, weiß; Staubb. lang, *weiß*; Fr. glänzend *schwarze* Beere. V-VII. Laubwälder; auf Kalk. ⚥⚘ T[D:s-z]. **5a** *A. erythrocarpa.* Ähnlich 5; B. tiefer eingeschnitten; Beere kleiner, rot. S.

6 GEMEINE WALDREBE *Clematis vitalba*. Bis 7 m; Strauch, kletternd; B. gegenständig, gefiedert, oft rankend; Bl. duftend, in Scheindolden; Bl'hüllb. 4, filzig, außen gelblichgrün, innen weiß; Sammelfr. kopfig □, Fr'chen mit verlängertem, behaartem Griffel, oft überwinternd. VI-IX. Wälder, Gebüsche; meist auf Kalk. ⚥⚘ (S),GB,F,M[D:s-v]. **6a Aufrechte W.** *C. recta* □. 0,5-1,5 m; Staude, aufrecht; Bl'hüllb. nur am Rand behaart, weiß. Wälder, Gebüsche. ⚥⚘ M[D:s].

7 ALPENREBE *Clematis alpina*. Bis 2 m; Strauch, kletternd; B. 2fach 3zählig; Bl. einzeln; Bl'hüllb. *violett*(selten gelblich), 2,5-4 cm lang, glockig, nickend; Fr. ähnlich 6. V-VII. Gebirgswälder u. -gebüsche; kalkmeidend. S,M[D:Alp].

6 Gemeine Waldrebe (fruchtend)   **6a** Aufrechte Waldrebe

Hahnenfußgewächse (Forts.)

1 GEMEINE AKELEI *Aquilegia vulgaris.* 30-60 cm; Staude, verzweigt; B. 2(-1)-fach 3zählig; B'chen rundlich, grün; Bl. nickend, groß, violett, rosa od. weiß; Honigb. mit langem, *hakenförmig-gekrümmtem* Sporn. V-VII. Laubwälder, Gebüsche; meist auf Kalk; daneben auch verwildert. ⚥§ (S),GB,F,M[D:s-z]. **1a, 1b** → S. 300.

2 BLAUER EISENHUT *Aconitum napellus.* 0,5-1,5 m; Staude, kahl od. behaart; B. handförmig tief 5-7teilig; Bl. groß, *dunkelblau-violett,* meist in Trauben; Helm meist breiter als hoch. VI-IX. Staudenfluren, Viehläger, feuchte Wälder. ⚥⚥§ GB,F,M[D:s-z]. **2a Bunter E.** *A. variegatum* □. St. oben kahl; Bl. blau, weiß u. gescheckt; Helm höher als breit. Auenwälder, Gebüsche. §⚥ M[D:s-z]. **2b Rispiger E.** *A. paniculatum.* Blst. drüsig, sperrig-rispig; Bl. violett. §⚥ M [D:Alp].

3 GELBER EISENHUT *Aconitum vulparia.* 0,3-1,5 m; Staude, oben meist behaart; B. handförmig 5-7teilig; Bl. gelb, in Trauben od. Rispen; Helm ca. 3mal höher als breit. VI-VIII. Feuchte Laubwälder. ⚥⚥§ F,M[D:s-z]. **3a** *A. septentrionale.* Blst. behaart; Bl. violett(selten gelb); Helm plötzlich zur Spitze verjüngt. S.

4 ACKER-RITTERSPORN *Delphinium consolida.* 20-40 cm; Einj., behaart, locker verzweigt; B. 3zählig in schmale Zipfel zerteilt; Bl. *lang-gespornt,* azurblau, in lockerer Traube; Bl'stiel viel länger als Tragb.; Fr. kahl. V-IX. Unkrautfluren, Äcker; meist auf Kalk. ⚥⚥ T[D:s-v]. **4a Garten-R.** *D. ajacis.* Bis 1 m; Traube vielbl.; Bl. blau, rosa od. weiß; Bl'stiel so lang od. kürzer als Tragb.; Fr. weichbehaart. Kultiviert u. verwildert. (GB,F,M[D:s]) Heimat: Medit.

5 FRÜHLINGS-TEUFELSAUGE *Adonis vernalis.* 10-30 cm; Staude; St. am Grund mit Schuppen; B. 2-4fach fiederschnittig; Bl. 4-8 cm, gelb; Kronb. 12-20. IV-V. Trockene Rasen; auf Kalk. ⚥⚥§ S,F,M[D:s-z].

6 BRENNENDROTES TEUFELSAUGE *Adonis flammea.* 20-50 cm; Einj., ähnlich 7; Kelch ±*weichhaarig,* den 5-8 roten Kronb. angedrückt. Bl. 2-3 cm. VI-VIII. Getreideäcker; auf Kalk. F,M[D:s].

7 SOMMER-TEUFELSAUGE *Adonis aestivalis.* 20-50 cm; Einj., kahl; B. 2-4fach fiederschnittig; Bl. mennigrot(od. strohgelb: var. *pallida*), 1,5-2,5 cm, im Zentrum schwarz; Staubbeutel schwarz; Kelch kahl, den 5-8 Kronb. anliegend. V-VII. Getreideäcker; auf Kalk. ⚥⚥ F,M[D:s-v]. **7a Herbst-T.** *A. autumnalis.* Kelchb. kahl, zurückgeschlagen od. abstehend; Kronb. 5-10, dunkelrot. VI-IX. Unkrautfluren; daneben kultiviert u. verwildert. (GB,F,M[D:s]) Heimat: S-Europa, W-Asien.

8 MÄUSESCHWANZ *Myosurus minimus.* 5-11 cm; Einj., kahl; B. schmallineal, in Grundrosette, etwas fleischig; Bl. klein, einzeln, lang-gestielt; Bl'hüllb. u. Honigb.(5-7) gelbgrün; Sammelfr. später durch Verlängerung der Bl'achse(bis 6 cm) wegerich- od. mäuseschwanzähnlich. V-VI. Feuchte Wege, Äcker; kalkfreie Böden. ⚥⚥ T[D:z-s].

2a Bunter Eisenhut

1
2
3
4
5
6
7
8

Hahnenfußgewächse (Forts.)

KÜCHENSCHELLE *Pulsatilla.* Stauden; Bl. sehr groß, oft glockig; unter der Bl. wirtelig Hochb.; Bl'hüllb. kronb'artig; Fr'chen mit langem, gebärtetem Schnabel.

1 ECHTE KÜCHENSCHELLE *Pulsatilla vulgaris.* 5-40 cm; behaart; Grundb. 2-4-fach fein gefiedert, behaart; 3 Hochb. unten scheidig verwachsen; Bl. ± aufrecht u. glockig; Bl'hüllb. ca. 2mal so lang wie gelbe Staubb., violett; Fr'chen ☐ lang seidig geschnäbelt(bisweilen bis Spätsommer an der Pfl.). III-V. Trockene Rasen; auf Kalk. ⚲§ T[D:s-v].

2 FRÜHLINGS-KÜCHENSCHELLE *Pulsatilla vernalis.* 5-30 cm; kurz behaart; Grundb. mit 1-2 Fiederb'chenpaaren; B'chen eiförmig, schwächer u. kürzer behaart; Knospe außen bronzefarbig behaart; Bl. innen gelblich-weiß, außen hellviolett, vorerst nickend, später aufrecht; St. zur Fr'zeit verlängert. IV-VI. Saure Rasen, Heiden. § S,F,M[D:s-z]. **2a** → S. 300.

3 WIESEN-KÜCHENSCHELLE *Pulsatilla pratensis.* 10-50 cm; behaart, ähnlich 1; Grundb. (2)3-4fach gefiedert; Bl. nickend, innen hellpurpurn(ssp. *pratensis*) od. dunkelviolett(ssp. *nigricans*); Bl'hüllb. kaum länger als Staubb., kürzer als 1, an der Spitze zurückgerollt; St. zur Fr'zeit verlängert. IV-V. Rasen, Wälder. ⚥⚲§ S,M[D:s-z].

4 FINGER-KÜCHENSCHELLE *Pulsatilla patens.* 5-35 cm; behaart; Grundb. *gefingert* mit eingeschnittenen Zipfeln; **Bl. aufrecht; Bl'hüllb. blau-violett, glockig** bis tellerförmig ausgebreitet. III-V. Trockene Rasen. § S,M[D:s].

WINDRÖSCHEN *Anemone.* Stauden; unter der Bl. wirtelig laubb'ähnliche Hochb.; Bl'hüllb. kronb'artig; Fr'chen kurz geschnäbelt, nicht gebärtet.

5 BUSCH-WINDRÖSCHEN *Anemone nemorosa.* 6-20 cm; kahl; Hochb. lang gestielt, den 3zähligen, eingeschnittenen Grundb. ähnlich; Grundb. mit od. nach der Bl. erscheinend(oft nicht ausgebildet); Bl. einzeln, 1,5-4 cm; Bl'hüllb. 5-7, weiß od.(besonders unterseits) rötlich, kahl. III-V. Wälder, Gebüsche, Bergwiesen. ⚥⚲ T[D:v]. **5a** *A. apennina* ☐. Bl'hüllb. blau, 8-18. III-IV. Kultiviert, selten verwildert. (F,M) Heimat: S-Europa. **5b Berghähnlein** *A. narcissiflora* ☐. Hochb. sitzend; Bl. zu 2-8, doldig. V-VII. Hochgrasfluren, Steinrasen; Berggeb. § M[D:s-z].

6 GELBES WINDRÖSCHEN *Anemone ranunculoides.* 7-20 cm; B. ähnlich 5; Hochb. kurz gestielt; Bl. zu 1-2, 1,5-2 cm; Bl'hüllb. 5-8, *goldgelb*, unterseits weichhaarig. III-V. Laubwälder. S,(GB),F,M[D:s-v].

7 GROSSES WINDRÖSCHEN *Anemone silvestris.* 15-50 cm; behaart; untere B. handförmig 5teilig; Bl. einzeln, 4-7 cm; Bl'hüllb. *5,* weiß, unterseits *seidenhaarig;* Staubbeutel gelb. IV-VI. Trockene Wälder, Rasen; meist auf Kalk. § S,F,M[D:s-z].

8 LEBERBLÜMCHEN *Hepatica nobilis.* 5-15 cm; Staude, ± kahl; B. *3lappig,* ganzrandig, unterseits rötlich, wintergrün; Bl. einzeln, 1,5-2,5 cm; Bl'hüllb. 6-7(10), blau, seltener rot od. weiß; unmittelbar unter der Bl. 3 kelchb'artige Hochb.; Staubbeutel weißlich. III-IV. Laubwälder; meist auf Kalk. ⚥§ S,F,M[D:s-v].

5a *Anemone apennina*   **5b** Berghähnlein   **1** Echte Küchenschelle (fruchtend)

2

4

3

5

6

7

8

Sauerdorngewächse Fam. Berberidaceae

1 SAUERDORN *Berberis vulgaris.* Bis 4 m; Strauch, sommergrün; Zweige mit 3(1-7)teiligen *Dornen;* B. verkehrt-eiförmig, scharf-gesägt; Bl. gelb, in hängenden Trauben; Fr. scharlachrote Beere. V-VI. Waldränder, Gebüsche; meist auf Kalk. ⚥ T[D:s-v]. **1a Mahonie** *Mahonia aquifolium* ☐. Bis ca. 1 m; Zweige dornlos; B. gefiedert, wintergrün; B'chen dornig-gezähnt; Bl. in aufrechten Blst.; Fr. blau-schwärzlich. III-VI. Kultiviert; selten verwildert. ⚥ Heimat: w. N-Amerika.

Mohngewächse Fam. Papaveraceae

Kräuter; Bl. 2lippig u. meist deutlich gespornt (Subfam. *Fumarioideae:* S. 78) radiärsymmetrisch, nicht gespornt u. meist groß (Subfam. *Papaveroideae:* S. 80); B. meist ± gefiedert.

2 GELBER LERCHENSPORN *Corydalis lutea.* 10-30 cm; Staude; St. beb.; B. 2-3-fach gefiedert, ohne Ranken; Bl. gold- bis zitronengelb, in dichten Trauben, den oberen B. gegenüberstehend; Fr. hängend. V-IX. Kultiviert; an Mauern u. Felsen verwildert. (GB,F,M[D:s]) Heimat: S-Europa. **2a** *C. ochroleuca* ☐. B'stiele schmal geflügelt; Bl. gelblich-weiß; Fr. aufrecht. Kultiviert u. verwildert. Heimat: Italien, Balkan.

3 FESTER LERCHENSPORN *Corydalis solida.* 10-30 cm; Staude; *St'b. 1-3,* St. unten mit Schuppenb.; B. 2fach 3zählig; Bl. 1,5-3 cm lang, trübpurpurn, zu 10-20 in *endständiger,* etwas lockerer Traube; *Tragb.* der Bl. *fingerig-geteilt.* III-V. Laubwälder, Hecken. S,(GB),F,M[D:s-z]. **3a Hohler L.** *C. cava.* Bis 35 cm; St. unten ohne Schuppe; *Tragb.* der Bl. *ganzrandig;* Blst. dicht. S,(GB),F,M[D:s-v]. **3b Mittlerer L.** *C. fabacea.* Bl. 1-1,5 cm, zu 2-8; St. unten mit Schuppe; Tragb. ganzrandig. S,F,M[D:s]. **3c Zwerg-L.** *C. pumila.* Ähnlich 3b; Tragb. fingerig-geteilt. S,M[D:s].

4 RANKENDER LERCHENSPORN *Corydalis claviculata.* St. 0,5-1 m lang; Einjährige, rankend; B. in Wickelranke endigend; Bl. 5-6 mm, gelblich-weiß, zu 6-8 in dichter, den B. gegenüberstehender Traube. VI-IX. Lichte Wälder, Böschungen, Felsen; nicht auf Kalk. T[D:s].

5 GEBRÄUCHLICHER ERDRAUCH *Fumaria officinalis.* 10-30 cm; Einj.; St. aufrecht bis aufsteigend; B. gefiedert, Zipfel lanzettl.; Bl. 7-9 mm lang, purpurrot, an der Spitze schwärzlichrot; Kelchb. ei-lanzettl., $^1/_3$ so lang wie Krone; Fr. reif runzelig; Tragb. kürzer als Fr'stiele. IV-X. Äcker. ⚥ T[D:v].

6 MAUER-ERDRAUCH *Fumaria muralis.* Einj., meist kräftiger als 5 u. Bl. bis 12 mm lang; Traube ± so lang od. länger als ihr Stiel, meist weniger als 15bl.; Ränder der unteren Kronb. aufgebogen; Fr'stiele *nicht* zurückgekrümmt. VI-IX. Böschungen, Hecken, Mauern. T[D:s]. **6a** *F. bastardii.* Traube länger als ihr Stiel, 15-25bl.; Bl. 9-12 mm; obere Kronb. zusammengedrückt, untere mit flachen Rändern. GB,F. **6b** *F. martinii.* Ähnlich 6a; Bl. 11-13 mm; Fr'stiele vorerst *bogig-zurückgekrümmt.* GB,F.

7 RANKENDER ERDRAUCH *Fumaria capreolata.* Einj.; St. bis 1 m, kletternd; Bl. weiß od. gelblich, an der Spitze schwarz-purpurn, 10-14 mm, kurz gestielt, bis 20 traubig; obere Kronb. zusammengedrückt, Ränder der unteren aufgebogen, Fr'stiel *zurückgekrümmt.* V-IX. Hecken, Äcker. (S),GB,F,M[D:s]. **7a** *F. purpurea.* Bl. purpurn; obere Kronb. nicht zusammengedrückt. GB. **7b** *F. occidentalis.* Unteres Kronb. mit breitem flachen Rand. GB[Cornwall].

8 KLEINBLÜTIGER ERDRAUCH *Fumaria parviflora.* 15-30 cm; Einj., schlank; B'abschnitte rinnig; Bl. 5-6 mm, weiß, an der Spitze purpurrot, bis zu 20 in dichter Traube, sehr kurz gestielt; Kelchb. ca. $^1/_6$ so lang wie Krone; Tragb. so lang od. länger als Bl'stiele. VI-IX. Äcker; meist auf Kalk. GB,F,M[D:s-z]. **8a Dichtblütiger E.** *F. densiflora.* Bl. 6-7 mm, rosa; äußere Kronb. an der Spitze nicht geschnäbelt. (S),GB,F(M[D:s]). **8b Vaillants E.** *F. vaillantii.* B'abschnitte flach; Bl. rosa, zu 6-12 traubig; Tragb. etwas kürzer als Fr'stiel. T[D:s-z]. **8c Schleichers E.** *F. schleicheri.* Ähnlich 8b; Bl. dunkelrot; Tragb. viel kürzer als Fr'stiele. F,M[D:s-z]. **8d** → S. 300.

1a Mahonie

Mohngewächse (Forts.)

MOHN *Papaver.* Bl. einzeln, groß, meist leuchtend gefärbt (selten weiß); Kelchb. 2, früh nach Knospenöffnung abfallend; Kronb. 4, bisweilen etwas faltig u. seidig schimmernd; B. meist 1-2fach gefiedert (seltener ungeteilt); mit meist weißlichem Milchsaft; z. T. Unkräuter.

1 KLATSCH-MOHN *Papaver rhoeas.* 25-60 cm; Ein-/(Zwei)jährige, anliegend od. abstehend behaart; Bl. 6-10 cm, scharlachrot bis purpurn, bisweilen am Grund mit *schwarzem* Zentrum; Staubbeutel blau-schwarz; Bl'stiele abstehend rauhhaarig; Kapsel fast *kugelig.* V-X. Unkrautfluren, Äcker, Schutt. ⚥ T[D:z-v].

2 SAND-MOHN *Papaver argemone.* 15-30 cm; Einj., z. T. anliegend-steifhaarig; Bl. 3-6 cm, meist kleiner als bei 1 u. 4; Kronb. blaß *scharlach- bis dunkelrot,* sich nicht überlappend; Kapsel *verlängert-keulig, borstig behaart.* V-VII. Unkrautfluren, Äcker; meist sandige Böden. T[D:z].

3 KRUMMBORSTIGER MOHN *Papaver hybridum.* 15-60 cm; Einj.; ähnlich 2, aber Kapsel fast *kugelig,* mit gebogenen, weit abstehenden *Borsten;* Bl. ziegelrot. V-VIII. Unkrautfluren, Äcker; meist kalkhaltige Böden. T[D:s].

4 SAAT-MOHN *Papaver dubium.* 30-60 cm; Einj., oben angedrückt behaart; Milchsaft weiß; Bl. 3-7 cm, bisweilen blasser als 1, meist ohne schwarzes Zentrum; Staubbeutel violett; Kapsel verkehrt-ei- bis *keulenförmig, kahl.* V-VIII. Unkrautfluren, Äcker, Schutt. ⚥ T[D:v]. **4a** *P. lecoqii.* Ähnlich 4, Milchsaft an der Luft gelb werdend; weniger behaart; Bl. mehr orangerot, Staubbeutel braun od. gelb. Auf Kalk. GB,F.

5 SCHLAF-MOHN *Papaver somniferum.* 0,3-1,5 m; Einj., meist kahl, blaugrün; B. länglich, groß, ungleich-buchtig-gezähnt; Bl. bis 15(18) cm, weiß od. violett mit dunklem Zentrum; Kapsel kugelig bis eiförmig, sehr groß. VI-VIII. Gebaut (Samenöl, Opium); verwildert in Unkrautfluren. ⚥⚥ (T) Ursprung: evtl. Vorder-Asien od. Medit.

6 *Papaver radicatum* bis 20 cm; Staude, behaart; B. grundständig, fiederschnittig od. -teilig; Milchsaft meist gelblich; Bl. 2-4,5 cm, gelb bis weißlich; Kapsel *behaart,* weniger als 2mal so lang wie breit. VI-VIII. Offener, felsiger Grund; Berggebiete. S. **6a, 6b, 6c, 6d** → S. 300.

7 GELBER HORNMOHN *Glaucium flavum.* 30-60 cm; Zweij./Staude, spärlich behaart, meergrün; obere B. wellig-randig, st'umfassend, untere lappig-fiederspaltig, rauh; Bl. 6-9 cm, zitronen- od. goldgelb; Kapsel schotenförmig, bis 30 cm lang, knotig-rauh. VI-IX. Strandspülsäume, Dünen der Küsten; Schuttfluren im Binnenland. T[D:s]. **7a Roter H.** *G. corniculatum* ☐ Bl. 2-6(8) cm, hochrot bis orangegelb (bisweilen mit schwarzem Fleck); St. u. Kapsel borstigbehaart. Unkrautfluren, Äcker, Schutt. (T[D:s]) Heimat: S-Europa.

8 SCHEINMOHN *Meconopsis cambrica.* 30-60 cm; Staude, schwach behaart; Milchsaft gelb; Grundb. lang gestielt, gefiedert; St'b. ähnlich aber kurz gestielt; Bl. *5-8 cm,* gelb; Kapsel kahl, länger u. schmaler als bei 6. VI-VIII. Feuchte Wälder, Felsen; selten aus Gärten verwildert. GB,F.

9 SCHÖLLKRAUT *Chelidonium majus.* 30-60 cm; Staude, fast kahl; Milchsaft orange; St. verzweigt, brüchig; B. stumpf-grün, fiederspaltig bis gefiedert; Bl. *1-2,5 cm,* zu 2-8, gelb; Kapsel schotenförmig. IV-X. Unkrautfluren, Schutt, Wegränder. ⚥⚥ T[D:v].

7a Roter Hornmohn

Bestimmungshilfe Kreuzblütler

(S. 84-98)

Arten der Fam. der Kreuzblütler *(Cruciferae)* sind äußerlich durch gleichartigen Bau der Blütenhülle(4 kreuzartig angeordnete Kronb., 4 Kelchb.) leicht kenntlich. Form und Aufbau der Fr. sind wesentliche Unterscheidungsmerkmale. Andere Arten mit 4 Kronb. (u. a. Schöllkraut S. 80, Blutwurz u. Fingerkräuter S. 112, Nachtkerzengewächse S. 148-150, Labkräuter S. 184-186) haben einen anderen Bl- bzw. Fr'aufbau; s. Allgemeine Bestimmungshilfe S. 13.

BEISPIELE AUFFÄLLIGER MERKMALE

PFLANZE

unangenehm riechend: Mauer-Doppelsame 84; Schutt-Kresse, Acker-Täschelkraut, Krähenfuß 98

nach Knoblauch riechend: Knoblauchhederich 90; Lauch-Täschelkraut 98

grau-, bläulich-, weißlichgrün: Steinkressen(z. T.), Finkensame 84; Färberwaid 86; Wildkohl, Raps, Rapsdotter 88; Meerkohl, Levkoie 92; *Arabis caucasica,* Turmkraut 94; Graukresse, Duft-Steinrich 96; Feld-Kresse, Stengelumfassendes Täschelkraut 98

mit Brutzwiebeln: Zwiebeltragende Zahnwurz 90

mit Ausläufern: Wilde Sumpfkresse 86; Meerkohl 92; Alpen-Gänsekresse 94

STENGEL

am Grund holzig: Felsen-Steinkresse 84; Goldlack 86; Wildkohl 88; Gemeine Nachtviole 90; Meerkohl, Levkoie 92; Pfeilkresse 98

blattlos(B. in Grundrosette): Immergrünes Felsenblümchen 84; *Brassicella monensis* 88; Bauernsenf, *Draba norvegica, Draba nivalis,* Fladnitzer Felsenblümchen, Frühlings-Hungerblümchen 96

kantig: Goldlack, Gemeines Barbenkraut 86; Bitteres Schaumkraut, Brunnenkresse 90

unverzweigt: Immergrünes Felsenblümchen, Finkensame 84; Wiesen-Schaumkraut, Zwiebeltragende Zahnwurz, Knoblauchhederich 90; Rauhe Gänsekresse 94; Mauer-Felsenblümchen 96

hin- u. hergebogen: Wald-Schaumkraut 94

BLÜTEN

duftend: Goldlack 86; Nachtviole 90; Levkoie 92

gelb: S. 84-88; Neunblättrige Zahnwurz 90; Turmkraut, Turm-Gänsekresse 94; *Draba nemorosa* 96

weiß: Hederich 88; S. 90-96(z. T.)

lila, rosa, purpurrot: Wiesen-Schaumkraut, Zwiebeltragende Zahnwurz, Nachtviole, Silberblatt 90; Meersenf, Levkoie 92; Felsen-, Sand-Schaumkresse 94; Schleifenblumen 96; Gebirgs-Täschelkraut 98

KRONBLÄTTER

ausgerandet od. gespalten: Graukresse, *Draba norvegica,* Frühlings-Hungerblümchen 96

ungleichgroß: Wendich 92; Schleifenblumen, Bauernsenf 96

fehlend: Spring-Schaumkraut 90; Behaartes Schaumkraut 94; Schutt-Kresse, Zweiknotiger Krähenfuß 98

geadert: Rapsdotter, Hederich 88

KELCHBLÄTTER

aufrecht(Bl. gelb): Immergrünes Felsenblümchen, Kelch-Steinkresse, Finkensame 84; Weg-Rauke, Lack-Schöterich, Gemeines Barbenkraut, Wilde Sumpfkresse 86; Wildkohl, Französische Hundsrauke, Lacksenf, Hederich 88

abstehend(bisweilen halbaufgerichtet, Bl. gelb): Ungarische Rauke, Morgenländische Zackenschote, Sumpfkressen 86; Rübsen, Raps, Acker-Senf, Runzeliger Rapsdotter 88

bis zur Reife bleibend: Kelch-Steinkresse 84

FRÜCHTE

linealisch (lang u. schmal): Mauer-Doppelsame 84; Goldlack, Weg-, Ungarische Rauke, Lack-Schöterich, Gemeines Barbenkraut 86; S. 88-90; Levkoie 92; S. 94

eiförmig(-länglich) bis elliptisch u. birnförmig: Immergrünes Felsenblümchen, Lein-Dotter 84; Färberwaid, Wasser-Sumpfkresse 86; Ausdauerndes Silberblatt 90; Wendich, Dänisches Löffelkraut 92; S. 96-98

±kugelig(bisweilen ±abgeplattet): Steinkressen, Finkensame 84; Meerkohl, Meerrettich, Breitblättrige Kresse, Gebräuchliches Löffelkraut 92; Frühlings-Hungerblümchen 96; Kressen (z. T.) 98

scheibenförmig-rundlich: Einjähriges Silberblatt 90; Schleifenblumen 96; Acker-Täschelkraut 98

2knotig od. brillenförmig: Brillenschötchen 84; Krähenfuß 98

ausgerandet: Schleifenblume, Hirtentäschel 96

runzelig: Finkensame 84

warzig: Morgenländische Zackenschote 86; Niederliegender Krähenfuß 98

gegliedert od. perlschnurartig: Runzeliger Rapsdotter, Hederich 88; Meersenf, Meerkohl 92

abgeflacht: Brillenschötchen 84; Silberblatt 90; Breitblättrige Kresse 92; Schaumkressen(z. T.) 94; Schleifenblumen, Echtes Hirtentäschel, Bauernsenf, Felsen-Gemskresse 96

3eckig bis verkehrt-herzförmig: Hirtentäschel 96; Gebirgs-, Stengelumfassendes, Berg-Täschelkraut 98

gedreht od. sichelförmig-gebogen: Turm-Gänsekresse 94; *Draba incana* 96

±4kantig: Lack-Schöterich, Gemeines Barbenkraut 86; Schwarzer Senf, Französische Hundsrauke 88

Blüten übergipfelnd: Glanz-Rauke 86; Behaartes Schaumkraut 94

vom Stengel abstehend: Kelch-Steinkresse, Finkensame 84; Wilde Sumpfkresse 86; Lacksenf 88; Nachtviole, Silberblatt, Brunnenkresse 90; Gebräuchliches Löffelkraut 92; Echtes Hirtentäschel, Mauer-Felsenblümchen 96

dem Stengel anliegend: Weg-Rauke 86; Schwarzer Senf 88; Levkoie 92; Rauhe Gänsekresse, Turmkraut 94

hängend: Färberwaid 86; Silberblatt 90

Kreuzblütler Fam. Cruciferae

Kräuter, selten Holzgewächse; Kronb. 4, frei, ihre Platten ein charakteristisches Kreuz bildend; Kelchb. 4; Bl. in Trauben; Fr. meist sehr charakteristische Schoten(Länge : Breite größer als 3 : 1) od. Schötchen(Länge : Breite kleiner als 3 : 1), seltener Bruchfrucht od. Nuß.

1 IMMERGRÜNES FELSENBLÜMCHEN *Draba aizoides.* 3-15 cm; Staude; St. kahl, unbeb., B. lineal, steif, borstig-bewimpert, in Grundrosette; Kronb. hellgelb, so lang wie Staubb.; Schötchen elliptisch. III-VI. Felsspalten, Mauern; auf Kalk. GB,F,M[D:s-z]. **1a** *D. alpina.* B. länglich-lanzettl., u. a. mit verzweigten Haaren. VI-VII. S. **1b** *D. crassifolia.* Ähnlich 1a; Haare nicht verzweigt; B. dikker u. breiter; Bl. kleiner u. heller gelb. S. **1c, 1d** → S. 300.

2 MAUER-DOPPELSAME *Diplotaxis muralis.* 15-50 cm; Einj. bis Staude, verzweigt, oben ±kahl; St. b'los od. wenigb.; Grundb. gestielt, buchtig-fiederspaltig; Bl. bis 1 cm, jung zitronengelb; Schoten länger als Stiel, ±schräg aufrechtabstehend. V-X. Mauern, Felsen, Unkrautfluren. T[D:s-v]. **2a Schmalblättriger D.** *D. tenuifolia.* 30-60 cm; Staude, am Grund holzig; oft nur St'b. mit linealen Zipfeln, etwas graugrün; Bl. bis 1,5 cm; Schoten am Grund stielförmig verjüngt, ±steif aufrecht parallel zum St. stehend. GB,F,M[D:s-v]. **2b Ruten-D.** *D. viminea.* 15-30 cm; Einj.; Bl. 7-10 mm, jung länger als der Stiel. (S,GB),F,M[D:s].

3 KELCH-STEINKRESSE *Alyssum alyssoides.* 8-25 cm; Einj., behaart; B. lanzettl.; Bl. 3-4 mm, *blaß-schwefelgelb,* in dichten Trauben; Griffel kurz; Schötchen ±kreisrund, grau-haarig; Kelchb. bis zur Vollreife bleibend. IV-IX. Trockene Rasen; meist auf Kalk. S,(GB),F,M[D:s-v].

4 BERG-STEINKRESSE *Alyssum montanum.* 10-25 cm; Staude, behaart, bisweilen weißlich; B. breiter u. Bl. etwas größer als 3; Bl. *goldgelb;* Griffel länger als 3; Schötchen behaart, ±rundlich; Kelchb. nach Bl. abfallend. III-VI. Trockene Rasen. F,M[D:s]. **4a Felsen-S.** *A. saxatile.* Bis 30 cm; am Grund holzig; B. graufilzig; Schötchen verkehrt-eiförmig, kahl. Felsspalten, trockene Rasen; auf Kalk. (GB),M[D:s].

5 LEIN-DOTTER *Camelina sativa.* Bis 1 m; Einj., formenreich, schwach behaart; St'b. ±pfeilförmig sitzend; Bl. klein, gelb. V-VIII. ssp. *sativa:* Schötchen birnförmig, 6-10 mm, schmal-berandet, Wand hart, früh gelb werdend. Früher gebaut; Unkrautfluren, Äcker. (T[D:s-z]). **5a** ssp. *microcarpa* ☐. Fr. birnförmig, 3-7 mm, breit berandet. S,F,M[D:s-z]. **5b** ssp. *alyssum* ☐. Fr. ±kugelig, 8-10 mm, schmal berandet, dünnwandig. S,F,M[D:s-z]. **5c** ssp. *macrocarpa* ☐. Fr. 10-12 mm. S,F,M.

6 FINKENSAME *Neslia paniculata.* 15-80 cm; Einj., behaart; B. lanzettl., untere gestielt, obere pfeilförmig sitzend, entfernt gezähnt; Bl. goldgelb, 3-4 mm; Fr. kugelig od. etwas abgeplattet, *runzelig.* VI-IX. Unkrautfluren. (S,GB),F,M[D:s-z]. **6a Hohldotter** *Myagrum perfoliatum* ☐. Kahl, bläulich-grün; Fr. birnförmig, an der Spitze verbreitert u. plötzlich stielförmig nach unten verjüngt. V-VII. Getreideäcker. (S,GB),F,M[D:s].

7 BRILLENSCHÖTCHEN *Biscutella laevigata.* 10-30 cm; Staude, sehr formenreich, behaart; Grundb. ±lanzettl., gezähnt bis ganzrandig; Bl. ca. 5-10 mm, gelb; Schötchen flachgedrückt, *brillenförmig.* V-VII. Trockene, steinige Rasen, Felsspalten, selten Unkrautfluren od. nasse Quellmoore. F,M[D:s].

Früchte:

5a *Camelina*	**5b** *Camelina*	**5c** *Camelina*	**6a** Hohldotter
sativa	*sativa*	*sativa*	
ssp. *microcarpa*	ssp. *alyssum*	ssp. *macrocarpa*	

Kreuzblütler (Forts.)

1 GOLDLACK *Cheiranthus cheiri.* 20-60 cm; Staude; B. lanzettl., ganzrandig, *anliegend behaart;* Bl. bis 2,5 cm, goldgelb bis braungelb, duftend; Schoten zusammengedrückt. III-VI. Gepflanzt u. verwildert an Mauern. ⚥ (GB,F,M[D:s]) Heimat: Medit. **1a, 1b, 1c** → S. 300.

2 WEG-RAUKE *Sisymbrium officinale.* 30-60 cm; Einj., steif, behaart, seltener ±kahl, verzweigt; untere B. schrotsägig-fiederspaltig; Bl. bis 3 mm, blaßgelb; Schoten 0,6-2 cm, aufrecht, *dem St. angedrückt.* V-X. Unkrautfluren, Wegränder, Schutt. ⚥ T[D:v]. **2a Steife R.** *S. strictissimum.* Bis 1 m; Staude; B. länglich-lanzettl., gezähnt, nicht gelappt; Bl. gelb, 4-6 mm; Schoten 4kantig. Ufer, Auenwälder. (GB),F,M[D:z-s]. **2b Glanz-R.** *S. irio.* Bis 60 cm; Einj.; St. kahl od. behaart; untere B. fiederspaltig; Fr. dicker als ihr Stiel, jung den Blst. überragend. (T[D:s]) Heimat: Medit., S-Asien, Afrika. **2c Lösels R.** *S. loeselii.* Bis 1 m; St. u. B. steifhaarig; jüngere Fr. kürzer als Blst. (S,GB,F),M[D:s]. **2d Morgenländische R.** *S. orientale.* Schoten so dick wie ihre Stiele, ähnlich 3, aber St. behaart; Kelchb. anliegend. (T[D:s]) Heimat: Medit., Asien. **2e Österreichische R.** *S. austriacum.* Zweijährige/Staude; St. u. B. kahl od. wenig borstig; Bl. ca. 7-10 mm, goldgelb; Schoten dicker als ihr Stiel, kürzer als Blst. (S,GB),F,M[D:s]. **2f** *S. volgense.* Ähnlich 2b; Bl. größer. Eingeschleppt. Heimat: SO-Rußland.

3 UNGARISCHE RAUKE *Sisymbrium altissimum.* 0,3-1,2 m; Einj., verzweigt, oben kahl; untere B. gefiedert bis fiederspaltig, früh hinfällig, behaart, obere mit sehr schmal-linealen Zipfeln; Bl. bis ca. 1 cm, blaßgelb; Kelchb. abstehend; Schoten so dick wir ihr Stiel, bis 10 cm. V-VIII. Unkrautfluren, Schutt, Äcker. (S,GB,F),M[D:v-z]. **3a Sophienrauke** *Descurainia sophia* ☐. B. 2-3fach fiederschnittig, Zipfel lineal-lanzettl.; Bl. ca. 3 mm; Kronb. ±kürzer als Kelchb.; Schoten bis 4,5 cm. T[D:z].

4 FÄRBERWAID *Isatis tinctoria.* 0,25-1,4 m; Ein-/Zweij., gelb- bis bläulich-grün; untere B. gestielt, lanzettl., obere *pfeilförmig* st'umfassend; Bl. ca. 4 mm, gelb; Fr. länglich, geflügelt, *hängend,* bräunlich. V-VIII. Trockene Rasen, Schuttfluren, Felsen. T[D:s-z].

5 MORGENLÄNDISCHE ZACKENSCHOTE *Bunias orientalis.* 0,25-1,2 m; Zweij./ Staude; St. warzig; untere B. buchtig-schrotsägig, oberste ungelappt; Bl. gelb, bis ca. 12 mm; Fr. schief-eiförmig, *warzig,* glänzend, ungeflügelt. V-VIII. Unkrautfluren, Schutt. (S,GB,F),M[D:s-z]. **5a Keulchen-Z.** *B. erucago.* Bis 60 cm; Fr. 4kantig, 4flügelig. (T[D:s]) Heimat: S-Europa.

6 LACK-SCHÖTERICH *Erysimum cheiranthoides.* 15-60 cm; Einj., behaart; St. *4kantig,* Haare anliegend, verzweigt; Rosettenb. lanzettl., schwach gezähnt, hinfällig; Bl. 3-6 mm, gelb; Bl'stiele 2-3mal so lang wie Kelch; Schoten 1-5 cm, 4kantig. V-IX. Unkrautfluren, Äcker. T[D:v]. **6a, 6b** → S. 300.

7 GEMEINES BARBENKRAUT *Barbarea vulgaris.* 30-90 cm; Zweij./Staude, kahl; B. grob fiederlappig, Endlappen der unteren B. sehr groß, ±rundlich, oberste B. ungeteilt, grob-gezähnt; Bl. goldgelb, bis ca. 5 mm; Schoten 1,5-3 cm, *aufrecht-abstehend.* IV-VIII. ±Feuchte Ufersäume, Schuttfluren. T[D:v]. **7a Steifes B.** *B. stricta.* Endlappen der unteren B. länglich-eiförmig, sehr groß; Bl. kleiner; Schoten 1,8-3 cm, aufrecht-angedrückt. T[D:z-s]. **7b Mittleres B.** *B. intermedia.* Alle B. fiederteilig, untere 3-5paarig; Schoten 1-3,2 cm. (GB),F,M[D:s-z]. **7c Frühlings-B.** *B. verna.* Alle B. fiederteilig, untere 6-10paarig gefiedert; Schoten 3-7 cm lang. (GB,F,M[D:s]) Heimat: SW-Europa.

8 WASSER-SUMPFKRESSE *Rorippa amphibia.* 0,4-1 m; Staude, kahl, oft Ausläufer; B. ±lanzettl., gezähnt bis leierförmig-eingeschnitten; Bl. bis ca. 5 mm; Fr. *ellipsoidisch,* Stiel 2-3mal so lang. V-VIII. Röhrichte, Gräben. T[D:v-z]. **8a** → S. 300.

9 WILDE SUMPFKRESSE *Rorippa silvestris.* 15-40 cm; Staude, ±kahl, mit Ausläufern; alle B. tief-fiederspaltig bis gefiedert; Kronb. sattgelb, ca. 2mal so lang wie Kelch; Schoten 6-18 mm, lineal, etwa so lang wie Stiel. VI-IX. Feuchte Ufer, Schutt. T[D:v]. **9a Pyrenäen-S.** *R. stylosa.* Unterste B. einfach; St'b. tieffiederteilig; Kronb. länger als Kelch; Fr. ellipsoidisch, Stiel 2-3mal so lang. Unkrautfluren, Wiesen. F,M[D:s]. **9b Kleinblütige S.** *R. islandica* ☐. Einj./Staude; Kronb. so lang od. kürzer als Kelch; Fr. länglich, gedunsen, etwa so lang wie Stiel. Ufersäume. T[D:v]. Daneben verschiedene Bastarde.

87

Kreuzblütler (Forts.)

1, 2 u. 8 umfassen u. a. Kultur- u. Wildformen; die Formenmannigfaltigkeit der Kulturformen hier nicht berücksichtigt.

1 WILDKOHL *Brassica oleracea* var. *oleracea*. Bis 60 cm(> 1 m); Staude, kahl, blaugrün; St. ästig, dick, am Grund verholzend, mit alten B'narben; B. leierförmig-fiederlappig, obere sitzend, etwas st'umfassend; Kronb. 1,2-2,6 cm lang, weißgelb; Bl. die Fr. überragend; Kelchb. aufrecht. V-IX. Küstenfelsen; daneben zahlreiche Kulturvarietäten: Grünkohl, Kopfkohl, Blumenkohl etc. ⚥ GB,F.

2 RÜBSEN *Brassica rapa* f. *campestris*. Bis 40 cm(1 m); Einj./(Zweijährige); untere B. leierförmig-fiederspaltig, grasgrün, borstlich behaart, obere st'umfassend; Kronb. 6,5-11 mm lang; Blst. flach, *geöffnete Bl. überragen Bl'knospen;* Kelchb. abstehend; Schoten lang. IV-VIII. Ufer, Äcker; daneben Kulturvarietäten: Ölrübsen, Weiße Rübe. ⚥ S,F,M[D:s]. **2a Raps** *B. napus*. Bis 1,2 m; alle B. blaugrün; Kronb. 1,1-1,4 cm; Kelchb. abstehend; *Bl'knospen überragen Bl.* Nur Kulturvarietäten: Ölraps, Kohlrübe etc. ⚥. **2b Sarepta-Senf.** *B. juncea*. Obere B. gestielt, bläulichgrün; Kelchb. abstehend; Bl'knospen u. Bl. ± in gleicher Höhe. Äcker, Schutt. (GB,M[D:s]) Heimat: O-Europa, O-Asien.

3 SCHWARZER SENF *Brassica nigra*. 0,5-1,5 m; Einj.; untere B. leierförmig, grasgrün, obere ± lanzettl. grasgrün; Bl. gelb; Fr. dem St. angedrückt. VI-VIII. Ufer, Schutt; daneben kultiviert. ⚥⚲ T[D:v-s]. **3a Grausenf** *Hirschfeldia incana*. Unten ± grau- bis weißhaarig; Bl. hellgelb. V-X. Schuttfluren. (GB),F,M[D:s].

4 ACKER-SENF *Sinapis arvensis*. 30-60 cm; Einj., rauh behaart; nur unterste B. gefiedert od. fiederspaltig, gestielt; oberste B. eiförmig, gezähnt, sitzend; Kronb. bis ca. 1,5 cm, schwefelgelb; Kelchb. abstehend; Schote auffällig geschnäbelt. IV-X. Äcker; meist kalkhaltige Böden. ⚥⚲ T[D:v]. **4a Weißer S.** *S. alba* ▢. Alle B. fiederspaltig bis gefiedert. Kultiviert u. verwildert. ⚥⚲ (T[D:z]) Heimat: Medit., W-Asien.

5 FRANZÖSISCHE HUNDSRAUKE *Erucastrum gallicum*. 30-60 cm; Ein-/Zweij., dicht behaart; B. leierförmig bis fiederspaltig, obere nicht st'umfassend; Bl. gelblich-weiß; Kelchb. aufrecht-abstehend; Blst. unten mit Tragb.; Schoten kürzer als 4 cm, zwischen den Samen eingeschnürt. IV-X. Unkrautfluren, trockene Felsen. (S,GB),F,M[D:s-v]. **5a Stumpfzähnige H.** *E. nasturtiifolium*. Zweij./Staude; Blst. ohne Tragb.; Kelchb. waagerecht-abstehend. (GB),F,M[D:s].

6 LACKSENF *Brassicella erucastrum*. 25-60 cm; Einj./Staude; St. unten ± steifhaarig; B. tief-fiederspaltig od. gefiedert; Kronb. schwefelgelb, ca. 1,5 cm; *Schoten 3-8 cm.* VI-VIII. Unkrautfluren, Ufer, Schutt; kalkmeidend. (GB),F,M [D:s]. **6a** *B. monensis*. Fast völlig kahl; B. fast alle grundständig. Sandige Küstenstandorte. (GB). **6b** *B. wrightii*. Staude; St. kräftig; Schoten 3-4 mm breit. Klippen. GB[Lundy Island].

7 RUNZELIGER RAPSDOTTER *Rapistrum rugosum*. 30-60 cm; Ein-/Zweij., unten ± steifhaarig; B. gestielt, mit 3 Paar Fiederlappen; Kronb. zitronengelb, bis 1 cm; Fr. 2gliedrig, oberes Glied breiter, gerundet; Griffelspitze 1-3 mm. VI-IX. Unkrautfluren, Äcker, Schutt. (GB),F,M[D:s]. **7a Mehrjähriger R.** *R. perenne*. Staude; B. mit 6 Paar Fiederlappen; Griffelspitze 0,5-1 mm. (GB,F),M[D:s].

8 HEDERICH *Raphanus raphanistrum*. 30-60 cm; Einj., behaart, z. T. ähnlich 4; Zähne oberer B. stumpflich; Kronb. bis 2 cm lang, blaßgelb od. weiß; Kelchb. anliegend-aufrecht; Fr. lang, *perlschnurartig,* reif in den Einschnürungen leicht zerbrechend, 3-4 mm breit. V-IX. Äcker, Schutt; kalkmeidend. ⚥⚲ T[D:v]. **8a** *R. maritimus*. Meist Staude; ähnlich 8; höher, kräftiger; Kronb. bis 2,5 cm lang, gelb; Fr. 5-8 mm breit, schwerer zerbrechend. Sandige, felsige Küsten. GB,F,M. **8b Rettich** *R. sativus*. Bl. purpurviolett od. weiß; Fr. ei-kegelig, nicht eingeschnürt, gedunsen. Kultiviert: Rettich, Radieschen etc.; gelegentlich verwildert. ⚥ (T).

4a Weißer Senf

Kreuzblütler (Forts.)

1 WIESEN-SCHAUMKRAUT *Cardamine pratensis*. 20-60 cm; Staude, kahl, formenreich; Grundb. *rosettig*, gefiedert; St'b. ähnlich, B'chen schmaler; Kronb. 5-19 mm lang, lila, rosa, selten weiß; Staubbeutel gelb; Schoten 1,8-5,5 cm. IV-VI. Feuchte Wiesen, Weiden. T[D:v]. **1a** *C. bellidifolia* ☐. 1-8 cm; alle B. ungeteilt; St'b. 0-1; Kronb. 3,5-5 mm, weiß. Berggebiete. S. **1b, 1c, 1d** → S. 300.

2 BITTERES SCHAUMKRAUT *Cardamine amara*. 10-40 cm; Staude, unten zerstreut behaart; Grundb. nicht rosettig; St'b. *breiter* als bei 1; Kronb. 7-9 mm, weiß; Staubbeutel *violett*. IV-VI. Quellfluren, nasse Wälder. T[D:z-v]. **2a** *C. raphanifolia* ☐. 30-70 cm; Endb'chen der St'b. sehr groß u. rund; Bl. dunkel rötlich-violett; Staubbeutel gelb. Flußufer. (GB) Heimat: S-Europa.

3 ZWIEBELTRAGENDE ZAHNWURZ *Dentaria bulbifera*. 30-70 cm; Staude, kahl, *nur St'b.;* St'b. gefiedert u. oberste einfach, lanzettl.; in den B'achseln purpurbraune *Brutzwiebeln;* Kronb. 1,2-1,6 cm, violett bis rosa; Schoten 2-3,5 cm. IV bis VI. Buchenwälder; meist auf Kalk. T[D:s-z]. **3a Gefiederte Z.** *D. heptaphylla*. Alle B. gefiedert, ohne Brutzwiebeln; Kronb. 1,4-2 cm, weiß od. etwas lila; Schoten bis 8 cm. F,M[D:s]. **3b Gefingerte Z.** *D. pentaphyllos*. B. 3-5zählig gefingert, alle wechselständig; Bl. rosenrot. Bergwälder. M[D:s-z]. Daneben Bastard: 3a×3b. **3c Neunblättrige Z.** *D. enneaphyllos* ☐. St'b. 3, wirtelig, 3zählig gefingert; Bl. hängend, gelblichweiß. Bergwälder. M[D:s-v].

4 SPRING-SCHAUMKRAUT *Cardamine impatiens*. 10-50 cm; Ein-/Zweij., kahl; B. vielpaarig gefiedert; B'chen (2)3(-5)spaltig; B'stiel pfeilförmig am Grund geöhrt; Kronb. weiß, sehr klein, oft fehlend; Staubbeutel grünlich; Schoten zur Reife aufspringend. V-VIII. Feuchte Laubmischwälder; im Norden auch auf Kalk. T[D:s-v]. **4a Kleinblütiges S.** *C. parviflora* ☐. 5-30 cm; Einjährige; B'chen ganzrandig; B'stiel ohne Öhrchen; Kronb. immer vorhanden. Ufer. S,F,M[D:s].

5 KNOBLAUCHHEDERICH *Alliaria officinalis*. 0,2-1 m; Einj./Staude, kahl; B. lang gestielt, am Grund nierenförmig, zerrieben nach *Knoblauch* riechend; Bl. weiß; Schoten lang. IV-VIII. Wegränder, Hecken, Gebüsche. T[D:v].

6 GEMEINE NACHTVIOLE *Hesperis matronalis*. 30-80 cm; Zweij./Staude, behaart, selten kahl; Grundb. eiförmig; St'b. kurzgestielt, lanzettl.; Kronb. 1,4-2,5 cm, lila, weiß, violett, duftend; Schoten bis 10 cm, aufwärts gekrümmt. V-VIII. Hecken, Wegränder; kultiviert u. verwildert. (S,GB),F(M[D:s]). **6a, 6b** → S. 300.

7 AUSDAUERNDES SILBERBLATT *Lunaria rediviva*. 0,3-1,4 m; Staude; B. eiförmig, spitz, gezähnt, obere deutlich gestielt; Kronb. 1,2-2 cm, lila; Schötchen breitlanzettl., beidends spitz, 3,5-9 cm lang, *zusammengedrückt,* mit *silbriger* Scheidewand. V-VII. Bergwälder. S,(GB,F),M[D:s-z]. **7a Einjähriges S.** *L. annua*. Ein-/Zweij.; oberste B. sitzend, grob gezähnt; Kronb. 1,5-2,5 cm; Schötchen beidends abgerundet. Kultiviert, selten verwildert. (T) Heimat: SO-Europa.

8 ECHTE BRUNNENKRESSE *Nasturtium officinale*. 15-80 cm; Staude, kahl, am Grund z. T. *niederliegend* u. *wurzelnd;* B. gefiedert, im Herbst grün; Bl. weiß; Staubbeutel gelb; Schoten 1,3-1,8 cm, Samen in 2 Reihen. V-X. Bachröhrichte; meist fließendes u. kalkreicheres Wasser. ⚥ T[D:z-v]. **8a Kleinblättrige B.** *N. microphyllum*. Sehr ähnlich 8; B. im Herbst braun bis rotbraun; Schoten 1,6-2,4 cm, Samen in 1 Reihe. Bl. etwa 2 Wochen später als 8. Meist etwas kalkärmere Gewässer. T[D:s-z]. Daneben 8×8a zwischen den Eltern; B. rotbraun werdend; Schoten deformiert.

2a *Cardamine raphanifolia*

3c Neunblättrige Zahnwurz

1a *Cardamine bellidifolia*

4a Kleinblütiges Schaumkraut

1

2

3

4

5

6

7

8

Kreuzblütler (Forts.)

1 MEERSENF *Cakile maritima.* 15-30 cm; Einj., formenreich, kahl, gelblich- bis bläulichgrün, fleischig; B. fiederspaltig od. lineal; Bl. hellviolett, bisweilen weißlich; Fr. 2gliedrig, länglich-eiförmig, mit od. ohne seitliche Fortsätze. VI-X. Sandige Küstenspülsäume. T[D:v-s].

2 MEERKOHL *Crambe maritima.* 30-75 cm; Staude, kahl, blaugrün, truppweise; St. dick, am Grund holzig; B. sehr groß, rundlich, etwas fleischig, am Rand buchtig, *wellig*, gezähnt, obere kleiner; Kronb. 6-12 mm, weiß; Blst. rispig; Fr. 2gliedrig, oberes Glied dick kugelig. V-VIII. Kiesige u. sandige Küstenspülsäume. T[D:s].

3 WENDICH *Calepina irregularis.* 30-50 cm; Ein-/Zweij., kahl; Grundb. rosettig; St'b. länglich, pfeilförmig-st'umfassend; Kronb. 2-3 mm, ungleich, weiß; Fr. ±eiförmig, runzelig, kurzschnäbelig. V-VI. Unkrautfluren, Schutt, Weinberge. (GB),F,M[D:s].

4 LEVKOIE *Matthiola incana.* 20-80 cm; Einj./Staude, graufilzig, am Grunde verholzend; B. schmal-lanzettl., ganzrandig; Kronb. *2-3 cm* lang, rot, purpur od. weiß, duftend; Schoten zusammengedrückt, sehr lang, behaart. IV-X. Küstenfelsen; daneben kultiviert u. verwildert. GB,F. **4a** *M. sinuata* ☐. 8-60 cm; meist Zweijährige, dicht weißfilzig; St. beb. u. nicht holzig; Grundb. fiederig gelappt od. buchtig-gezähnt; Schoten mit großen gelben od. schwarzen Drüsen. Sandige Küstendünen. GB,F.

5 MEERRETTICH *Armoracia rusticana.* 0,4-1,25 m; Staude, kahl; Grundb. eilänglich, bis über 0,5 m lang, lang gestielt, am Rand gekerbt u. wellig, obere ±lanzettl., kurz gestielt; Kronb. 5-7 mm, weiß; Bl. in reichbl. Trauben; Schötchen fast kugelig. V-VIII. Gebaut; in Unkrautfluren gelegentlich verwildert. ⚥⚘ (T[D:z]) Heimat: SO-Europa, W-Asien.

6 BREITBLÄTTRIGE KRESSE *Lepidium latifolium.* 0,25-1 m; Staude; St. meist kahl; z. T. 5 ähnelnd; B. bis 30 cm, kürzer gestielt, am Rand nicht wellig; Bl. 2-3 mm; Kelchb. *weiß*-berandet; Schötchen abgeflacht-rundlich. VI-VIII. Salzliebende Unkrautfluren, Dünen. T[D:s].

7 GEBRÄUCHLICHES LÖFFELKRAUT *Cochlearia officinalis.* 15-30 cm; Einj./ Staude, kahl; untere B. breit ei-herzförmig, *fleischig*, obere etwas st'umfassend; Kronb. 3-7 mm, weiß; Schötchen kugelig od. eiförmig, gedunsen. IV-VIII. Trokkenere Salzpflanzenbestände; Küsten, selten Binnenland. ⚥ T[D:z-s]. **7a Englisches L.** *C. anglica* ☐. Untere B. eiförmig-länglich, ±in den Stiel verschmälert; Kronb. 5-7 mm; Schötchen eiförmig-elliptisch. IV-VII. Salzwiesen; sandig-tonige Böden. S,GB,M[D:z-s]. **7b** *C. aestuaria.* Schötchen an der Spitze gestutzt u. ausgerandet. F. **7c** *C. fenestrata.* Schötchen schmal-ellipsoidisch, 3-4mal länger als breit. S. **7d Felsen-Kugelschötchen** *Kernera saxatilis.* Untere B. länglich verkehrt-eiförmig, gezähnelt, behaart, obere ±lineal-länglich, sitzend. Kalkfelsen. M[D:s-z]. **7e, 7f** → S. 300.

8 DÄNISCHES LÖFFELKRAUT *Cochlearia danica.* 10-20 cm; Ein-/Zweij.; B. sämtlich *gestielt*, untere herzförmig, obere 3-5lappig; Bl. weiß od. blaßlila; Schötchen eiförmig bis elliptisch. I-IX. Lückige Salzpflanzenbestände; sandige od. steinige Küsten. T [D:s]. **8a** *C. groenlandica.* 3-10 cm; Zweij./Staude; aufsteigender St. b'los. S [Island].

4a *Matthiola sinuata*

7a Englisches Löffelkraut

93

Kreuzblütler (Forts.)

1 BEHAARTES SCHAUMKRAUT *Cardamine hirsuta*. 7-30 cm; Ein-/Zweij.; St. zerstreut-behaart; Rosette gefiederter B. mit 1-5(7) B'chenpaaren; Kronb. 2,5-3 mm; Staubb. *4*; Schoten lang, aufrecht, die Bl. weit überragend. II-XI. Äcker. T[D:s-v]. **1a Wald-S.** *C. flexuosa*. 10-50 cm; St. dicht behaart; B'rosette lockerer; Staubb. *6;* Schoten nicht od. wenig Bl. überragend. IV-VI. Feuchte Wälder, Quellfluren. T[D:s-z].

2 FELSEN-SCHAUMKRESSE *Cardaminòpsis hispida*. 10-23 cm; Staude, schwach behaart; untere B. *buchtig-gezähnt* od. ganzrandig, obere ganzrandig; Kronb. 3-7 mm, weiß, selten lila; Schoten lang, *stark zusammengedrückt*. IV-VIII. Felsspalten, Geröllufer in Gebirgen. S,GB,M[D:s].

3 SAND-SCHAUMKRESSE *Cardaminopsis arenosa*. 5-40 cm; Einj./Staude; alle B. fiederspaltig od. grob gezähnt; Bl. größer als 2, lila od. in nördlichen Gebieten häufiger weiß; Schoten ähnlich 2. IV-VI. Felsspalten, Unkrautfluren; Sand- u. Steinböden. S,F,M[D:s-v]. **3a Hallers S.** *C. halleri*. 5-15 cm; mit oberirdischen Ausläufern; B. leierförmig-fiederteilig, mit großem rundlichem Endabschnitt; Schoten lineal, knotig-gedunsen. IV-VIII. Nadelwälder, Wiesen; bes. Berggebiete. F,M[D:s-z]. **3b** *Arabidopsis suecica*. Grundb. gezähnt bis fiederspaltig; Bl. weiß; Schoten dünn, 2-3 cm. Wegränder, Geröllfluren. S.

4 SCHMALWAND *Arabidopsis thaliana*. 8-30 cm; Einj., unten behaart; Grundb. *länglich-lanzettl.*, gezähnt, rosettig; St'b. lanzettl., sitzend; Kronb. 2 mm, weiß; Schoten bis 2 cm lang, ca. 1 mm dick, etwas abgeflacht. II-X. Äcker, Mauern; ±trockene, kalkfreie Böden. T[D:v-z]. **4a Niedrige Rauke** *Sisymbrium supinum*. Niederliegend-aufsteigend; B. buchtig-fiederspaltig; Bl. größer; Schoten nicht abgeflacht. S,F,M[D:s]. **4b** *Braya linearis*. Staude; B. lineal, ganzrandig. Geröllfluren; arktische Berggebiete. S.

5 RAUHE GÄNSEKRESSE *Arabis hirsuta*. 15-60 cm; Zweij./Staude, behaart, formenreich; St'b. u. lange Schoten dem St. *angedrückt;* Grundb. rosettig, verkehrt-eiförmig, schwach gezähnt; St'b.mit ±gestutztem Grund; Kronb. 4-5,5 mm, weiß. IV-VIII. Trockene Rasen, Wiesen, Felsen, Dünen; meist auf Kalk. T[D:s-v]. **5a** *A. stricta*. 5-25 cm; Staude; St. wenig beb.; Grundb. buchtig-gezähnt; Bl. gelblich-weiß. III-V. GB.

6 TURMKRAUT *Turritis glabra*. 0,5-1,25 m; Zweij., oben kahl, *bläulich-grün;* untere B. schrotsägig-gezähnt, behaart; obere St'b. kahl, am Grund *pfeilförmig,* st'umfassend; Kronb. 4-6 mm, gelblichweiß; Schoten steif-aufrecht, zahlreich, 6-10mal so lang wie ihr Stiel. V-VII. Trockene Gebüsche, Wälder, Ufer. T[D:s-z]. **6a Armblütige Gänsekresse** *Arabis pauciflora*. Staude; Grundb. kahl, nach der Bl. bleibend; St'b. gitarrenförmig; Schoten wenige. Trockene Wälder, Rasen, Felsen; auf Kalk. F,M[D:s-z].

7 ALPEN-GÄNSEKRESSE *Arabis alpina*. 6-25 cm; Staude, *kriechend*, behaart, graugrüne Polster bildend; St'b. grob gezähnt, herzpfeilförmig st'umfassend; Kronb. 7-10 mm, weiß; Schoten abstehend. III-VIII. Felsspalten; Gebirge. S,GB, M[D:s-v]. **7a** *A. caucasica*. Graugrün bis weißlich; St'b. weniger u. flacher gezähnt, am Grund scharf pfeilförmig; Kronb. 9-18 mm. III-V. Gepflanzt; gelegentlich an Felsen u. Straßen verwildert. (GB,F,M) Heimat: S-Europa. **7b, 7c, 7d, 7e** → S. 300, 301.

8 TURM-GÄNSEKRESSE *Arabis turrita*. 30-70 cm; Zweij./Staude, behaart; St. bisweilen rötlich; Grundb. lang-gestielt, ±dicht behaart; Kronb. gelblich-grünlich-weiß; Schoten *8-15 cm* lang, alle einseitig sichelförmig-überhängend gebogen. IV-VII. Trockene Gebüsche, Rasen, Mauern. (GB,F),M[D:s-z].

9 ÖHRCHEN-GÄNSEKRESSE *Arabis recta*. 10-40 cm; Ein-/Zweij., behaart; unterste B. länglich, gestielt, hinfällig, obere herz-pfeilförmig, st'umfassend, an der Spitze rundlich; Kronb. 2-4 mm, weiß, aufrecht; Schoten 1-3,5 cm, abstehend. IV-VI. Trockene Rasen. F,M[D:s-z].

Kreuzblütler (Forts.)

1 BITTERE SCHLEIFENBLUME *Iberis amara.* 10-40 cm; Ein-/(Zweijährige), leicht behaart; B. länglich, keilförmig, obere vorne ±tief beiderseits gezähnt; Kronb. 6-10 mm, weiß od. rötlich, *ungleich;* Schötchen rundlich, ca. 5 mm, spitz geflügelt. V-IX. Äcker, Weinberge; auf Kalk. ⚥ GB,F,M[D:s]. **1a Mittlere S.** *I. intermedia.* 30-60 cm; B. schmaler, spitz, obere ganzrandig; Schötchen 5-9 mm. F,(M[D:s]). **1b Scheindoldige S.** *I. umbellata* ☐. Bl. violett od. hellrot; Fr'stand scheindoldig. Kultiviert; gelegentlich verwildert. (GB,F,M[D:s]) Heimat: Medit.

2 ECHTES HIRTENTÄSCHEL *Capsella bursa-pastoris.* 20-40 cm; Ein-/Zweij., formenreich, behaart, selten kahl; Grundb. schmal-länglich, gezähnt bis fiederspaltig, selten ganzrandig, rosettig; oberste St'b. ganzrandig; Kronb. 2-3 mm, weiß; Schötchen *3eckig,* bisweilen ausgerandet. I-XII. Unkrautfluren, Äcker, Wege, Schutt. ⚥ T[D:v]. **2a Rötliches H.** *C. rubella* ☐. Bl. rötlich; Schötchen an der Spitze mit 2 rundlichen Lappen. (GB),F,(M[D:s].

3 BAUERNSENF *Teesdalia nudicaulis.* 8-20 cm; Einj., kahl; St. meist *b'los;* Rosetten leierförmig-fiederspaltig; Bl. ca. 2 mm; Kronb. ungleich, weiß, nicht ausgerandet. IV-X. Sandfluren; nicht auf Kalk. T[D:z-s].

4 GRAUKRESSE *Berteroa incana.* 25-50 cm; Ein-/Zweij., grau behaart; B. lanzettl., ganzrandig; Kronb. 4,5-6 mm, weiß, *tief-ausgerandet;* Schötchen ellipsoidisch. VI-X. Unkrautfluren, Schutt, trockene Rasen. (S,GB,F),M[D:v-s].

5 DUFT-STEINRICH *Lobularia maritima.* 10-14 cm; Staude/(Einj.), dicht grauweißlich behaart; B. *lineal-lanzettl.,* ganzrandig; Kronb. ca. 3 mm, nicht ausgerandet, duftend; Schötchen eiförmig-rundlich. VI-IX. Kultiviert; bes. in Küstennähe verwildert. (T) Heimat: S-Europa.

6 MAUER-FELSENBLÜMCHEN *Draba muralis.* 15-30 cm; Einj., behaart; St. beb.; B. rundlich-eiförmig, *gezähnt, halbst'umfassend;* Kronb. 1,5-2 mm, weiß, nicht ausgerandet; Schötchen 3-6 mm, elliptisch, abstehend. IV-VI. Trockene Rasen, Mauern, Felsen; auf Kalk. T[D:s-z]. **6a D. nemorosa.** Ähnlich 6; B. schmaler; Bl. weißlich; Fr'stiele kürzer. S,M[D:?]. **6b** *D. incana* ☐. Bis 35 cm; Zweij./Staude; St. reicher beb.; B. lanzettl.; Kronb. 4-5 mm, ausgerandet; Fr. länglich-lanzettl., zur Reife gedreht. V-VII. Felsen, Dünen; Berggebiete. S,GB,M. **6c D. daurica.** Bis 25 cm; formenreich; ähnlich 6b; Bl. gelblichweiß; Fr. nicht gedreht. S. 6d-f: Stauden; St. meist b'los. VI-VII. Felsspalten; Gebirge. **6d** *D. norvegica* ☐. Bis 20 cm; formenreich; Grundb. bisweilen gezähnt; Kronb. ausgerandet. GB,S. **6e D. nivalis.** Bis 5 cm; St. b'los; B. dicht behaart, meist ganzrandig. S. **6f Fladnitzer F.** *D. fladnizensis.* Bis 8 cm; ähnlich 6d; St. kahl; B. nur gewimpert. S,M [D:Alp]. **6g, 6h, 6i, 6k** → S. 301.

7 FRÜHLINGS-HUNGERBLÜMCHEN *Erophila verna.* 2-15 cm; Einj., sehr formenreich, schwach behaart; St. b'los; Grundrosettenb. lanzettl.-eiförmig; Kronb. 1,5-6 mm, *tief gespalten;* Schötchen länglich bis rundlich, lang abstehend; gestielt. III-V. Trockene Rasen; oft auf Sand; Felsen. T[D:v].

8 FELSEN-GEMSKRESSE *Hutchinsia petraea.* 2-15 cm; Einj., ±kahl; Grundrosettenb. u. St'b. gefiedert; Kronb. wenig länger als Kelch, bis 1 mm, grünlich-weiß, nicht ausgerandet; Schötchen elliptisch. III-VI. Trockene Rasen, Felsen; meist auf Kalk. T[D:s]. **8a Liegende Salzkresse** *Capsella procumbens.* 5-15 cm; Einj.; untere B. fiederspaltig, obere lineal-länglich(ohne Grundb'rosette); Kronb. 1-3 mm, weiß; Schötchen verkehrt-eiförmig, bis 4 mm, flach. Salzpflanzenbestände. F,M[D:s]. **8b** → S. 301.

1b Scheindoldige Schleifenblume **2a** Rötliches Hirtentäschel **6b** *Draba incana* **6d** *Draba norvegica*

Kreuzblütler (Forts.)

1 PFEILKRESSE *Cardaria draba.* 20-50 cm; Staude, ±*grauhaarig;* B. zugespitzt, gezähnt, obere mit pfeilförmigem Grund st'umfassend; Bl. 5-6 mm, weiß, in *doldenförmigen Trauben;* Schötchen verkehrt herzförmig, geschnäbelt. V-VII. Unkrautfluren, Wege, Schutt. T[D:z].

2 FELD-KRESSE *Lepidium campestre.* 15-30 cm; Ein-/Zweij., flaumig-filzig; B. länglich, lanzettl., obere st'umfassend, fast 3eckig; Bl. 2-3 mm, weiß; Kronb. länger als Kelchb.; Staubbeutel gelb; Schötchen eiförmig, schuppig, so lang wie Stiel, ab Mitte geflügelt. V-VII. Unkrautfluren, trockene Äcker, Schutt. T[D:z]. **2a Verschiedenblättrige K.** *L. heterophyllum.* Staude, flaumig-zottig; Kronb. größer, mit breiterer Platte; Staubbeutel violett; Schötchen nicht schuppig. T[D:s]. **2b Virginische K.** *L. virginicum.* Einj., ±flaumig u. rückwärts gerichtet behaart; B. *gestielt,* gezähnt; Schötchen kürzer als Stiel. (T[D:z-s]) Heimat: Amerika. **2c** *L. divaricatum* mit gezähnten, nicht st'umfassenden B.; Kronb. kürzer als Kelchb. (S,GB,M) Heimat: Afrika. **2d, 2e** → S. 301.

3 GARTEN-KRESSE *Lepidium sativum.* 20-60 cm; Einj., kahl, mit strengem Kressegeruch; *untere B. mit linealen Fiederlappen,* obere lineal, ungelappt, sitzend; Bl. 4-5 mm, manchmal rötlich; Kronb. länger als Kelchb.; Schötchen rundlich, *stumpf,* der Spindel ±angedrückt. V-VII. Gebaut für Gewürz u. Salate; daneben Unkrautfluren. (T[D:s]) Ursprung: Orient.

4 SCHUTT-KRESSE *Lepidium ruderale.* 15-30 cm; Ein-/Zweij., oft fast kahl, übelriechend; Grundb. fiederteilig, St'b. lineal; Bl. grün, meist ohne Kronb.; Schötchen rundlich-eiförmig, stumpf, kürzer als Stiel. V-IX. Unkrautfluren, Äcker, Wege, z. T. häufiger Küstengebiete. T[D:v]. **4a Dichtblütige K.** *L. densiflorum* nicht unangenehm riechend, dicht behaart; St'b. meist entfernt gezähnt; Bl. manchmal mit kleinen Kronb.; Schötchen etwa so lang wie Stiel. Unkrautfluren. (T[D:z]) Heimat: N-Amerika. **4b Verkannte K.** *L. neglectum.* Wie 4a, St. behaart, obere B. lineal, nicht gezähnt; Schötchen rundlich u. **4c** *L. bonariense* behaart, alle B. gefiedert. (T[D:s]) Heimat: Amerika.

5 ACKER-TÄSCHELKRAUT *Thlaspi arvense.* 10-30 cm; Einj.; St. kantig; B. breitlanzettl., gezähnt, obere sitzend; Bl. 4-6 mm, weiß; Staubbeutel gelb; Schötchen fast kreisrund mit durchschimmerndem, breitem Flügel; Griffel sehr kurz, am Grund der Flügelausrandung. IV-VIII. Äcker. T[D:v]. **5a Lauch-T.** *T. alliaceum.* Mit Lauchgeruch u. verkehrt-eiförmig, schmal geflügelten Schötchen. IV-VI. Äcker. (GB),F,M[D:s].

6 GEBIRGS-TÄSCHELKRAUT *Thlaspi alpestre.* 5-25 cm; Zweij./Staude, sehr variabel, kahl, mit nichtbl. Laubtrieben; B. *ungezähnt;* St'b. am Grund herzförmig; Bl. 4—8 mm, weiß od. etwas rötlichblau; Staubbeutel gelb, später schwarz; Schötchen verkehrt-herzförmig, Griffel meist aus Ausrandung hervorragend. IV-VII. Kalkfelsen, Schwermetallrasen, Bergwaldränder. T[D:s-z].

7 STENGELUMFASSENDES TÄSCHELKRAUT *Thlaspi perfoliatum.* 7-25 cm; Einjährige, oft blaugrün; St'b. lanzettl., *tief herzförmig st'umfassend;* Bl. weiß; Staubbeutel gelb; Schötchen verkehrt-herzförmig. IV-VI. Trockenrasen, auf Kalk. T[D:s-z].

8 BERG-TÄSCHELKRAUT *Thlaspi montanum.* 10-25 cm; Staude, kahl, rasenbildend; St. armb.; Grundb. lang-gestielt; Bl. 10-12 mm; Staubbeutel gelb; Schötchen verkehrt-herzförmig, breit-geflügelt, Griffel aus der Ausrandung hervorragend. IV-VI. Trockene Grasfluren, Wälder, auf Kalk. F.M[D:s-z]. **8a, 8b** → S. 301.

9 NIEDERLIEGENDER KRÄHENFUSS *Coronopus squamatus.* Ein-/Zweij., niederliegend, bis 30 cm lang; B. 1-2fach fiederspaltig, Abschnitte schmal; Bl. 2-3 mm, weiß, in kleinen Knäueln; Schötchen fast nierenförmig, länger als Stiel, strahlig-gefurcht, warzig, *nicht ausgerandet;* Griffel kegelförmig. VI-VIII. Weiden, Wegränder. T[D:z-s].

10 ZWEIKNOTIGER KRÄHENFUSS *Coronopus didymus.* Einj., niederliegend bis *halb-aufrecht,* bis 30 cm lang; B. 1-2fach fiederspaltig; Bl. 1-2 mm, weiß; Schötchen deutlich 2knotig, *oben u. unten ausgerandet,* kürzer als Stiel; Griffel fehlend. Unkrautfluren. (T[D:s]) Heimat: S-Amerika.

1   2   3   4   5

6   7   8   9

10

Waugewächse Fam. Resedaceae

1 FÄRBER-WAU *Reseda luteola*. 0,5-1,5 m; Zweig., unverzweigt; B. lineal-lanzettl., *ungezähnt*, Rand wellig; Bl. 4-5 mm, gelb-grün, 4 Kron- u. 4 Kelchb.; Kapsel ±kugelig, aufrecht. VI-IX. Schuttfluren, meist kalkreiche Böden. T[D:z]. **1a** *Sesamoides canescens* Kronb. 5-6. F.

2 GELBE RESEDA *Reseda lutea*. 30-60 cm; Ein-/Mehrjährige, verzweigt; B. *doppelt-fiederspaltig*, Zipfel lineal; Bl. 6 mm, gelb-grün, 6 Kron- u. 6 Kelchb.; Kapsel eiförmig-walzlich, aufrecht. V-IX. Schuttfluren. T[D:v]. **2a** *R. phyteuma*. 10-50 cm; B. ungeteilt od. mit 1(-2) Lappen; Bl. weißlich; Kapsel nickend. (GB,F, M) Heimat: S-Europa. **2b Weiße R.** *R. alba*. 30-80 cm; Bl. weiß, 5-6 Kron- bzw. Kelchb. (GB,F,M) Heimat: S-Europa.

Sonnentaugewächse Fam. Droseraceae

Insekteneiweißverdauende Pfl., u. a. mit langen klebrigen u. drüsigen Tentakeln auf den B., die sich bei Berührung langsam einkrümmen.

3 RUNDBLÄTTRIGER SONNENTAU *Drosera rotundifolia*. 5-20 cm; Staude mit b'losem, bl'tragendem, die B. weit überragendem St.; B'rosette aus lang gestielten *runden* rötlichen B.; Bl. 5 mm, weiß, 5 Kronb., kurz gestielt, in gegabeltem Blst. VI-VIII. Daneben Bastarde mit 4a. Hochmoore, Feuchtheiden, kalkfreie Böden. ⚥§ T[D:z].

4 MITTLERER SONNENTAU *Drosera intermedia*. Ähnlich 3, aber B'spreiten 2-bis 4mal so lang wie breit; St. des Blst. aufwärts gekrümmt, oft wenig länger als B. VII-VIII. Hochmoore, Feuchtheiden. § T[D:s-z]. **4a Langblättriger S.** *D. anglica* ☐. B'spreite 4-8mal so lang wie breit; St. des Blst. aufrecht, etwa 2mal so lang wie B. Hochmoore, selten auf kalkhaltigen Böden. § T[D:s].

Dickblattgewächse Fam. Crassulaceae s. S. 102

5 NABELKRAUT *Umbilicus rupestris*. 20-50 cm; Staude, kahl; untere B. schildförmig, *rund*, fleischig, in der Mitte nabelförmig über Stielansatz vertieft; St'b. ±nierenförmig; Bl. glockig-röhrig, 5zipfelig, grünlich od. rosa-weiß. VI-VIII. Felsen, Böschungen, Mauern, nicht auf Kalk. GB,F.

6 ROSENWURZ *Sedum rosea*. 10-35 cm; Staude, kahl, etwas graugrün, oft purpurn überlaufen; B. dick, steif, *sukkulent*, länglich-oval, oft st'bedeckend; Bl. gelbrötlich, 4zählig, in endständigem, doldenartigem Blst.; männliche u. weibliche Bl. auf verschiedenen Pfl.; Staubbeutel purpurn; Fr. orange. V-VIII. Felsen, Felsspalten. S,GB,F.

Steinbrechgewächse Fam. Saxifragaceae s. S. 104

7 GEGENBLÄTTRIGES MILZKRAUT *Chrysosplenium oppositifolium*. 5—10 cm; Staude, schwach behaart; St. 4kantig; B. rundlich, gekerbt, gegenständig, untere so lang wie ihre Stiele; Bl. 3-4 mm, grünlich, 4 Kelchb. u. 8 hellgelbe Staubbeutel. III-VII. Quellfluren, kalkarme Böden. T[D:z]. **7a Wechselblättriges M.** *C. alternifolium* ☐. St. 3kantig; B. wechselständig, breiter, tiefgekerbt; untere lang gestielt; Bl. 5-6 mm. T[D:v]. **7b** *C. tetrandrum*. Ähnlich wie 7a, aber völlig kahl od. fast kahl; 4 Staubb. S[nördlich].

8 SUMPF-HERZBLATT *Parnassia palustris*. 15-25 cm; Staude, kahl; Grundb. herzförmig, ganzrandig, lang gestielt; *1 sitzendes Stengelb.;* Bl. einzeln, 15-30 mm, weiß, wasserhell gestreift, Staminodien mit gelben Drüsenköpfchen. VI-IX. Flachmoore, Dünentäler, nasse Böden. T[D:z-s].

Dickblattgewächse Fam. Crassulaceae

S. auch S. 100. meist kahle Kräuter mit fleischigen, nicht od. nur kurz gestielten
B.; Bl. sternförmig, meist groß, mit 5 Kron- u. Kelchb.; meistens trockene
Standorte u. steinige Böden, Mauern etc.

1 PURPURROTE FETTHENNE *Sedum purpurascens.* 25-50 cm; Staude; B. bis
8 cm, verkehrt-eiförmig, schwach gesägt, obere sitzend, wechselständig; Bl.
purpurrot. VII-IX. Steinige Böden. ⚥ T[D:z]. Ähnlich **Große F.** *S. maximum.*
Meist grünlich-gelbe Bl. u. fast gegenständige B. (Böschungen, Waldränder,
Hecken ⚥ [D:v-z]). u. **Gebirgs-F.** *S. fabaria.* Purpurrote Bl.; alle B. gestielt
(Hochgrasfluren, Felsspalten [D:s]). **1a Unechte F.** *S. spurium* □ bis 20 cm; St.
kriechend-aufsteigend, rasenbildend; B. bis 3 cm, vorne gekerbt-gezähnt; Bl.
groß, meist rosa-rot, selten weiß. (T[D:z]) Heimat: Kaukasusländer.

2 MAUERPFEFFER *Sedum acre.* 5-15 cm; Staude, immergrün, niederliegende-
aufsteigende St. u. *pfefferartiger Geschmack;* B. 3-6 mm, eiförmig, nicht gespornt; Bl. 12 mm, hellgelb. V-VIII. Trockene Rasen, Mauern. ⚥⚘ T[D:v]. **2a Milder M.** *S. sexangulare.* Ohne pfefferartigen Geschmack; B. 3-9 mm, mehr lineal,
am Grund deutlich *gespornt;* Bl. 8-10 mm, heller gelb. VI-IX. S,(GB),F,M[D:z].

3 WEISSE FETTHENNE *Sedum album.* 8-15 cm; Staude, immergrün; St. oft rötlich, niederliegend-aufsteigend; B. 6-12(25) mm, walzenförmig, wechselständig,
oberseits etwas flach; Bl. 6-9 mm, *weiß,* in abgeflachter Rispe. VI-VIII. Felsspalten, Trockenrasen, Mauern. T[D:v-s].

4 TRIPMADAM *Sedum rupestre.* 5-30 cm; Staude, immergrün, grün od. bläulich; Blst'st. aufrecht, Laubtriebe niederliegend-aufsteigend; B. 8-20 mm, halbstielrund, kurz gespornt, *stachelspitzig,* abgestorbene B. abfallend; Bl. 15 mm,
gelb. VI-VIII. Trockenrasen, Felsspalten. S,(GB),F,M[D:z-s]. **4a** *S. rupestre* ssp.
elegans. B. fast stielrund, an der Spitze steriler Triebe dicht gedrängt, abgestorbene lange bleibend; Bl. 12 mm. Trockene Rasen. GB,F,M[D:s].

5 ALPEN-FETTHENNE *Sedum alpestre.* 3-8 cm; Staude, immergrün, 2 ähnelnd,
aber B. ohne scharfen Geschmack, mehr lineal u. oberseits abgeflacht; Bl.
6-8 mm, intensiv gelb. VI-VIII. Felsspalten, Schneetälchen; kalkarme Böden. ⚥
F,M[D:Alp].

6 *Sedum anglicum.* Bis 15 cm; Staude, lockerrasig, immergrün, graugrün, früh
rötlich; B. *3-5 mm,* zylindrisch, wechselständig; Bl. 12 mm, weiß(od. rosa), Blst.
weniger ästig als bei 3. VI-IX. Kalkmeidend. S,GB,F. **6a Bereifte Fetthenne**
S. dasyphyllum. Zierlicher, drüsig-behaart; B. *blaugrün,* meist gegenständig;
Bl. 5-6 mm. VI-VIII. Fels- u. Mauerspalten. (GB),F,M[D:s].

7 DRÜSENHAARIGE FETTHENNE *Sedum villosum.* 10-20 cm; Ein-/Zweij., drüsig-weichhaarig; B. 6-12 mm, wechselständig, länglich, oberseits flach; Bl. 6 mm,
rosa, lang gestielt; Staubb. 10. VI-VIII. Flachmoore, Quellfluren. T[D:z-s]. **7a
Dickblatt** *Crassula rubens.* 5-15 cm; Einjährige; B. 1-2 cm; Bl. fast sitzend;
Staubb. 5. V-VII. Äcker. F,M[D:s]. **7b** *S. hirsutum.* Staude, dicht drüsenhaarig;
Bl. meist weiß. Trockene Felsen; kalkmeidend. F. **7c** *S. andegavense.* Bis
7 cm; Einjährige, kahl; B. rundlich; Bl. meist weiß. F. **7d Spanische F.** *S. hispanicum.* 8-15 cm; Zweij., 6 weiße, rötlich gestreifte Kronb. ([D:s]) Heimat: SO-
Europa.

8 EINJÄHRIGE FETTHENNE *Sedum annuum.* 6-15 cm; Ein-/Zweij., kahl; B.
halbstielrund, 6 mm; Bl. *gelb,* kurz-gestielt. VI-VIII. Fels- u. Mauerspalten.
S,M[D:s]. **8a** → S. 301.

9 MOOS-TEICHKRAUT *Tillaea muscosa.* 1-5 cm; Einj., moosähnlich; B. gegenständig, eiförmig, dem St. anliegend; Bl. 1-2 mm, weiß bis rötlich; Kronb. meist
3, kürzer als Kelchb. V-IX. Ufer; feuchte, sandige, winternasse Böden. GB,F,M
[D:s]. **9a Wasser-T.** *T. aquatica.* B. lineal, meist abstehend; Bl. kurz-gestielt,
4 Kronb. S,GB,M[D:s]. **9b** *T. vaillantii* ebenso wie 9a, aber lang gestielte Bl. F.

10 SPROSSENDE HAUSWURZ *Sempervivum soboliferum.* 8-25 cm; Staude; B.
in runden Rosetten, oft rot bespitzt; Bl. gelblich-weiß, glockig; Kronb. 6.
VII-IX. Felsspalten, Rasen, lichte Wälder; steinige Böden. M[D:z-s]. **10a, 10b,
10c** → S. 301.

Steinbrechgewächse Fam. Saxifragaceae

S. auch S. 100. Kräuter od. sommergrüne Sträucher (S. 140); Bl. (4-)5zählig; Staubb. 5 od. 10; Fr'b. 2, meist am Grund od. ganz verwachsen; Fr. eine Kapsel od. Beere.

1 STERN-STEINBRECH *Saxifraga stellaris.* 8-18 cm; Staude, schwach behaart, mit b'losem St.; B. verkehrt-ei-keilförmig, fast sitzend, vorne *gezähnt;* Bl. weiß, in lockerer Rispe, 10-15 mm; Staubbeutel rot; Kelchzipfel zurückgeschlagen. V-VIII. Quellfluren, nasse Felsen. § T[D:s-z]. **1a** *S. foliolosa.* Bl. zum größten Teil in Brutknospen umgewandelt. S.

2 *Saxifraga spathularis.* Staude, mit kurzem b'losen St.; B. spatel-löffelförmig, in Rosetten, kahl, grob spitz gezähnt, mit *durchscheinendem* Rand, lang gestielt; Kronb. 4-5 mm, weiß, *mit roten Punkten;* Kelchzipfel zurückgeschlagen. VI-VII. Felsspalten, nicht auf Kalk. GB[Irland]. **2a, 2b, 2c, 2d, 2e** u. Bastarde → S. 301.

3 ARKTISCHER STEINBRECH *Saxifraga nivalis.* 5-20 cm; Staude mit Grundb'-rosette; B. 15-35 mm, rundlich-eiförmig, grob gekerbt-gezähnt, unterseits *dunkelrot,* am Rande klebrig; Blst'st. b'los, stark behaart, mit kopfigem Blst.; Bl. *weißlich,* fast sitzend, nicht gepunktet; Kelchb. aufrecht. VII-VIII. § S.GB[Gebirge]. **3a** → S. 301.

4 FINGER-STEINBRECH *Saxifraga tridactylites.* 5-15 cm; Einj., *klebrig-behaart,* oft gelb-rot; obere B. 3-5lappig, untere spatelförmig, alle st'ständig; Bl. ca. 5 mm, weiß, Kronb. ausgerandet. IV-V. Trockene Rasen, Mauern, Felsspalten. § T[D:s-z]. **4a, 4b** → S. 301.

5 GEWIMPERTER STEINBRECH *Saxifraga aizoides.* 2-25 cm; Staude, stark beb.; B. 10-20 mm, lineal, fast *borstig bewimpert,* ungestielt, dicklich; Bl. in lockeren Blst., goldgelb bis rotbraun, Kronb. deutlich getrennt. VI-IX. Quellfluren, auf Kalkgestein der Gebirge. § S,GB,M[D:Alp]. **5a Moor-S.** *S. hirculus.* St. beb., meist mit nur 1 gelben Bl.; Kronb. sich überlappend. Moore. § T[D:s]. **5b, 5c, 5d, 5e** → S. 301.

6 KÖRNER-STEINBRECH *Saxifraga granulata.* 15-30 cm; Staude, Bulbillen in den unteren B'achseln, ohne sterile Triebe; B. nierenförmig, lappig-gekerbt, im unteren Teil des St.; Bl. 10-25 mm, weiß, ungefleckt, in lockeren Rispen. IV-VI. Trockene Wiesen, Rasen; fehlt u. a. Alpen. §§ T[D:s-v].

7 *Saxifraga rivularis.* Bis 15 cm; Staude, kahl, mit Ausläufern aus den Bulbillen; St. beb.; B. gestielt, stumpf *3-5lappig;* Bl. wenige, 6-10 mm, weiß, unansehnlich. VII-VIII. Feuchte Felsspalten. S,GB. **7a** *S. cernua.* Bis 30 cm; B. mit 3-7 spitzen Lappen; Bl. bis 2 cm, einzeln, z. T. in Brutknospen umgewandelt. S,GB..

8 MOOS-STEINBRECH *Saxifraga hypnoides.* 5-20 cm; Staude, rasenförmig, mit vielen langen beb. sterilen Trieben; B. meist *3lappig,* Lappen fast schmalborstlich, behaart, an Triebenden gedrängt; Bl. 10-15 mm, weiß, Knospen nickend; oft mit Bulbillen. V-VII. Quellfluren. § S,GB,F,(M[D:s]). **8a** *S. caespitosa.* Bis 8 cm; rasenförmig, mit kürzeren beb. Trieben; B. stärker behaart; Bl. 8-10 mm, grünlich, auf kürzerem St. Felsspalten. S,GB. **8b Rosen-S.** *S. decipiens.* Etwas 8 u. 8a ähnelnd; 8-30 cm; Bl'knospen aufrecht, ohne Bulbillen; Rosettenb. 3-5-spaltig, Zipfel lanzettl. § S[Island, Färöer],GB,F,M[D:s]. **8c** → S. 301.

9 GEGENBLÄTTRIGER STEINBRECH *Saxifraga oppositifolia.* Staude; rasenförmig, St. kriechend, mit *gegenständigen,* ungestielten, oft kalkinkrustierten B. bedeckt; Bl. 1-2 cm, *rosenrot,* fast sitzend. IV-VII. Kalkschutt, Kiesufer. § S, GB,M[D:s-v]. **9a** → S. 301.

10 RISPEN-STEINBRECH *Saxifraga paniculata.* Bis 30 cm; Staude: Grundb. in halbkugeligen Rosetten, ei- bis fast zungenförmig, fein gezähnt, am Rand kalkinkrustiert; Blst'st. lang, wenigb.; Blst. *lockerrispig;* Bl. weiß. V-VIII. Felsspalten, Felsrasen der Gebirge. §. F,M[D:s-z]. **10a** *S. cotyledon.* Bis 50 cm; B. breiter, spitz; Blst. dichter; Blst'st. von unten an verzweigt. S. **10b, 10c, 10d, 11** → S. 301.

Rosengewächse Fam. Rosaceae

Kräuter, Sträucher, Bäume; B. wechselständig, fast immer mit Nebenb.; Bl. mit getrennten Kronb., meist mit deutlichem Kelchbecher, oft mit Außenkelch unterhalb der Kelchb.; Fr. trocken od. fleischig.

1 ECHTES MÄDESÜSS *Filipendula ulmaria.* 0,6-2 m; Staude; St. beb.; B. lang gestielt, unpaarig-gefiedert, zwischen kleineren Fiederb'chen über 2 cm lange, gezähnte Fiederb'chen, oberseits grün, unterseits weißfilzig; Blst. dicht; Bl. weiß; Kronb. 5, 2-5 mm. VI-VIII. Feuchtwiesen, Ufer. ⚥ T[D:v]. **1a Knolliges M.** *F. vulgaris* ☐. 30-60 cm; St. mit weniger B.; B. kleiner, mit bis 20 fiederspaltigen, weniger als 2 cm langen B'chenpaaren; Blst. weniger dicht; Kronb. 5-9 mm. Kalkhaltige, trockene Rasen. T[D:z-s].

2 GEISSBART *Aruncus dioicus.* 0,8-1,5 m; Staude; B. groß, 2-3fach gefiedert, ohne Nebenb.; Blst. groß, mit *fingerförmig* abstehenden Ästen; Bl. weiß, klein. Berg-Laubwälder. § F,M[D:z-s].

3 GEMEINER ODERMENNIG *Agrimonia eupatoria.* 0,3-1,25 m; Staude, rauhhaarig; B. unterbrochen-gefiedert; Bl. 5-8 mm, *gelb*, in ährenförmiger Traube; Fr. gefurcht, an der Spitze aufrecht-abstehende hakige Stacheln. VI-VIII. Trockenrasen, oft auf Kalk. T[D:v]. **3a Wohlriechender O.** *A. procera.* Bis 2 m; aromatisch; B. unterseits kurzhaarig, vieldrüsig; Fr. nur unten gefurcht, Hakenstacheln z. T. zurückgeschlagen. T[D:z-s]. **3b Aremonie** *Aremonia agrimonioides.* Bis 40 cm; Blst. mit Hochb'hülle; Bl. 7-10 mm. V-VI. Laubwälder. (GB),M [D:s].

4 GROSSER WIESENKNOPF *Sanguisorba officinalis.* 30-90 cm; Staude, kahl; B. unpaarig-gefiedert, mit 3-7 (20-55 mm langen) B'chen-Paaren; Bl. klein, in länglichen, 1-2 cm langen Köpfchen, zwittrig; ohne Kronb.; Kelchb. braunrot. VI-IX. Feuchtwiesen. ⚥ T[D:s-v].

5 KLEINER WIESENKNOPF *Sanguisorba minor.* Bis 60 cm; Staude, fast unbehaart; ähnlich 4, aber mit 4-12 Paar B'chen, kürzer als 20 mm; Bl. in *runden* Köpfchen, obere mit *roten Griffeln,* untere mit gelben Staubbeuteln; ohne Kronb.; Kelchb. grünlich. V-IX. Trockenrasen, meist auf Kalk. T[D:v-s]. **5a Stachelnüßchen** *Acaena anserinifolia* ☐. Halbstrauch, kriechend; Bl. weißlich, zwittrig; Fr. weich-stachelig. Kalkmeidend. (GB) Heimat: Neuseeland, Australien.

6 FRAUENMANTEL *Alchemilla vulgaris* u. Verwandte. Serie der Gewöhnlichen Frauenmantel-Arten; bis ca. 50 cm; Stauden, meist behaart; B. höchstens bis $^1/_2$ *handförmig gelappt,* beiderseits *grün;* Bl. 3-5 mm, in lockeren Knäueln, ohne Kronb., mit Außenkelch; Kelchb. grün; Staubbeutel gelb. V-IX. Wiesen. T[D:v]. **6a →** S. 301.

7 ALPEN-FRAUENMANTEL *Alchemilla alpina.* 10-20 cm; Staude, stärker behaart als 6; B. *fast bis zum Grund* 5-7lappig geteilt, unterseits *silbergrau* behaart; Bl. blaß grün, 3 mm. VI-VIII. Gebirgsrasen. T[D:Alp]. **7a** *A. conjuncta* u. Verwandte. Serie der Verwachsenen F.-Arten; B. bis u. über etwa $^2/_3$ 7-9lappig geteilt. Wiesen. T[D:z-s].

8 ACKERFRAUENMANTEL *Aphanes arvensis.* 2-10 cm; Einj., blaßgrün; B. 3lappig, tief gezähnt; Bl. sehr klein, grün, zu mehreren, umgeben von gezähnter Nebenb'hülle. IV-X. Äcker. T[D:z-v]. **8a →** S. 301.

1a Knolliges Mädesüß

5a Stachelnüßchen

Rosengewächse (Forts.)

ROSEN *Rosa.* ⚥ Sträucher, stachelige Zweige; B. unpaarig-gefiedert, mit Nebenb.; Bl. groß, weiß, rosa od. rot; Kronb. leicht abfallend; Fr.: fleischiger Kelchbecher (Butte), zahlreiche Nüsse einschließend. Anmerkung → S. 301.

1 HUNDSROSE *Rosa canina.* Bis 2,5 m; Zweige bogig; Stacheln *gekrümmt;* B. mit 2-3 Paar gezähnten B'chen, kahl; Bl. 4,5-5 cm, blaßrosa, selten weiß; Kelchb. mit schmalen Lappen; Griffelsäule schlank, mit rundlichen Köpfchen; Butte rot. VI-VII. Gebüsche, Wandränder. ⚥ T[D:v]. **1a Griffel-R.** *R. stylosa.* Griffelsäule dicklich, mit eiförmigen Köpfchen. GB,F,M[D:s].

2 KRIECHENDE ROSE *Rosa arvensis.* 0,5-2 m (kletternd); Zweige grün, Stacheln gekrümmt; B. mit 2-3 kahlen B'chenpaaren; Bl. 3-5 cm, immer *weiß;* Griffel zu dünner Säule verwachsen; Kelchb. z. T. mit kurzen Fiedern, früh abfallend; Butte rot. VI-VIII. Wälder, Hecken, Waldränder, GB,F,M[D:v-z].

3 BIBERNELL-ROSE *Rosa spinosissima.* 0,2-1 m; mit unterirdischen Achsen, Zweige mit geraden Stacheln u. steifen Borsten; B. mit 3-5 Paar kleiner rundlicher B'chen; Bl. 2-4 cm, gelblichweiß, selten rosa; Kelchb. nicht gelappt; Butte dunkelrot, zuletzt schwarz. V-VII. Dünen, Trockenwälder. T[D:s]. **3a Französische R.** *R. gallica* ☐. Mit größeren, etwas lederartigen, blaugrünen B'chen; Bl. größer, rosa-rot; Butte rot. F,M[D:z-s].

4 FILZIGE ROSE *Rosa tomentosa.* 1-2 m, ähnlich 1; B. *dicht kurzhaarig;* Stacheln ±gekrümmt; Bl. 3-4 cm, intensiv rosa, bisweilen blaß-rosa; Kelchb. gefiedert, früh abfallend od. bis Reife der roten Butte bleibend. VI-VII. Trockene Wälder. T[D:z]. **4a Wein-R.** *R. eglanteria.* 1-1,8 m; B'chen dicht mit obstartig duftenden Drüsen bedeckt. VI-VII. Gebüsche. T[D:z].

5 BROMBEEREN *Rubus fruticosus* u. Verwandte. Hierunter über hundert verwandte Arten des Gebietes zusammengefaßt: reich bestachelt, mit langen 2jährigen, oft kantigen, leicht bewurzelnden Trieben (Schößlinge); B. stachelig, mit 3-5 B'chen; Bl. 2-3 cm, weiß od. rosa; Fr. aus zahlreichen kleinen, reif rötlich-schwarzen od. *schwarzen* Steinfr'chen gebildet. V-XI. Wälder, Gebüsche. T[D:v]. **5a Kratzbeere** *R. caesius.* Schößling mit schwachen, geraden Stacheln, oft bereift; B. mit 3 B'chen; Bl. meist weiß; Fr. oft bläulich bereift, mit wenigen großen Steinfr'chen. V-IX. Wälder, Ufer. T[D:v].

6 HIMBEERE *Rubus idaeus.* 1-2 m; Schößling fast aufrecht, mit schwachen Stacheln; B. mit 3-7 B'chen; Bl. kleiner als bei 5; Kronb. mehr *aufgerichtet,* immer weiß, weniger auffällig; Fr. zur Reife *rot.* V-VIII. Wälder, Lichtungen, daneben kultiviert. T[D:v].

7 STEINBEERE *Rubus saxatilis.* 10-25 cm; Staude; Schößlinge einjährig; niederliegend, stachellos; B. mit 3 B'chen; Bl. kleiner als bei 5 u. 6, 8-10 mm; schmale Kronb. *nicht länger* als Kelchb.; Fr. mit wenigen großen, zur Reife roten Steinfr'chen. V-VIII. Wälder, Knickholz, oft kalkhaltige Böden. T[D:z-s].

8 MOLTEBEERE *Rubus chamaemorus.* 8-20 cm; Staude, weit kriechend, behaart, B. herz-nierenförmig, 5lappig; Bl. einzeln, weiß, groß, Staubb. u. Fruchtb. auf verschiedenen Pfl.; Fr. *orange.* V-VIII. Moore, Heiden. S,GB,M [D:s].

9 *Rubus arcticus.* 10-30 cm; Staude, kriechend; B. mit 3 B'chen, kleiner als 7; alle Triebe blühend; Bl. 15-25 mm, leuchtend *rot;* Kronb. manchmal gezähnt; Fr. rot. VI-VII. Moore. S,GB(?).

3a Französische Rose

Rosengewächse (Forts.)

1 WALD-ERDBEERE *Fragaria vesca.* 8-15 cm; Staude, lange oberirdische *Ausläufer,* wurzelnd; B. 3zählig-gefingert, lebhaft grün, unterseits heller u. *anliegend* seidig behaart, weniger als 6 cm lang; Haare der Stielchen anliegend; Bl. 12-18 mm, weiß, Stiele nicht länger als B.; Fr. mit fleischiger Achse u. zahlreichen Nüßchen, Kelchb. zurückgeschlagen. IV-VII. Waldränder, Kahlschläge, Böschungen. ⚥ [D:v]. **1a Moschus-E.** *F. moschata* ☐. 15-40 cm; meist ohne Ausläufer; B'chen länger als 6 cm; Bl'stiele länger als B.; Bl. 15-25 mm; Fr. am Grunde ohne Nüßchen. T[D:z-s]. **1b Knackelbeere** *F. viridis.* 8-15 cm; kurze Ausläufer, flaumige od. kahle B'chen; Kelchb. der Fr. anliegend; Fr. nicht leicht vom Stiel zu lösen. S,F,M[D:z-s]. **1c Gartenerdbeere** *F. ananassa* ☐. Mit größeren Bl. u. Fr. Kultiviert u. verschiedentlich verwildert.

2 ERDBEER-FINGERKRAUT *Potentilla sterilis.* Bis 10 cm; Staude, behaart; St. niederliegend, oft wurzelnd, mit abstehenden Haaren ebenso wie B.; B. oft kleiner als bei 1; B'chen 5-25 mm, gezähnt (Mittelzahn meist kürzer als die beiden benachbarten); Bl. 10-15 mm, weiß, deutlich getrennt; Kronb. ausgerandet; Fr. trocken, nicht erdbeerartig u. fleischig. III-V. Laubwälder, Waldränder [D:s-z]. **2a Weißes F.** *P. alba.* Bis 25 cm; B. 5zählig-gefingert, B'chen sehr schmal, mit wenigen Zähnen, oberseits grün, unterseits silbrig; Bl. 15-20 mm. IV-VI. F,M[D:z-s]. **2b Kleinblütiges F.** *P. micrantha.* Bis 10 cm; St. nicht kriechend; Bl. weiß od. (seltener) rosa, 6-8 mm. F,M[D:s]. **2c** *P. montana.* B'chen an Spitze gezähnt, oberseits grün, unterseits grau; Bl. größer. V-VI. Wälder. F. **2d, 2e** → S. 302.

3 STEIN-FINGERKRAUT *Potentilla rupestris.* 30-50 cm; Staude, behaart, ohne Ausläufer; Grundb. gefiedert, mit rundlichen B'chen, obere Stengelb. einfacher, 3zählig-gefingert; Bl. 15-25 mm, *weiß.* V-VI. Steinige Rasen. T[D:s-z].

4 SUMPF-BLUTAUGE *Comarum palustre.* 0,3-1 m; Staude, kahl; B. gefiedert; Bl. *sternförmig;* Kronb. dunkel-purpurrot, schmal, kleiner als die breiteren, *dunkel-rotbraunen* Kelchb., 10-15 mm lang. V-VII. Kalkfreie Sümpfe. T[D:z].

5 BACH-NELKENWURZ *Geum rivale.* 30-50 cm; Staude, behaart, mit gefiederten Grundb. u. 3zähligen Stengelb. mit kleinen Nebenb. (5 mm); Bl. *nickend, glokkenartig,* Kronb. rosa-gelblich, 8-15 mm; Kelchb. purpurn; Fr. mit hakenförmigem, behaartem unteren Griffelteil. IV-IX. Wiesen, Bachufer, nasse, oft schattige Orte. ⚥ T[D:v-z]. — 5×6 *G* .× *intermedium* zwischen den Eltern.

6 ECHTE NELKENWURZ *Geum urbanum.* 25-70 cm; Staude, behaart; untere B. gefiedert, obere 3zählig mit b'chenförmigen Nebenb.; Bl. 8-15 mm, *gelb, aufrecht;* Kelchb. grün; Griffel wie bei 5. V-IX. Laubwälder, schattige Wegränder. ⚥[D:v]. **6a Berg-Nelkenwurz** *G. montanum.* Bis 30 cm; mit einzeln stehenden 25-40 mm großen Bl. (6 Kronb.) auf b'losen St.; Griffel zur Fr'zeit lang, federig behaart, *nicht hakenförmig.* Steinige Rasen. M[D:Alp]. **6b** *Geum hispidum.* Stärker behaart mit kleineren Bl. u. Nebenb. S. **6c** → S. 302.

7 SILBERWURZ *Dryas octopetala.* Bis 12 cm, Strauch; St. niederliegend; B. länglich-elliptisch, stumpf-gekerbt, 5-20 mm, oberseits grün, unterseits *weißfilzig;* Bl. 2-4 cm, weiß (8 od. mehr Kronb.), zahlreiche gelbe Staubbeutel. Fr. mit langem federig behaartem Griffel. V-VIII. Steinige Rasen, auf Kalk, im Süden Gebirge, im Norden bis Meereshöhe. S,GB,M[D:z].

1 Wald-Erdbeere   **1a** Moschus-Erdbeere   **1c** Gartenerdbeere   **2** Erdbeer-Fingerkraut

Rosengewächse (Forts.)

FINGERKRAUT *Potentilla* (S. 110, 112). Meist niederliegende u. kriechende Stauden (außer 1) mit zusammengesetzten B. (z. T. außer 1), großen gelben (S. 112) od. weißen (S. 110) Bl.; Kronb. 5 (außer 2); zahlreiche Staub- u. Fruchtb. u. Außenkelch.

1 FINGERSTRAUCH *Potentilla fruticosa*. Bis 1 m; Strauch, behaart; B. sommergrün, gefiedert; B'chen länglich, grau-grün, behaart, meist 5(-7); Bl. ca. 20 mm, in lockeren Blst. V-VIII. Flußufer, feuchte Senken, zwischen Felsgestein. S,GB, F,(M).

2 BLUTWURZ *Potentilla erecta*. St. bis 30 cm, niederliegend, an den Knoten nicht wurzelnd, blühende aufsteigend, behaart, Grundb. in Rosette, 3zählig, früh welkend; Stengelb. sitzend, 5zählig erscheinend durch große, tief gezähnte Nebenb.; Bl. 7-11 mm (*4* Kron- u. Kelchb.), in sehr lockeren Blst. V-IX. Heiden, Borstgraswiesen, Moore, kalkfreie Böden. ⚥ T[D:v]. **2a Gestrecktes Fingerkraut** *P. anglica* ☐. St. bis 70 cm, an den Knoten wurzelnd; unterste B. 5zählig, Rosette ausdauernd; Stengelb. kurz-gestielt, Nebenb. oft ungezähnt, Bl. 14-18 mm, einzeln, meist 4(-5) Kronb. Meist Wälder. T[D:z-s]. **2b Kriechendes F.** *P. reptans* ☐. St. bis 1 m, an den Knoten wurzelnd; B. meist 5zählig; Stengelb. gestielt mit ungezähnten Nebenb.; Bl. 17-25 mm, einzeln; Kronb. 5. Wegränder, Flutrasen. ⚥ − Bastarde: 2×**2a**, 2×**2b**, **2a**×**2b**.

3 FRÜHLINGS-FINGERKRAUT *Potentilla tabernaemontani*. 8-15 cm; rasig, behaart, mit kriechenden, wurzelnden Trieben; Grundb. 5-7zählig, B'chen 10-14 mm, Nebenb. schmal, obere B. 3zählig, sitzend; Bl. 10-20 mm; Außenkelchb. lanzettl. u. stumpf. IV-VI. Trockenrasen, auf Kalk. T[D:z-s]. **3a Zottiges F.** *P. crantzii*. Nicht rasig, selten wurzelnd; Bl. 10-25 mm, gelegentlich orange-rot gefleckt, Außenkelchb. ei-länglich. V-IX. Bergrasen. T[D:Alp.]. **3b Rötliches F.** *P. heptaphylla*. St. mehr aufrecht, nicht rasenbildend; Grundb. 7-9zählig; Bl. zahlreich, 10-15 mm. S,M[D:z]. **3c Kleinblütiges F.** *P. parviflora*. Bis 30 cm; mehr aufrecht, lang behaart; B'chen zu 5-9, bis über 60 mm; Außenkelchb. spitz. S,M [D:s]. **3d Flaum-F.** *P. puberula*. Mit Sternhaaren u. kleineren Bl. M[D:s]. **3e Goldgelbes F.** *P. aurea*. Ähnlich wie 3a, aber mit anliegenden Seidenhaaren u. Endzahn der B'chen kleiner als die benachbarten Zähne. Kalkmeidend. ⚥ M [D:s-v]. **3f** *P. hyparctica*. Ähnlich wie 3a, aber mit ungefleckten Kronb. S[Arktis]. **3g** → S. 302.

4 SILBERWEISSES FINGERKRAUT *P. argentea*. Bis 30 cm; vielgestaltig; St. filzig, aufstrebend; B. 5zählig, oberseits dunkelgrün, unterseits dicht weißfilzig; B'chen vorn tief-eingeschnitten-gesägt, Rand eingerollt; Bl. 10-15 mm; Griffel an der Spitze gerundet. VI-X. Trockene Rasen. T[D:v]. **4a Hügel-F.** *P. collina*. B. 5-7zählig, unterseits mäßig dicht weißfilzig; Griffel an der Spitze keulig. S,F,M [D:s]. **4b Graues F.** *P. canescens*. Unterseits graufilzige B. F,M[D:s]. **4c** *P. nivea* agg.☐. Meist mit 3zähligen B. S.

5 AUFRECHTES FINGERKRAUT *Potentilla recta*. 30-70 cm; *straff* aufrecht, behaart, untere B. mit 5-7 B'chen, bis 10 cm; Bl. 20-25 mm; Kronb. länger als Kelchb., blaßgelb; gedrängter im Blst. VI-IX. Trockene Rasen, Bahndämme etc. ⚥ (S,GB),F,M[D:s-z]. **5a Norwegisches F.** *P. norvegica*. 15-50 cm; Einj./Staude; B. 3zählig, unterste gefiedert; Bl. 10-15 mm, gelb, Kronb. nicht länger als Kelchb., Kelchb. zur Fr'zeit verlängert. S,(GB,F),M[D:z-s]. **5b Mittleres F.** *P. intermedia*. Ähnlich wie 3a, B. 5zählig (T[D:s]) Heimat: Finnland bis Sibirien.

6 SAND-FINGERKRAUT *Potentilla arenaria*. 5-15 cm; rasenbildend, St. kriechend-aufsteigend, dicht *graufilzig*; B. mit (3-)5 B'chen, mit Sternhaaren; Nebenb. sehr schmal; Bl. 10-15 mm, zu 1-6. IV-V. Trockene, auch steinige Rasen. S,F,M[D:s].

7 GÄNSE-FINGERKRAUT *Potentilla anserina*. St. bis 50 cm, kriechend, an den Knoten wurzelnd; B. unpaarig *gefiedert*, zumindest unterseits silbrig behaart; B'chen gezähnt; Bl. 15-20 mm, *einzeln*, Kronb. ca. 2× so lang wie Kelchb. V-VIII. Wege, Uferrasen. ⚥ T[D:v]. **7a, 7b** → S. 302.

8 GELBLING *Sibbaldia procumbens*. 3-15 cm; Staude, steif behaart; B. 3zählig, B'chen nur mit 3 Zähnen an der Spitze; Bl. *5 mm;* Kronb. viel kürzer als Kelchb., gelbgrün, bisweilen fehlend. VI-VIII. Schneetälchen, Felsspalten. T[D:Alp.].

1

2b

2a

4c

4

2

3

5

6

7

8

Rosengewächse (Forts.)

1 HOLZ-APFEL *Malus silvestris* ssp. *silvestris*. Bis 10 m; Baum, Zweige dornig; B. eiförmig zugespitzt, gezähnt, verkahlend; Bl. 3-4 cm, weiß od. rötlich, in Büscheln; Staubbeutel *gelb;* Fr. bis 2,5 cm. V. Trockene Wälder. T[D:z]. **1a Kultur-A.** *M. silvestris* ssp. *mitis.* Zweige nicht dornig; B. unterseits filzig-behaart. Gepflanzt. (T).

2 HOLZ-BIRNE *Pirus communis.* Bis 20 m; Baum, Zweige dornig, grau bis braun; B. rundlich bis elliptisch, schwach gezähnt, verkahlend; Bl. weiß, in Büscheln, Staubbeutel *rot;* Fr. klein, holzig, rundlich od. birnförmig, gelbbraun bis schwarz, an der Spitze abgestorbene Kelchb. IV(V). Trockene Wälder, Gebüsche. GB(?),F,M[D:s-z]. **2a Kultur-B.** *Pirus domestica.* Zweige nicht dornig, rot-braun; Fr. groß, birnförmig, fleischig, süß. Gepflanzt, selten verwildert. (T). **2b, 2c** → S. 302.

3 MEHLBEERE *Sorbus aria.* Bis 15 m; Baum, Strauch, vielgestaltig; B. bis 120 mm, eiförmig, spitz, Zähne vorwärts gerichtet, unterseits kurz dicht-*weißfilzig;* Bl. 10-15 mm, weiß, in dichten abgeflachten Blst.; Fr. bis 13 mm, leuchtend rot. V-VI. Gehölze, Gebüsche, auf Kalk. GB,F,M[D:z-v]. **3a Vogelbeere** *S. aucuparia*☐. Bis 10 m; B. *gefiedert*, mit 5-7 Paar B'chen, beiderseits grün; Bl. 8-9 mm; Fr. 6-9 mm lang. V. Wälder, Heiden, Moore, Felsen, seltener auf Kalk. T[D:v]. **3b, 3c, 3d, 3e, 3f, 3g, 3h** → S. 302.

4 EINGRIFFLIGER WEISSDORN *Crataegus monogyna.* 2-10 m; Strauch/Baum; B. tief, bis auf ³/₄ *3-7lappig;* Bl. 8-15 mm, weiß, in breiten, dichten, abgeflachten, behaarten Blst.; Griffel 1; Fr. *dunkelrot.* V-VI. Hecken, Gebüsche. ⚥⚲ T[D:v]. **4a Gemeiner W.** *C. laevigata*☐. B. nur bis auf ¹/₂ od. weniger 3(-5)lappig; Griffel 2(-3). Gebüsche, Wälder. ⚥⚲ T[D:v]. Bastard: 4×4a. **4b, 4c** → S. 302.

5 SCHLEHE *Prunus spinosa.* Bis 3 m; Strauch, sommergrün, stark verzweigt; Zweige schwarz od. dunkelbraun, dornig; B. 20-40 mm, oval, gezähnt; Bl. 10-(15) mm, weiß, einzeln od. in kleinen Büscheln, meist vor den B. erscheinend; Steinfr. *blau-schwarz.* III-V. Hecken, Gebüsche. ⚥ T[D:v]. **5a Kirschpflaume** *P. cerasifera.* Bis 8 m; Strauch/Baum, kahl, meist dornlos; Zweige glänzend; Bl. 15-20 mm, mit den B. erscheinend. III-V. Gepflanzt (GB,F,M) Heimat: SO-Europa, Asien. **5b Pflaume** *P. domestica.* Bis 8 m; Baum/Strauch, meist dornlos; B. größer; Bl. 15-25 mm, in kleinen Büscheln, mit den B. erscheinend. IV-V. Gepflanzt. ⚥ (T) Heimat: Vorderasien(?).

6 VOGELKIRSCHE *Prunus avium.* Bis 25 m; Baum, sommergrün; B. 6-15 cm, beim Austrieb oft rötlich, unterseits *weichhaarig,* oberseits runzelig, lang gestielt; Bl. 15-30 mm, weiß, zu wenigen gebüschelt, mit den B. erscheinend; Steinfr. *rot* bis *schwarz,* bitter, bis 10 mm. IV-V. Wälder, Gebüsche; daneben gepflanzt. ⚥ T[D:z-v]. **6a, 6b, 6c** → S. 302.

7 TRAUBENKIRSCHE *Prunus padus.* Bis 15 m; Baum/Strauch, sommergrün; B. 5-10 cm, fast kahl; Bl. 10-15 mm, in meist *überhängenden* reichbl. Trauben; Steinfr. *schwarz.* V. Wälder, Gebüsche. ⚥ T[D:z]. **7a** → S. 302.

8 GEMEINE ZWERGMISPEL *Cotoneaster integerrima.* Bis 1,5 m; Strauch, sommergrün, dornlos; Zweige — bis auf die jüngsten — fast kahl; B. 15-50 mm, rundlich-eiförmig, *ganzrandig,* unterseits filzig; Bl. blaßrot, zu 2-4; Fr. purpurrot, kahl. IV-VI. Trockene Gebüsche, Wälder, kalkreiche, steinige Böden. T[D:z-s]. **8a** *C. melanocarpa.* Fr. schwarz. S. **8b** *C. microphyllus* ☐. Immergrün; B. 5-8 mm; Bl. meist einzeln, weiß. (GB) Heimat: Asien. **8c** → S. 302.

9 GEMEINE FELSENBIRNE *Amelanchier ovalis.* Bis 2(12) m; Strauch, seltener Baum, sommergrün; B. oval, unterseits filzig, gezähnt, 30-70 mm; Bl. weiß, in kurzen aufrechten Trauben; Kronb. 10-15 mm, lanzettl.; Fr. schwarz, bläulich bereift. IV-V. Trockene Gebüsche, Wälder. F,M[D:z]. **10** → S. 302.

3a Vogelbeere

4a Gemeiner Weißdorn

Bestimmungshilfe Schmetterlingsblütler

(S. 118-130)

Die Arten der Familie der Schmetterlingsblütler *(Leguminosae)* weisen sehr charakteristische Blüten („Schmetterlingsblüten" s. S. 118) u. Früchte (meistens Hülsen) auf; Bl. groß, selten einzeln od. in Trauben, od. klein u. in dichten kopfförmigen Blst. (z. B. Klee); B. meist zusammengesetzt (gefiedert od. gefingert) mit Nebenb., mit od. ohne Ranken; meist Kräuter, seltener Halbsträucher, Sträucher od. Bäume.

BEISPIELE AUFFÄLLIGER MERKMALE

BÄUME, STRÄUCHER ODER HALBSTRÄUCHER
S. 120; Hauhechel 126

STENGEL

kantig od. gefurcht: Besenginster, Robinie 120; *Vicia bithynica* 122; Wiesen-, Frühlings-, Berg-, Strand-, Erdnuß-, Haarige, Blattlose, Ranken-Platterbse 124

geflügelt: Flügel-Ginster 120; Breitblättrige, Wald-, Berg-, Sumpf-, Haarige Platterbse 124

dornig (z. T. B'- od. Nebenb'dornen): Stechginster, Englischer Ginster, Robinie 120; Kriechende, Dornige Hauhechel 126

BLÄTTER

grasähnlich: Blattlose Platterbse 124

gefingert (5- u. mehrzählig): Lupinen 120

gefingert (3zählig): Stechginster, Goldregen 120; S. 126, 128, 130

gefiedert (mehrpaarig): Blasenstrauch, Robinie 120; S. 118, 122; Wiesen-, Frühlings-, Berg-, Strand-Platterbse 124; Esparsette, Süßklee, Wundklee 126; Hufeisenklee, Vogelfuß, Serradella 128

lanzettlich: Besenginster, Kopf-Geißklee, Färber-, Englischer Ginster 120

gefiedert (1paarig): Wald-, Wiesen-, Erdnuß-, Haarige Platterbse 124

umgewandelt in Dornen: Stechginster 120

umgewandelt in Ranken: Ranken-Platterbse 124

dunkel gefleckt: Arabischer Schneckenklee 128

RANKEN VORHANDEN

S. 122; Breitblättrige, Wald-, Wiesen-, Sumpf-, Erdnuß-, Haarige, Ranken-Platterbse 124

BLÜTEN

gelb: Kicher-, Gletscher-Tragant, Gemeine Fahnenwicke 118; S. 120; Erbsen-, Gelbe Wicke 122; Wiesen-, Ranken-Platterbse 124; Gestreifte Hauhechel, Wundklee, Bockshornklee, Sichelklee 126; S. 128; Berg-, Blaßgelber Klee 130

weiß/grünlich: Bärenschote, Gemeine, Behaarte Fahnenwicke, Geißraute 118; *Lupinus arboreus,* Vielblättrige Lupine, Robinie 120; Wald-Wicke 122; Rot-, Weiß-, Hasen-, Inkarnat-, Vogelfußartiger Klee, *Trifolium suffocatum* 130

rosa/purpurn: Dänischer Tragant, Geißraute 118; *Lupinus nootkatensis* 120; S. 122, 124; Esparsette, Süßklee, Kriechende, Dornige Hauhechel, *Ononis reclinata,* Wundklee 126; Vogelfuß 128; S. 130

blau/violett: Dänischer Tragant 118; *Lupinus nootkatensis* 120; Vogel-, Zaun-Wicke 122; Frühlings-, Berg-, Strand-, Haarige Platterbse 124; Luzerne 126

mehrfarbig/teilgefärbt: Bunte Kronwicke 118; *Lupinus nootkatensis* 120; Vogel-, Feinblättrige, Kassubische, Gelbe Wicke, *Vicia bithynica* 122; Gestreifte Hauhechel, Wundklee, Bockshornklee, Bastard-Luzerne 126

in Trauben: Tragant, Geißraute 118; S. 120, 122, 124, 126

in Köpfen: S. 118(z. T.); Strauch-Kronwicke 120; Wundklee 126; S. 128, 130

einzeln: Futter-, Kleine, Schmalblättrige, Gelbe Wicke, *Vicia bithynica* 122; Platterbsen(z. T.) 124; Bockshornklee 126; Wilde Spargelbohne, Arabischer Schneckenklee 128

HÜLSEN

aufgeblasen: Blasenstrauch 120

kantig-geflügelt: Wilde Spargelbohne 128

hängend: *Ononis reclinata* 126

gebogen/sichelförmig: Bockshornklee, Sichelklee 126; Hufeisenklee, Hopfenklee 128

eingesenkt in den Boden: *Trifolium subterraneum* 130

warzig/stachelig: Esparsette 126

spiralig-gewunden: Luzerne 126; Arabischer Schneckenklee 128

im Fr'stand spreizend: Hornklee, Vogelfuß, Serradella 128

Schmetterlingsblütler Fam. Leguminosae

S. 118-130, Kräuter, Sträucher, Bäume; mit „Schmetterlingsblüten" (5 Kronb.): eine größere, meist aufgerichtete „Fahne", 2 schmalere seitliche „Flügel" u. 2 untere, zum „Schiffchen" (Kiel) vereinigte Kronb., die die Staubb. u. den Griffel einschließen; Fr. meistens eine verlängerte Hülse.

TRAGANT *Astragalus*. ⚥ B. unpaarig gefiedert; Bl. in Trauben, ährenförmigen od. kopfigen Blst.; Kiel stumpf-spitzig; Kelchzähne kurz.

1 DÄNISCHER TRAGANT *Astragalus danicus.* 8-25 cm; Staude, behaart; Bl. *violett;* Fr. weißlich rauhhaarig. V-VII. Trockene Rasen, Dünen, kalkhaltige Böden. T[D:s]. **1a Alpen-T.** *A. alpinus* ☐. Bl. viel heller violett; Fr. bräunlich rauhhaarig. Gebirgsrasen, kalkhaltige Böden. T[D:Alp]. **1b Sand-T.** *A. arenarius.* Bl. fleischrot od. weiß, in armblütigen, kürzer als das B. gestielten Trauben; B'chen lineal. Kiefernwälder, Heiden. S,M[D:s]. **1c** *A. norvegicus* ☐. Bl. blaß-violett; B. mit wenigen B'chen. S. **1d** → S. 302.

2 KICHER-TRAGANT *Astragalus cicer.* Staude; St. 30-60 cm lang; Bl. gelblichweiß; Kelch u. Hülse schwärzlich behaart. VI-VIII. Trockene Gebüsche, Wälder. F,M[D:s].

3 GLETSCHER TRAGANT *Astragalus frigidus.* 5-25 cm; Staude, kahl, B. graugrün; Bl. gelblich-weiß; Zähne der rötlichen Kelchröhre mit schwärzlichen Haaren. VII-VIII. S,F,M[D:Alp]. **3a Hänge-T.** *A. penduliflorus.* B. mit schmalen B'chen; Bl. gelb, Kelchröhre grün. S,M[D:Alp]. **3b** → S. 302.

4 BÄRENSCHOTE *Astragalus glycyphyllos.* Staude, fast kahl; St. 0,4-1,5 m lang, zickzackförmig; Bl. gelblich-grün. VI-VIII. Gebüsche, trockene, lichte Wälder. T[D:v-s].

5 GEMEINE FAHNENWICKE *Oxytropis campestris.* 5-15 cm; Staude, stengellos, behaart; B. unpaarig gefiedert; Bl. in rundlichem, kopfigem, lang gestieltem Blst., weißlich-gelb, seltener violett, Schiffchen geschnäbelt, spitz. VI-VIII. Felsen, Gebirgsrasen. S,GB,M[D:Alp]. **5a Behaarte F.** *O. pilosa.* Zottig behaart; St. aufrecht; Bl. bleichgelb. Trockenrasen. F,M[D:s].

6 *Oxytropis halleri.* Ebenso wie 5 aber Bl. *purpurn.* GB,F. **6a** *O. lapponica* ☐. Zierlicher, mit beb. St., B'chen schmaler. S. **6b** *O. deflexa.* Ähnlich 6a, aber mit weißlichen Bl. S[Arktis]. **6c** → S. 302.

7 BUNTE KRONWICKE *Coronilla varia.* St. niederliegend, 0,3-1,25 m lang; Staude, kahl; B. unpaarig gefiedert; Bl. in fast kugeligen Dolden, *bunt,* rosa, lila u. weiß, Schiffchenspitze purpurn; Fr. quer gegliedert. VI-VIII. Trockenrasen. ⚥ (GB,S),F,M[D:z-s].

8 GEISSRAUTE *Galega officinalis.* 0,6-1,25 m; Staude, kahl; B. unpaarig gefiedert; Bl. in verlängerter, das Tragb. überragender Traube, weiß, blau od. lila; Kelch mit fast borstlichen Kelchzähnen; Hülse nicht quergegliedert. VII-IX. Sumpfige Wiesen, Ufer. ⚥ (GB),F,M.

1c *Astragalus norvegicus*

6a *Oxytropis lapponica*

119

Schmetterlingsblütler (Forts.)

1 STECHGINSTER *Ulex europaeus.* 1,0–1,5(2,5) m; Strauch, wintergrün, behaart; B. lineal, *dornig;* Bl. goldgelb, in beb. Trauben, mit Mandelduft, Flügel länger als Schiffchen; Kelch u. Hülse zottig. IV–VII. Heiden, Moore. GB,F,M[D:z-s]. **1a** *U. minor.* Niedriger, oft niederliegend, mit *kürzeren dornigen* B., kleineren u. helleren Bl., Flügel so lang wie das Schiffchen, Kelch fast so lang wie die Kronb. VII–XI. GB,F. **1b** *U. gallii* ☐. Steht zwischen 1 u. 1a mit intensiv gelben Bl. VII–XI. GB,F.

2 BESENGINSTER *Sarothamnus scoparius.* 0,5–2,0 m; Strauch, sommergrün, dornlos, gelegentlich (Küsten) niederliegend, fast kahl; Zweige gefurcht; B. schmal verkehrt-eiförmig od. *3zählig;* Bl. gelb, in beb. Trauben. IV–VI. Heiden. ⚥⚘ T[D:v-z]. 2a u. **2b** niedriger, B. 3zählig, kleeähnlich. **2a Kopf-Geißklee** *Cytisus supinus.* Mit endständigem, doldig-kopfigem Blst. VI–VIII. Trockene Rasen, lichte Wälder, auf kalkhaltigen Böden. F,M[D:s-z]. **2b →** S. 302.

3 FÄRBER-GINSTER *Genista tinctoria.* Bis 0,8 m; Strauch/Halbstrauch, gelegentlich niederliegend (Küsten), dornlos, schwach behaart; B. *lanzettl.;* Bl. goldgelb, Fahne so lang wie Schiffchen, in beb., gestielten Trauben; Hülsen meist kahl. VI–VIII. Heiden, trockene Rasen, lichte Wälder. ⚥ T[D:v]. **3a Behaarter G.** *G. pilosa.* 10–30 cm; oft niederliegend, behaart; B. lanzettl., dunkler grün, z. T. wintergrün; Hülse behaart. IV–VII. Heiden. T[D:z]. **3b Flügel-G.** *G. sagittalis.* St. niederliegend, breit 2schneidig geflügelt. F,M[D:s]. **3c Schwarzer Geißklee** *Cytisus nigricans.* B. 3zählig; Bl. in verlängerten, b'losen Trauben, Flügel kürzer als Schiffchen. Trockene Wälder. M[D:s].

4 ENGLISCHER GINSTER *Genista anglica.* 10–50 cm; Halbstrauch; Äste *dornig,* kahl; B. lanzettl. od. eiförmig, spitzig; Bl. gelb, in gestielten Trauben, Fahne kürzer als Schiffchen. IV–VI. Heiden, trockene Moore. T[D:v-s]. **4a Deutscher G.** *G. germanica.* Mit „verzweigten" Dornen u. kleineren behaarten Bl., Fahne kürzer als Schiffchen; Hülse behaart. S,F,M[D:z].

5 GOLDREGEN *Laburnum anagyroides.* Bis 7 m; Baum/Strauch, sommergrün; Borke glatt; B. 3zählig; Bl. gelb, in hängenden gestielten Trauben. V–VI. Trockene Wälder (Berggebiete), oft gepflanzt. ⚥⚘ (GB),F,M[D:s].

6 BLASENSTRAUCH *Colutea arborescens.* 2–5 m; Strauch, sommergrün, behaart; B. unpaarig *gefiedert;* Bl. in gestielten Trauben, gelb, Fahne bräunlich-rötlich gezeichnet; Hülse aufgeblasen, zur Reife mit papierartiger Wand. VI–VIII. Trockene Gebüsche u. Wälder, daneben gepflanzt. ⚘ (GB),F,M[D:s].

7 BAUM-LUPINE *Lupinus arboreus.* Bis 3 m; Strauch, wintergrün, behaart; B. *gefingert;* Bl. quirlig angeordnet, in gestielten Trauben, *gelb* od. weiß, bisweilen hellviolett, duftend. V–VIII. Sandböden. (GB) Heimat: California. **7a Gelbe L.** *L. luteus.* Einj., behaart; Bl. gelb. Gründüngungs- od. (Süßlupine) Futterpflanze. ⚘ (GB),F(M) Heimat: SW-Europa.

8 *Lupinus nootkatensis.* Bis 70 cm; Staude, behaart; B. *6-8zählig-gefingert;* Bl. in gestielten Trauben, blau od. purpurn. V–VII. Flußufer, Moore. (GB,S) Heimat: N-Amerika. **8a Vielblättrige Lupine** *L. polyphyllus.* Mit größeren *9-17zähligen* B. u. längeren Blst.; Bl. blau, rot od. weißgelb. Gepflanzt. ⚘ (T) Heimat: N-Amerika. **8b Blaue L.** *L. angustifolius.* Einj.; niedriger u. zierlicher; Bl. blau. Gründüngungs- od. Futterpflanze. ⚘ Heimat: Medit., ebenso wie *L. micranthus,* bedeckt mit braunen Haaren; **Weiße L.** *L. albus.* Mit weißen u. an der Spitze bläulich gefärbten Bl. ⚘ **8c →** S. 302.

9 ROBINIE *Robinia pseudacacia.* Bis 25 m; Baum, sommergrün; Borke graubis schwarzbraun, tief gefurcht; Zweige mit Nebenb'dornen; B. unpaarig gefiedert; Bl. in hängenden gestielten Trauben, weiß. Sandböden. ⚘ (T) Heimat: N-Amerika.

10 STRAUCH-KRONWICKE *Coronilla emerus.* 1–2(4) m; Strauch, sommergrün; B. unpaarig-gefiedert, graugrün; Bl. in Dolden, gelb, oft an der Spitze rötlich; Fr. quer gegliedert, 5–11 cm. IV–VI. Trockene Gebüsche u. Wälder. S,F,M[D:s]. **10a Scheiden-K.** *C. vaginalis.* Halbstrauch, niedrig; Dolden mit 4–8 Bl.; B. kleiner, *bläulich-grün;* Fr. 15–35 mm. Trockene Rasen. M[D:z]. **10b** *C. minima.* Ähnlich wie 10a; B'chen ungestielt. F. **10c Berg-K.** *C. coronata.* 30–50 cm; Staude; Blst. mit 10–20 Bl.; Fr. 15–30 mm. Trockene Gebüsche u. Wälder, auf Kalk. M[D:s].

Schmetterlingsblütler (Forts.)

WICKEN *Vicia*. Kräuter, meist kletternd bzw. spreizklimmend; B. gefiedert, in eine meist verzweigte Ranke endend (außer 4); Bl. meist in gestielten Köpfen bzw. Trauben in der Achsel der B.; Hülsen lang, ±abgeflacht; alle außer 8 unterscheiden sich von Platterbsen *Lathyrus* (S. 124) durch nicht geflügelte St.

1 VOGEL-WICKE *Vicia cracca*. St. bis 1,5 m lang; Staude, angedrückt-weichhaarig; B'chenpaare 8-12; Bl. zu *10-14* in einseitigen Trauben, *blau*-violett, 8-11 mm; Hülsen braun. VI-VIII. Wiesen, Hecken. ⚘ T[D:v]. **1a Feinblättrige W.** *V. tenuifolia*. B'chen schmaler; Platte der Fahne relativ groß, S,(GB),F,M[D:z-s]. **1b Kassubische W.** *V. cassubica*. B'chen kürzer, länglich; Bl. zu 4-15, violettrot mit weißlichen Flügeln u. Kiel. S,(GB),F,M[D:z]. **1c Zottige W.** *V. villosa* □. Einj., zottig; B'chenpaare 6-10; Bl. oft größer, bisweilen mit weißen od. gelblichen Flügeln, Kelchröhre am Grund verdickt. VI-XI. Äcker, Schutt. ⚘ S,(GB),F, (M[D:s]). **1d** → S. 302.

2 WALD-WICKE *Vicia silvatica*. St. bis 2 m lang; Staude, kahl; B'chenpaare 5-10(12); Bl. zu 5-20 in einseitigen Trauben, weißlich bis blaß-lila, *Fahne lila-violett geadert,* 15-20 mm; Hülse schwärzlich. VI-VIII. Wälder, seltener Küstenfelsen. T[D:z]. **2a Hecken-W.** *V. dumetorum*. Bl. purpurn. [D:s]. **2b Erbsen-W.** *V. pisiformis* □. Bl. gelblich-weiß. [D:s-z]. 2a u. 2b B'chenpaare 3-5, Hülse braun, S,F,M.

3 ZAUN-WICKE *Vicia sepium*. 30-60 cm; Staude, meist kahl; B'chenpaare 3-9; Bl. zu 2-4(6) in kurzer Traube, *schmutzig blau-purpurn,* selten gelb, 12-15 mm; Hülse schwarz. VI-XI. Wiesen, Wälder. T[D:v]. **3a Ungarische W.** *V. pannonica*. Einj.; B'chen schmaler u. länger; Bl. bisweilen weißlichgelb. Äcker, Grasfluren. (GB),F,(M[D:s]).

4 HEIDE-WICKE *Vicia orobus*. 15-60 cm; Staude, kahl od. zottig; St. *ungeflügelt;* B. ohne Ranke, mit *Spitze* endend; Bl. weißlich, violett geadert; Hülse gelbbraun. V-VI. Heiden, Gebüsche, Felsen. T[D:s].

5 FUTTER-WICKE *Vicia sativa*. St. 0,3-1 m lang; Einj., behaart; B'chenpaare 3-8, länglich-eiförmig, über 5 mm breit; Ranken bisweilen unverzweigt; Bl. zu 1-2, rötlich bis bläulich, Schiffchen weißlich, 1-3 cm; Hülse behaart bis kahl, braun. IV-IX. Äcker, Schutt; gebaut. ⚘ (T) Heimat: Medit.-W-Asien. **5a Kleine W.** *V. lathyroides* □. Meist niederliegend, mit 1-4 Paaren schmaler B'chen, ohne u. mit unverzweigter Ranke; ungezähnte Nebenb.; Bl. einzeln, 5-8 mm, hellviolett; Hülse kahl, schwarz. IV-VI. Sandfluren, z. T. bes. Küstennähe. [D:z-s]. **5b Schmalblättrige W.** *V. angustifolia*. Ähnlich wie 5; aber B'chen länglich-lineallanzettl., ca. 2-5 mm breit; Fr. schwärzlich-braun. Äcker. [D:v].

6 ZITTERLINSE *Vicia hirsuta*. St. bis 0,6 m lang; Einj., behaart; B'chenpaare meist 6-8, Ranken manchmal unverzweigt; Bl. meist zu 3-5 in Traube, *bläulich-weiß*, 4-5 mm; Kelchzähne länger als Röhre; Hülse behaart. V-IX. Äcker, Grasfluren. T[D:v]. **6a Viersamige Wicke** *V. tetrasperma* □. B'chenpaare 3-5; Bl. zu 1-2(5), 4-8 mm, blaßviolett; Bl. u. Hülse kahl. [D:v]. **6b** *V. tenuissima* □. B'chenpaare 2-5; Bl. 6-9 mm, zu 2-5, blaßpurpurn; Hülsen kahl od. behaart. VI-VIII. GB,F. 6a u. 6b mit Kelchzähnen kürzer als Röhre u. meist unverzweigten Ranken.

7 GELBE WICKE *Vicia lutea*. St. bis 0,6 m lang; Einj., meist niederliegend u. behaart; B'chenpaare meist 3-10, Ranke verzweigt od. unverzweigt; Bl. zu 1-3, *gelblich*-weiß, selten etwas rötlich, 20-35 mm; Hülse rauhhaarig. VI-IX. GB,F,M [D:s].

8 *Vicia bithynica*. St. bis 0,6 m lang; Einj., behaart; St. 4kantig; B'chenpaare 2-3, groß, *breit;* Bl. zu 1-3, purpurn, Flügel u. Kiel *weißlich,* 16-20 mm; Hülse braun od. gelb, behaart. V-VI. Grasfluren, Hecken. GB,F. **8a Mauswicke** *V. narbonensis*. B'chen breiter; Bl. länger; Hülse dunkelpurpurn; Hülse pergamentartig, z. T. borstig-rauh. Wälder, Äcker. F,(M[D:s]).

2b Erbsen-Wicke

123

Schmetterlingsblütler (Forts.)

PLATTERBSEN *Lathyrus*. Von den Wicken (außer *Vicia bithynica*) durch geflügelte od. kantige St. unterschieden (vgl. aber 4a); meistens mit wenigen, selten mit mehr B'chen; Hülsen meist braun.

1 BREITBLÄTTRIGE PLATTERBSE *Lathyrus latifolius*. St. bis 2(3) m lang, geflügelt, kletternd; Staude, kahl od. behaart; 1 B'chenpaar, *breit* u. groß; Bl. zu 3-15, lebhaft purpurn, rosenrot, 2-3 cm. VII-IX. Kultiviert u. verwildert. (GB),F,(M [D:s-z]). **1a Wald-P.** *L. silvester* ☐. B'chen u. Nebenb. schmaler; Bl. rötlichgrün bis purpurn u. fleischfarbig. Gebüsche, Hecken, trockene Wälder. T[D:s-v]. **1b Verschiedenblättrige P.** *L. heterophyllus*. Oben B'chenpaare 2-3; Bl. kleiner. S,F,M[D:s].

2 WIESEN-PLATTERBSE *Lathyrus pratensis*. St. bis 1 m lang, kantig, kletternd; Staude, kahl od. behaart; B'chenpaar 1; Bl. zu 3-12, *gelb;* Hülse schwarz. V-VIII. Wiesen. T[D:v].

3 FRÜHLINGS-PLATTERBSE *Lathyrus vernus*. Bis 30 cm; Staude, aufrecht, kahl; St. kantig; B'chenpaare 2-4, *ohne Ranke;* Bl. zu 3-6(10), purpurrot, später blau, 13-20 mm; Hülse braun. IV-VI. Laubwälder. S,F,M[D:z-v]. **3a Schwarze P.** *L. niger* ☐. Spärlich behaart; B'chenpaare 3-6; Bl. kleiner, purpurn bis bräunlich, später bläulich; Hülse schwarz. V-VII. T[D:z-s].

4 BERG-PLATTERBSE *Lathyrus montanus*. Bis 30 cm; Staude, aufrecht, kahl; St. *geflügelt;* B'chenpaare 2-4 (bisweilen sehr schmal: var. *tenuifolius* ☐); B. ohne Ranke, in einer Spitze endend; Bl. zu 2-6, purpurn, zuletzt schmutzig-blau, 10-16 mm; Hülse rot-braun. IV-VII. Wälder, Gebüsche, Heiden. T[D:z-v]. **4a Ungarische P.** *L. pannonicus*. St. nicht od. nur schwach geflügelt; B'chen fast lineal; Bl. gelblichweiß bis etwas rötlich; Hülse blaßbraun. F,M[D:s]. **4b** → S. 302.

5 STRAND-PLATTERBSE *Lathyrus maritimus*. St. bis 50 cm lang; Staude, niederliegend, wenig behaart; St. kantig; B'chenpaare 2-5, graugrün, bisweilen ohne Ranke. Bl. meist zu 4-7, purpurn, Flügel bläulich, 14-20 mm. VI-VIII. Dünen. S,GB,M[D:s].

6 SUMPF-PLATTERBSE *Lathyrus paluster*. St. bis 1 m lang; Staude, kletternd, schwach behaart; B'chenpaare 2-3(5), Ranke verzweigt; Bl. zu 2-8, blauviolett-lila, 12-20 mm; Hülse schwarz. VI-VIII. Feuchtwiesen, Röhrichte. T[D:z-s].

7 ERDNUSS-PLATTERBSE *Lathyrus tuberosus*. St. bis 1 m lang, kahl, kantig; Staude, kahl, kletternd, mit Knollen; B'chenpaar 1; Bl. zu 2-5(7), *purpurrot,* duftend, 12-20 mm. VI-VIII. Äcker, Grasfluren. (GB),F,M[D:z].

8 HAARIGE PLATTERBSE *Lathyrus hirsutus*. St. bis 1 m lang, geflügelt; Einj., kletternd, leicht behaart; B'chenpaar 1, Ranken verzweigt; Bl. zu (1)2-3, violettrot, später blau, Schiffchen weißlich, 7-15 mm; Hülse braun, behaart. VI-VIII. Äcker, Grasfluren (GB),F,M[D:s]. **8a** *L. sphaericus*. Mit kantigem St.; Bl. einzeln, orange-rot; Hülse kahl. S,F,M.

9 BLATTLOSE PLATTERBSE *Lathyrus nissolia*. Bis 50 cm; Einj., aufrecht, kahl od. leicht behaart; ohne B'chen, *B'stiele lanzettl. verbreitert,* ohne Ranken, grasb'ähnlich; Bl. zu 1-2, lang gestielt, purpurrot; Hülse blaß-braun. V-VII. Unkraut- u. Grasfluren. GB,F,M[D:s].

10 RANKEN-PLATTERBSE *Lathyrus aphaca*. St. bis 30(60) cm lang; Einj., kletternd, kahl; *obere B'stiele rankenförmig,* unverzweigt, ohne B'chen; Nebenb. sehr groß, *eiförmig-spießförmig,* am Grund verbunden; Bl. einzeln, lang gestielt, *gelb.* V-VIII. Äcker, trockene Grasfluren. GB,F,M[D:z-s].

3a Schwarze Platterbse

4 Berg-Platterbse (var. *tenuifolius*)

1

1a

2

3

4

5

6

7

8

9

10

Schmetterlingsblütler (Forts.)

1 ESPARSETTE *Onobrychis viciaefolia.* Bis 60 cm; Staude, aufrecht od. aufsteigend, behaart; B. *gefiedert;* Bl. in gestielten Trauben, *rosa;* Fr. kurz stachelig, rundlich. V–IX. Trockenrasen u. kultiviert. (T[D:z-s]) Herkunft: evtl. SO-Europa. **1a Sand-E.** *O. arenaria.* Mit schmaleren B'chen u. blasseren, kleineren Bl. F,M[D:s]. **1b Süßklee** *Hedysarum hedysaroides.* Mit purpurroten Bl. u. quergegliederten, zwischen den Samen eingeschnürten, verlängerten Fr. Gebirgsrasen. M[D:Alp]. **1c** → S. 303.

2 KRIECHENDE HAUHECHEL *Ononis repens.* Bis 60 cm; Staude/Halbstrauch, drüsig-behaart, mit Ausläufern; St. rund, aufsteigend, bisweilen mit weichen Dornen; B. 3zählig od. eiförmig, vorn abgerundet od. ausgerandet; Bl. meist einzeln, rosa, Flügel so lang wie Schiffchen. VI–IX. Trockene Rasen, Dünen. T[D:z]. **2a Dornige H.** *O. spinosa* ☐. ± aufrecht, mit zahlreichen Dornen, St. oft mit 2 Haarreihen; B. nicht ausgerandet, bisweilen spitz; Bl. rosa-rot, Flügel kürzer als Schiffchen. Trockene Rasen. ⚥ T[D:v]. **2b** → S. 303.

3 GESTREIFTE HAUHECHEL *Ononis natrix.* Bis 60 cm; Halbstrauch, aufrecht, drüsig behaart; B. 3zählig, verschieden gestaltet; Bl. in verzweigten, traubigen Blst., *gelb,* außen meist rot-gestreift; Fr. kurz. V–VIII. Trockenrasen. F,M[D:s]. **3a** *O. pusilla.* Mit breiteren B'chen u. halb so großen Bl. F.

4 *Ononis reclinata.* 2–15 cm; Einj., halb niederliegend, drüsig behaart, mit glänzenden Punkten; B. 3zählig; Bl. in beb. Trauben, rosa, 5–10 mm; Fr. zur Reife abwärts gerichtet. V–VI. Sandige Rasen, Abhänge in Küstennähe. GB,F.

5 WUNDKLEE *Anthyllis vulneraria.* Vielgestaltig; niederliegend bis aufrecht, bis 60 cm; meist Staude, behaart; B. gefiedert, unterstes bisweilen lanzettl.; Bl. in Köpfen (bisweilen zu 2), meist goldgelb (daneben rot, purpurn, weiß, bunt), mit 2fingerig geteilten Deckb. am Grund des Blst. IV–IX. Trockene bis feuchtere Rasen. T[D:z-v].

6 ECHTER STEINKLEE *Melilotus officinalis.* 0,3–1 m; Zweij., kahl; B. 3zählig; Bl. in gestielten Trauben, 5–7 mm, gelb, Schiffchen kürzer als Flügel u. Fahne; Hülse kahl, eiförmig, braun. VI–IX. Schuttfluren. ⚥⚲ S,(GB),F,M[D:v]. **6a Hoher S.** *M. altissimus.* Schiffchen so lang wie Flügel u. Fahne; Hülse behaart, schwarz. ⚥ [D:z]. **6b Gezähnter S.** *M. dentatus.* Bl. 3–3,5 mm, Flügel kürzer als Fahne, länger als Schiffchen; Hülse kahl, schwarzbraun. Salzhaltige Böden. S,M[D:s]. **6c Indischer S.** *M. indicus.* 15–50 cm, Einjährige; Bl. 2–3 mm, Flügel u. Schiffchen kürzer als Fahne; Hülse kahl, gelb od. rötlich (GB),F,M([D:s]).

7 WEISSER STEINKLEE *Melilotus albus.* 0,3–1,25 m; Zweij.; B. 3zählig; Bl. in gestielten Trauben, weiß; Hülse kahl, schwärzlich, netzaderig. VI–IX. Schuttfluren u. kultiviert (Bokhara-Klee). ⚲ S,(GB),F,M[D:v].

8 BOCKSHORNKLEE *Trigonella foenum-graecum.* 30–60 cm; Einj., meist fast kahl; B. 3zählig, gezähnt; Bl. zu 1–2 in oberen B'achseln, gelblich-weiß, am Grund bisweilen rötlich; Hülse etwas sichelförmig, lineal, geschnäbelt. VI–VIII. Schuttfluren u. kultiviert. ⚥ (F,M) Heimat: Mesopotamien(?). **8a** *T. monspeliaca.* Behaart; B. u. Bl. kleiner, Bl. gelblicher, am Grund nicht rötlich, zu 4–14. F.

9 LUZERNE *Medicago sativa.* 30–80 cm; Staude, kahl; B. *3zählig;* Bl. in kurzen Trauben, bläulich-violett; Hülse spiralig-zusammengerollt. VI–X. Äcker, gebaut (Alfalfa). (T) Heimat: Asien. **9a Sichelklee** *M. falcata* ☐. Bl. gelb; Hülse sichelförmig). Trockenrasen [D:z]. **9×9a** *M.* × *varia* ☐. Bastard-L.; Bl. jung gelb, später blau.

5 Wundklee (Blütenstände)   **9×9a Bastard-Luzerne**

1

2a

3

2

4

5

6

7

8

9

9a

Schmetterlingsblütler (Forts.)

1 GEMEINER HORNKLEE *Lotus corniculatus* ssp. *corniculatus.* 10-30 cm; Staude, aufsteigend, behaart od. kahl; B. 3zählig, Nebenb. so groß wie B'chen, daher 5zählig erscheinend; Bl. zu 2-7 in Dolden, gelb, Fahne oft rötlich, 10-16 mm; Kelchzähne in der Knospe aufrecht mit stumpfem Winkel zwischen den 2 obersten; Hülse gerade, 15-30 mm. V-IX. Wiesen, Trockenrasen. T[D:v]. **1a** ssp. *tenuifolius* ☐. Schlanker; B'chen lineal-lanzettl.); Bl. zu wenigen in Dolde; Kelchzähne zusammenneigend. [D:z-s]. **1b Sumpf-H.** *L. uliginosus.* Bis 60 cm, aufrecht; B'chen breiter, unterseits etwas graugrün; Bl. zu 6-12 in Dolden; Kelchzähne in der Knospe spreizend, die 2 oberen mit spitzem Winkel. VI-VIII. Feuchte Wiesen. T[D:v].

2 *Lotus subbiflorus.* St. niederliegend, bis 50 cm; Einj., *behaart;* B. wie 1; Bl. zu 2-4 in Dolden, Stiele länger als Tragb., orange-gelb, 5-10 mm, Hülse 6-16 mm. VI-IX. Grasfluren. GB,F. **2a** *L. angustissimus.* Weniger behaart; Bl. zu 1-3 in Dolden, Stiel meist kürzer als Tragb.; Hülse 15-30 mm. V-VIII. GB,F.

3 WILDE SPARGELBOHNE *Tetragonolobus maritimus.* St. ± niederliegend, bis 40 cm lang; Staude, kahl od. behaart; B. 3zählig; Bl. *einzeln,* hellgelb, manchmal rotnervig, 25-30 mm; Hülse 4kantig, schmal geflügelt, dunkelbraun, 30-60 mm. V-IX. Feuchtwiesen, Wegränder. T[D:s-z].

4 HUFEISENKLEE *Hippocrepis comosa.* St. niederliegend, bis 25 cm lang; Staude, fast kahl; B. unpaarig-*gefiedert;* Bl. zu 4-12 in Dolden, gelb, 6-10 mm; Fr. hin- u. hergebogen, mit hufeisenförmigen Gliedern. V-VII. Trockene Rasen. GB,F,M[D:s-v].

5 VOGELFUSS *Ornithopus perpusillus.* St. niederliegend, 8-30 cm lang; Einj., behaart; B. unpaarig gefiedert; Bl. zu 2-5 in Dolden, weißlich, Fahne purpurn geadert, 2,5-4 mm, mit gefiederten Tragb.; Fr. meist gebogen, quer gegliedert, 10-18 mm; Fr'stand einem Vogelfuß ähnlich. V-VIII. Sandfluren. T[D:z]. **5a** *O. pinnatus* ☐. Mit 1-5 orange-gelben Bl. ohne gefiederte Tragb. GB,F. **5b Serradella** *O. sativus.* Bis 60 cm, aufstrebend; Bl. 4-8 mm, weiß bis rot. Kultiviert. Heimat der Wildsippe: S-Frankreich bis Portugal.

6 HOPFENKLEE *Medicago lupulina.* St. bis 60 cm lang, ± ausgebreitet; Ein-/Zweijährige, meist behaart; B. 3zählig, B'chen mit kleiner *Spitze;* Bl. gelb, zu 10-15 in kurzgestielten rundlichen Köpfchen, 3-8 mm; Hülse nierenförmig, zuletzt schwarz, nicht von abgestorbener Bl. bedeckt. IV-X. Wiesen, trockene Rasen. T[D:v]. **6a Kleiner Klee** *Trifolium dubium* ☐. Fast kahl; B'chen ausgerandet, nicht spitz, das mittlere länger gestielt; Bl. zu 3-24 in kugeligen Köpfchen; Hülse gerade, von abgestorbener brauner Bl. bedeckt; vgl. 8. V-IX. Wiesen [D:v]. **6b Kleinblütiger K.** *T. micranthum* ☐. Ähnlich 6a, alle B'chen sitzend; Bl. (1)2-6 in Köpfchen, mit oben dünnen, langen Stielen, 2-3 mm. [D:s].

7 ARABISCHER SCHNECKENKLEE *Medicago arabica.* St. bis 50 cm lang, niederliegend; Einj., kahl od. leicht behaart; B. 3zählig, meist B'chen mit *dunklem* Fleck; Nebenb. tief-gezähnt; Bl. zu 1-4 in Köpfchen, gelb, 5-7 mm; Hülse spiralig aufgewunden, stachelig, netzaderig. IV-IX. Schutt- u. Grasfluren. GB,F,M [D:z]. **7a** *M. polymorpha.* Meist kleiner u. stärker behaart; B'chen ungefleckt; Nebenb. tief geschlitzt; Hülse stark netzaderig, kurz-spiralig. V-VIII. ([D:s]). **7b Kleinster S.** *M. minima.* St. nur 10-30 cm lang; Pfl. behaart; B'chen ungefleckt; Nebenb. fast ganzrandig; Hülse mit 2 Reihen hakenförmiger Stacheln. IV-VII. T[D:s-z].

8 FELD-KLEE *Trifolium campestre.* St. 15-30 cm, aufrecht od. liegend; Einj., behaart; B. 3zählig, B'chen *ohne Spitze,* mittleres länger gestielt; Bl. zu 20-30 in rundlichen, gestielten, 10-15 mm ⌀ Köpfchen, gelb, Hülse von brauner, abgestorbener Bl. bedeckt. V-IX. Trockene Rasen. T[D:v]. **8a Gold-K.** *T. aureum.* 15-45 cm, Zweij.; B'chen schmaler, fast sitzend. Bl. größer, goldgelb, fast sitzend; Hülse mit hakenförmigem Schnabel. VI-VIII. S,(GB),F,M[D:z]. **8b Moor-K.** *T. spadiceum.* Bis 40 cm; schlank, meist kahl; B'chen ungestielt, größer; Bl. 4-6 mm, goldgelb, später abgestorben schwärzlich-braun, in später *walzlichen* Köpfchen. VI-VIII. Kalkfreie Böden. S,F,M[D:z-s]. **8c** *T. patens.* Weniger behaart, B. u. Bl. größer. Feuchte Stellen. F. **8d Braun-K.** *T. badium.* Bl. in *kugeligen* Köpfchen, goldgelb, dann lederbraun. VII-VIII. M[D:Alp].

Schmetterlingsblütler (Forts.)

KLEE *Trifolium*. S. 126-130. B. 3zählig, gefingert bzw. gefiedert; Bl. relativ klein, meist in dichten, runden, kopfförmigen Blst., Flügel länger als Schiffchen; Kelchröhre 5zähnig; Krone bei der Fr'reife bleibend, die Fr. bedeckend.

1 ROT-KLEE *Trifolium pratense*. 15-30 cm; Staude, behaart; B'chen oft mit weißlichem Fleck; Nebenb. eiförmig, grannenförmig zugespitzt; Blst. kugelig od. eiförmig, auch zu 2, meist fast ungestielt, von 2 B. behüllt, 2-4 cm; Bl. *purpurrot* od. *rosa,* selten weiß od. gelblich. V-X. Wiesen, Weiden. ⚥ T[D:v]. **1a Mittlerer K.** *T. medium*. 30-50 cm, St. meist hin- u. hergebogen; Nebenb. lanzettl. ohne Grannenspitze; Blst. länger gestielt, ohne Hülle; Bl. purpurrot; Kelch 10nervig, kahl. VI-VIII. Trockene Rasen, Gebüsche. [D:v]. **1b** → S. 303.

2 BERG-KLEE *Trifolium montanum*. 15-40 cm; Staude, behaart; Bl'köpfe oft zu 2, rel. lang gestielt, 15-30 mm; Bl. weiß(gelblich), selten rosa, später bräunlich. V-VII. Trockene Rasen, bes. Bergland. S,F,M[D:s]. **2a Blaßgelber K.** *T. ochroleucum* ☐. Bl'köpfe 2-4 cm, nicht od. kurz gestielt, von 1 od. 2 B. behüllt. Trockene Wiesen u. Wälder. GB,F,M[D:z-s]. **2b, 2c** → S. 303.

3 WEISS-KLEE *Trifolium repens*. St. *niederliegend,* bis 50 cm lang, an Knoten wurzelnd; Staude, meist ±unbehaart; B'chen oft mit weißlichem Fleck; Bl'köpfe kugelig, lang gestielt, 15-30 mm, Bl. *weiß,* seltener rötlich, später braun u. herabgeschlagen; Winkel zwischen Kelchzähnen ±spitz. V-X. Weiden, Wegränder. ⚥ T[D:v]. **3a** *T. occidentale*. B'chen ohne Fleck, rundlich; Nebenb. rot; Bl'köpfe 20-24 mm. III-V. Küstendünen u. -sandfluren. GB,F. **3b Schwedenklee** *T. hybridum* ☐. Bis 50 cm; St. ±*aufsteigend;* B'chen ohne Fleck; Bl'köpfe kürzer gestielt; Bl. meist rosa (od. weiß); Winkel zwischen Kelchzähnen ±stumpf. V-IX. Wiesen, Uferrasen. ⚥ S,(GB),F,M[D:v]. **3c** *T. michelianum*. Einj.; Bl. rosa. Feuchtwiesen. F. **3d, 3e** → S. 303.

4 ERDBEER-KLEE *Trifolium fragiferum*. St. niederliegend, 8-20 cm lang, oft an Knoten wurzelnd; Staude, behaart; Bl'köpfe kugelig, 10-14 mm, zur Fr'zeit *vergrößert* durch aufgeblasene Kelche, vorerst rötlich, später strohig. VI-IX. Meist salzhaltige Böden. T[D:z]. **4a** *T. squamosum*. St. bis 40 cm, oft aufrecht; Einj.; unterhalb der Bl'köpfe 2 B.; Bl'köpfe zur Fr'zeit nicht vergrößert, aber mit deutlich sternförmig spreizenden Kelchzähnen. VI-X. Feuchtwiesen in Küstennähe. GB,F. **4b** → S. 303.

5 GESTREIFTER KLEE *Trifolium striatum*. 8-20 cm, Einj., behaart; St. niederliegend bis aufrecht; B. *beiderseits behaart;* Bl'köpfe eiförmig, fast sitzend, 10-15 mm; Bl. rosa; Fr'kelchschlund mit Ringwulst, Zähne aufrecht. VI-VII. Trockene Rasen, Schutt. T[D:s-z]. **5a, 5b, 5c** → S. 303.

6 HASEN-KLEE *Trifolium arvense*. 8-30 cm; Ein-/(selten)Zweij., behaart; B'chen schmal; Bl'köpfe *eiförmig,* gestielt, 10-20 mm; Bl. weißlich bis blaßrosa, meist kürzer als lang behaarter Kelch. VI-IX. Sandfluren, kalkfreie Böden. ⚦ T[D:v]. **6a** *T. strictum* ☐. B'chen größer u. schmaler; Bl'köpfe 7-10 mm, mehr kugelig, länger gestielt; Bl. größer, leuchtend rosa, viel länger als Kelch. VI. Grasfluren. GB,F.

7 INKARNAT-KLEE *Trifolium incarnatum*. 20-50 cm, Einj., behaart; Bl'köpfe eiförmig, verlängert, 1-5 cm; Bl. purpurrot, rosa, selten weiß; Kelchzähne zur Fr'zeit spreizend. VI-VIII. Küstenklippen (ssp. *molinerii*: Bl. gelbweiß) und kultiviert. (S),GB,F,(M). **7a** → S. 303.

8 VOGELFUSSARTIGER KLEE *Trifolium ornithopodioides*. Bis 20 cm, Einj.; kahl; St. ±niederliegend; Bl. zu 1-3(5) in kurz gestielten Köpfen, rosa od. weiß, 6-8 mm; Hülse kaum ragt aus Kelchröhre. V-IX. Deiche, trockene, oft winterfeuchte Orte. GB,F,M[D:s]. **8a** *T. subterraneum* ☐. Bl. 8-14 mm; Fr'stände dem Boden anliegend (od. eingebettet). V-VI. Sandfluren. GB,F,M.

9 *Trifolium suffocatum*. Bis 5 cm; Einj., niederliegend, fast kahl; Bl'köpfe sitzend, dicht nebeneinander, 5-6 mm; Bl. weiß, fast *versteckt* zwischen grünen, zur Fr'zeit zurückgekrümmten Kelchzähnen. VII-VIII. Trockene Standorte. GB,F.

Sauerkleegewächse Fam. Oxalidaceae

Kräuter; B. 3zählig gefingert; B'chen bei Dunkelheit oft herabhängend; Bl. 5zählig, ± schüsselförmig; Fr. eine Kapsel.

1 WALD-SAUERKLEE *Oxalis acetosella*. 8-15 cm; Staude; Bl. *weiß*, mit rötlichen Adern, selten ganz rötlich. IV-V. Wälder. ⚥✗ T[D:v].

2 GEHÖRNTER SAUERKLEE *Oxalis corniculata*. St. *niederliegend* bis 30 cm lang, am Grund wurzelnd; Ein-/(selten)Mehrjährige; B. oft rötlich-braun; Nebenb. sehr klein; Bl. gelb, 4-7 mm; Bl'stiele zur Fr'zeit abwärts gebogen. V-X. Äcker. (S,GB),F,M[D:z]. **2a Steifer S.** *O. europaea*. Bis 20 cm, Staude, aufrecht, nicht an Knoten wurzelnd; B. meist grün; ohne Nebenb.; Fr'stiele aufrechtabstehend. Äcker. ✗ T[D:v]. **2b** → S. 303.

3 *Oxalis articulata*. Bis 35 cm; Staude; B. unterseits mit orange-braunen Höckern; Blst. doldenartig; Bl. *rosa*. V-IX. Gartenflüchtling. (GB,F) Heimat: S-Amerika. **3a, 3b** → S. 303.

4 *Oxalis pes-caprae*. Bis 20 cm; Staude; B. bisweilen mit blaßbraunem Fleck; Blst. doldenartig; Bl. *gelb*, 20-25 mm. III-VI. Äcker. (GB,F) Heimat: S-Afrika.

Storchschnabelgewächse Fam. Geraniaceae (Forts. S. 134)

5 SCHIERLINGS-REIHERSCHNABEL *Erodium cicutarium*. 15-50 cm; Einj., behaart, kaum drüsig; B. *gefiedert*, B'chen fiederspaltig; Nebenb. lanzettl.; Blst. doldig; Kronb. 5, ungleich, lila bis weiß, längere meist dunkel gefleckt, 5-11 mm; Fr. mit langem, gedrehtem Schnabel. IV-X. Äcker, Wegränder ⚥ (in Küstennähe mit dicht-drüsigem St.: *E. glutinosum* [D:z]). T[D:v]. **5a Moschus-R.** *E. moschatum*. Mit Moschus-Geruch, stark behaart; B. gefiedert; B'chen gesägt; Nebenb. breiter; Bl. größer(15 mm); Bl. purpurrot, ohne Flecke. ([D:z]) Heimat: Medit. **5b** → S. 303.

6 *Erodium maritimum*. Bis 20 cm; Ein-/Zweij., oft niederliegend, behaart; B. oft in Rosette, eiförmig, stumpf gezähnt; Bl. meist einzeln, blaßrosa od. weiß; Kronb. früh abfallend; Fr. mit langem, gedrehtem Schnabel. V-VIII. Trockene Standorte an Küsten. GB,F.

Leingewächse Fam. Linaceae

Kräuter kahl od. fast kahl; B. einfach, ganzrandig; Bl. 5zählig (außer 10); Kronb. ± ausgebreitet; Fr. eine Kapsel.

7 DAUER-LEIN *Linum perenne*. 0,2-0,8(1) m; Staude; B. lineal-lanzettl., wechselständig, 1nervig, undeutlich 3nervig; Bl.- u. Fr'stiele *steif-aufrecht* (Fr'stiele abwärts-gebogen: *L. austriacum* [D:s]); Bl. hellblau, 25 mm; Kelchb. nicht bewimpert. V-VIII. Trockene Rasen, Wälder. GB,F,M[D:s]. **7a** *L. bienne* ☐. B. 1-3nervig; Bl. blaß blau-lila; Kronb. früh abfallend; Kelchb. zugespitzt, fast so lang wie Fr. GB,F. **7b Echter L.** *L. usitatissimum* ☐. Einj.; B. 3nervig; Kelchb. bewimpert. VI-X. Kultiviert. ⚥✗ (T). **7c, 7d, 7e, 7f, 7g, 7h** → S. 303.

8 PURGIER-LEIN *Linum catharticum*. 5-30 cm; Einj.; B. länglich, unten gegenständig, 1nervig; Blst. locker; Bl. weiß, 4-6 mm. V-IX. Lückige Grasfluren, bes. auf Kalk. ⚥✗ T[D:v].

9 GELBBLÜTIGER LEIN *Linum flavum*. 20-55 cm; Staude, kahl, am Grund bisweilen holzig; B. lanzettl., am Grund beiderseits eine Drüse; Bl. gelb, ca. 2 cm; Kelchb. zugespitzt. VI-VII. Kalkmagerrasen. M[D:s].

10 ZWERGLEIN *Radiola linoides*. 1-5 cm; Einj.; St. wiederholt verzweigt, dünn; B. eiförmig, gegenständig, 1nervig; Bl. 4zählig, weiß; Kronb. 1 mm, so lang wie Kelchb. VII-VIII. Offene, feuchte, kalkfreie Sand- od. Torfstandorte. T[D:z-s].

9 Gelbblütiger Lein

1

2

3

4

5

6

7

7a

7b

8

10

133

Storchschnabelgewächse Fam. Geraniaceae

S. 132-134. Kräuter, behaart; B. tief handförmig gelappt bzw. geteilt, mit Nebenb.; Bl. 5zählig; Kelchb. oft mit borstlicher Spitze; Staubb. herausragend; Fr. meist mit langem, geradem od. gedrehtem Schnabel.

1 WIESEN-STORCHSCHNABEL *Geranium pratense.* 30-60 cm; Staude; B. fast bis zum Grund geteilt; Kronb. *blauviolett,* 20-30 mm, nicht ausgerandet; Bl'stiele nach dem Verblühen abwärts gebogen, zur Fr'reife aufrecht. VI-IX. Wiesen, meist kalkhaltige Böden. T[D:z-v]. **1a Wald-S.** *G. silvaticum* □. B. weniger tief gespalten, allgemein kleiner; Bl. rotviolett; Bl'stiele immer aufrecht. Bes. Bergwiesen. [D:z-v].

2 BLUT-STORCHSCHNABEL *Geranium sanguineum.* St. aufsteigend, bis 50 cm lang; Staude; B. fast bis zum Grund geteilt; Kronb. *blutrot,* selten rosa, 25-30 mm. VI-VIII. Trockene Gebüsche, Wälder, meist auf Kalk. T[D:z].

3 *Geranium endressii.* 30-80 cm; Staude; B. bis über die Hälfte geteilt; Bl. *rosa,* nervenlos, 25 mm; Kronb. nicht ausgerandet. VI-VIII. Gartenflüchtling. (GB,F) Heimat: SW-Frankreich. Bastard **3**×**3a** (Kronb. leicht ausgerandet, rosa, mit dunkleren Nerven, z. T., so in GB, häufiger). **3a** *G. versicolor* □. Bl. blasser rosa; Kronb. mit violetten Nerven, ausgerandet. (GB) Heimat: Balkan, Italien. **3b** *G. nodosum.* St. an Knoten verdickt; Kronb. rosa-violett mit dunkleren Nerven, kleiner, tief ausgerandet. (GB,F,M) Heimat: S-Europa. **3c Brauner S.** *G. phaeum* □. B. tiefgeteilt; Bl. kleiner, früh nickend; Kronb. nicht ausgerandet, *braun-violett* mit welligem Rand. V-VI. Wiesen, Waldränder. (GB),F,M[D:s].

4 SUMPF-STORCHSCHNABEL *Geranium palustre.* St. aufsteigend, bis über 60 cm lang; Staude; B. bis über die Hälfte geteilt; Bl. *purpurrot,* 30 mm; Kronb. nicht od. wenig ausgerandet; Bl'stiele zur Fr'zeit zurückgebogen. VI-IX. Bach- u. Grabenränder. S,F,M[D:z-v].

5 PYRENÄEN-STORCHSCHNABEL *Geranium pyrenaicum.* 25-50 cm; Staude; B. bis etwa zur Hälfte geteilt; Bl. *purpurviolett,* 15 mm; Kronb. ausgerandet; Bl'stiele zur Fr'zeit herabgeschlagen. V-X. Gras- u. Unkrautfluren. (T) [D:z-s]. **5a Böhmischer S.** *G. bohemicum* □. Einj.; Bl. kleiner, blauviolett; Kronb. ausgerandet; Bl'stiele zur Fr'zeit aufrecht. Wälder. S,F,M[D:s]. **5b** → S. 303.

6 RUPRECHTSKRAUT *Geranium robertianum.* 20-50 cm; Einj., unangenehm riechend, oft ±rötlich; B. 3-5zählig, B'chen fiederspaltig; Bl. *rosenrot,* 15-20 mm; Pollen orange; Fr. leicht querrunzelig. IV-XI. Wälder, Mauern, Felsen. ⚥ T[D:v]. **6a** *G. purpureum* □. Bl. viel kleiner; Pollen gelb; Fr. stark querrunzelig. GB,F.

7 GLÄNZENDER STORCHSCHNABEL *Geranium lucidum.* 10-30 cm; Einj., fast kahl, oft rötlich; B. *glänzend,* bis etwa zur Mitte geteilt, Lappen stumpf; Bl. rosa, 10-15 mm; Kronb. nicht ausgerandet; Fr. querrunzelig. V-VII. Schattige Mauern, Felsen. T[D:s-z].

8 WEICHER STORCHSCHNABEL *Geranium molle.* 8-30 cm; Einj.; St. lang zottig behaart; Grundb. weniger, Stengelb. mehr als ¹/₂ geteilt, rundlich; Bl. purpurrot, 10 mm; Kronb. ausgerandet; Fr. fast kahl, querrunzelig. IV-IX. Unkrautfluren. T[D:v]. **8a Rundblättriger S.** *G. rotundifolium* □. B. schwach gelappt, rundlich; Bl. rosenrot; Kronb. nicht ausgerandet; Fr. behaart, glatt. GB,F,M [D:s]. **8b Kleiner S.** *G. pusillum* □. St. nur kurz behaart; Stengelb. mit schmaleren Lappen; Bl. kleiner, blaßviolett; 3-5 Staubb. steril; Fr. behaart, glatt. T[D:v].

9 SCHLITZBLÄTTRIGER STORCHSCHNABEL *Geranium dissectum.* 8-30 cm; Einj.; St. ausgebreitet; B. fast bis zum Grund geteilt; Bl. purpurrot, 8 mm; Kronb. ausgerandet; Fr. behaart. V-IX. Äcker. T[D:z-v]. **9a Stein-S.** *G. columbinum* □. Bl. bis 18 mm, länger gestielt, Kronb. nicht ausgerandet; Fr. kaum behaart. Trockene Unkrautfluren. T[D:v-s].

8a Rundblättriger Storchschnabel

8b Kleiner Storchschnabel

Wolfsmilchgewächse Fam. Euphorbiaceae

WOLFSMILCH *Euphorbia*. St. mit Milchsaft; B. ungeteilt, untere meist wechselständig u. ungezähnt; Bl. ohne Kelch- u. Kronb.; Teilblst. in Trugdolden mit Hüll- u. Hüllchenb., umgeben von einem kelchähnlichen Hochb'becher mit 4-5 Drüsenlappen am Rande, mehrere männliche Bl. (aus 1 Staubb.) u. eine länger gestielte 3griffelige weibliche Bl. umschließend; Fr. rundlich, gestielt.

1 MANDEL-WOLFSMILCH *Euphorbia amygdaloides*. 30-60 cm; Staude, unverzweigt, behaart, gelegentlich rötlich; B. verkehrt-eiförmig-länglich; Hüllchenb. *verwachsen*, Drüsenlappen gehörnt. IV-V. Wälder. ⚥⚘ GB,F,M[D:s-z]. **1a Zypressen-W.** *E. cyparissias* ☐. Bis 30 cm, kahl; B. lineal, hellgrün; Hüllchenb. frei. IV-VIII. Trockene Rasen. ⚥⚘ S,(GB),F,M[D:v-s]. **1b Scharfe W.** *E. esula*. Bis 60 cm; B. lanzettl. od. verkehrt-lanzettl., trüb grün; Hüllchenb. frei. V-VIII. Gebüsche, Böschungen. ⚥⚘ S,(GB),F,M[D:z]. **1c Glänzende W.** *E. lucida*. Bis 1,3 m; B. oberseits glänzend. Weidengebüsche. M[D:s]. **1d →** S. 303.

2 *Euphorbia paralias*. Bis 70 cm; Staude, bläulichgrün, oberwärts unverzweigt, kahl; B. fleischig, länglich-elliptisch, Mittelrippe unterseits *nicht hervorragend*, dem St. übergreifend angedrückt; Drüsenlappen kurz-gehörnt. VI-IX. Küsten-Sandfluren. GB,F,M. **2a Steppen-W.** *E. seguieriana*. Bis 30 cm; B. lineal-lanzettl., stachelspitzig, weniger dick; Drüsenlappen ohne Hörner. IV-VIII. Trockenrasen; auf Kalk. F,M[D:s].

3 *Euphorbia portlandica*. Bis 40 cm; Staude, kahl, graugrün, vom Grunde verzweigt, oft rötlich; B. länglich-elliptisch, Mittelrippe unterseits *hervorragend;* Drüsenlappen gehörnt. IV-IX. Küsten-Sandfluren u. Rasen. GB,F.

4 KREUZBLÄTTRIGE WOLFSMILCH *Euphorbia lathyris*. Bis 1 m; Zweijährige, bläulich bereift, kahl; B. lineal-länglich, gegenständig; Drüsenlappen gehörnt; Fr. bis 10 mm. VI-VIII. Unkrautfluren. ⚥⚘ GB,F,M[D:s].

5 *Euphorbia hyberna*. 30-60 cm; Staude, B. länglich-lanzettl., ganzrandig, unterseits behaart, später rötlich; Hüllchenb. gelb; Drüsenlappen *nierenförmig*, gelb; Fr. mit kurzen u. langen Warzen. IV-VII. Feuchte, schattige Orte. GB,F. **5a, 5b, 5c, 5d, 5e, 5f →** S. 303.

6 SONNENWENDIGE WOLFSMILCH *Euphorbia helioscopia*. 5-30 cm; Einj., meist unverzweigt, kahl; B. verkehrt-eiförmig, vorn fein gesägt; Blst. breit 5-strahlig; Hüllchenb. oft gelblich; Drüsenlappen wachsgelb, elliptisch; Fr. glatt. IV-XI (u. milde Winter). Äcker. ⚥⚘ T[D:v].

7 GARTEN-WOLFSMILCH *Euphorbia peplus*. 10-30 cm; Einjährige, verzweigt, kahl; B. verkehrt-eiförmig, hellgrün; Blst. grün; Drüsenlappen gehörnt; Fruchtb. mit geflügeltem Kiel. IV-X (u. milde Winter). Gärten, Äcker. T[D:v]. **7a Breitblättrige W.** *E. platyphyllos* ☐. 25-60 cm; oft deutlich behaart; B. breit-lanzettl., vorn klein-gesägt; Blst. gelblich, Drüsenlappen gelb, rundlich; Fr. mit halbkugeligen Warzen. VI-IX. GB,F,M[D:z-s]. **7b Steife W.** *E. stricta*. Schlanker als 7a, fast immer kahl; St. oft rötlich; Fr. mit kurz-walzlichen Warzen. VI-VIII. Wälder. T[D:z].

8 KLEINE WOLFSMILCH *Euphorbia exigua*. 5-20 cm; Einj., etwas bläulich-grün, kahl; B. lineal; Blst. gelblich, Hüllchenb. lineal; Drüsenlappen gehörnt; Fr. glatt. V-X. Äcker. T[D:v].

9 *Euphorbia peplis*. St. bis 40 cm lang, niederliegend; Einj., ±fleischig; St. rötlich; B. länglich, gebogen, gegenständig; Blst. gestielt, am Zweig „seitenständig", sehr klein. VII-IX. Küstenspülsäume, Sand. GB,F.

10 WALD-BINGELKRAUT *Mercurialis perennis*. 15-40 cm, Staude, unverzweigt, behaart; B. länglich-eiförmig, gegenständig; Bl. in gestielten Scheinähren, kronb'los, grün, 4-5 mm; männliche u. weibliche Bl. auf verschiedenen Pfl. II-V. Wälder, oft in Herden. ⚥⚘ T[D:v]. **10a Einjähriges B.** *M. annua*. Einj., hellgrün, fast kahl, ±verzweigt; männliche u. fast sitzende weibliche Bl. nicht immer auf verschiedenen Pfl. V-XI. Unkrautfluren. ⚥⚘ T[D:z-v]. **10b Eiblättriges B.** *M. ovata*. B. eiförmig, weibliche Bl. deutlich gestielt. IV-V. Wälder. M[D:s].

137

Balsaminengewächse Fam. Balsaminaceae

SPRINGKRÄUTER *Impatiens*. Einj. Kräuter, kahl; B. eiförmig-länglich, gezähnt; Blst. traubig, lang gestielt in der Achsel der B.; Bl. ursprünglich 5zählig, dorsiventral, mit — oft gekrümmtem — Sporn bzw. -anhängsel; Fr. spindelförmig, zur Reife mit aufschnellenden Abschnitten.

1 DRÜSIGES SPRINGKRAUT *Impatiens glandulifera*. 0,5-2,0 m; St. rötlich; B. gegenständig od. zu dritt, unten mit Drüsen; Bl. purpur-violett od. rosa, Sporn mit kurzem, gekrümmtem Anhängsel. VII-X. Ufer, Wälder. (T[D:z-s]) Heimat: Indien.

2 RÜHR-MICH-NICHT-AN *Impatiens noli-tangere*. 0,3-0,6(1,0) m; B. wechselständig; Bl. *zitronengelb*, hängend, Spornspitze nach unten gekrümmt. VII-IX. Wälder, feuchte Orte. T[D:v]. **2a** *I. capensis* ☐. Bl. orange, rot-gefleckt, Sporn hakig nach vorn gekrümmt. VII-IX. Ufer. (GB,F) Heimat: N-Amerika.

3 KLEINBLÜTIGES SPRINGKRAUT *Impatiens parviflora*. 25-60 cm; B. wechselständig; Bl. *blaßgelb*, ±aufrecht, Spron gerade, kurz. VI-IX. Wälder. (T[D:v]) Heimat: Z-Asien.

Kreuzblumengewächse Fam. Polygalaceae

Kräuter, Sträucher; B. sitzend, meist wechselständig, ohne Nebenb.; Bl. dorsiventral; Kelchb. 5(2 innere kronb'artig, „Flügel"); Kronb. 3, am Grund verwachsen; Staubb. 8, in Yförmigen Bündeln zu 4; Fr. flach, ±ei-herzförmig, geflügelt.

4 GEMEINE KREUZBLUME *Polygala vulgaris*. 5-20 cm; Staude, ohne Grundrosette, obere B. lineal-lanzettl., untere verkehrt-eiförmig, spitz; Bl. in gestielter Traube, blau, rosa od. weiß od. weiß mit bläulichen Spitzen, 4-7 mm; Fr. etwa so lang wie „Flügel". V-IX. Heiden, Rasen. T[D:v-z]. **4a, 4b, 4c, 4d, 4e** → S. 303.

5 BUCHSBLÄTTRIGE KREUZBLUME *Polygala chamaebuxus*. St. aufstrebend, 10-20(30) cm; Halbstrauch, wintergrün; B. elliptisch-lanzettl., ±lederig; Bl. gelb, orange, seltener rötlich, zuletzt braunrot. IV-IX. Trockene Gebirgswälder, Rasen, meist auf Kalk. F,M[D:s-z].

Seidelbastgewächse Fam. Thymelaeaceae

Kräuter, Sträucher; B. ganzrandig, kurz gestielt, meist wechselständig, ohne Nebenb.; Bl. oft gebüschelt in B'achseln, ohne Kronb., mit 4 kronb'artigen, durch Kelchbecher verbundenen Kelchb.; Fr. Nuß od. Steinfr.

6 GEWÖHNLICHER SEIDELBAST *Daphne mezereum*. 0,5-2 m; Strauch, sommergrün; B. lanzettl., blaß-grün; Bl. stark duftend, rosenrot; Steinfr. rot. II-IV. Wälder, meist auf Kalk. ⚥⚘§ T[D:v-z]. **6a, 6b** → S. 303.

7 LORBEER-SEIDELBAST *Daphne laureola*. 0,4-1,3 m; Strauch, wintergrün; B. lanzettl., dunkelgrün, etwas lederig; Bl. schwach duftend, *gelblich-grün;* Steinfr. *schwarz.* I-IV. Trockene, lichte Wälder, auf Kalk. ⚥⚘§ GB,F,M[D:s].

8 VOGELKOPF *Thymelaea passerina*. 15-30(40) cm; Einj.; B. lineal-schmal-lanzettl., spitz; Bl. zu 1-3, grünlich, 2-3 mm; Nuß, behaart. VII-X. Unkrautfluren. F,M[D:s].

Rautengewächse Fam. Rutaceae

9 DIPTAM *Dictamnus albus*. 0,5-1 m; Strauch, behaart, sehr stark duftend; B. unpaarig-gefiedert, durchscheinend punktiert; Bl. dorsiventral, drüsig, in Traube; Kronb. 5, rosa mit purpurnen Adern, selten weiß; Staubb. hervorragend. V-VI. Trockene Wälder, Gebüsche, auf Kalk. ⚥§§ M[D:s-z].

9 Diptam

Steinbrechgewächse Fam. Saxifragaceae

Kräuter (s. S. 100, 104), Sträucher bis 2,5(5) m; B. wechselständig, handförmig gelappt; Bl. 5zählig, grün; Fr. eine Beere.

1 ROTE JOHANNISBEERE *Ribes silvestre.* Bis 1,5 m; B. *nicht* duftend; Bl. gelblichgrün, bisweilen rotrandig, in hängenden Trauben; Fr. *rot,* sauer. IV-V. Wälder, feuchte Böden, daneben kultiviert. T[D:s]. **1a Schwarze J.** *R. nigrum* ☐. B. *duftend;* Fr. *schwarz.* [D:z]. **1b Alpen-J.** *R. alpinum* ☐. B. kleiner, rel. tief 3(-5)-lappig; Blst. aufrecht; männliche u. weibliche Bl. auf verschiedenen Pfl., mit deutlichen grünen Tragb.; Fr. rot, geschmacklos. V-VI. Wälder, meist auf Kalk, daneben gepflanzt [D:z]. **1c, 1d** → S. 304.

2 STACHELBEERE *Ribes uva-crispa.* Bis 1,5 m; stachelig; B. kleiner als bei 1; Bl. grünlich-gelb, oft rotrandig, zu 1-3; Kronb. zurückgeschlagen; Fr. kugelig od. eiförmig, grün, oft rötlich od. gelb, behaart. III-V. Wälder, Gebüsche; daneben kultiviert. T[D:z].

Spindelstrauchgewächse Fam. Celastraceae

3 GEWÖHNLICHES PFAFFENHÜTCHEN *Euonymus europaeus.* 1-3(6) m; Strauch/(selten)Baum, sommergrün; Zweige 4kantig, grün; B. länglich-lanzettl., gegenständig, klein-gesägt; Bl. gebüschelt, grünlich-weiß; Kronb. 4; Fr. 4kantig, *rosenrot,* fleischig, Same außen *orange.* V-VI. Wälder, Gebüsche, oft auf Kalk. ⚥⚘ T[D:v]. **3a Breitblättriges P.** *E. latifolius.* Junge Zweige etwas zusammengedrückt; B. größer; Bl. hell grünlich, rot berandet; Kronb. 5 (F),M[D:Alp].

Buchsgewächse Fam. Buxaceae

4 BUCHSBAUM *Buxus sempervirens.* 0,3-4(6) m; Strauch/(selten)Baum, immergrün; Zweige grün; B. elliptisch, lederartig, *gegenständig;* Bl. kronb'los, gelblich-weiß, gebüschelt in der Achsel oberer B.; Fr. trocken. III-V. Trockene Buschwälder; daneben gepflanzt. ⚥⚘ GB,F,M[D:s].

Kreuzdorngewächse Fam. Rhamnaceae

5 ECHTER KREUZDORN *Rhamnus cathartica.* Bis 3(6) m; Strauch/Baum, sommergrün, meist dornig; B. breit elliptisch, fein gesägt, *gegenständig,* mit deutlichen Nerven; Bl. klein, grün, 4zählig, kleine Büschel in der Achsel oberer B., eingeschlechtig; Steinfr. schwarz. V-VI. Gebüsche, Hecken, Waldränder, meist auf Kalk. ⚥⚘ T[D:z-v]. **5a, 5b** → S. 304.

6 FAULBAUM *Rhamnus frangula.* Bis 4(5) m; Strauch/(selten)Baum, sommergrün, dornlos; B. breit elliptisch, ganzrandig, *wechselständig;* Bl. klein, grün, 5zählig, in kleinen Büscheln in der Achsel oberer B.; Steinfr. vorerst rot, später schwarz. V-VI. Gebüsche, Wälder, Heiden, Moore, kalkmeidend. ⚥⚘ T[D:v]. **6a** → S. 304.

Ölweidengewächse Fam. Elaeagnaceae

7 SANDDORN *Hippophae rhamnoides.* 1-4(11) m; Strauch/(selten)Baum, sommergrün, *dornig,* mit Wurzelausläufern; Zweige(braun) u. ungezähnte, lineallanzettl., wechselständige B. *silberweiß-schülferschuppig;* alte B. bräunlich; Bl. sehr klein, bräunlich, kronb'los; männliche u. weibliche auf verschiedenen Pfl.; Scheinbeere orangerot. III-V(vor den B.). Dünen, Klippen, Flußschotter der Gebirge. T[D:v-z].

Tamariskengewächse Fam. Tamaricaceae

8 TAMARISKE *Tamarix gallica.* Bis 3 m; Strauch, immergrün, kahl; Zweige rötlich; B. 1-3 mm, *schuppenförmig* überlappend, wechselständig, meist graugrün; federartige Beblätterung; Bl. rosa, in gestielten, ährenförmigen Trauben; Kronb. 5. VII-IX. Salzhaltige Sandböden, daneben gepflanzt. (GB),F. **8a** → S. 304.

Pimpernußgewächse Fam. Staphyleaceae

9 PIMPERNUSS *Staphylea pinnata.* 1-5 m; Strauch, sommergrün; B. gefiedert, gegenständig; Bl. gelblichweiß, in überhängenden, gegenständigen Scheindolden; Kronb. 5; Kapsel *aufgeblasen.* V-VI. Wälder, Abhänge, meist auf Kalk. (GB,F),M[D:s].

Malvengewächse Fam. Malvaceae

Kräuter, behaart; B. oft rundlich, gestielt u. handförmig gelappt, wechselständig, mit Nebenb.; Bl. meist quirlig in B'achseln, mit Kelchb. u. kleineren Außenkelchb.; Kronb. 5, meist ausgerandet; Staubb. zahlreich, am Grund zu einer Säule vereinigt; Fr. eine ±flache Spaltfr. od. Kapsel.

1 MOSCHUS-MALVE *Malva moschata.* 20-60 cm; Staude, Moschusgeruch; St'haare oft mit roter Basis; B. tief gespalten, Abschnitte *schmal;* Bl. 40-60 mm, einzeln, *rosenrot;* Haare der Bl'stiele einfach; Außenkelch 3lappig, fast kahl; Fr. behaart. VII-IX. Wiesen, Gebüsche. T[D:z]. **1a Sigmarswurz** *M. alcea.* Bis 1,25 m; Haare der Bl'stiele sternförmig; Außenkelch behaart; Fr. fast kahl. Unkrautfluren. S,F,M[D:z].

2 WEG-MALVE *Malva neglecta.* St. ±niederliegend, bis 50 cm; meist Einj.; Bl. jeweils zu 3-6, hellrosenrot bis weißlich; Kronb. 8-15 mm, 2(-3)× so lang wie Kelchb. VI-IX. Unkrautfluren. T[D:v]. **2a Quirl-M.** *M. verticillata.* Bis 2 m; Zweijährige/Einjährige; Bl. kopfig gehäuft; Kelchb. zur Fr'zeit vergrößert. Eingeschleppt und kultiviert. (GB,F,M[D:s]) Heimat: SO-Asien.

3 *Malva parviflora.* 20-50 cm; Einj., bisweilen kahl; Bl. jeweils zu 2-4, blaßlila; Kronb. 4-5 mm, etwas länger als die kurz behaarten od. kahlen Kelchb., Kelchb. zur Fr'zeit stark vergrößert; Spaltfr. netznervig, Ränder schwach geflügelt. VI-IX. Unkrautfluren. (GB),F. **3a Kleinblütige Malve** *M. pusilla.* St. ±niederliegend, bis 50 cm; Bl. jeweils bis zu 10, hellrosenrot; Kronb. ca. 4 mm; Kelchb. langbehaart, später kaum verlängert; Spaltfr. scharf-berandet. S,(GB),F,M[D:z-s].

4 WILDE MALVE *Malva silvestris.* 0,25-1,5 m, niederliegend bis aufrecht; Zweij./Staude; B. oft mit dunklem Fleck; Bl. jeweils zu 2 od. mehr; hell- od. dunkelpurpurrot, dunkler gestreift; Kronb. 15-30 mm; Außenkelchb. frei; Teilfr. scharf berandet. VI-X. Unkrautfluren, Wegränder. ⚥ T[D:v-z]. **4a Strauchpappel** *Lavatera thuringiaca.* Bl. jeweils einzeln; Kronb. 20-45 mm; Außenkelchb. verwachsen. VI-VIII. Hecken, Weinberge. (S),M[D:s].

5 BAUMARTIGE LAVATERE *Lavatera arborea.* Bis 3 m; Zweij., am Grund *verholzend,* weich behaart; Bl. purpurrot, dunkler gestreift; Außenkelchb. 3lappig, schüsselförmig. IV-IX. Küstenfelsen, Hecken, Unkrautfluren. GB,F.

6 *Lavatera cretica.* 0,2-1,5 m; Ein-/Zweij.; von 4 besonders durch weniger tief gelappte B., blauere u. rosafarbige Bl., Außenkelch. breiter u. am Grunde verbunden u. Teilfr. mit runden Kanten unterschieden. IV-VII. Küsten. GB,F.

7 ECHTER EIBISCH *Althaea officinalis.* 0,6-1,25 m; Staude, sammetartig behaart; Bl. hellila, 25-30 mm; Außenkelch 6-9lappig. VII-IX. Salzwiesen, Brackröhrichte. ⚥ GB,F,M[D:s]. **7a Stockrose** *A. rosea* ☐ 1-3 m; Bl. 6-10 cm, rosa, purpurrot, schwärzlich, gelb od. weiß. Schuttfluren, daneben kultiviert. (GB,F,M [D:s]) Herkunft: evtl. O-Medit.

8 RAUHER EIBISCH *Althaea hirsuta.* 10-50 cm; Einj., aufrecht, selten liegend, abstehend behaart; mittlere B. tief 5-7lappig; Bl. rosenrot; Außenkelch mit 6-9 schmalen Lappen; Teilfr. kahl. VII-VIII. Äcker, Schuttfluren, meist auf Kalk. (GB),F,M[D:s].

5 Baumartige Lavatere   **7a** Stockrose   **4** Wilde Malve

143

Hartheugewächse Fam. Guttiferae

Kräuter; Halbsträucher; kahl od. fast kahl (außer 4 u. 9); B. gegenständig, sitzend od. fast sitzend, ganzrandig, z. T. mit durchscheinenden Ölbehältern; Bl. in verzweigten beb. Blst.(außer 2), gelb; Kelch- u. Kronb. jeweils 5; Staubb. zahlreich; Fr. eine Kapsel(außer 1).

1 *Hypericum androsaemum.* 30-70 cm; Halbstrauch, wintergrün; St. 2kantig, oft rötlich; B. breit elliptisch-eiförmig, beim Reiben schwach duftend; Bl. 2 cm; Kelchb. eiförmig, ungleich; Beere vorerst grün, rot, zuletzt rötlich-schwarz. Wälder, feuchte, schattige Orte, Klippenränder. GB,F. **1a** *H. hircinum.* 0,3-1,5 m; St. 4kantig; B. ±lanzettl., beim Reiben unangenehm riechend; Bl. 3 cm; Kelchb. ±lanzettl.; Fr. trocken. (GB,F) Heimat: Medit. **1b** *H. inodorum.* 1-2 m; zwischen 1 u. 1a; B. beim Reiben nicht duftend; Fr. vorerst fleischig, rot, später trocken. (GB,F) Heimat: Madeira.

2 *Hypericum calycinum.* 20-60 cm; Halbstrauch, kriechend, immergrün; B. elliptisch; Bl. einzeln, 7-8 cm; Staubb. rötlich. VI-X. Ufer, Böschungen, Gebüsche. (GB,F) Heimat: SO-Europa, Anatolien.

3 ECHTES JOHANNISKRAUT *Hypericum perforatum.* 30-60 cm; Staude; St. *2kantig;* B. breit-eiförmig bis fast lineal, mit durchscheinenden Ölbehältern; Bl. 2 cm; Kronb. mit schwarzen Punkten (besonders am Rand), bisweilen ebenso die spitzen Kelchb. VII-IX. Wiesen, Waldränder, Heiden. ⚥ T[D:v]. **3a Vierkantiges J.** *H. maculatum.* St. *4kantig;* B. wenig od. nicht durchscheinend punktiert; Kronb. meist auf der Fläche, weniger am Rand mit schwarzen Punkten; Kelchb. ±stumpf (vgl. 5; auch Bastarde 3×3a). Feuchtwiesen, Waldwegränder [D:z].

4 BEHAARTES JOHANNISKRAUT *Hypericum hirsutum.* 0,4-0,8(1) m; Staude; St. stielrund, dicht weichhaarig; B. eiförmig, mit durchscheinenden Punkten; Kronb. hellgelb, bisweilen rötlich-nervig, 15-20 mm; Kelchb. am Rande mit schwarzen Punkten. VI-IX. Waldränder, Gebüsche. T[D:v-s]. **4a Berg-J.** *H. montanum.* St. rund, kahl; mittlere B. ohne durchscheinende Punkte, am Rande schwarz punktiert; Bl. hellgelb, fast kopfartig-gedrängt. Wälder, meist auf Kalk. [D:v-s].

5 VIERFLÜGELIGES JOHANNISKRAUT *Hypericum tetrapterum.* 30-60 cm; Staude; St. *4flügelig;* B. dicht durchscheinend-punktiert; elliptisch bis breit-eiförmig; Bl. 10-15 mm; blaßgelb; Kelchb. zugespitzt, fast ohne schwarze Punkte. (Vgl. 3a) VII-IX. Feuchte Wiesen, Röhrichte. T[D:z]. **5a** *H. undulatum.* Bis 1 m, schlanker; St. weniger stark 4flügelig; B. mit welligem Rand, größer; Bl. meist rötlich überlaufen; Kelchb. schwarz punktiert. GB,F.

6 SCHÖNES JOHANNISKRAUT *Hypericum pulchrum.* 30-60 cm; Staude, schlank; St. rund; B. eiförmig, mit breitem, herzförmigem Grund, durchscheinend punktiert, Ränder etwas eingerollt, unterseits graugrün; Bl. goldgelb, außen rötlich, 16 mm; Kronb.(auch rot gepunktet) u. Kelchb. schwarz punktiert. VII-IX. Wälder, Gebüsche, Heiden, kalkmeidend. ⚥ T[D:z]. **6a** → S. 304.

7 LIEGENDES JOHANNISKRAUT *Hypericum humifusum.* St. niederliegend-aufsteigend, bis 15(30) cm; Staude; St. 2kantig bis rund; obere B. durchscheinend punktiert, oft mit schwarzen Punkten am Rand; Bl. 1 cm; Kelchb. bisweilen am Rande schwarz punktiert. VI-X. Wald- u. Wegränder, feuchte Heiden, kalkmeidend. T[D:v-z]. **7a** *H. linarifolium* ☐. 5-65 cm, oft aufrecht; B. schmaler, bis lineal, ohne durchscheinende od. schwarze Punkte, Ränder oft eingerollt; Bl. größer, außen oft rot (auch Bastarde mit 7). Trockene, steinige Orte. GB,F.

8 *Hypericum canadense.* 7-25 cm; Einj. od. Staude; St. 4kantig; B. lineal od. lanzettl., 1-3nervig; Bl. ohne schwarze Punkte, 6 mm. VII-IX. Feuchte Orte. GB [Irland],M.

9 SUMPF-JOHANNISKRAUT *Hypericum helodes.* St. aufstrebend, 10-30 cm, rund, rauhhaarig, Staude, etwas (durch Behaarung) graugrün; B. rundlich-eiförmig; Bl. 15 mm; Kronb. etwas aufgerichtet; Kelchb. am Rand rotdrüsig. VI-IX. Tümpelränder, Heiden, Moore, GB,F, M[D:s].

7a *Hypericum linarifolium*

Veilchengewächse Fam. Violaceae

VEILCHEN u. STIEFMÜTTERCHEN *Viola*. Kräuter; B. wechselständig, gezähnt, mit Nebenb.; Bl. einzeln, dorsiventral; Kronb. 5 ±ausgebreitet, unterstes gespornt; Kelchb. mit kurzen Anhängseln; Fr. eine eiförmige Kapsel. Daneben Bastarde. Veilchen(1-7) mit 2 ± nach oben u. 3 nach unten gerichteten Kronb.; B. oft ±herzförmig; Nebenb. klein; Stiefmütterchen u. Verwandte(8-9) mit 4 ± nach oben und 1 nach unten gerichteten Kronb.; B. oft ±eiförmig od. lanzettl.; Nebenb. groß.

1 MÄRZ-VEILCHEN *Viola odorata*. 5-10 cm; Staude, mit wurzelnden Ausläufern, kurz behaart; B. in einer Rosette, breit-eiförmig, später vergrößert; Bl. 15-20 mm, *duftend*, dunkelviolett, selten rosa, weiß od. gelblich; Kelchb. *stumpf*. III-V(VIII-IX). Waldränder, Gebüsche, Wegraine. ⚥ T[D:z]. **1a Rauhes V.** *V. hirta*. Ohne Ausläufer; B. schmaler, an B' u. Bl'stielen abstehend behaart; Bl. nicht duftend, blaßlila, selten weiß. IV-V. Grasfluren, trockene Wälder; oft auf Kalk. T[D:v]. **1b, 1c, 1d →** S. 304.

2 RIVINS-VEILCHEN *Viola riviniana*. 5-30 cm; Staude, kahl od. schwach behaart; B. in einer Rosette, breit-herzförmig, meist > 2 cm ⌀; Nebenb. oft entfernt-gezähnt; Bl. 14-25 mm, hellblauviolett, *nicht duftend*, Sporn kurz, dick, ausgerandet, unten gefurcht, meist gelblich-weiß; Kelchb. *spitz,* Anhängsel zur Fr'zeit vergrößert. III-VI(VII-IX). Wälder, magere Rasen, Heiden. T[D:v]. **2a Sand-V.** *V. rupestris*. 3-8 cm; ±dicht-flaumig; B. rundlich ≤ 2 cm ⌀; Bl. 10-15 mm, Sporn blaß-violett. Auch Bastarde mit 2. V-VI. Lichte, trockene Wälder, Rasen. T[D:s-z]. **2b Wald-V.** *V. silvestris* ☐. 5-20 cm; B. länglich-eiförmig; Bl. 12-20 mm; Sporn nicht ausgerandet, schlank, wie schmale Kronb. violett; Kelchanhängsel zur Fr'zeit weniger vergrößert. IV-VI. Wälder. T[D:v]. 2a-c selten nochmals im Herbst blühend. **2c →** S. 304.

3 HUNDS-VEILCHEN *Viola canina*. 3-30 cm; Staude, kahl od. schwach behaart; B. nicht rosettig gebüschelt, eiförmig bis lanzettl.; Bl. 15-25 mm, *blau*violett, seltener weiß, Sporn gelblichweiß; Kelchb. spitz od. *zugespitzt;* Kelchanhängsel sich zur Fr'zeit nicht verlängernd. IV-VI. Rasen, Wiesen, Heiden, Moore. T[D:v]. **3a** *V. lactea* ☐. 10-15 cm; B. ±lanzettl., nicht herzförmig; Bl. blaß bläulich-weiß, Sporn grünlich. V-VI. Heiden. GB,F.

4 NIEDRIGES VEILCHEN *Viola pumila*. 5-15 cm; Staude, *kahl;* B. ei-*lanzettl.;* Bl. ca. 15 mm, *blaß-violett,* Sporn grünlich, kurz. V-VI. Moorwiesen. S,F,M[D:s]. **4a Graben-V.** *V. stagnina*. Oft am Grund seicht herzförmig; Bl. milchweiß od. -blau. Grabenränder, Moorwiesen. T[D:s]. **4b →** S. 304.

5 *Viola selkirkii*. Bis ca. 15 cm; Staude, fast kahl; B. in Rosette, herzförmig; Bl. ca. 15 mm, blaß violett, Sporn lang; Kelchb. spitz. V-VI. Nadelw., feuchte Orte. S.

6 SUMPF-VEILCHEN *Viola palustris*. 8-15 cm; Staude; B. rosettig gebüschelt, ±nierenförmig, kahl; Bl. 10-15 mm; blaßlila, Sporn kurz; 2 Vorb. in od. unter der Mitte des Bl'stieles. IV-VII. Moore, Bruchwälder, Ufer. T[D:v]. **6a, 6b →** S. 304.

7 ZWEIBLÜTIGES VEILCHEN *Viola biflora*. 8-15 cm; Staude, wenig behaart; St. kriechend-aufsteigend; B. in Rosette, nierenförmig; Bl. ca. 15 mm, zitronengelb, braun gezeichnet. V-VIII. Bergwälder, Staudenfluren der Gebirge. S,F,M [D:s-v].

8 GEWÖHNLICHES STIEFMÜTTERCHEN *Viola tricolor*. 5-30 cm; Ein-/Mehrj., kahl od. behaart; B. eiförmig bis breit-lanzettl.; Nebenb. fiederlappig, laubb'-artig, Mittelzipfel länger; Bl. 1-3,5 cm, meist bunt, blau-violett, gelb u. weiß; Kronb. länger als Kelchb., Sporn so lang od. länger als Kelchanhängsel. IV-XI. Unkrautfluren, Dünen, Bergwiesen. ⚥ T[D:v]. **8a Gelbes Veilchen** *V. lutea*. 10-25 cm; Staude; St. aufsteigend; Bl'stiele lang; Bl. 1,5-4 cm, oft gelb, seltener bunt; Nebenb. fast fingerförmig geteilt. V-VIII. Bergwiesen, Rasen. [D:s]. **8b** *V. hispida*. St. behaart. F. **8c →** S. 304.

9 ACKER-STIEFMÜTTERCHEN *Viola arvensis*. 5-20 cm; Einj., kahl od. schwach behaart; B. eiförmig bis lanzettl.; Nebenb. fiederlappig, Mittelzipfel oft lanzettl.; Bl. 0,75-1,5 cm, gelb bis gelblichweiß, seltener obere bläulich; Kronb. kürzer od. so lang wie Kelchb. IV-XI. Äcker. T[D:v]. **9a Steppen-S.** *V. kitaibeliana* ☐. 5-15 cm, grauflaumig; untere B. rundlich eiförmig, Nebenb. mit b'artigem Mittelzipfel; Bl. 4-10 mm, blaßgelb. IV-IX. Unkrautfluren. GB,F,M[D:s].

147

Cistrosengewächse Fam. Cistaceae

Kräuter, Halbsträucher, flaumig; B. ungezähnt; Krone 5blättrig, offen; Staubb. zahlreich; Fr'kapsel eiförmig.

1 GEMEINES SONNENRÖSCHEN *Helianthemum nummularium*. Halbstrauch, Äste ±niederliegend bis 50 cm; B. lineal bis breit-eiförmig, 1nervig, unterseits meist *weiß*-filzig, gegenständig, Nebenb. länger als B'stiel; Bl. 20-25 mm, gelb, seltener weißlich, orange od. rosa. V-IX. Trockenrasen, Felsbänder, meist auf Kalk. ⚥ T[D:s,z]. **1a Apennin-S.** *H. apenninum* ☐. B. lineal-lanzettl., Ränder deutlich eingerollt; untere Nebenb. so lang wie B'stiel; Bl. weiß. T[D:s]. **1b Alpen-S.** *H. alpestre.* Pfl. kleiner; B. beiderseits grün, ohne Nebenb. VI-VIII. Alp. [D:s]. **1c Graues S.** *H. canum* ☐. B. lineal-länglich, oft oberseits grau-filzig; Bl. 10-15 mm. V-VI. GB,F,M[D:s].

2 SANDRÖSCHEN *Tuberaria guttata*. 5-25 cm; Einj.; B. elliptisch, 3nervig, gegenständig; Bl. 10-20 mm, gelb, oft mit *schwarzbraunen Flecken;* Kronb. bereits frühmorgens abfallend; Kelchb. schwärzlich-gefleckt. V-VIII. Trockene Sandrasen. GB,F,M[D:s].

3 NADELRÖSCHEN *Fumana procumbens*. Halbstrauch, Äste niederliegend-aufsteigend bis 40 cm; B. nadelförmig, wechselständig, ohne Nebenb.; Bl. gelb, oft mit dunkler-gelben Flecken. V-IX. Trockenrasen, oft steinig. S,F,M[D:s].

Frankeniengewächse Fam. Frankeniaceae

4 FRANKENIE *Frankenia laevis*. Halbstrauch, heideähnlich, mattenbildend, ±behaart, Äste niederliegend bis 40 cm; B. gegenständig, Ränder eingerollt, gelegentlich mit weißer Kruste; Kronb. 5, ausgebreitet, rosa, purpurfarbig bis weißlich; Fr. eine Kapsel. VII-VIII. Sand- u. Kiesvegetationen der Küsten. GB,F.

Kürbisgewächse Fam. Cucurbitaceae

5 ROTFRÜCHTIGE ZAUNRÜBE *Bryonia dioica*. Staude, kletternd, bis 3(4) m, behaart, mit unverzweigten, den herzförmig 5lappigen B. gegenständigen Ranken; Kronb. 5,5-6 mm, grünlich-weiß mit dunkleren Nerven; ♂- u. ♀-Bl. auf verschiedenen Pfl.; Narbe flaumig; Fr. eine *rote* Beere. V-IX. Hecken, Gebüsche. ⚥⚲ GB,F,M[D:z]. **5a Schwarzfrüchtige Z.** *B. alba.* ♂- u. ♀-Bl. auf gleicher Pfl.; Narbe kahl; Fr. *schwarz.* ⚥⚲ (S,F),M[D:s-z]. **5b Igelgurke** *Echinocystis lobata*. Ranken verzweigt; B. meist lang 5lappig; ♂-Bl. kleiner, in gestielten ährenförmigen Blst., ♀-Bl. einzeln, auf gleicher Pfl.; Fr. oval-kugelig, langstachelig. VI-VIII. [D:s] Heimat: N-Amerika.

Nachtkerzengewächse Fam. Onagraceae

6 GEMEINES HEXENKRAUT *Circaea lutetiana*. 20-60 cm; Staude, flaumig-behaart; B. spitz eiförmig, bisweilen schwach herzförmig, gegenständig; Bl. 4-8 mm in b'losen, später verlängerten Trauben; Kronb. 2, weiß; Fr. verkehrteiförmig mit widerhakigen Borsten. VI-IX. Laubwälder, schattige Orte. T[D:v]. **6a Alpen-H.** *C. alpina*. 4-25 cm, schwächer behaart; B. rundlich-eiförmig, deutlich herzförmig, geschweift-gezähnt; Bl'stiele in der Achsel kleiner Deckb., Traube sich später wenig verlängernd. Vornehmlich Bergwälder. [D:z]. **6b Mittleres H.** *C. intermedia*. Kronb. so lang wie der Kelch; Fr. meist fehlschlagend (vermutlich 6×6a) [D:z].

7 GROSSBLÜTIGE NACHTKERZE *Oenothera grandiflora* ssp. *erythrosepala*. Bis 2 m; Zweij., behaart; St. u. Fr'knoten rotgetupft; B. wechselständig, breit-lanzettl., fein buchtig gezähnt; Kronb. 4, bis 5 cm, gelb; Kelchb. u. verlängerte Kapsel rotstreifig. VI-IX. Sandfelder, Dünen. GB,F,M[D:s]. **7a Gewöhnliche N.** *O. biennis*. Kronb. 24-36 mm; Kelch grün. ⚥ [D:v]. **7b Kleinblütige N.** *O. muricata*. Kronb. 11-20 mm; St'spitzen zur Bl'zeit ±nickend. [D:s]. **7c →** S. 304.

8 *Oenothera stricta*. Bis 1 m; Kronb. 20-45 mm; sonst ähnlich 7, aber nicht rotgetupft u. Kapsel an der Spitze verlängert. (GB,F,M) Heimat: S-Amerika.

1 1a 1c 3 4 2 5 6 7 8

149

Nachtkerzengewächse (Forts.)

WEIDENRÖSCHEN. Stauden od. Halbsträucher, ± behaart; B. meist lanzettl., (außer 6) gezähnt; Bl. in Trauben(außer 6) mit 4 meist ausgerandeten Kronb. u. 8 Staubb.; Krone dorsiventral *(Chamaenerion)* od. radiärsymmetrisch *(Epilobium);* Fr. eine lange schmale Kapsel; Samen mit langen silbrigen Haaren. Häufig Bastarde.

1 SCHMALBLÄTTRIGES WEIDENRÖSCHEN *Chamaenerion angustifolium.* 0,6 bis 1,2(2) m; Staude, fast kahl; B. wechselständig, 5-20 mm breit; Bl. 2-3 cm, purpurrot, selten weiß. VI-VIII. Kahlschläge, Waldränder, Schutt. T[D:v]. **1a** *C. latifolium.* B. kürzer; Traube armblütiger. S[Island]. **1b Rosmarin-W.** *C. palustre.* Halbstrauch; B. bis 4 mm breit; ± behaart; Griffel 7-15 mm. Kies- u. Schotterfluren. F,M[D:s]. **1c Kies-W.** *C. fleischeri.* B. bis 6 mm breit, kahl; Griffel bis 5 mm lang. [D:Alp].

2 ZOTTIGES WEIDENRÖSCHEN *Epilobium hirsutum.* 0,5-1,5 m; Staude, zottig u. drüsig behaart; B. st'umfassend, z. T. fast gegenständig; Bl. 15-25 mm, purpurrot; Narbe 4spaltig. VI-IX. Bach- u. Flußufer. T[D:v]. **2a Kleinblütiges W.** *E. parviflorum* ☐. 15-60 cm; St. behaart; B. nicht st'umfassend, wechselständig; Bl. 6-9 mm. T[D:v].

3 BERG-WEIDENRÖSCHEN *Epilobium montanum.* 0,3-1 m; Staude; St. ± anliegend behaart; B. eiförmig-lanzettl., untere gegenständig, sehr kurzgestielt; Kronb. 6-12 mm, rosenrot, ausgerandet; Narbe 4spaltig. VI-IX. Wälder, schattige Orte. T[D:v]. **3a Hügel-W.** *E. collinum.* Kronb. 3-6 mm, vorerst weiß, später rosenrot. S,F,M[D:z]. **3b Lanzettliches W.** *E. lanceolatum.* B. lanzettl., am Grd. keilig; deutlich gestielt u. meist wechselständig; St. schwach 4kantig; Bl. vorerst weiß, später rosa. GB,F,M[D:z-s]. **3c Vierkantiges W.** *E. adnatum* ☐. St. 4kantig; B. sitzend, lanzettl.; Kronb. schwächer ausgerandet; Narbe keulenförmig. [D:v]. **3d Dunkelgrünes W.** *E. obscurum.* Pfl. mit oberirdischen Ausläufern; St. mit 2-4 erhabenen Linien. B. sitzend, lineal-lanzettl., dunkelgrün. Quellige Orte. [D:z]. **3e Rosenrotes W.** *E. roseum* ☐. B. lang-gestielt, in den Stiel verschmälert; Bl. erst weißlich, dann rosa. [D:z]. **3f** *E. adenocaulon* ☐. B. eiförmig-lanzettl.; Kronb. 2,5-6 mm, rötlich-lila. (T) Heimat: N-Amerika. **3g** *E. glandulosum.* Kronb. 5-6,5 mm, sonst ähnlich 3f. (S) Heimat: N-Amerika. **3h Quirl-W.** *E alpestre.* B. zu 3-4 quirlständig; Kr. rosenrot. Staudenfluren in Gebirgen. M[D:s-v]. **3i** → S. 304.

4 SUMPF-WEIDENRÖSCHEN *Epilobium palustre.* 10-70 cm; Staude mit fadenförmigen Ausläufern; B. sitzend, lineal-lanzettl., ± ganzrandig; Bl. 4-6 mm, fleischfarbig; Narbe keulig. VII-IX. Sümpfe, Quellfluren. ⚥ T[D:v]. **4a** *E. davuricum.* Ohne Ausläufer; B. schmaler; Bl. weiß. S. **4b Nickendes W.** *E. nutans.* B. breiter, länglich, stumpf; Bl. purpurn. Moore der Gebirge. M[D:s].

5 ALPEN-WEIDENRÖSCHEN *Epilobium anagallidifolium.* 8-20 cm; Staude, kriechend, fast kahl, Ausläufer(Rhizom) oberirdisch; B. meist ganzrandig; Kronb. 3-4,5 mm, blaßrot; Kelch u. Kapsel zur Reife rot. VII-IX. Quellfluren der Gebirge. T[D:s-v]. **5a** *E. hornemannii.* Ausläufer unterirdisch; Bl. größer, blaßviolett. S. **5b** *E. lactiflorum.* Ausläufer oberirdisch; Bl. weiß. S. **5c Mieren-W.** *E. alsinifolium.* Bis 25 cm; Ausläufer unterirdisch; Kronb. groß, 8-12 mm, rosenrot. T[D:s-v].

6 *Epilobium brunnescens.* Staude, niederliegend, kriechend, fast unbehaart; B. gestielt, rundlich, schwach gezähnt, oft rötlich-gelb; Bl. 4 mm, lang gestielt, sehr blaß rosa, Kronb. tief ausgerandet. Offene, sumpfige Orte. (GB,F) Heimat: Neuseeland. **6a/6b** *E. komarovianum* u. *E. pedunculare.* B. elliptisch bzw. scharf gezähnt; Arten nahe verwandt; gelegentlich eingebürgert. Heimat: Neuseeland.

Weiderichgewächse Fam. Lythraceae

7 BLUT-WEIDERICH *Lythrum salicaria.* 0,5-1,25 m; Staude, ± flaumig behaart; St. mit 4 erhabenen Linien; untere B. gegenständig od. zu 3, sitzend, lanzettl., ungezähnt; Bl. quirlig in ährenförmigem Blst., *Kronb. 6,* ca. 10 mm, purpurrot; Fr. eiförmige Kapsel. VI-IX. Ufer, Feuchtwiesen, naß-feuchte Standorte. ⚥ T[D:v].

8 YSOP-WEIDERICH *Lythrum hyssopifolia.* 5-30 cm; Einj., kahl; B. wechselständig, lineal-lanzettl.; Bl. einzeln, in den B'winkeln; Kronb. (5-)6, violettrot. VI-IX. Ufer, feuchte Wegränder, Äcker. T[D:s].

1

2

2a

3f

3e

3

3c

3

4

7

5

8

6

Bestimmungshilfe Doldenblütler

(S. 154-166)

Die Arten der Familie der Doldenblütler *(Umbelliferae)* weisen meistens auffällige Blst. in Form von schirmförmigen, einfachen od. zusammengesetzten Dolden (nicht zu verwechseln mit Doldentrauben od. -rispen anderer Familien, s. Allgemeine Bestimmungshilfe S. 13), seltener kopfförmige Dolden (z. B. Wassernabel, Sanikel, Stranddistel S. 154) u. sehr charakteristische Fr. (2 Spaltfr.) auf; Bl. meist weiß, gelegentlich rosa überlaufen, od. gelb; B. meist gefiedert, am Grund bisweilen mit großer Scheide; Kräuter.

BEISPIELE AUFFÄLLIGER MERKMALE

PFLANZE

aromatisch: Süßdolde, Knolliger Kälberkropf 156; Bärwurz 158; *Oenanthe crocata,* Silge 160; Sellerie, Petersilie 162; *Ligusticum* 164; Pastinak, *Smyrnium,* Liebstöckel 166

unangenehm riechend: Koriander 156; Gefleckter Schierling 160; Gewürzdolde 162

im Wasser wachsend: Wassernabel 154; Breitblättriger Merk, Wasserschierling 160; Berle, Knotenblütiger Sellerie, Rebendolden, Wasserfenchel 162

STENGEL

rötlich überlaufen/gefleckt: Taumel-Kälberkropf, Hunds-Kerbel 156; Wald-Engelwurz, Gefleckter Schierling 160; Gewürzdolde 162; Sumpf-Haarstrang, Brenndolde, *Ligusticum* 164; Rundblättriges Hasenohr 166

gefurcht: Bibernelle, Berg-Hirschwurz, Hundspetersilie 158; *Oenanthe crocata,* Breitblättriger Merk, Rippensame, Silge 160

kantig: Faserschirm 158; Gelbdolde 166

wurzelnd: Knotenblütiger Sellerie 162

BLÄTTER

rundlich: Wassernabel, Stranddistel 154; Rundblättriges Hasenohr 166

lineal/lanzettlich: Feines Hasenohr 164; *Bupleurum baldense,* Sichel-Hasenohr 166

handförmig: Wald-Sanikel, Sterndolden 154

1fach-gefiedert: Acker-, Knäuel-Klettenkerbel, Koriander, Breitblättrige Haftdolde 156; Bibernellen 158; Bärenklau, Breitblättriger Merk 160; S. 162; Zirmet 164; Pastinak, *Crithmum maritimum* 166

1-5fach-3zählig: Giersch, *Physospermum cornubiense* 158; Rippensame, Sichelmöhre 160; Gebräuchlicher Haarstrang, Meisterwurz, *Ligusticum scoticum* 164; *Smyrnium olusatrum* 166

Abschnitte fadenförmig: Quirlblättriger Kümmel, Knorpel-möhre, *Ammi visnaga* 156; Bärwurz 158; Wasserfenchel 162; Fenchel 166

dornig: Stranddistel 154

großscheidig: Bärenklau, Engelwurz 160; Meisterwurz, *Ligusticum scoticum* 164

BLÜTEN

gelb: Bärwurz 158; Gebräuchlicher Haarstrang, Feines Hasenohr 164; S. 166

bläulich: Stranddistel 154

von grünen Hüllb. umgeben: Rundblättriges Hasenohr, *Bupleurum baldense* 166

in einfacher Dolde: S. 154; Echter Venuskamm 158

mit ungleichen Kronblättern: Hunds-Kerbel, Breitsame, Wilde Möhre 156

mit Hüllb.: S. 154; Gemeiner Klettenkerbel, Breitblättrige Haftdolde, Quirlblättriger Kümmel, Wilde Möhre 156; Knollenkümmel, Berg-Hirschwurz, Bärwurz, *Physosper-mum cornubiense* 158; Gefleckter Schierling, *Oenanthe crocata*, Breitblättriger Merk, Rippensame, Sichelmöhre 160; Berle, Lachenals-Rebendolde, *Petroselinum segetum*, Gewürzdolde 162; Elsässer, Sumpf-, Berg-Haarstrang, Breitblättriges Laserkraut, *Ligusticum scoticum* 164; *Smyrnium olusatrum, Crithmum maritimum*, Liebstöckel, *Bupleurum baldense* 166

von kronblattartigen Hüllb. umgeben: Sterndolden 154

Hüllb. gefiedert/gelappt: Wilde Möhre 156; Berle 162; Sumpf-Haarstrang 164

Hüllb. dornig: Stranddistel 154

FRÜCHTE

borstig/stachelig: Wald-Sanikel 154; Hunds-Kerbel, Ge-meiner-, Knäuel-Klettenkerbel, Wilde Möhre 156; Zirmet 164

aromatisch: Koriander, Echter Kümmel 156; Fenchel 166

Hartriegelgewächse Fam. Cornaceae

B. gegenständig, ganzrandig, elliptisch od. eiförmig-spitz; Bl. in Dolden od. Doldenrispen; Kronb. 4; Steinfr.; Holzgewächse, Kräuter.

1 ROTER HARTRIEGEL *Cornus sanguinea.* 1-5,5 m; Strauch, sommergrün, einjährige Zweige rot-braun (Herbst u. Winter); **B.** mit 3-4(5) Seitennervenpaaren, (Herbst) rötlich; Bl. weiß; Fr. schwarz. V-VII. Gebüsche, Laubwälder, meist auf Kalk. ⚥⚰ T[D:v-z]. **1a** *C. alba.* **B.** größer, 5-7 Seitennervenpaare; Bl. gelblichweiß; Fr. weiß. Gepflanzt u. eingebürgert. ⚥⚰ (S,GB) Heimat: N-Asien. **1b Weißer H.** *C. stolonifera.* Ähnlich wie 1a, aber zahlreiche Ausläufer u. schärfer zugespitzte B. (GB,M[D:s]) Heimat: N-Amerika.

2 KORNELKIRSCHE *Cornus mas.* 2-6(8) m; Strauch/Baum, sommergrün, Zweige grünlich; Dolden ungestielt mit 4 gelblich-grünen Hüllb.; Bl. gelb; Fr. rot. II-IV (vor dem Laubaustrieb). Wälder, Gebüsche, meist auf Kalk. (GB),F,M[D:s-z].

3 SCHWEDISCHER HARTRIEGEL *Cornus suecica.* 5-15(25) cm; Staude, kriechend; **B.** sitzend, eiförmig bis länglich. Dolden gestielt, mit 4 großen weißen (kronb'ähnlichen) Hüllb.; Bl. purpurrot; Fr. rot. V-VIII. Heiden, Moore, Gebüsche, nicht auf Kalk. S,GB,M[D:s].

Efeugewächse Fam. Araliaceae

4 EFEU *Hedera helix.* Strauch, immergrün, im Boden wurzelnd u. mit Haftwurzeln bis über 20 m kletternd; **B.** 3-5lappig, oberseits glänzend, oberste unterhalb der Blst. eiförmig-ungelappt; Bl. in einfacher *Dolde,* grün, mit gelben Staubbeuteln; Fr. schwarze Beere. VIII-IX. Laubwälder, Mauern, Felsen. ⚥⚰ T[D:v-z].

Doldenblütler Fam. Umbelliferae

S. 154-166. **B.** wechselständig, ohne Nebenb. (außer *Hydrocotyle* S. 154); Bl. klein, in einfachen (S. 154) od. zusammengesetzten Dolden (S. 156 ff.); am Grund der Doldenstrahlen oftmals Hüllb. od. bei zusammengesetzten Dolden am Grund der Doldenstrahlen 2. Ordnung Hüllchenb.; Kronb. 5; Fr'knoten unterständig; Fr. zur Reife in 2 trockene Spaltfr. zerfallend, meist mit Riefen u. Rillen.

5 WASSERNABEL *Hydrocotyle vulgaris.* Staude; St. niederliegend, kriechend, bis über 60 cm; B. *schildförmig,* gekerbt bis schwach gelappt, lang gestielt; Bl. unscheinbar, rötlich-weiß, in kopfförmigen Dolden aus den B'winkeln; Fr. rundlich, scheibenartig. VI-VIII. Sümpfe, feuchte Wiesen, Ufer. T[D:v].

6 WALD-SANIKEL *Sanicula europaea.* 20-50 cm; Staude, kahl; B. ±lang gestielt, handförmig 3-5teilig u. gelappt, gezähnt; Bl. in kopfförmigen Dolden, weißlich od. rötlich-weiß; Fr. rundlich mit hakenförmigen Stacheln. V-VII. Wälder, oft auf Kalk. ⚥ T[D:z].

7 GROSSE STERNDOLDE *Astrantia major.* 30-90 cm; Staude; B. langgestielt, handförmig geteilt, gezähnt; Hüllb. sehr derb, weißlich mit grünlichen Streifen; Bl. weiß od. rötlich. VI-IX. Wälder, Bergwiesen. (GB),F,M[D:s-z]. **7a Bayerische St.** *A. bavarica.* Hüllb. häutig, dünn, schneeweiß. [D:Alp].

8 STRANDDISTEL *Eryngium maritimum.* 15-50 cm; Zweij./Staude, kahl, weißlich-meergrün; B. lederig-derb, mit Dornen, untere eiherzförmig, gestielt; Dolden fast kugelig, Hüllb. mit Dornen, den Laubb. ähnlich; Fr. eiförmig, schuppig. VI-IX. Küstendünen. ⚥§ T[D:z-s]. **8a Feld-Mannstreu.** *E. campestre* □. Hüllb. lineal-lanzettl., dornig. B. handförmig-fiederschnittig. Trockene Rasen. (GB),F,M[D:z-s]. **8b Flachblättrige M.** *E. planum.* Untere B. ungeteilt, gekerbt-gesägt; Hüllb. lineal-lanzettl., dornig. Sandige Rasen. M[D:s].

155

Doldenblütler (Forts.)

1 WIESEN-KERBEL *Anthriscus silvestris.* 0,6-1,5 m; Staude, behaart; B. 2-3fach gefiedert; Hülle fehlend od. 1blättrig; Bl. weiß; Fr. längl.-lanzettl., geschnäbelt, *glatt,* schwärzlich. IV-VII. Wiesen, Waldränder. T[D:v]. **1a Garten-K.** *A. cerefolium.* 30-60 cm; Einjährige; Dolden meist durch Seitentriebe übergipfelt; Fr. lineal u. lang geschnäbelt, z. T. mit Borsten. (GB,F),M[D:s] Heimat: SO-Europa, Asien. **1b Süßdolde** *Myrrhis odorata* □. 0,5-1,2 m; Staude, gerieben aromatisch duftend; Fr. braun, 2-2,5 cm, scharfkantig-gerippt. Staudenfluren der Gebirge (S,GB,F),M[D:s]. **1c** → S. 304.

2 TAUMEL-KÄLBERKROPF *Chaerophyllum temulum.* 0,3-1 m; Zwei-/Einjährige, behaart; St. *schmutzigrot* überlaufen od. gefleckt; B. 2-3fach gefiedert, bisweilen rötlich überlaufen; Hüllb. meist fehlend; Bl. weiß; Fr. lang-kegelförmig. V-VII. Wegränder, Gebüsche. ☿⚲ T[D:v]. **2a Rauhhaariger K.** *C. hirsutum.* Staude; St. rauhhaarig, grün; Kronb. bewimpert. F,M[D:z]. **2b Knolliger K.** *C. bulbosum.* 0,8-1,8 m; Zweijährige; Wurzel u. unterer Sproß rübenförmig verdickt; St. am Grund steifborstig, bläulichweiß-bereift. Ufer. S,F,M[D:z]. **2c Gelbfrüchtiger K.** *C. aureum.* 0,5-1,25 m; Staude; B. unten schwächer behaart; Hüllchenb. bewimpert; Fr. gelbbraun. (GB),F,M[D:z-s]. **2d Gewürz-K.** *C. aromaticum.* B. nur 2fach gefiedert, B'chen ±eiförmig. M[D:s].

3 HUNDS-KERBEL *Anthriscus caucalis.* 15-50(80) cm; Einj., schwach behaart; St. unten oft rötlich; B. 3fach gefiedert, Abschnitte tief eingeschnitten; Dolden z. T. von Seitentrieben übergipfelt; Hüllb. fehlend; Bl. weiß; Fr. mit gekrümmten Borsten. V-VI. Sandige Unkrautfluren. T[D:s].

4 GEMEINER KLETTENKERBEL *Torilis japonica.* 0,3-1,25 m; Zwei-/Einj., behaart; St. ±rauh; B. 1-3fach gefiedert, schmal 3eckig; Hüllb. 4-6 u. mehr; Bl. weiß od. rötlich; Kronb. oft ungleich; Fr. eiförmig mit hakigen, stacheligen Borsten. VI-IX. Weg-/Waldränder, schattige Orte. T[D:v]. **4a Acker-K.** *T. arvensis.* 30-90 cm; Einj.; Hüllb. 0-2; Fr'stacheln an der Spitze mit Widerhaken. Äcker. GB,F,M[D:s].

5 KNÄUEL-KLETTENKERBEL *Torilis nodosa.* 15-35 cm; Einj., niederliegend-aufsteigend, rauhhaarig; B. 1-3fach gefiedert; Dolden wenigblütig, geknäuelt, scheinbar seitenständig, Hüllb. meist keine; Bl. weiß; Fr. mit widerhakigen u. körnig-rauhen Stacheln. IV-VI. Unkrautfluren. GB,F,(M[D:s]).

6 KORIANDER *Coriandrum sativum.* 30-60 cm; Einj., mit wanzenartigem Geruch, kahl; B. 1-3fach gefiedert, untere mit breiteren B'chen; Hüllb. 0-1; Bl. weiß od. rötlich, äußere Kronb. verlängert; Fr. kugelig, gerippt, rötlich-braun, zur Reife *aromatisch.* VI-VIII. Schutt, Unkrautfluren. (GB,F,M) Heimat: wohl O-Medit. **6a Hohlsame** *Bifora radians.* Ohne wanzenart. Geruch; alle B. mit linealen Zipfeln; Bl. größer; Fr. 2knotig, Spaltfr. fast kugelig. (F,M[D:s]) Heimat: Medit.

7 BREITBLÄTTRIGE HAFTDOLDE *Caucalis latifolia.* 15-60 cm; Einj., borstig behaart; B. 1fach-gefiedert; Hüllb. 2-5; Hüllchenb. breit *hellhäutig berandet.* Bl. weiß od. rot; Fr. gerippt, Rippen mit je 2 Reihen *widerhakigen* Stacheln. V-VIII. Getreideäcker. (GB),F,M[D:s]. **7a Möhren-H.** *C. lappula.* 10-30 cm; Einjährige, hellgrün; B. 2-3fach gefiedert; äußere Kronb. verlängert; Fr. mit 1 Reihe Stacheln auf den Nebenrippen. F,M[D:s]. **7b Breitsame** *Orlaya grandiflora.* B. 2-3-fach gefiedert; äußere Kronb. sehr stark vergrößert; Fr. mit 1-2 Reihen Stacheln auf den Nebenrippen. Getreideäcker. F,M[D:s].

8 ECHTER KÜMMEL *Carum carvi.* 30-50(100) cm; Zweij., kahl; B. 2-3fach gefiedert; Hüllb. meist keine; Bl. weiß; Fr. länglich-elliptisch, gerippt, *aromatisch.* V-VII. Wiesen, Weiden. ☿ S,(GB),F,M[D:v].

9 QUIRLBLÄTTRIGER KÜMMEL *Carum verticillatum.* 0,3-1 m; Staude, kahl; B. länglich-lineal, gefiedert, B'chen fadenförmig-vielspaltig (an *Achillea millefolium* S. 238 erinnernd); Hülle u. Hüllchen mehrb.; Bl. weiß; Fr. länglich-oval, Rippen fädlich. VII-VIII. Feuchte Wiesen. GB,F,M[D:s].

10 WILDE MÖHRE *Daucus carota* ssp. *carota.* Bis 60 cm; Zweij., behaart; B. 2-3fach gefiedert; Hüllb. *gefiedert* od. *3zipfelig;* Bl. weiß, mittelste Bl. der Dolde bisweilen schwarz-purpurn; Dolde zur Fr'zeit meist nestartig in der Mitte vertieft; Fr. gerippt, mit hakigen Stacheln. VI-IX. Wiesen, trockene Rasen. T[D:v]. **10a Ammi visnaga** (Doldenstrahlen verdickt u. gerade ⚲) u. **10b Knorpelmöhre** *Ammi majus.* Obere B. mit knorpelig-kleinborstig gesägten lanzettl. Abschnitten, *Peucedanum officinale* (S. 164) ähnelnd. Schutt, Unkrautfluren (T[D:s]) Heimat: Medit., SW-Asien.

Doldenblütler (Forts.)

1 ERDKASTANIE *Conopodium majus.* 15-50(90) cm; Staude, fast kahl; Wurzelstock knollig, verdickt, eßbar; B. 2-3fach gefiedert, obere mit fast *haarförmigen* Abschnitten; Hüllb. 0-2; Bl. weiß; Fr. eiförmig; Griffel aufrecht. V-VII. Lichte Wälder, schattige Orte. S,GB,F,M[D:s]. **1a Knollenkümmel** *Bunium bulbocastanum.* 20-60 cm; kräftiger; Hüllb. 5-7(10); Fr'rippen fädlich; Griffel zur Seite gebogen. Äcker, Wegränder, meist auf Kalk. F,M[D:s].

2 KLEINE BIBERNELLE *Pimpinella saxifraga.* 5-60 cm; Staude, formenreich, kahl od. flaumig; St. feingerillt; B. 1-2fach, untere meist nur 1fach gefiedert mit eiförmigen, obere mit schmaleren B'chen; Hüllb. keine; Bl. weiß; Fr. eiförmig. ⚥ V-IX. Trockene Rasen, besonders auf Kalk. T[D:z-v]. **2a Große B.** *P. major* ☐. 0,4-1 m; kahl; B. 1fach gefiedert, größer; Bl. weiß, selten rosa; Spaltfr. 5kantig. Wiesen. ⚥ [D:v]. **2b** *Ptychotis saxifraga.* Zweij.; untere B'chen tief eingeschnitten, obere fädlich; Hüllchenb. klein. F. **2c →** S. 304.

3 ECHTER VENUSKAMM *Scandix pecten-veneris.* 10-30 cm; Einj., kahl od. behaart; B. 3fach gefiedert, Zipfel lineal; Hüllb. keine; Dolden oft einfach u. dem B. *gegenüberstehend,* bisweilen mit nur wenigen Strahlen, Hüllchenb. breit od. 2-3spaltig; Bl. weiß; Fr. 2-8 cm, Schnabel sehr lang. V-VIII. Getreideäcker, Schutt. T[D:s].

4 GIERSCH *Aegopodium podagraria.* 0,3-1 m; Staude, unterirdische Ausläufer; B. meist doppelt 3zählig; Hüllb. keine; Bl. weiß; Fr. länglich-eiförmig, Rippen fädlich. VI-VIII. Laubwälder, Gärten, schattige Wegränder. ⚥ T[D:v].

5 BERG-HIRSCHWURZ *Libanotis pyrenaica.* 0,4-1 m; Zwei-/Mehrj., vielgestaltig; St. kantig-gefurcht; B. 2-3fach gefiedert, Abschnitte schmal; Hüllb. zahlreich; Bl. weiß od. rötlich; Dolden vielstrahlig, Fr. ±eiförmig, jung flaumig. VII-IX. Trockene Gebüsche, besonders auf Kalk. T[D:s]. **5a Berg-Sesel** *Seseli montanum.* 20-60 cm; Staude, kahl; Hüllb. 0-3; Doldenstrahlen 5-12. Trockene Rasen. F,M[D:s]. **5b Steppen-Bergfenchel** *S. annuum.* 15-50 cm; B. im Umriß eiförmig; Hüllb. 0-1; Doldenstrahlen 15-30. F,M[D:s]. **5c Pferde-S.** *S. hippomarathrum* ☐. B. im Umriß eiförmig-länglich; Hüllb. keine; Hüllchenb. *verwachsen.* M[D:s]. **5d →** S. 304.

6 HUNDSPETERSILIE *Aethusa cynapium* ssp. *cynapium.* 5-80 cm; Einj.; St. rund od. schwach kantig; B. 2-3fach gefiedert, dunkelgrün; Hüllchenb. 3, einseitig, zurückgeschlagen, auffällig verlängert; Bl. weiß; Fr. breit-eiförmig, stark gerippt. VI-X. Äcker, Schutt. ssp. *cynapioides* 0,9-2 m. Ufersäume, Auen. ⚥⚰ T[D:v-z].

7 BÄRWURZ *Meum athamanticum.* 15-50 cm; Staude, kahl, aromatisch duftend; B. 2- bis vielfach-gefiedert, Abschnitte *haarförmig;* Hüllb. 0-2; Bl. weiß, selten rötlich od. gelblich. V-VIII. Bergwiesen. ⚥ GB,F,M[D:z-s]. **7a Augenwurz** *Athamanta cretensis.* 10-25 cm; nicht auffällig aromatisch; B. 2-3fach gefiedert, Zipfel lineal od. lanzettl.; Hüllb. 0-5; Bl. weiß; Fr. länglich-lanzettl. Steinfluren, Felsschutt der Gebirge. M[D:s].

8 *Physospermum cornubiense.* 0,3-1,2 m; Staude, fast kahl; untere B. doppelt 3zählig, *dunkelgrün;* Hüllb. lanzettl.; Bl. weiß; Fr. kugelig, gerippt. VII-VIII. Wälder. GB,F.

9 FASERSCHIRM *Trinia glauca.* 8-50 cm. Zwei-/Mehrj., graugrün, kahl; St. sehr ästig, ±hin- u. hergebogen; B. 2-3fach gefiedert, Abschnitte schmal; Hüllb. keine; Bl. weiß; ♂- u. ♀-Bl. auf verschiedenen Pfl.; Fr. eiförmig, stark gerippt. IV-VI. Trockene Rasen, meist auf Kalk. F,M[D:s].

2a Große Bibernelle

159

Doldenblütler (Forts.)

1 BÄRENKLAU *Heracleum sphondylium.* 0,5-1,5 m; Zweij./Staude, kräftig, vielgestaltig, steif behaart od. kahl; B. 1(-2)fach gefiedert; B'chen sehr breit, gezähnt; B'scheiden bauchig aufgetrieben; Hüllb. 0(-6); Dolden bis über 20 cm ⌀; Bl. weiß od. rötlich, selten gelblich-grün; äußere Kronb. der Dolde vergrößert; Fr. elliptisch od. verkehrt-eiförmig, abgeplattet. IV-XI. Wiesen, Auenwälder. ⚥ T[D:v]. **1a** *H. mantegazzianum* ☐. 2-5 m; sehr kräftig; St. oft purpurn gefleckt; Dolden bis 50 cm ⌀; Kronb. bis 12 mm; Fr. länglich-eiförmig. Sümpfe, Röhrichte. (T) Heimat: SW-Asien. **1b, 1c** → S. 304.

2 WALD-ENGELWURZ *Angelica silvestris.* 0,8-2,5 m; Zwei-/Mehrj., fast kahl; St. oft rotbraun; B. 2-3fach gefiedert; B'chen breit, gezähnt, B'scheiden bauchig-*aufgeblasen;* Hüllb. 0-3; Hüllchenb. fast borstlich; Dolde ±flach bis halbkugelig; Bl. weiß od. rötlich; Fr. breit-elliptisch, flach. VII-IX. Auenwälder, Wiesen, Ufer. T[D:v]. **2a Erzengelwurz** *A. archangelica.* Sehr aromatisch; St. meist grün; Dolden *halbkugelig* od. *kugelig;* Bl. grünlich. Bes. Flußufer, Küstennähe (ssp. *litoralis).* ⚥ S,(GB,F),M[D:v-s]. **2b Sumpf-E.** *A. palustris.* 0,5-1 m; Kelchsaum deutlich weißlich gezähnt. Feuchte Wiesen. M[D:s]. **2c Maludenwurz** *Conioselinum vaginatum.* Kahl; Bl. meist weiß; Rückenrippen der Fr. geflügelt. Staudenfluren. S.

3 GEFLECKTER SCHIERLING *Conium maculatum.* 0,8-2 m; Zweij., kahl, unangenehm riechend; St. *rot-gefleckt;* B. 3fach gefiedert, Abschnitte wieder fiederspaltig; Hüllchenb. 3, *einseitig;* Bl. weiß; Fr. ±eirund, Rippen wellig. VI-VIII. Schuttfluren. ⚥⚰ T[D:s-z].

4 *Oenanthe crocata.* Bis 1,5 m; Staude, kahl, nach Petersilie duftend; St. gefurcht; B. 3-4fach gefiedert, mit *keilförmigen,* gezähnten B'chen; Hüllb. manchmal fehlend; Bl. weiß; Fr. zylindrisch, mit langen Griffeln. VI-VIII. Feuchte Grasfluren. ⚥⚰ GB,F.

5 BREITBLÄTTRIGER MERK *Sium latifolium.* 0,5-1,7 m; Staude, kahl; St. kantig-gefurcht; B. 1fach gefiedert (untergetauchte 2-4fach); B'chen schmal eiförmiglänglich; Hüllb. 2-6, groß, b'artig; Bl. weiß; Fr. ±ellipsoidisch, Rippen wulstförmig. VI-IX. Röhrichte, Ufer, Gräben. ⚰ T[D:z].

6 RIPPENSAME *Pleurospermum austriacum.* 0,6-1,25 m; Zweij./Staude; St. gefurcht, rauhflaumig; B. 2-3fach 3zählig; Abschnitte keilförmig, gezähnt; Hüllchenb. ungleich, zurückgeschlagen; Bl. weiß; Fr. eiförmig-länglich, Rippen stumpf-gekerbt. VI-IX. Bergwiesen, Ufer. S,F,M[D:s].

7 WASSERSCHIERLING *Cicuta virosa.* 0,6-1,5 m; Staude, kahl; St'basis verdickt, gefächert; B. 2-3fach gefiedert, B'chen lineal-lanzettl., gezähnt; Hüllb. 0-2; Bl. weiß; Fr. breit-eiförmig. VII-IX. Ufer, Gräben, meist im Wasser. ⚥⚰ T[D:v-z].

8 SICHELMÖHRE *Falcaria vulgaris.* 20-60(90) cm; Einj./Staude; St. reich verzweigt; B. 1-2fach 3zählig, Abschnitte schmal lineal-lanzettl., scharf-gesägt; Hüllb. 4-8, lineal.; Bl. weiß; Fr. lineal-länglich, gerippt. VII-IX. Unkrautfluren. (S,GB),F,M[D:z].

9 SILGE *Selinum carvifolia.* 0,3-1 m; Staude, fast kahl, nach Petersilie duftend; St. scharfkantig-gefurcht; B. 3fach gefiedert; Dolden 15-20strahlig; Bl. weiß. VII-VIII. Feuchte Wiesen, Gebüsche. ⚥ T[D:s-z]. **9a** *S. pyrenaeum.* 20-50 cm; St. nur gestreift; Dolden 3-9strahlig; Bl. gelblich-weiß. Bergwiesen. F.

1a *Heracleum mantegazzianum*

1 Bärenklau
H. sphondylium

160

Doldenblütler (Forts.)

1 BERLE *Berula erecta.* 0,3-0,6(1) m; Staude, oft ausgebreitet, kahl; B. 1fach gefiedert, bis 10 Paar ±länglich-eiförmige, gezähnte B'chen, untergetauchte B. mehrfach gefiedert, mit linealen Zipfeln; Dolden bisweilen übergipfelt; Hüllb. b'artig, oft *3spaltig* od. ±gefiedert, Bl. weiß; Fr. kugelig-eiförmig, früh gespalten, breitkantig gerippt, mit langen Griffeln. VII-IX. Feuchte, nasse Orte, bisweilen im Wasser. T[D:v].

2 KNOTENBLÜTIGER SELLERIE *Apium nodiflorum.* Staude; St. am Grund ±niederliegend u. wurzelnd, 0,2(-1,6) m lang; B. 1fach gefiedert, B'chen ei-lanzettl., gezähnt; Hüllb. 1-2; Dolden *übergipfelt*, sehr kurz gestielt; Bl. weiß; Fr. eiförmig, gerippt. VI-IX. Schlammufer, im Wasser. GB,F,M[D:s-z]. **2a Kriechender S.** *A. repens.* St. 0,1-0,3(1,5) m lang, fast an allen Knoten wurzelnd; B'chen eiförmig; Dolden lang-gestielt. T[D:s]. **2b Flutender S.** *A. inundatum.* St. 7(-150) cm lang, meist untergetaucht; untere B. 2-4fach gefiedert, Zipfel haarförmig; Dolden nur 2-3strahlig. T[D:s]. Daneben Bastarde, u. a. 2b×2.

3 SELLERIE *Apium graveolens* var. *graveolens.* Bis 1 m; Zweij., kahl, *Selleriegeruch;* B. 1(-2)fach gefiedert, glänzend, B'chen grob gezähnt; Hüllb. keine; Dolden sitzend od. kurzgestielt, oft übergipfelt; Bl. weiß; Fr. breit-eiförmig. IV-IX. Salzige Wiesen, meist an den Küsten. ⚥ T[D:s-z].

4 RÖHRIGE REBENDOLDE *Oenanthe fistulosa.* 0,3-0,6(1) m; Staude, hell-bläulichgrün, kahl, wenig verzweigt; B. 1-2fach gefiedert, B'chen ±lineal, Stiele röhrig-aufgeblasen; Hüllb. 0-2; Dolden 3-5(6)strahlig, zur Fr'zeit ±kugelig; Bl. weiß; Griffel so lang wie kreiselförmige Fr. VI-IX. Schlammige Gräben, Ufer, nasse Böden. ⚥ T[D:z-s].

5 LACHENALS-REBENDOLDE *Oenanthe lachenalii.* 30-60(80) cm; Staude; B. 2fach, obere 1fach gefiedert, obere mit schmaleren spitzen Abschnitten; Hüllb. 4-6; Doldenstrahlen zur Fr'zeit nicht verdickt; Bl. weiß; Fr. ±verkehrt-eiförmig, Griffel kurz. VI-IX. Salzige, feuchte u. moorige Wiesen. ⚥ T[D:s]. **5a** *O. pimpinelloides.* Doldenstrahlen zur Fr'zeit verdickt; Griffel etwas kürzer als zylindrische Fr. GB,F,M. **5b Silgblättrige R.** *O. silaifolia.* Untere B. 3fach gefiedert, mit schmal linealen Zipfeln; Doldenstrahlen zur Fr'zeit verdickt; Griffel so lang wie ±zylindrische Fr. GB,F,M[D:s]. **5c Haarstrang-R.** *O. peucedanifolia.* Ähnlich 5b, aber Doldenstrahlen dünn; Griffel nur ¹/₂ so lang wie Fr. F,M[D:s].

6 WASSERFENCHEL *Oenanthe aquatica.* 0,5-1,2 m; Ein-/Mehrj.; St. hin- u. hergebogen, ästig; B. 2-3fach gefiedert, Abschnitte eiförmig (bei Wasserb. haarförmig); Hüllb. 0-2; Dolden bisweilen übergipfelt; Bl. weiß; Fr. eiförmig-länglich, 3-4,5 mm, Griffel kurz. VI-IX. Gräben, Röhrichte, Ufer. ⚥⚥ T[D:v-z]. **6a Flutender W.** *O. fluviatilis.* St. meistens in Wasser flutend; B'abschnitte langkeilförmig, Zipfel lineal; Fr. 4-6,5 mm lang, Griffel noch kürzer als bei vor.; seltener blühend. GB,F,M[D:s]. **6b** → S. 304.

7 *Petroselinum segetum.* Bis 1 m; Einj./Zweij., ±graugrün, Petersiliegeruch; B. 1fach gefiedert, B'chen eiförmig, gezähnt; Hüllb. fadenförmig; Doldenstrahlen 2-5, wenigblütig; Fr. eiförmig. VIII-X. Trockene, offene Standorte. GB,F,M. **7a Petersilie** *P. crispum* □. 2-3fach gefiedert, glänzend, Rand vieler Kulturformen kraus; Bl. zahlreicher, grünlichgelb. VI-VII. ⚥ (T) Heimat: evtl. SO-Europa, W-Asien.

8 GEWÜRZDOLDE *Sison amomum.* 30-80 cm; Zweij., kahl, *unangenehm riechend*, blaßgrün, später rötlich, stark verzweigt; B. u. Bl. ähnlich wie 7; Fr. breit-eiförmig. VII-VIII. Unkrautfluren, Gärten. GB,F,M[D:s].

7a Petersilie

Doldenblütler (Forts.)

1 GEBRÄUCHLICHER HAARSTRANG *Peucedanum officinale*. 0,5-1 m; Staude, kahl, dunkelgrün; B. 2-5fach 3zählig, Zipfel lineal, ineinander verflochten; Hüllb. 0-3; Dolden 10-40strahlig; Bl. *gelb;* Fr. elliptisch, flach. VII-IX. Trockene Rasen. ⚥ GB,F,M[D:z-s]. **1a Kümmel-H.** *P. carvifolia* ☐. B. 1-2fach gefiedert, Zipfel ±lineal; Hüllb. keine; Bl. gelblich bis grünlich. F,M[D:s]. **1b Elsässer H.** *P. alsaticum.* B. 2-3fach gefiedert; Hüllb. 4-8. F,M[D:s]. **1c** *P. gallicum.* Ähnlich wie 1a, aber untere B. 3fach gefiedert; Bl. weiß od. rosa. F. **1d** *P. lancifolium.* Mit kürzeren, nicht verflochtenen Fiederb.; Hüllb. 4-7. F.

2 SUMPF-HAARSTRANG *Peucedanum palustre*. 0,6-1,25 m; Zweij./Staude, fast kahl; St. hohl, kantig; B. 3- u. mehrfach gefiedert, Zipfel lineal-lanzettl.; Hüllb. zurückgeschlagen, manchmal gespalten, ungleich; Bl. weiß; Fr. elliptisch, scheibenförmig. VII-IX. Nasse Wiesen, Bruchwälder. T[D:v-z]. **2a Hirschwurz-H.** *P. cervaria.* St. markig, fein gerillt; B'abschnitte sehr scharf gesägt. VII-VIII. Laubwälder, Gebüsche. F,M[D:z-s].

3 MEISTERWURZ *Peucedanum ostruthium*. 0,3-1 m; Staude, fast kahl; St. hohl; B. 1-2fach 3zählig; B'chen breit-eiförmig; B'scheiden *aufgeblasen;* Hüllb. 0-1; Bl. weiß od. rötlich; Fr. rund, scheibenförmig. VI-VIII. Bergwiesen, Gebüsche. (S,GB),F,M[D:z]. **3a Berg-Haarstrang** *P. oreoselinum.* St. markig, oft rötlich überlaufen; B. 2-3fach gefiedert, derb; Hüllb. zahlreich, zurückgeschlagen; Fr. breit-elliptisch. VII-IX. ⚥ S,F,M[D:z-s].

4 ZIRMET *Tordylium maximum.* 0,6-1,2 m; Ein-/Zweij., grob behaart; St. *rückwärts* steif behaart; B. 1fach gefiedert, untere B. mit breiteren B'chen; Kronb. weiß, *äußere* größer; Fr. rundlich, zusammengedrückt, steifhaarig. VI-VIII. Trockene Grasfluren. (GB),F,M[D:s].

5 BREITBLÄTTRIGES LASERKRAUT *Laserpitium latifolium*. 0,3-1,5 m; Staude, fast kahl, etwas graugrün; St. rund; B. 2fach gefiedert, obere B'scheiden bauchig, B'chen breit-eiförmig; Hüllb. zahlreich; Bl. weiß; Fr. breit-elliptisch, geflügelt. VI-VIII. Berglaubwälder, Felsen. S,F,M[D:z-s]. **5a Preußisches L.** *L. pruthenicum.* Zweij., grün; B'zipfel lanzettl.; St. kantig, rauhhaarig; B'scheiden nicht stark bauchig; Hüllb. bewimpert; Bl. gelblich-weiß. Feuchte Wiesen. F,M [D:s-z]. **5b Berg-L.** *L. siler.* St. rund; B. 3-4fach gefiedert, Abschnitte lineal-lanzettl. Steinschutt, Felsen, auf Kalk. M[D:s]. **5c Roßkümmel** *Laser trilobum.* Grün; St. rund, kahl; B. 2-3fach 3zählig, Abschnitte verkehrt-eiförmig; Hüllb. u. Hüllchenb. meist keine. Meist auf Kalk. F,M[D:s].

6 FEINES HASENOHR *Bupleurum tenuissimum*. 8-30 cm; Einj., kahl; *B.* ±*lineal-lanzettl.,* grasähnlich; Dolden (1)3-4strahlig; Bl. *gelb,* sehr klein, in kopfförmigen Blst.; Fr. fast kugelig. VII-IX. Salzige Wiesen, bes. in Küstennähe. T[D:s-z]. **6a** *B. gerardi.* Grün; B. halbstengelumfassend; Doldenstrahlen 2-7. F.

7 BRENNDOLDE *Cnidium dubium*. 30-60(90) cm; Zweij., fast kahl; B. 2-3fach gefiedert, Zipfel lineal-lanzettl., z. T. etwas einwärts gekrümmt, weißlich zugespitzt, B'scheiden verlängert, dem St. anliegend; Hüllb. meist keine; Doldenstrahlen 15-30, schmal geflügelt; Bl. weiß; Fr. kugelig-eiförmig, gerippt. VII-X. Feuchte Wiesen, Waldränder. S,M[D:z-s].

8 *Ligusticum scoticum*. Bis 90 cm; Staude, kahl, Sellerieduft; St. oft rötlich; B. 2fach 3zählig, B'chen *breit-ei-keilförmig;* Bl. weiß. VI-VII. Felsenküsten. S,GB, M. **8a Alpen-Mutterwurz** *L. mutellina.* 10-20(50) cm; B. 2fach gefiedert, Zipfel *lineal-lanzettl.,* Hüllb. keine. Bergweiden. M[D:Alp]. **8b Kleine M.** *L. mutellinoides.* 3-15 cm, ähnl. wie 8a, aber Hüllb. 5-10, 3spaltig. Bergrasen. M[D:Alp].

1a Kümmel-Haarstrang

Doldenblütler (Forts.)

1 PASTINAK *Pastinaca sativa.* 0,3-1 m; Zweij., fast kahl od. behaart; B. 1fach gefiedert, B'chen eiförmig-länglich, kerbig-gesägt; Hüllb. 0-2; Bl. gelb; Fr. breit-elliptisch, scheibenförmig. VI-IX. Wiesen, Schutt. ⚥ TD:v].

2 *Smyrnium olusatrum.* 0,5-1,5 m; Zweij., kahl; B. 3fach 3zählig, dunkelgrün, glänzend, B'chen breit, kerbig-gesägt; Hüllb. keine od. wenige; Bl. gelb; Fr. kugelig, schwarz. IV-VI. Gebüsche u. Unkrautfluren in Küstennähe. (GB),F,(M). **2a Gelbdolde** *S. perfoliatum.* B. gelbgrün, obere den geflügelten St. umfassend; Hüllb. 0. Wälder, Unkrautfluren. (GB),F,(M[D:s]).

3 *Crithmum maritimum.* 15-50 cm; Staude, graugrün, kahl; B. 1-2fach gefiedert, Abschnitte schmal, *fleischig;* Hüllb. zuletzt herabgeschlagen; Bl. gelb; Fr. eiförmig. VII-X. Küstenklippen, -felsen, seltener auf Sand. GB,F,M.

4 FENCHEL *Foeniculum vulgare.* 0,3-2,5 m; Zweij./Staude, stark duftend, hellod. graugrün; B. 3-4fach gefiedert, federartig, Zipfel *fädlich;* Hüllb. keine; Bl. gelb; Fr. länglich-eiförmig. VII-IX. Unkrautfluren. ⚥ (GB),F,(M[D:z]). **4a Dill** *Anethum graveolens.* 0,4-1,25 m; Fr. eiförmig, geflügelt, zusammengedrückt, kümmelähnlich schmeckend. Schuttfluren. (GB,F,M[D:z]) Heimat: SW-Asien.

5 WIESENSILGE *Silaum silaus.* 0,3-1 m; Staude, kahl; B. 3-4fach gefiedert, Zipfel lineal-lanzettl., spitz; Hüllb. 0-3; Bl. gelb; Fr. breit eiförmig-länglich, Griffel kurz. VI-IX. Feuchte Wiesen. T[D:s-z].

6 LIEBSTÖCKEL *Levisticum officinale.* 0,8-2 m; Staude, stark aromatisch; B. 2(-3)fach gefiedert, glänzend. Abschnitte breit, gezähnt; Hüllb. zahlreich; Hüllchenb. am Grund verbunden; Bl. blaßgelb; Fr. elliptisch, gelb od. braun. Verwildert. ⚥ (S,F,M[D:s]) Heimat: evtl. Persien.

7 RUNDBLÄTTRIGES HASENOHR *Bupleurum rotundifolium.* 15-50 cm; Einjährige, etwas blaugrün od. rötlich; B. ungeteilt, eiförmig-rundlich, mittlere u. obere durchwachsen, untere nicht- od. kurzgestielt; Hüllb. keine; Dolden 5-10strahlig; Hüllchenb. 2-6, verlängert, schüsselförmig unter Döldchen; Bl. gelb; Fr. eiförmig, glatt, schwarz, Rippen fadenförmig. VI-VIII. Äcker. (GB),F,M[D:s-z]. **7a** *B. lancifolium* ☐. B. eiförmig bis lanzettl.; Doldenstrahlen 2-3; Fr. warzig. Neuerdings z. T. häufiger als 7 in einzelnen Gebieten. (GB),F. **7b Langblättriges H.** *B. longifolium.* 0,3-1 m; Staude; B. schmaler, obere stengelumfassend, untere lang gestielt; Fr. stark gerippt. Wälder, Gebüsche. F,M[D:z].

8 *Bupleurum baldense.* 2-10 cm; Einj., kahl, graugrün; B. ungeteilt, *lineal-lanzettl.;* Bl. gelb, in winzigen 3-9strahligen, kopfförmigen Dolden, umhüllt von grauen, gelb- od. bräunlichen Hüllchenb.; Fr. eiförmig, glatt. VI-VII. Trockene, lückige Grasfluren, kalkliebend. GB,F.

9 SICHEL-HASENOHR *Bupleurum falcatum.* 0,6-1,5 m; Staude, kahl; B. *ungeteilt,* verschieden gestaltet, oft *sichelförmig* gebogen; Hüllb. ungleich; Dolden mit 6-15 dünnen Strahlen; Bl. gelb; Fr. eiförmig. VII-X. Trockene, lichte Gebüsche u. Wälder. GB,F,M[D:s]. **9a →** S. 304.

7a *Bupleurum lancifolium*

Wintergrüngewächse Fam. Pyrolaceae

Kräuter, Halbsträucher, meist wintergrün; Kronb. 4-5; Fr. eine Kapsel.

1 EINBLÜTIGES WINTERGRÜN *Pyrola uniflora.* 5-10 cm; Staude; B. rundlich, blaßgrün, gegenständig, in den Stiel verschmälert; Bl. weiß, *einzeln,* 10-25 mm; Griffel lang, gerade. V-VII. Wälder, bes. Nadelwälder. ⚥ T[D:s-z].

2 NICKENDES WINTERGRÜN *Pyrola secunda.* 5-20 cm; Halbstrauch; B. in Rosetten, eiförmig, zugespitzt, gesägt, etwas blaßgrün; Bl. gelblich-weiß, glockig, 5-6 mm, nickend, in *einseitiger* Traube; Griffel gerade, aus der Bl. deutlich herausragend. VI-VIII. Wälder (bes. Kiefern), Heiden. T[D:z].

3 KLEINES WINTERGRÜN *Pyrola minor.* 5-20 cm; Staude; B. in Rosette, rundlich, gesägt; Bl. weiß od. blaß rosa, kugelig-glockig, 6 mm, in gestielter Traube; Griffel gerade, nicht aus der Bl. herausragend. VI-VIII. Wälder, Moore, Dünen. T[D:z]. **3a Mittleres W.** *P. media* ☐. Bl. 7-10 mm, in längeren Trauben; Griffel aus der Bl. hervorragend, gekrümmt. T[D:s].

4 RUNDBLÄTTRIGES WINTERGRÜN *Pyrola rotundifolia.* 15-30 cm; Staude; B. ähnlich wie bei 3, aber rundlicher; Bl. rein weiß, 8-12 mm, glockig *offen;* Gr. lang und S-förmig. VI-X. Wälder, Gebüsche, Dünen. ⚥ T[D:z]. **4a** *P. norvegica* ☐. 10-20 cm; B. z. T. rundlicher als bei 4. Trockene Bergstandorte. S.

5 GRÜNBLÜTIGES WINTERGRÜN *Pyrola chlorantha.* 10-20 cm; Staude; B. in Rosette, kreis- bis eiförmig, gesägt; Bl. grünlich-weiß od. hellgrün, in gestielter Traube; Griffel aus Bl. herausragend, gekrümmt. VI-VII. Bes. Nadelwälder, Felsen, im Süden bes. Bergland. S,F,M[D:s].

6 WINTERLIEB *Chimaphila umbellata.* 10-15 cm; Halbstrauch; B. in Büscheln, eiförmig-spatelig, gesägt, dunkelgrün, derb; Bl. weißlich-rosa, in einer *Doldentraube;* Gr. sehr kurz. VI-VIII. Meist Kiefernwälder, Felsen. § S,F,M[D:s].

7 siehe unten

8 FICHTENSPARGEL *Monotropa hypopitys.* 10-20 cm; Staude, *wachsgelb-bräunlich-rötlich,* nicht grün, Schmarotzerpfl.; B. schuppenförmig; Bl. gelb, röhrig, in nickender Traube, zur Fr'zeit aufrecht; Kronb. 4-5; Fr. eiförmig (vgl. auch Nestwurz S. 286). VI-VIII. Fichten- u. Buchenwälder, Dünen. T[D:z].

Diapensiengewächse Fam. Diapensiaceae

7 DIAPENSIE *Diapensia lapponica.* Bis 6 cm; Halbstrauch, polsterbildend; B. verkehrt-eiförmig, ganzrandig, lederartig, glänzend; Kronb. 5, weiß; Narben 3lappig; Kelchb. zur Fr'zeit rötlich; Fr. eine Kapsel. V-VI. Steinfluren, Felsen, Tundren. GB,S.

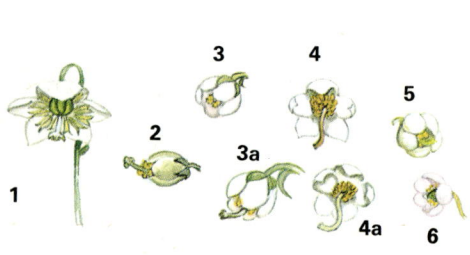

1 Einblütiges Wintergrün

2 Nickendes Wintergrün

3 Kleines Wintergrün

3a Mittleres Wintergrün

4 Rundblättriges Wintergrün

4a *Pyrola norvegica*

5 Grünblütiges Wintergrün

6 Winterlieb

1

3a

3

4

2

5

4a

6

8

7

Heidekrautgewächse Fam. Ericaceae

S. 170-172. Halbsträucher, Sträucher od. kleine Bäume; B. einfach, meist wechselständig, ganzrandig, immer- od. wintergrün, Rand oft eingerollt; Bl. kugelig, glockig od. röhrig (außer Moosbeere S. 172); Kronb. 4-5, meist untereinander verwachsen; Fr. eine Kapsel, Beere od. Steinfr. Hierzu u. a. *Rhododendron ponticum* ☐ (Bl. groß, purpur-violett. V-VI) u. *R. luteum* ☐ (Bl. groß, gelb) in manchen Gebieten aus Kultur verwildert u. fast eingebürgert; Heimat: Iberische Halbinsel, SO-Eur., Kaukasus.

1 BESENHEIDE *Calluna vulgaris.* 0,2-1 m; Halbstrauch/Strauch, bisweilen flaumig behaart; B. 4zeilig, lineal-lanzettl.; Bl. hellrosa-violett, in beb. Trauben. VII-IX. Heiden, Moore, Dünen, lichte Wälder. ⚥ T[D:v].

2 GRAUE GLOCKENHEIDE *Erica cinerea.* 20-60 cm; Halbstrauch/Strauch; B. zu 3, wirtelig, lineal, dunkelgrün, gelegentlich gelbbraun; Bl. *violettrot,* in gestielten Trauben. V-IX. Trockene Heiden, Moore, lichte Wälder. T[D:s].

3 ECHTE GLOCKENHEIDE *Erica tetralix.* 15-50 cm; Halbstrauch, behaart; B. zu (3)4, wirtelig, lineal; Bl. krug-eiförmig, 5-9 mm, fleischrot, in kopfigen Trauben; Fr. behaart. VI-X. Feuchte Heiden, Moore. T[D:v-z]. **3a** *E. ciliaris* ☐. 30-80 cm; mehr ausgebreitet; B. breiter, zu (3)4 wirtelig; Bl. 8-12 mm, verlängert, in Trauben, dunkler; Fr. kahl. IV-X. Daneben Bastarde 3×3a. GB,F. **3b** *E. mackaiana.* B. kürzer, breiter, dunkler grün, oberseits kahl(außer Rand); Bl. dunkler rosa. VII-IX. Daneben Bastarde 3×3b. GB[Irland]. **3c Schneeheide** *E. carnea.* 15-30 cm; Bl. rosa-hellkarmin, in einseitiger Traube, Staubb. hervorragend. II-IV. Bergwälder, Krummholzgebüsche. M[D:s-v, Alp].

4 *Erica vagans.* Bis 60 cm; Halbstrauch, meist kahl; B. wirtelig zu 4-5, lineal; Bl. rosa, lila od. weiß, in beb. Trauben, *schokoladenbraune* Staubb. hervorragend. VII-IX. Trockenere Heiden. GB,F.

5 *Erica erigena.* 0,6-2 m; Strauch, ±kahl; B. wirtelig zu 4, lineal; Bl. blaß purpurrot, in beb. gestielten Trauben; *rötliche* Staubb. hervorragend. III-V(Winter). Nasse Moore. GB[Irland],F.

6 IRISCHE HEIDE *Daboecia cantabrica.* Bis etwa 35 cm; Halbstrauch, behaart; B. schmal-elliptisch, unterseits weißlich, Ränder nach unten eingerollt; Bl. purpurrot, 9-14 mm, in lockeren gestielten Trauben; Kelchb. 4. V-X. Heiden, Moore, lichte Wälder. GB[Irland],F.

7 BLAUHEIDE *Phyllodoce caerulea.* 10-35 cm; Halbstrauch; B. lineal, „Ränder" gezähnt, unterseits grün; Bl. purpurrot, 7-12 mm, lang gestielt, zu 1-6 in endständiger Doldentraube. VI-VII. Moore. S,GB.

8 SUMPFROSMARIN *Andromeda polifolia.* 15-30 cm; Halbstrauch, kahl; B. schmal länglich-lanzettl., oberseits dunkelgrün, unterseits weißlich; Bl. hellrosa, etwa gleichfarbig lang gestielt, zu 2-8 in endständigen Doldentrauben. VI-IX. Hochmoore, feuchte Heiden. ⚇ T[D:z-s].

9 *Rhododendron lapponicum.* Bis 50 cm; Strauch, niederliegend; B. ±elliptisch, lederig, dunkelgrün, ober- u. besonders unterseits mit braunen Schuppenhaaren; Bl. breit-glockenförmig, purpurrot-violett. V-VI. Trockene Bergheiden. S. **9a, 9b** → S. 304.

Rhododendron ponticum

Rhododendron luteum

9 *Rhododendron lapponicum*

1

2

3

3a

3

4

5

6

7

8

Heidekrautgewächse (Forts.)

1 BLAUBEERE *Vaccinium myrtillus.* 15-40 cm; Halbstrauch, aufrecht, sommergrün, kahl; Zweige kantig, grün; B. eiförmig-elliptisch, gezähnt, hellgrün; Bl. grünlich bis blaßrosa, meist einzeln; Fr. blauschwarze Beere, eßbar, mit rotem Saft. IV-VII. Daneben Bastarde 1×2. Lichte Wälder, Heiden, Moore, kalkfreie Böden. ⚥ T[D:v]. **1a Rauschbeere** *V. uliginosum* ☐. Zweige braun, rundlich; B. bläulich-grün, verkehrt-eiförmig, ungezähnt; Bl. zu 1-4, weiß bis rötlich; Beere blau, bereift, Saft farblos. Moore, Bruchwälder. ⚘ T[D:z].

2 PREISSELBEERE *Vaccinium vitis-idaea.* 10-15 cm; Halbstrauch, ±niederliegend-kriechend, wintergrün; Zweige rundlich, jung schwach behaart; B. verkehrt-eiförmig, größte Breite etwa in der Mitte, ungezähnt, ±lederig, glänzend, Ränder eingerollt; Bl. weiß od. rötlich, in dichten Trauben; Fr. scharlachrote Beere, eßbar. V-VII. Daneben Bastarde 1×2. Lichte Wälder, Heiden, Moore. T[D:v].

3 MOOSBEERE *Vaccinium oxycoccos.* Halbstrauch; St. bis 50 cm, weit kriechend; immergrün; B. dunkelgrün, ±länglich-eiförmig, unterseits blaugrün; Bl. rosa (Kronb'zipfel 4, *zurückgeschlagen*), zu 1-4 in den B'winkeln, Stiele behaart; Staubb. aufrecht; Fr. kugelig, *tiefrot*, oft braun gefleckt, selten weiß. VI-VIII. Hochmoore. T[D:z-s]. ssp. *microcarpum* in allen Teilen kleiner; B. ±dreieckig-eiförmig; Bl'stiele fast kahl; Fr. zitronen- od. birnenförmig. S,GB,M[D:s]. **3a** → S. 304.

4 GEMEINE BÄRENTRAUBE *Arctostaphylos uva-ursi.* 10-15 cm; Strauch *(Spalierstrauch),* niederliegend, fast kahl, B. *verkehrt*-eiförmig, ganzrandig, derb; Rand flach; Bl. weiß od. rötlich, gebüschelt; Steinfr. scharlachrot, glänzend. IV-VII. Lichte Wälder, Heiden, Gebüsche, Moore. ⚥ T[D:s-z]. **4a Alpen-B.** *A. alpina.* B. sommergrün, hell, gezähnt; Bl. grünlichweiß; Steinfr. schwarz. S,GB,M [D:Alp].

5 SUMPF-PORST *Ledum palustre.* 0,5-1,2 m; Strauch, immergrün; junge Zweige u. B'unterseiten *rostfilzig;* B. schmal länglich-elliptisch, lederig, dunkelgrün; Bl. weiß, in reichbl. Doldentrauben; Kronb. 5, frei; Fr. eine Kapsel. V-VII. Bruchwälder, Hochmoore. ⚥§ S,(GB),M[D:s].

6 ALPENHEIDE *Loiseleuria procumbens.* 3-15 cm; Strauch (Spalierstrauch), kahl; B. *gegenständig,* eiförmig-länglich; Bl. klein, rosa, in Doldentrauben. V-VII. Heiden, Felsen (Gebirge, Arktis). T[D:Alp]. **6a** → S. 304.

7 SCHUPPENHEIDE *Cassiope hypnoides.* 5-15 cm; Halbstrauch, niederliegend, fast polsterbildend; B. schuppenförmig, sitzend, fast *dachziegelig deckend,* wechselständig; Bl. glockenförmig, einzeln, weiß, lang gestielt, nickend; Kelchb. *dunkler rosa.* VI-VIII. Arktische Tundren. S. **7a** *C. tetragona,* 10-30 cm; B. in 4 Zeilen, angedrückt; Bl'stiele behaart. Trockenere arktische Tundren. S.

8 TORFGRÄNKE *Chamaedaphne calyculata.* 15-30 cm; Strauch; B. immergrün, ei-lanzettl.; Bl. weiß, Saum gelblich, glockenförmig, in gestielter Traube. IV-VI. Moore, lichte Wälder. S.

9 ERDBEERBAUM *Arbutus unedo.* Bis 3(12) m; Strauch/(Baum), immergrün Borke rotbraun, schuppig; B. elliptisch, lederig, dunkelgrün, glänzend, schwach gezähnt, wechselständig; Bl. weiß, glockig, in hängenden Büscheln; Fr. eine warzige Beere, ca. 20 mm, im folgenden Herbst rot, erdbeerähnlich. VIII-XII. Gebüsche, Felsen. GB[Irland],F.

Krähenbeerengewächse Fam. Empetraceae

10 KRÄHENBEERE *Empetrum nigrum.* 15-45 cm; Halbstrauch/Strauch, niederliegend, immergrün; B. nadelförmig, dunkelgrün, glänzend, Ränder eingerollt, wechselständig; Bl. blaßrot bis purpurn, sehr klein, zu 1(3) in B'winkeln; Kelch- u. Kronb. je 3, getrennt; Steinfr. erst grün, rosa, rot, zuletzt schwarz, glänzend. IV-VI. Heiden, Moore. T[D:v-z].

9 Erdbeerbaum

Schlüsselblumengewächse Fam. Primulaceae

S. 174-176. Kräuter; B. ungeteilt; Kronb. meist 5 (außer Siebenstern S. 176), ±verwachsen; Fr. eine Kapsel. *Primula* (1-5) mit ±verkehrt-eiförmigen B. in einer Grundrosette; Bl. mit meist ausgebreiteten Zipfeln, meist (außer 1) in einer Dolde auf laubb'freiem Schaft.

1 ERD-SCHLÜSSELBLUME *Primula vulgaris.* 5-10 cm; Staude, behaart; B. *allmählich* in Stiel verschmälert; Bl. hellgelb, 20-35 mm, scheinbar einzeln an langen behaarten Stielen; Schaft sehr kurz, selten verlängert. III-V(z. T. Herbst, Winter). Bastardiert mit 2 u. 3 (s. 2a). Wälder, Gebüsche, Wiesen, oft truppweise. § T[D:z-s].

2 HOHE SCHLÜSSELBLUME *Primula elatior.* 10-20 cm; Staude, behaart; B. *rasch* in Stiel verschmälert; Bl. hellgelb, 15-25 mm, nicht duftend, 1-25 in einseitig nickender Dolde. III-V. Bastardiert mit 1 u. 3. Wälder, Wiesen, oft truppweise. ⚥§ T[D:v]. **2a** *P. veris* × *vulgaris* ☐. Bastard 1×3 §; B. mehr allmählich in Stiel übergehend; Bl. dunkler gelb; Dolden nicht einseitig. Einzeln wachsend, nahe eines od. beider Elternteile.

3 ECHTE SCHLÜSSELBLUME *Primula veris.* 10-25 cm; Staude, behaart; B. ±*plötzlich* in Stiel verschmälert; Bl. dunkler gelb als 1 u. 2, am Schlund orange gefleckt, 8-22 mm, *duftend,* zu 1-30 in oft einseitig nickender Dolde. IV-V. Bastardiert mit 1 u. 2 (s. 2a). Trockene Rasen u. Wälder, kalkliebend, oft truppweise. ⚥§ T[D:z-v]. **3a Aurikel** *P. auricula* ☐. B. schmaler, dick, fleischig; Bl. 15-25 mm, gelb, mit weißlichem Schlund, ohne orange Flecken. Bergwiesen, Moore. § M[D:s-z(Alp)].

4 MEHLIGE SCHLÜSSELBLUME *Primula farinosa.* 5-20 cm; Staude, St. u. B. (unterseits) mehlig weiß; B. spatelförmig; Bl. rotlila, Schlund gelb; Kelchzähne abgerundet. V-VII. Moore, feuchte Wiesen. § T[D:s].

5 *Primula scotica.* Bis 6 cm; St. u. B. mehlig weiß; B. in der Mitte am breitesten, ganzrandig od. entfernt gekerbt; Bl. purpurrot; Kelchzähne stumpf. V-VI (VII-VIII). Feuchte Küstenwiesen, Dünen. GB[Schottland]. **5a Clusius-Schlüsselblume** *P. clusiana.* 2-5 cm; B. länglich-eiförmig, vorn gerundet, ganzrandig; Bl. rosenrot-lila. V-VII. Geröll, Felsen. § M[D:Alp]. **5b Zwerg-Sch.** *P. minima.* Bis 1(3) cm; B. keilförmig, vorn gestutzt, tief gesägt; Bl. leuchtend rot. VII. Steinschutt, Felsen. § M[D:Alp].

6 GEMEINER GILBWEIDERICH *Lysimachia vulgaris.* 0,5-1,2 m; Staude, flaumig; B. breit lanzettl., kurz gestielt, zu 2-4 wirtelig; Bl. gelb, 15-20 mm, in end- od. seitenständigen Trauben; Kelchzipfelrand rötlich. VI-VIII. Ufer, Bruchwälder. T[D:v]. **6a Punktierter G.** *L. punctata* Bl. in b'achselständigen Quirlen, bis 35 mm; Kelchzipfelrand grün. (T) Heimat: S-, SO-Europa.

7 STRAUSS-GILBWEIDERICH *Lysimachia thyrsiflora.* 30-70 cm; Staude, bisweilen fast kahl; B. lanzettl., sitzend, gegenständig; Bl. gelb, 5 mm, in *kugeligen* Trauben in der Achsel mittlerer B., St'spitze nur mit B.; Staubb. hervorragend. V-VII(z. T. nicht regelmäßig blühend). Sümpfe, nasse Wiesen. T[D:z-s].

8 PFENNIGKRAUT *Lysimachia nummularia.* 1-2 cm; Staude, niederliegend, kriechend, kahl; B. rund, gegenständig; Bl. gelb, trichterig, 15(-25) mm; Kelchzähne breit. VI-VIII. Ufersäume, feuchte Wiesen. ⚥ T[D:v]. **8a Wald-Gilbweiderich** *L. nemorum.* Kriechend-aufsteigend; B. eiförmig, zugespitzt; Bl. flach-trichterig, 10-12 mm; Kelchzähne schmal. V-VIII. Wälder. T[D:v-z].

9 ECHTES ALPENGLÖCKCHEN *Soldanella alpina.* 5-15 cm; Staude, leicht behaart; B. dick, nierenförmig, lang-gestielt; Bl. blau, selten weiß, zu 2-3 in gestielter Dolde; Kronb. tief geschlitzt. IV-VII. Bergweiden, quellige Orte. M [D:s-z(Alp)]. **9a, 9b, 9c, 9d** → S. 305.

3a Aurikel   **9** Echtes Alpenglöckchen

1

2

2a

3

4

5

6

7

8

8a

Schlüsselblumengewächse (Forts.)

1 WASSERFEDER *Hottonia palustris.* 10-30 cm; Staude, Wasserpfl., fast kahl; St. mit Blst. über der Wasseroberfläche; B. untergetaucht, *gefiedert;* Bl. weiß od. rötlich, mit gelbem Schlund, in traubigen Quirlen. V-VI. Gräben, Teiche, Altwasser. T[D:v].

2 ECHTES ALPENVEILCHEN *Cyclamen purpurascens.* 5-15 cm; Staude, fast kahl; B. lang gestielt, aus einer Knolle, herz- bis nierenförmig, am Rand fein gekerbt, oberseits silbrig gefleckt, unterseits meist rot; Bl. rotviolett, Zipfel zurückgeschlagen, Schlund rundlich. VI-X(mit den B.). Bergwälder, Gebüsche. ⚕✿§ F,M[D:s]. **2a** *C. hederifolium* ☐. B. geschweift-gezähnt od. gelappt; Bl. länger gestielt, blasser rosa od. weiß, Schlund 5kantig. VIII-XI(vor den B.). (GB),F.

3 SIEBENSTERN *Trientalis europaea.* 5-25 cm; Staude, schwach behaart; B. verkehrt ei-lanzettl., obere quirlig nahe St'spitze; Bl. weiß, sternförmig zu 1(-4); Kronb. 7(5-9). V-VIII. Nadel- od. Birkenwälder, Moore, Heiden. T[D:v-s].

4 SALZ-BUNGE *Samolus valerandi.* 15-50 cm; Staude, kahl, bisweilen unverzweigt; B. spatelig, an St. u. in Grundrosette; Bl. weiß, in gestielter Traube; Kronb. bis zur Hälfte verwachsen; Fr. kugelig. VI-IX. Feuchte Strandwiesen, Küstennähe. T[D:s].

5 ACKER-GAUCHHEIL *Anagallis arvensis.* 3-5 cm; Einj., niederliegend, fast kahl; St. vierkantig; B. eiförmig, stumpflich, unterseits mit schwarzen Punkten, sitzend, gegenständig od. wirtelig; Bl. meist mennigrot, seltener fleischfarben, violett od. blau, *radförmig,* einzeln in B'winkeln, bei Sonne öffnend; Kronb. stumpf, oft fein gezähnt an der Spitze, dicht drüsig bewimpert. V-X. Äcker, Schutt, Dünen. ⚕ T[D:v]. **5a Blauer G.** *A. coerulea* ☐. Kronb. blau, am Rand kahl od. spärlich drüsig. T[D:z].

6 ZARTER GAUCHHEIL *Anagallis tenella.* 1-3 cm; Staude, niederliegend, kahl; B. eiförmig-rundlich, kurz gestielt, gegenständig; Bl. rosenrot, *glockenförmig,* bei Sonne öffnend. V-IX. Torfmoore, Sumpfwiesen, Grabenränder. GB,F,M[D:s].

7 KLEINLING *Centunculus minimus.* Bis 8, oft unter 2 cm; Einjährige, sehr zart, kahl; B. rundlich-eiförmig, wechselständig, mit schwärzlicher Linie um die Unterseite; Bl. weiß od. rosa, fast versteckt in den B'winkeln; Fr. rosa. V-IX. Feuchte, sandige Ackerrinnen, Wege, Heiden, Waldränder. T[D:z-s].

8 NORDISCHER MANNSSCHILD *Androsace septentrionalis.* 5-15 cm; Ein-/Zweijährige, behaart; B. lanzettl., gezähnt, in Grundrosette; Bl. weiß od. rötlich, 3-5 mm, lang gestielt, in einer Dolde. V-VII. Trockene Grasfluren, Dünen, Äcker. S,F,M[D:s]. **8a Langer M.** *A. elongata* ☐. Kronb. kürzer als Kelchb.; Bl. 2 mm, weiß. IV-VI. M[D:s]. **8b Großblütiger M.** *A. maxima* ☐. B. eiförmig; Bl. ca. 6 mm, weiß; Dolden mit Deckb. länger als Bl'stiele. IV-V. F,M[D:s]. **8c Milchweißer M.** *A. lactea* ☐. Staude; B. ± lineal; Bl. weiß, 10 mm. Felsspalten, Triften. M[D:s]. **8d, 8e, 8f, 8g** → S. 305.

9 MILCHKRAUT *Glaux maritima.* 3-20 cm; Staude, niederliegend-aufsteigend, fast kahl; B. breit-lanzettl., fast sitzend; ohne Kronb.; Kelchb. rötlich od. weiß, sitzend, einzeln in B'winkeln. V-IX. Salzige Wiesen, meist Küsten. T[D:z].

8a Langer Mannsschild

8b Großblütiger Mannsschild

8c Milchweißer Mannsschild

1

2

2a

3

4

5

5a

6

7

8

9

Grasnelkengewächse Fam. Plumbaginaceae

Stauden; B. ungeteilt; Kronb. 5, mit häutigen Trag-, Vor- od. Hüllb.; B. in einer Grundrosette; Blst. kopfig *(Armeria)* od. einseitig ebensträußig-rispig-ästig *(Limonium)*. Oft Salzstandorte.

1 GEMEINE GRASNELKE *Armeria maritima.* 10-50 cm; fast polsterbildend, z. T. behaart; B. lineal, 1nervig; Bl. hellrosa-hellkarmin, in *rundlichen* Köpfen, Hüllb. bleich, äußere spitz. IV-IX. var. *maritima:* Salzwiesen u. Felsspalten, Küstennähe; var. *elongata:* Sandfelder, Böschungen; var. *halleri:* Schwermetallhalden. T[D:v-s]. **1a, 1b** → S. 305.

2 ECHTER STRANDFLIEDER *Limonium vulgare.* 20-40 cm; St. rund; B. verkehrteiförmig, in Stiel verjüngt, mit gefiederten Nerven; Bl. blauviolett, dichtstehend, in einzelnen Büscheln an den Astenden; St. etwa oberhalb der Mitte verzweigt. VII-IX. Salzwiesen der Küsten. T[D:z]. **2a** *L. humile.* St. unterhalb der Mitte verzweigt, oft kantig; B. schmaler; Bl. lockerer verteilt an den Zweigen. S,GB,M.

3 *Limonium bellidifolium.* 9-30 cm; St. fast vom Grund an sehr stark - Äste fast zickzackförmig — verzweigt; B. spatelförmig-länglich; Bl. rosa-violett; nur an obersten Ästen. VI-VIII. Salzwiesen der Küsten. GB,F.

4 *Limonium binervosum* agg. 20-30 cm; veränderlich; St. fast vom Grund an verzweigt; B. eiförmig bis lanzettl., nicht mit Fiedernerven, mit geflügeltem 3nervigen Stiel; Bl. lila-violett, an allen Ästen (mit Ausnahme der untersten), Teilblst. bisweilen gekrümmt. VII-IX. Küstenfelsen, Klippen, seltener auf Sand od. Kies. GB,F. **4a** → S. 305.

Ölbaumgewächse Fam. Oleaceae

5 GEMEINER LIGUSTER *Ligustrum vulgare.* 1-5 m; Strauch, winter- od. nur sommergrün; B. länglich-lanzettl., ganzrandig, gegenständig, ±derb; Bl. weiß, duftend, in Rispen; Kronb. 4, unten röhrig verwachsen; Fr. eine *schwarze,* glänzende Beere. V-VII. Gebüsche, lichte Wälder, meist auf Kalk. ⚥ T[D:z]. **5a Japanischer L.** *L. ovalifolium.* B. elliptisch-eiförmig; Kronröhre lang. (GB,F,M) Heimat: Japan.

Fieberkleegewächse Fam. Menyanthaceae

6 FIEBERKLEE *Menyanthes trifoliata.* 15-30 cm; Wasserpfl., Staude, St. kriechend; B. kleeartig *3zählig,* über der Wasseroberfläche; Bl. weiß u. rosa, in Trauben, Kronröhre mit 5 Zipfeln, Zipfel weiß *bärtig;* Fr. ±kugelig. IV-VI. Moore, Sümpfe, nasse Wiesen, Gräben. ⚲ T[D:z-s].

7 SEEKANNE *Nymphoides peltata.* Wasserpfl., Staude, St. lang flutend; B. fast kreisrund, am Grund herzförmig, schwimmend, unterseits oft rötlich, oberseits dunkelgrün (viel kleiner als bei See- und Teichrosen, S. 66); Bl. gelb, Kronb'-zipfel 5, gewimpert; Fr. eiförmig. VI-IX. Stehende od. langsam fließende Gewässer. GB,F,M[D:s].

Hundsgiftgewächse Fam. Apocynaceae

8 KLEINES IMMERGRÜN *Vinca minor.* 15-20 cm; Staude, Halbstrauch, immergrün, fast kahl; St. niederliegend, wurzelnd; B. länglich-lanzettl., am Rand wie Kelchzipfel kahl, gegenständig, kurz gestielt, lederartig; Bl. *blauviolett,* 25-30 mm, einzeln, Kronb. 5, verwachsen; Fr. lanzettl. II-V. Laubwälder, Gebüsche, Mauern. ⚲ (GB),F,M[D:v-s]. **8a Großes I.** *V. major* ☐. B. eiförmig, am Grund abgerundet, am Rand wie Kelchzipfel gewimpert; Bl. 40-50 mm. (GB,F,M) Heimat: Medit.

Seidenpflanzengewächse Fam. Asclepiadaceae

9 SCHWALBENWURZ *Cynanchum vincetoxicum.* 0,3-1,2 m; Strauch, flaumig; B. dreieckig-eiförmig, lang zugespitzt, gegenständig; Bl. gelblich-weiß u. grünlich, in Winkeln oberer B. gebüschelt; Kronb. 5, verwachsen; Fr. länglich-lanzettl. V-IX. Lichte Wälder, trockene Rasen, auf Kalk. ⚥⚲ S,F,M[D:z].

179

Enziangewächse Fam. Gentianaceae

S. 180-182. Kräuter, kahl; B. ungeteilt, ganzrandig, fast immer gegenständig, meist ungestielt, ohne Nebenb.; Bl. einzeln od. in Büscheln; Kronb. verwachsen; Fr. eine Kapsel.

1 ECHTES TAUSENDGÜLDENKRAUT *Centaurium minus.* 15-30 cm; Ein-/Zweij.; Grundb. ± elliptisch, meist 5nervig, in Rosette u. wenige schmalere Stengelb.; Bl. rosarot, *fast sitzend,* ± geknäuelt in ± dichten, gestielten Büscheln, aber auch einzeln. VI-X. Trockene Rasen, lichte Wälder. ⚥ T[D:z]. **1a Strand-T.** *C. vulgare* ☐. 5-25 cm; Grundb. lanzettl., Stengelb. *lineal,* 3nervig; Bl. etwas heller rosarot u. größer. Salzige Wiesen, Dünen, meist Sand, Küstengebiete. T[D:z].

2 ZIERLICHES TAUSENDGÜLDENKRAUT *Centaurium pulchellum.* 2-15 cm; Einj.; St. meist von Grund an reich verzweigt; ohne Grundb'rosette; Stengelb. elliptisch, spitz; Bl. fleischrot, dunkler als bei 1, 1a, gestielt, locker stehend; Kronb'zipfel schmaler. VI-IX. Salzige Wiesen, feuchte Wegränder, Ufer. T[D:s-z]. **2a** *C. tenuiflorum* ☐. B. breiter; straffer aufrechtere ebensträußige Bl'büschel. GB,F.

3 *Centaurium scilloides.* Bis 30 cm; Staude, St. zahlreich, ± niederliegende, nichtblühende (mit kurz gestielten, ± rundlichen B.) u. aufsteigende blühende Triebe; Bl. rosa, größer als 1, zu 1-6; Kronb. 5. VII-VIII. Grasige Küstenfelsen. GB,F.

4 BITTERLING *Blackstonia perfoliata* ssp. *perfoliata.* 10-40 cm; Einj., bläulich bereift; B. einer Grundrosette eiförmig-lanzettl., Stengelb. ± dreieckig-eiförmig, breit verwachsen; Kronb. 6-8, gelb, länger als Kelchb.; Blst. doldentraubig. VI-X. Rasen, Wege, Dünen, auf Kalk. GB,F,M[D:s]. **4a** ssp. *acuminata* ☐. B. nur am Grund miteinander verwachsen; Kelch. fast so lang wie Kronb. M[D:s].

5 ZINDELKRAUT *Cicendia filiformis.* 2-12 cm; Einj., bisweilen nur wenig verzweigt; B. lineal; Kronb. 4, goldgelb, Bl. einzeln; Fr. eiförmig. VI-X. Feuchte Heiden, Moore. GB,F,M[D:s].

6 *Exaculum pusillum.* 1-12 cm; Einj., reich verzweigt, leicht zu übersehen; B. lineal, graugrün; Bl. rosa (daneben blaßgelb od. weiß), klein; Kronb. 4; Kelchzähne lang, schmal. VI-X. Feuchte, offene Grasfluren. F.

7 GELBER Enzian *Gentiana lutea.* 0,45-1,4 m; Staude; B. elliptisch, bis 30 cm lang, bläulichgrün, obere z. T. st'umfassend, untere gestielt; Bl. gelb, zu 3-10 in den Winkeln der oberen B'paare; Kronb. 5-7. VI-VIII. Bergwiesen, Rasen. ⚥§ F,M[D:z-s].

8 *Gentiana aurea.* 5-15 cm; Ein-/Zweij., von Grund an verzweigt; B. oval, obere sitzend; Bl. zu mehreren gedrängt u. z. T. versteckt in den Winkeln der oberen B., lebhaft blau-violett, Grund u. Kronröhre lebhaft gelb; Kelchb. 4-5. VII-VIII. Küsten u. Seeufer. S.

1a Strand-
Tausendgüldenkraut

2a *Centaurium
tenuiflorum*

4a Bitterling (*Blackstonia
perfoliata* ssp. *acuminata*)

Enziangewächse (Forts.)

1 FRÜHLINGS-ENZIAN *Gentiana verna.* 3-12 cm; Staude; Grundrosettenb. elliptisch-lanzettl.; Bl. tief azurblau, *einzeln*, Kronröhre mit 5 Zipfeln, 15-25 mm lang. III-VI. Gebirgsrasen, -weiden, Steinschutt. GB,F,M[D:z]. **1a Schnee-E.** *G. nivalis* □. 1-15 cm; Einjährige, St. schlank, meist verzweigt; Krone ca. 10-15 mm lang. Gebirgsrasen, arktische Heiden. T[D:Alp]. **1b Schlauch-E.** *G. utriculosa.* 8-25 cm; Einjährige; Krone zwischen 1 u. 1a; Kelch zuletzt stark aufgeblasen. Moore, Moorwiesen. M[D:z]. **1c** *G. detonsa.* 5-25 cm; bisweilen stärker verzweigt, ohne deutliche Rosette; Bl. 35-40 mm. Feuchte Standorte, meist Küstennähe. S. **1d, 1e, 1f, 1g** → S. 305.

2 LUNGEN-ENZIAN *Gentiana pneumonanthe.* 15-50 cm; Staude; B. ± lineal; Bl. tief azurblau, außen grün punktiert gestreift, lang-glockig, 25-50 mm, oft einzeln; Kronzipfel 5(-8). VII-IX. Moorwiesen, feuchte Heiden. § T[D:z-s]. **2a Schwalbenwurz-E.** *G. asclepiadea* □. 15-60 cm; St. aufrecht-überhängend, dicht beblättert; B. ± lanzettl.; Bl. 35-50 mm, außen blasser, innen violett punktiert u. gestreift ⚥ F,M[D:z-s].

3 KREUZ-ENZIAN *Gentiana cruciata.* 10-50 cm; Staude; B. länglich-lanzettl.-eilänglich, fast lederartig, am Grund scheidig verwachsen; Bl. intensiv blau, länglich, in den B'winkeln eng gebüschelt; Kronzipfel 4. VI-IX. Trockene Rasen, lichte Wälder. ⚥ F,M[D:s].

4 PURPUR-ENZIAN *Gentiana purpurea.* 20-60 cm; Staude; B. eiförmig-lanzettl., untere gestielt; Bl. außen *purpurn,* innen gelblich, getüpfelt, mit grünen Adern; Kronzipfel 5-8; Kelchröhre einseitig aufgeschlitzt. VII-VIII. Gebirgsrasen, -weiden. ⚥ S,F,M[D:Alp]. **4a Punktierter E.** *G. punctata* □. 20-60 cm; Bl. blaßgelb, fein dunkel punktiert; Kelch nicht aufgeschlitzt. ⚥ M[D:Alp]. **4b** → S. 305.

5 FELD-ENZIAN *Gentiana campestris.* 5-30 cm; Ein-/Zweij., meist ästig; B. ± eiförmig, mittlere Stengelb. stumpf od. spitz; Bl. violett, 15-30 mm lang, zu mehreren im oberen St'teil; Kronzipfel *4;* Kelchröhre tief geschlitzt, mit 2 größeren, die inneren überlappenden Zipfeln. VI-X. Magere Rasen, Weiden. T[D:s-z].

6 BITTERER ENZIAN *Gentiana amarella.* 2-50 cm; Ein-/Zweij.; B. elliptisch bis lanzettl.; Bl. rötlich-violett, selten weiß, glockig, 10-22 mm lang, in kleinen Büscheln im oberen St'teil; Kron- u. Kelchzipfel 4(-5). VI-X. Bastardiert mit 6a. Wiesen, Moore, Dünen. ⚥ T[D:s-z]. **6a Deutscher E.** *G. germanica* □. 5-30 cm; B. breiter; Bl. 25-35 mm lang u. breiterer Schlund. Meist auf Kalk. GB,F,M [D:z-s]. **6b Rauher E.** *G. aspera.* 5-20 cm; Zweij.; Kelchzipfel u. B. stärker behaart als 6a; Fr'knoten lang gestielt. M[D:s]. **6c** → S. 305.

7 ZARTER ENZIAN *Gentiana tenella.* 4-10 cm; Einj., am Grund stark verzweigt; B. länglich, untere ± *spatelig;* Bl. schmutzig-violett, 8-12 mm, lang gestielt; Kronzipfel 4. VII-IX. Steinige Gebirgsrasen. S,F,M[D:Alp].

8 GEFRANSTER ENZIAN *Gentiana ciliata.* 5-25 cm; Zweij. od. Staude; B. lineal-lanzettl., nicht in einer Rosette; Bl. leuchtend blau, 25-40 mm, einzeln, endständig; Kronzipfel 4, breit lineal, *bewimpert.* VII-XI. Trockene Rasen, oft steinige Böden. § F,M[D:s-z].

9 MOOR-TARANT *Swertia perennis.* 15-50 cm; Staude; St. unverzweigt; B. eiförmig-elliptisch, gelblich-grün, obere st'umfassend, untere gestielt; Bl. stahlblau-schmutzig-violett, *radförmig;* Kronb. 5, Zipfel 6-16 mm. VI-IX. Nasse Wiesen, Moore. F,M[D:s]. **9a** *Lomatogonium rotatum* □. Bis 25 cm; Kronzipfel breiter; Bl. lang gestielt, hellblau. S. **9b** → S. 305.

2a Schwalbenwurz-Enzian   **4a** Punktierter Enzian   **9a** *Lomatogonium rotatum*

Windengewächse Fam. Convolvulaceae

Linkswindende od. kriechende Kräuter; B. wechselständig, ohne Nebenb.; Kronb. fast völlig verwachsen; Bl. z. T. trompetenförmig; Fr. eine Kapsel.

1 GEWÖHNLICHE ZAUNWINDE *Calystegia sepium.* 0,5-3 m; Staude, windend od. kriechend, ±kahl; B. länglich-dreieckig; Bl. weiß, selten rosa, nicht duftend, 3-5 cm (ssp. *pulchra* Bl. rosa, außen mit 5 weißen Längsstreifen. — Gartenflüchtling); Vorb. groß, nicht überlappend, die 5 schmaleren Kelchzipfel bedeckend. VI-IX. Hecken, Auenwälder, Gebüsche, Ufersäume. ⚲ T[D:v]. **1a** *C. silvatica* ☐. Bl. 50-90 mm, weiß, gelegentlich rosa gestreift; Vorb. größer, sich überlappend, etwas aufgeblasen. (GB,F) Heimat: S-Europa.

2 ACKER-WINDE *Convolvulus arvensis.* 20-80 cm; Staude, kriechend od. windend; B. länglich-eiförmig-lanzettl., pfeilförmig; Bl. weiß od. rosa gestreift, *15-30 mm,* schwach duftend; Vorb. klein, weit unterhalb der Bl. VI-IX. Äcker, Wegränder, Schutt. ⚇ T[D:v].

3 STRAND-ZAUNWINDE *Calystegia soldanella.* 10-15 cm; Staude, kahl, niederliegend; B. *nierenförmig,* fleischig; Bl. lila-rosenrot, weiß gestreift, 32-52 mm; Vorb. kürzer als Kelchb. VI-IX. Salzhaltige Küstendünen. GB,F,M[D:s].

4 THYMIAN-SEIDE *Cuscuta epithymum.* 20-60 cm; Einj., windend, u. a. auf Besenheide(S. 170) u. Thymian(S. 204) schmarotzend; St. rot; B. zu *Schuppen* reduziert; Bl. rötlich-weiß, glockig, duftend, Griffel herausragend, in kugeligen Knäueln(5-12 mm); Kron- u. Kelchzipfel zugespitzt bzw. spitz. VI-X. Heiden, Abhänge. T[D:z]. **4a Europäische S.** *C. europaea.* 0,3-1,5 m; u. a. auf Brennessel (S. 38) u. anderen Pfl. schmarotzend; St. grünlich-rötlich-gelb; Blst. 10-15 mm; Bl. größer als bei 4, Staubb. u. Griffel nicht herausragend; Kron- u. Kelchzipfel stumpflich. ⚇ T[D:v-z]. **4b, 4c, 4d** → S. 305.

Sperrkrautgewächse Fam. Polemoniaceae

5 BLAUES SPERRKRAUT *Polemonium coeruleum.* 30-80 cm; Staude, etwas flaumig; B. gefiedert, wechselständig; Bl. himmelblau, radförmig, in Rispe; Kronzipfel 5; Fr. eine Kapsel. VI-VIII. Grauerlenwälder, Steinschutt, feuchte Wiesen, meist Berggebiete. ⚇ GB,F,M[D:z]. **5a** → S. 305.

Rötegewächse Fam. Rubiaceae

S. 184-186. Kräuter; St. meist 4kantig, bisweilen schlaff u. durch andere Pfl. gestützt; B. meist länglich-lanzettl., sitzend u. mit gleichgestalteten Nebenb.; Bl. gebüschelt od. locker kopfig, klein, offen; Kronzipfel meist 4, Kelch meist undeutlich (außer Ackerröte S. 184); 2spaltige nußähnliche Spaltfr. od. Beere (*Rubia* S. 186).

6 ACKERRÖTE *Sherardia arvensis.* 5-30 cm; Einj., niederliegend-aufsteigend, ±behaart, B. zu 4-6 quirlig, ±ei-lanzettl.; Bl. *lila,* von 4-10 Hochb. überragt; Fr. ± kugelig, vom Kelch gekrönt. V-X. Äcker. T[D:v].

7 HÜGEL-MEISTER *Asperula cynanchica.* 8-30 cm; Staude, liegend od. aufsteigend, kahl; B. *lineal,* zu 4-6 quirlig, bisweilen ungleich; Bl. rosa, in endständigen lockeren Büscheln; ohne Hochb'hülle; Kronzipfel 4; Fr. warzig. VI-IX. Trockene Rasen u. Wiesen, meist auf Kalk. GB,F,M[D:z-s]. **7a** → S. 305.

8 WALD-MEISTER *Galium odoratum.* 10-60 cm; Staude, fast kahl, aufrechter St. unverzweigt; B. lanzettl.-elliptisch, zu 6-9 quirlig; am Rand mit vorwärts gerichteten Börstchen; Bl. *weiß,* in lockeren, doldenähnlichen Blst.; Fr. hakenborstig. IV-VI. Laubwälder. ⚇ T[D:v]. **8a** → S. 305.

9 ACKER-MEISTER *Asperula arvensis.* 10-50 cm; Einj., fast kahl; obere B. lineal, stumpf, zu 6-9 quirlig; Bl. *blau,* in kopfigen Büscheln. IV-VIII. Getreideäcker. (GB),M[D:s].

1 1a

5

3

2

4 6 7 8 9

Rötegewächse (Forts.)

1 *Rubia peregrina*. St. kriechend-aufsteigend, bis 2 m; scharf 4kantig, auf Kanten mit rückwärts gerichteten Stächelchen; B. ei-lanzettl., dunkelgrün, glänzend, stachelig, fast lederartig, quirlig zu 4-6; Bl. gelblich-grün, in kurz gestielten Büscheln in B'winkeln; Kronzipfel 5; Fr. *schwarze Beere*. VI-VIII. Wälder, Hecken, Felsen. GB,F.

2 GEWÖHNLICHES KREUZLABKRAUT *Cruciata laevipes*. 20-45 cm; Staude, *weichhaarig;* B. ± elliptisch, gelbgrün, zu 4 quirlig; Bl. gelb, duftend, in Blst. mit kleinen Hochb. in B'winkeln; Fr. schwärzlich. IV-VI. Unkrautfluren, Hecken, Auenwälder, Schutt. GB,F,M[D:v-z]. **2a Kahles K.** *C. glabra*. 10-30 cm; oben kahl; Blst. ohne Hochb. F,M[D:s].

3 WIESEN-LABKRAUT *Galium mollugo*. 0,25-1 m; Staude, formenreich, meist kahl; St. *glatt*, 4kantig; B. ± lineal, 1nervig, stachelspitzig, zu 4-8 quirlig; Bl. weiß, locker gebüschelt; Kronzipfel kurz zugespitzt; Fr. schwärzlich. VI-X. Bastardiert mit 7. Wiesen, Waldränder. ⚥ T[D:v]. **3a Wald-L.** *G. sylvaticum*. 0,3-1,4 m; St. *rund;* B. breiter u. größer, *bläulich*, schmal-elliptisch; Bl. kleiner. Wälder. F,M[D:v-s]. **3b, 3c, 3d, 3e, 3f, 3g** → S. 305.

4 NÖRDLICHES LABKRAUT *Galium boreale*. 20-45 cm; Staude; St. steif aufrecht, meist kahl; B. dunkelgrün, lanzettl., *3nervig*, zu 4 quirlig ohne Stachelspitze; Bl. weiß, gebüschelt. VI-VIII. Feuchte Wiesen, lichte Wälder, felsige Orte. T[D:s-z]. **4a Rundblättriges L.** *G. rotundifolium*. St. schlaff; B. breit-elliptisch, mit Stachelspitze. Nadelwälder, bes. Bergland. S,F,M[D:v-s].

5 HARZER LABKRAUT *Galium harcynicum*. 10-30 cm; Staude, liegend-aufsteigend; B. verkehrt-eiförmig, kurz-zugespitzt, meist zu 6 quirlig, Randborsten vorwärts gerichtet; Bl. weiß, in kurz gestielten Büscheln; Fr. fein spitzwarzig. VI-VIII. Heiden, Rasen, lichte Wälder, kalkfreie Böden. T[D:v]. **5a Niederes L.** *G. pumilum*. Schlanker; B'randborsten rückwärts gerichtet, Bl'stiele länger; Fr. ± glatt, rundlich-warzig, F,M[D:z]. **5b Sterners L.** *G. sterneri*. Ähnlich 5a, aber B'randborsten zahlreich u. Fr. fein spitzwarzig. S,M[D:s]. **5c** *G. timeroyi*. Ähnlich 5a, aber B. nicht an der Spitze am breitesten. **5d, 5e** → S. 305.

6 SUMPF-LABKRAUT *Galium palustre*. 15-60 cm; Staude, kahl; St. ± schlaff; St. an den Kanten rauh; B. schmal verkehrt-eiförmig, vorn abgerundet, zu 4(-6) quirlig; Bl. weiß; Staubbeutel rot; Blst. locker; Fr. schwärzlich. V-VIII. Nasse Ufer, Wiesen. T[D:v]. **6a** *G. debile*. Kleiner u. schlanker, B. kleiner, schmaler, rauh u. mehr zugespitzt; Bl. rötlich. GB,F. **6b Moor-L.** *G. uliginosum*. St. rauher, an den Kanten mit abwärts gerichteten Stächelchen; B. ± lanzettl., zugespitzt, zu 5-8 quirlig; Staubbeutel gelb. T[D:v]. **6c** *G. trifidum*. Kleiner u. nur 3 Kronzipfel. S. **6d** *G. triflorum*. Ähnlich 6b, aber B. breiter. Steinige Wälder. S.

7 ECHTES LABKRAUT *Galium verum*. 0,3-1 m; Staude, flaumig od. kahl; St. ± aufsteigend; B. lineal, dunkelgrün, glänzend, Rand etwas eingerollt, zu 8-12 quirlig; Bl. zitronengelb; Blst. dicht rispig; Fr. schwärzlich. VI-IX. Bastardiert mit 3 u. Blaugrünem L.(S. 184). Trockene Rasen, Heiden, Moore. ⚥ T[D:v]. **7a** → S. 305.

8 KLETTEN-LABKRAUT *Galium aparine*. 0,3-1,5 m; Einj.; St. klimmend, fast flügelig-kantig, wie B. u. Fr. stark klettenartig haftend; B. ± lanzettl., zu 6-9 quirlig; Bl. weiß, in B'winkelständigen, die B. überragenden Blst.; Fr. grün-rötlich, hakenborstig, auf geraden, spreizenden Stielen. V-X. Ufer, Wegränder, Schutt. ⚥ T[D:v]. **8a Dreihörniges L.** *G. tricornutum*. Bl. grünlich-weiß, Stiele so lang od. kürzer als die mehr lineal B.; Fr. kurz-stachelig-warzig, auf herabgebogenen Stielen. Getreideäcker [D:z-v]. **8b Saat-L.** *G. spurium*. Bl. kleiner, grünlich-weiß; Fr. kleiner, schwärzlich. S,(GB),F,M[D:z-s]. **8c Pariser L.** *G. parisiense*. B. sehr schmal; Bl. sehr klein, innen grünlich-gelb, *außen rötlich;* Fr. schwärzlich, kahl od. hakig. GB,F,M[D:s]. **8d** → S. 305.

Borretschgewächse Fam. Boraginaceae

S. 188-192 Kräuter, behaart (außer *Mertensia maritima* S. 192), oft rauh-behaart; B. einfach, wechselständig; Bl. oft rosa in Knospe, später blau; Kronb. 5, verwachsen, oft in einseits-wendigen, jung eingerollten Blst.; Fr. 4 Klausen (Nüßchen).

1 GEMEINER BEINWELL *Symphytum officinale*. 0,3-1 m; Staude, ästig, steifhaarig; B. breit-lanzettl., herablaufend, hierdurch St. geflügelt; Grundb. am größten, bis über 25 cm; Bl. schmutzig rotviolett od. gelblich-weiß, glockig, nickend; Kelchzipfel zugespitzt, zuletzt so lang wie die Röhre; Fr. schwarz, glänzend. V-VII. Nasse Wiesen, Wälder. ⚥ T[D:v]. **1a** *S.* × *uplandicum* ☐. Bastard 1×1b; St'flügel schmaler, nicht bis zum nächsten Knoten herablaufend; Bl. blau od. violett. Kultiviert; wiederholt verwildert. **1b Comfrey** *S. asperum*. Pfl. hakig-stachelborstig; St. nicht geflügelt; B. länglich-eiförmig; Bl. groß, vorerst karminrot, dann hellblau; Kelchzipfel stumpflich. Kultiviert; wiederholt verwildert (GB,F,M) Heimat: SW-Asien. **1c** *S. orientale*. Bis 0,7 m; B. blasser grün, obere rundlicher; Bl. weiß; Kelchzipfel kurz, stumpflich. IV-V. Kultiviert; verwildert. (GB) Heimat: NW-Anatolien. **1d Knotiger B.** *S. tuberosum*. 15-30 cm; meist weniger ästig; mittlere B. am längsten; Bl. nur *blaßgelb*; Kelchzipfel zugespitzt, 3× so lang wie die Röhre. Laubwälder. GB,F,M[D:z-s]. **1e** → S. 306.

2 GEMEINE HUNDSZUNGE *Cynoglossum officinale*. 30-80 cm; Zweij., ± graugrün, behaart, *Mäusegeruch*; B. elliptisch-lanzettl.; *Fr. braunrot;* Fr. flach, nur hakig stachelig, mit wulstigem Rand. V-VIII. Unkrautfluren, Wegränder, Dünen. ⚥⚲ T[D:z]. **2a Deutsche H.** *G. germanicum*. Nicht nach Mäusen riechend; B. oberseits fast kahl, grün, glänzend; Bl. rötlichbraun-violett; Fr. stachelig u. höckerig, ohne Wulst. Laubwälder, Gebüsche. GB,F,M[D:z-s].

3 *Amsinckia intermedia*. Bis ca. 50 cm; Einj., fast borstlich; B. lanzettl.; Bl. *orange-gelb*, auf der Oberseite ± eingerollter Blst. sitzend; Fr. querfaltig. IV-VIII. Schutt, Wegränder (GB,M) Heimat: Amerika. **3a Sonnenwendkraut** *Heliotropium europaeum* ☐. Graugrün; Bl. weiß-bläulich, in dichten unbeb. Blst. Unkrautfluren, Weinberge (S,F,M[D:s]) Heimat: Medit. **3b Kleine Wachsblume** *Cerinthe minor* ☐. Zweij., fast kahl; B. oft weiß gefleckt; Bl. schwefelgelb, in beb., kaum eingerollten Blst. Auf Kalk. M[D:z-s]. **3c** → S. 306.

4 *Anchusa ochroleuca*. 30-80 cm; Staude, etwas rauh behaart; B. lanzettl.; Bl. weißlich-gelb, offen, in Büscheln; Kelch weniger als $^1/_2$ in ± stumpfe Zipfel gespalten, *weißlich* berandet. VII-VIII. Schuttfluren. (GB,F,M) Heimat: SO-, O-Europa.

5 MÖNCHSKRAUT *Nonnea pulla*. 20-50 cm; Staude, etwas graugrün; B. lanzettl., behaart, nicht rauh, obere st'umfassend; Bl. dunkel-purpurbraun, in lockeren, einseitigen, beb. Blst., Kelch zur Fr'zeit aufgeblasen; Fr. eiförmig. IV-VIII. Trockene Äcker, Wiesen, Wegränder. (S,F)M[D:s]. **5a** *N. rosea*. Einj., niedrig, mit klebrigem St.; Bl. rosa mit gelbem Schlund. (S,M) Heimat: Kaukasusländer.

6 ACKER-STEINSAME *Lithospermum arvense*. 10-50 cm; Einj., kaum verzweigt; B. länglich bis lineal-lanzettl.; Seitennerven undeutlich, untere kurz gestielt; Bl. weiß, in Büscheln; Fr. grau-braun, warzig. IV-IX. Äcker, Wegränder. T[D:v-s].

7 ECHTER STEINSAME *Lithospermum officinale*. 0,3-1 m; Staude, *sehr ästig*, B. lanzettl., mit deutlichen Seitennerven; Bl. gelblich-weiß, in beb. Büscheln; Fr. weiß, glänzend, glatt. V-VII. Wälder, Gebüsche. T[D:z-s].

8 BLAUROTER STEINSAME *Lithospermum purpureo-coeruleum*. 30-60 cm; Staude; St. oben ästig, abstehend-rauhhaarig; B. lanzettl., dunkelgrün; Bl. groß, rot, dann blau; Fr. weiß, etwas glänzend. IV-VI. Laubwälder, Gebüsche, meist auf Kalk. GB,F,M[D:z].

3a Sonnenwendkraut

3b Kleine Wachsblume

1

1a

3

4

2

5

6

7

8

Borretschgewächse (Forts.)

1 GEFLECKTES LUNGENKRAUT *Pulmonaria maculosa*. 10-30 cm; Staude, oben borstig behaart; Grundb. herzeiförmig, *weiß gefleckt* (ungefleckt: *P. obscura*), nach der Bl'zeit vergrößert; Bl. rot, dann dunkelviolett; Fr. eiförmig, spitz. III-V. Wälder. ⚥ S,(GB),F,M[D:v-z]. **1a** *P. longifolia* ☐. B. schmaler, in den Stiel verschmälert, mit langen Drüsenhaaren; Fr. flacher. GB,F. **1b, 1c, 1d, 1e** → S. 306.

2 FRÜHLINGS-GEDENKEMEIN *Omphalodes verna*. 5-20 cm; Staude, mit Ausläufern, locker flaumig; Grundb. *herzeiförmig*, zugespitzt, lang gestielt; Bl. blau, 8-12 mm, in lockeren Blst. III-V. Wälder. (GB,F,M) Heimat: Österreich, Italien, Jugoslawien. **2a Wald-G.** *O. scorpioides*. Bl. blau, Schlundschuppen gelb, einzeln in B'winkeln. M[D:s].

VERGISSMEINNICHT *Myosotis*. Krone stieltellerförmig, meist erst rötlich, dann blau, Schlundschuppen gelb, kahl; B. meist ± länglich-lanzettl.; Fr. glänzend, in meist verlängerten Trauben.

3 WALD-VERGISSMEINNICHT *Myosotis silvatica*. 15-45 cm; Staude, Zweijährige, wollig-behaart; Bl. himmelblau, flach, 5-10 mm; Fr. dunkelbraun, Stiele 1-2× so lang wie der Kelch, abstehend. IV-VII. Laubwälder, Grasfluren, meist Bergland. T[D:z-v]. **3a** → S. 306.

4 ACKER-VERGISSMEINNICHT *Myosotis arvensis*. 10-40 cm; Ein-/Zweij., zottig; untere B. spatelig, rosettig; Bl. hellblau, 2-4 mm, trichterig; Kelchröhre mit zahlreichen hakigen Haaren; Fr. dunkelbraun, Stiele 1,5-3× länger als Kelch, gerade abstehend. IV-X. Unkrautfluren, Äcker, Schutt. ⚥ T[D:v]. **4a Rauhes V.** *M. hispida*. (2)5-25 cm; Bl. hellblau, 2-5 mm; Fr'stiele ± so lang wie der Kelch, waagerecht abstehend; Fr'kelch offen. Trockene Rasen. T[D:z]. **4b Aufrechtes V.** *M. stricta*. Bl. hellblau, *1-1,5 mm*; Fr'stiele *starr aufrecht, kürzer* als der Kelch. III-V. Sandige Rasen, Dünen. S,F,M[D:z-s]. **4c** → S. 306.

5 BUNTES VERGISSMEINNICHT *Myosotis discolor*. 10-30 cm; Einj.; Bl. vorerst *blaßgelb*, später blau, 1,5-2,5 mm, vorerst sehr kurz gestielt; Fr. dunkelbraun, Stiele kürzer als der Kelch, Kelch mit eingekrümmten Zipfeln. IV-VI. Magere Rasen, Äcker, Wegränder. T[D:z].

6 SUMPF-VERGISSMEINNICHT *Myosotis palustris*. 15-50 cm; Staude, kriechend, aufsteigend; St. kantig, meist abstehend (Kelch *angedrückt*) behaart; Bl. blau, seltener rosa od. weiß, flach, 3-8 mm; Kelch bis ¹/₃ geteilt; Fr. schwarz, Stiele bis 1,5× so lang wie Kelch. V-X. Nasse Wiesen, Ufer, Wälder. T[D:v]. **6a** *M. secunda* ☐. Ein-/Zweij.; Haare am unteren St. abstehend; Bl. bis 8 mm; Kelchzipfel zuletzt bis so lang wie Röhre; Fr'stiele 3-5× länger als Kelch, herabgeschlagen. S,GB,F. **6b** *M. stolonifera*. Ähnlich 6a, aber kleiner; Haare am unteren St. anliegend; Bl. blaßblau, 4-5 mm; Kelch bis ²/₃ geteilt; Fr. olivbraun, Stiele bisweilen herabgeschlagen. GB, **6c Rasen-V.** *M. caespitosa* ☐. 10-45 cm; Zweijährige, zerstreut behaart; Bl. 3-6 mm; Kelch bis ³/₄ geteilt; Fr. dunkelbraun, Stiele 2× so lang wie Kelch. T[D:z]. **6d** *M. sicula* ☐. 5-10 cm; Bl. blaß blau, bis 3 mm; Kelchzipfel stumpf, halb so lang wie Röhre; Fr. braun, Stiele 1-3× so lang wie der Kelch. F. **6e** *M. baltica*. Ähnlich 6c, aber Bl'stiele länger, sich nach der Bl'zeit verlängernd. S. **6f, 6g** → S. 306.

7 SCHARFKRAUT *Asperugo procumbens*. 20-50 cm; Einj., niederliegend, stark borstig; St. kantig; Bl. blau, 3 mm, zu 1-3, an kurzen, herabgeschlagenen Stielen; Kelch zur Fr'zeit stark *vergrößert*, zusammengedrückt, *2lappig*. V-XI. Unkrautfluren. S,(GB,F),M[D:s].

8 AUFRECHTES KLETTENKRAUT *Lappula myosotis*. 10-40 cm; Ein-/Zweij., graugrün; St. oben reich verzweigt, B. lineal-lanzettl.; Bl. hellblau, 2-4 mm, Stiele auch zur Fr'zeit aufrecht; Fr. mit *widerhakigen* Stacheln, umgeben von den sternförmigen Kelchzipfeln. VI-VII. Äcker, Wege, Schutt, Dünen. S,F,M [D:s-z]. **8a** → S. 306.

1a *Pulmonaria longifolia*

191

Borretschgewächse (Forts.)

1 GEMEINER NATTERKOPF *Echium vulgare.* 0,25-1 m; Zweij., rauhhaarig; B. lineal-lanzettl., *einnervig*, obere sitzend; Bl. vorerst rot, dann blau, 14-25 mm lang, alle Staubb. *herausragend,* in verzweigtem Blst.; Fr. zwischen den Kelchzipfeln versteckt. V-X. Trockene Rasen, Unkrautfluren. T[D:v]. **1a** *E. lycopsis* □. Etwas weicher behaart; obere B. herzförmig halbst'umfassend, mit deutlichen Seitennerven; Bl. 18-30 mm, erst rosa-purpurn, dann blau-purpurn, nur 2 Staubb. herausragend. Trockene, sandige Orte. GB,F(M[D:s]). **1b Sand-Lotwurz** *Onosma arenarium.* 30-50 cm; Kronzipfel gleich gestaltet, blaßgelb. Trockene Sandrasen. M[D:s].

2 PENTAGLOTTIS *Pentaglottis sempervirens.* 0,3-1 m; Staude, rauhhaarig; B. eiförmig, spitz, untere gestielt; Bl. leuchtend blau, 8-10 mm, mit weißem Schlund, in lang gestielten, beb. Büscheln; Kelchzipfel stumpflich. IV-VII. Wälder, buschige Abhänge. (GB,F,M) Heimat: SW-Europa.

3 BORRETSCH *Borago officinalis.* 15-60 cm; Einj., rauhhaarig, Saft mit Gurkengeruch; B. eiförmig, zugespitzt, mit ± gebuchtetem Rand, untere gestielt; Bl. leuchtend blau, 15-25 mm, in lockeren beb. Blst.; Kron- u. Kelchzipfel schmal; Staubb. schwarz-violett, eine hervorragende „Säule" bildend; Fr. warzig. V-IX. Unkrautfluren. ⚥ (GB,F,M) Heimat: Orient bis Spanien. **3a Trachystemon** *Trachystemon orientalis* □. 20-60 cm; Staude; Grundb. groß, herzeiförmig; Bl. dunkel purpurviolett, 9-12 mm, in fast b'freiem Blst.; Kronzipfel zurückgeschlagen, Staubb'„säule" stärker hervorragend. Heimat: O-Bulgarien, Kleinasien.

4 GEMEINE OCHSENZUNGE *Anchusa officinalis.* 30-80 cm; Zweij./Staude, weich behaart, oben ästig; B. lanzettl., untere gestielt; Bl. dunkel purpurviolett, 10 mm, in sich verlängernden, vorerst eingerollten Blst.; Kelch fast bis zum Grund geteilt. V-IX. Unkrautfluren. S,(GB),F,M[D:z]. **4a Italienische O.** *A. italica* □. Bis 1,3 m; borstig behaart; Bl. 12-15 mm, azurblau, Schlund weiß; Kelch bis auf $^1/_2$-$^3/_4$ geteilt. (F,M[D:s]) Heimat: Medit. bis Persien.

5 KRUMMHALS *Lycopsis arvensis.* 20-40 cm; Einj., rauh behaart; B. länglich-lanzettl., *wellig gezähnt;* Bl. hellblau, 4-5 mm, in später verlängerten, oft ästigen Blst.; Kronröhre gekniet. IV-IX. Äcker, sandige Böden. T[D:v].

6 MERTENSIE *Mertensia maritima.* Staude, niederliegend, aufsteigend, oft rasenbildend, grau, *kahl;* B. spatelförmig-lanzettl., *fleischig,* Geschmack nach Austern; Bl. rosa, später blau-purpurn, in beb. Blst.; Fr. außen fleischig, später häutig. VI-VIII. Sand- u. Kiesstandorte der Küsten. S,GB.

Eisenkrautgewächse Fam. Verbenaceae

7 EISENKRAUT *Verbena officinalis.* 0,3-1 m; Einj./Staude, rauh; St. aufrecht, 4kantig; B. fiederartig eingeschnitten gelappt, gegenständig, obere sitzend; Bl. blaßlila, schief-trichterförmig, in rutenförmigen, b'losen Ähren; Kronzipfel 5. VI-X. Unkrautfluren, Wegränder, Schutt. ⚥ T[D:v-z].

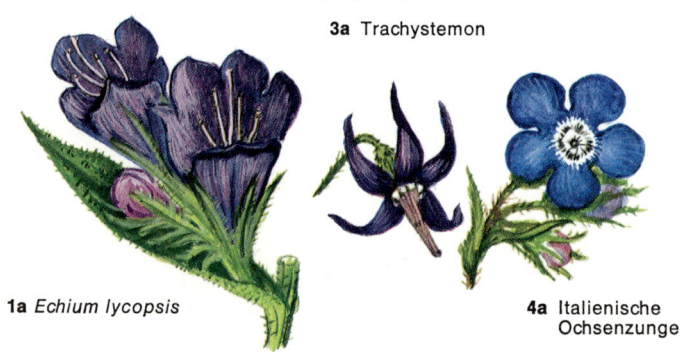

3a Trachystemon

1a *Echium lycopsis*

4a Italienische Ochsenzunge

1

2

3

4

5

6

7

Bestimmungshilfe Lippen- und Rachenblütler

(S. 196-216)

In beiden Familien der Lippenblütler (*Labiatae* S. 196-204) u. der Rachenblütler (*Scrophulariaceae* S. 208-216) finden sich 2lippige Bl.; Lippenblütler meist mit 4kantigem St., gegenständigen B. u. Fr. aus 4 Nüßchen; Rachenblütler bisweilen ähnlich, aber Fr. eine Kapsel; nicht zu verwechseln mit anderen 2lippigen Bl., wie z. B. die der Sommerwurz- (S. 218) u. Knabenkrautgewächse (S. 274 bis 286), hierfür wie für 1lippige Arten der Lippenblütler s. Allgemeine Bestimmungshilfe (S. 13).

BEISPIELE AUFFÄLLIGER MERKMALE

PFLANZE

weiß/grau: Weiße Brunelle, Gemeiner Andorn, Echte Katzenminze 198; Deutscher Ziest 202; Flockige Königskerze 208

aromatisch: Gundermann, Gemeiner Andorn, Katzenminzen, Winterbohnenkraut, Ysop 198; Weiße, Rote Taubnessel 202; Wiesen-Salbei, Melisse, Berg-Ziest 202; S. 204 (z. größten T.)

unangenehm riechend: Immenblatt, Schwarznessel 198; Löwenschwanz, Goldnessel 200; Wald-Ziest 202, Knotige Braunwurz 208

rötlich überlaufen: Gundermann 198; Salbei 202; Roter Zahntrost 212; Sumpf-Läusekraut 216

am Grund holzig: Gundermann 198; Goldnessel 200

Stengel geflügelt: Wasser-Braunwurz 208

BLÄTTER

ganzrandig: Spießblättriges Helmkraut 196; Kleine Brunelle, Nordischer Drachenkopf, Winterbohnenkraut, Ysop 198; Dost 204; S. 210 (z. größten T.); Wachtelweizen (z. T.) 216

schmal (lanzettl./lineal): Drachenköpfe, Winterbohnenkraut, Ysop 198; Schmalblättriger Hohlzahn 200; Sumpf-, Einjähriger Ziest 202; Roß-Minze, Gemeiner Wolfstrapp 204; S. 210 (z. größten T.); Großer gelber Fingerhut, Gnadenkraut, Roter, Gelber Zahntrost 212; Kleiner Klappertopf, Wachtelweizen 216

fiederschnittig (-lappig, -spaltig): Weiße Brunelle 198; Eisenkraut-Salbei 202; Hunds-Braunwurz 208; Läusekräuter, Karlszepter 216

herz- od. nierenförmig: Gundermann, Echte Katzenminze 198; Taubnessel, Weichhaariger Hohlzahn 200; Steppen-Salbei, Melisse, Wald-, Feld-Ziest 202; *Scrophularia scorodonia,* Frühlings-Braunwurz 208; *Sibthorpia europaea* 216

3eckig od. efeuähnlich: Zymbelkraut, Tännelkräuter 210

wechselständig: S. 210 (z. größten T.); Fingerhüte, Gnadenkraut 212; Augentrost, Läusekräuter, Karlszepter, *Sibthorpia europaea* 216

BLÜTEN

weiß: Brunellen, Gemeiner Andorn, Echte Katzenminze, Immenblatt, Winterbohnenkraut 198; Weiße Taubnessel, Gemeiner Hohlzahn 200; Melisse 202; Gemeiner Wolfstrapp 204; Büchsenkraut 303; Fingerhut, Gnadenkraut 212; Augentrost 216

blau/violett: Sumpf-Helmkraut 196; Brunellen, Gundermann, Kahle Katzenminze, Ysop 198; Salbei 202; Steinquendel 204; Gestreiftes Leinkraut, *Linaria purpurea,* Zymbelkraut 210

gelb: Gemeiner, Saat-Hohlzahn, Goldnessel 200; Frühlings-Braunwurz 208; Garten-Löwenmaul, Frauenflachs, *Linaria arenaria* 210; Gelbe Gauklerblume, Gelber Fingerhut, Gelber Zahntrost, *Parentucellia viscosa* 212; Kleiner Klappertopf, Karlszepter, Durchblättertes Läusekraut, Wiesen-Wachtelweizen 216

rosa/purpurrot: Kleines Helmkraut 196; Kleine Brunelle, Gundermann, Immenblatt, Schwarznessel, Winterbohnenkraut 198; Gefleckte, Rote, Stengelumfassende Taubnessel, Löwenschwanz, Katzenschwanz, Gemeiner, Weichhaariger, Schmalblättriger Hohlzahn 200; Quirlblättriger Salbei, Ziest 202; S. 204; Violette Königskerze, Hunds-Braunwurz 208; Löwenmaul, *Linaria purpurea,* Lochschlund 210; Roter Fingerhut, Gnadenkraut, *Erinus alpinus,* Roter Zahntrost, Bartschie 212; Sumpf-, Wald-Läusekraut 216

gelb u. purpurrot: Löwenschwanz, Bunter Hohlzahn 200; Berg-Ziest 202; Gestreiftes Leinkraut, Zymbelkraut, Tännelkräuter, Orant 210; Kleiner Klappertopf, Wiesen-Wachtelweizen, *Sibthorpia europaea* 216

rotbraun: Knotige Braunwurz 208

in Quirlen: Gundermann, Gemeiner Andorn, Echte Katzenminze, Immenblatt, Schwarznessel, Ysop 198; S. 202 bis 204 (z. größten T.)

in ährenartigem Blst.: Helmkräuter 196; Kahle Katzenminze 198; Gemeiner Ziest 202; Roß-Minze 204; Löwenmaul, Frauenflachs, Leinkräuter, *Linaria* 210; S. 212-214 (z. größten T.)

in Köpfen: Brunellen 198; Wasser-Minze, Wilder Thymian 204

gebüschelt: Winterbohnenkraut 198; Echte Bergminze, Dost 204; Braunwurze 208

einzeln: Acker-Löwenmaul, Zymbelkraut, Tännelkräuter, Orant 210; Gnadenkraut 212

zu zweit: Wiesen-Wachtelweizen 216

Schlund verschlossen u./od. Bl. gespornt: S. 210

± glockig: Minzen, Gemeiner Wolfstrapp 204

± röhrig: Fingerhüte, Gnadenkraut 212

mit aufgeblasenem Kelch: Kleiner Klappertopf, Läusekräuter 216

195

Lippenblütler Fam. Labiatae

S. 196-204 Kräuter, Halbsträucher; St. meist *4kantig;* B. meist ungeteilt, kreuzweise gegenständig; Bl. mit Kelch u. Krone, Krone ±2lippig, mit offenem Schlund, bei *Ajuga* u. *Teucrium* Oberlippe fehlend od. sehr kurz, Unterlippe 3- od. 5lappig; Fr. 4 Klausen(Nüßchen).

1 KRIECHENDER GÜNSEL *Ajuga reptans.* 10-30 cm; Staude, mit *wurzelnden* Ausläufern kriechend; St. oben 2seitig stärker behaart; B. verkehrt-eiförmig, schwach gekerbt, untere gestielt; Bl. lebhaft-blau, selten rosa od. weiß, in beb. ±dichter Scheinähre. IV-VI. Feuchte Wiesen, Wälder, Gebüsche. ⚥ T[D:v]. **1a Heide-G.** *A. genevensis.* Ohne Ausläufer; St. bis zum Grund dicht-zottig; Grundb. lang gestielt (zur Bl'zeit meist verwelkt); Bl. lebhaft dunkelblau. Magere Rasen (S),F,M[D:z-s]. **1b Pyramiden-G.** *A. pyramidalis.* Ohne Ausläufer, untere B. zur Bl'zeit dicht rosettig gehäuft, kurz gestielt, wie St. kurz rauhaarig; Bl. hellblau, bald verbleichend, in langer, 4seitig pyramidenförmiger Scheinähre. Rasen, Heiden, lichte Wälder. T[D:s].

2 GELBER GÜNSEL *Ajuga chamaepitys.* 5-15 cm; Einj., harzig riechend; St. ±dicht zottig; B. dicht gedrängt, mittlere z. T. oberste tief 3teilig, mit linealen Abschnitten; Bl. gelb mit roten Flecken, jeweils zu 1-2, in dichter beb. Scheinähre. V-IX. Äcker, Weinberge, Brachen. GB,F,M[D:z-s].

3 SUMPF-HELMKRAUT *Scutellaria galericulata.* 10-50 cm; Staude, kurz kriechend, z. T. weichhaarig; B. länglich, gekerbt-gezähnt, kurz gestielt; Bl. blauviolett, meist zu 2 in den Bl'winkeln; Kronröhre leicht gekrümmt. VI-IX. Bastardiert mit 4. Sümpfe, Ufer, Gräben. T[D:v]. **3a Spießblättriges H.** *S. hastifolia* ▢. Schlanker; B. z. T. spießförmig, nicht od. kaum gezähnt, unterseits rötlich; Bl. größer, fast dichter, kurzb'riger Scheinähre; Kronröhre stark gekrümmt. T[D:s]. **3b Hohes H.** *S. altissima.* Bis 1 m; Hochb. viel kleiner als Laubb.; Scheinähre deutlich abgesetzt. (GB,F,M[D:s]) Heimat: Medit.

4 KLEINES HELMKRAUT *Scutellaria minor.* 10-30 cm; Staude; St. aufsteigend; B. länglich-lanzettl., kaum gezähnt; Bl. *violett-rosa,* einzeln in B'winkeln; Kronröhre ±gerade. VII-X. Sümpfe. T[D:s].

5 SALBEI-GAMANDER *Teucrium scorodonia.* 30-60 cm; Staude, zottig behaart; B. herzeiförmig, kerbig gesägt, *runzelig,* salbeiartig; Bl. *grünlich-gelb,* in einseitswendigen Scheintrauben; Staubb. rotbraun, herausragend. VII-IX. Heiden, Wälder, Dünen, kalkarme Böden. ⚥ T[D:z-v].

6 BERG-GAMANDER *Teucrium montanum.* 5-35 cm; Halbstrauch, ausgebreitet; B. lanzettl.-lineal, unterseits *weißlich,* Rand eingerollt; Bl. gelblich-weiß, in ±dichten Köpfchen. V-VIII. Trockene Rasen, Felsen, Berggebiete. F,M[D:z-s].

7 ECHTER GAMANDER *Teucrium chamaedrys.* 15-30 cm; Halbstrauch, leicht behaart; B. länglich-eiförmig, *glänzend,* dunkelgrün, fast lederig, grob gekerbt; Bl. karminrot, quirlig in kurz-beb. Scheintrauben. V-IX. Trockene Rasen, Wälder, Felsen, Mauern. ⚥ (GB),F,M[D:s-v].

8 LAUCH-GAMANDER *Teucrium scordium.* 10-40 cm; Staude, Ausläufer weichhaarig; B. länglich-elliptisch, gekerbt-gezähnt, *sitzend;* Bl. hellkarminrot, quirlig in B'winkeln. VI-VIII. Nasse Wiesen, Ufer, Gräben. ⚥ T[D:s].

9 TRAUBEN-GAMANDER *Teucrium botrys.* 10-30 cm; Ein-/Zweij., drüsig-zottig; B. 1-2fach *fiederspaltig;* Bl. trübrosa, zu 2-4 in B'winkeln. VI-X. Trockene Rasen, Geröll, auf Kalk. GB,F,M[D:z-s].

3a Spießblättriges Helmkraut

197

Lippenblütler (Forts.)

1 KLEINE BRUNELLE *Prunella vulgaris.* 10-25 cm; Staude, kriechend, behaart bis fast kahl; B. länglich-eiförmig, *etwas kerbig-gezähnt*, untere gestielt; Bl. *blauviolett,* selten weiß, 7-15 mm lang, in eiförmiger od. kantiger Scheinähre, mit Laubb. am Grund. VI-XI. Bastardiert mit 1a u. 2. Grasfluren, Wegränder. ⚥ T[D:v]. **1a Große B.** *P. grandiflora* ☐. Bis 30 cm; Bl. 2-2,5 cm lang; Scheinähren ohne Laubb. am Grund. S,F,M[D:v-z].

2 WEISSE BRUNELLE *Prunella laciniata.* 5-30 cm; Staude, St. aufsteigend, an den Kanten weißzottig; untere B. länglich-lanzettl., obere fiederspaltig; Bl. *gelblich-weiß* (blauviolett: Hinweis auf Bastardierung mit 1), in eiförmigen od. kantigen Scheinähren. VI-X. Trockene Rasen, Wälder, Schutt. (GB),F,M[D:s].

3 GUNDERMANN *Glechoma hederaceum.* 15-40 cm; Staude, kriechend, bisweilen rötlich, weich behaart, aromatisch; Ausläufer lang, wurzelnd; B. *nierenförmig,* gekerbt, gestielt; Bl. blauviolett, selten heller, in lockeren Scheinquirlen. III-VI. Wiesen, Wälder, Wegränder (bisweilen teppichartig.) ⚥⚲ T[D:v]. **3a Nordischer Drachenkopf** *Dracocephalum ruyschiana* ☐. B. lineal-lanzettl., ungezähnt, sitzend; Bl. 3 cm lang, in dichten Köpfen. VII-VIII. Trockenere Orte. S,M[D:s]. **3b Thymianblütiger D.** *D. thymiflorum* ☐. Wie 3a, aber B. lanzettl.-eiförmig, gezähnt; Bl. ±1 cm lang, hellblau. V-VII. (M[D:s]) Heimat: Rußland.

4 GEMEINER ANDORN *Marrubium vulgare.* 30-60 cm; Staude, *graufilzig,* thymianartiger Geruch; B. rundlich, kerbzähnig, runzelig, gestielt; Bl. weiß, in dichten Scheinquirlen in den B'winkeln; Kelchzähne 10, hakenförmig. VI-IX. Trockene Unkrautfluren. ⚥ T[D:z-s]. **4a** → S. 306.

5 ECHTE KATZENMINZE *Nepeta cataria.* 0,5-1 m; Staude; St. grau-kurzhaarig, minzenartiger Geruch; B. herzeiförmig, sägezähnig-gekerbt, gestielt; Bl. weiß, rot gefleckt, oben in dichten Scheinquirlen; Kelchzähne 5, gerade. VI-IX. Unkrautfluren. T[D:z-s].

6 KAHLE KATZENMINZE *Nepeta pannonica.* 0,5-1 m; Staude; St. ±*kahl;* B. länglich-elliptisch, gesägt-gekerbt; Bl. blauviolett, in gestielten Scheinquirlen. VI-IX. Trockene Wiesen, Wälder, Unkrautfluren. F,M[D:s].

7 IMMENBLATT *Melittis melissophyllum.* 25-60 cm; Staude, behaart; B. herzeiförmig, spitz, gezähnt, gestielt; Bl. weiß, Unterlippe rosenrot od. einfarbig weiß od. rosa, 35-45 mm lang, zu 2-3 scheinquirlig in B'winkeln. V-VII. Trockene Wälder, Gebüsche, Hänge. GB,F,M[D:s].

8 SCHWARZNESSEL *Ballota nigra.* 0,6-1 m; Staude, unangenehm riechend, behaart, Äste meist abstehend; B. spitz-oval, gezähnt, gestielt; Bl. rötlich-lilaweißlich, in Halbquirlen der oberen B'winkel; Kelchzähne mit Grannenspitze. V-IX. Unkrautfluren, Schutt, Wegränder. T[D:z].

9 WINTERBOHNENKRAUT *Satureja montana.* 10-50 cm; Halbstrauch, z. T. wintergrün, aromatisch (Gewürz); St. flaumig; B. schmal lanzettl., lang ausgezogene Spitze u. Stachelspitze, ganzrandig, fast lederartig, ungestielt, Rand bewimpert u. glänzend punktiert; Bl. weiß-rosa, zu 3-7 in Scheinquirlen. VII-X. Kultiviert u. verwildert. (T[D:s]) Heimat: Medit.

10 YSOP *Hyssopus officinalis.* 20-70 cm; Halbstrauch, fast kahl, aromatisch (Gewürz); B. länglich-lanzettl., Bl. tief dunkelblau, in dichten, ±*einseitswendigen* Scheinquirlen in endständiger Scheinähre. VII-IX. Kultiviert u. verwildert. (GB, F,M[D:s-z]) Heimat: S-Europa.

3a Nordischer Drachenkopf

3b Thymianblütiger Drachenkopf

Lippenblütler (Forts.)

1 WEISSE TAUBNESSEL *Lamium album*. 20-60 cm; Staude, kriechend, behaart; B. 3eckig-eiförmig, ±gesägt, gestielt, ähnlich Brennessel (S. 38); Bl. *weiß*, 2-3 cm lang, scheinquirlig in B'winkeln. III-XI. Unkrautfluren, Wegränder, Schutt. ♴ T[D:v]. **1a Gefleckte T.** *L. maculatum* ☐. B. bisweilen mit blassen Flecken; Bl. karminrot od. gescheckt. S,(GB),F,M[D:v-z].

2 ROTE TAUBNESSEL *Lamium purpureum*. 10-30 cm; Einj., oft rötlich, behaart; B. 3eckig-eiförmig, gekerbt-gesägt, runzelig, alle *gestielt;* Bl. rosa-purpurrot, 10-18 mm lang. I-XII. Äcker. T[D:v]. **2a Zerschlitzte T.** *L. incisum* ☐. B. tief gezähnt bis fast fiederspaltig; Bl. 10-15 mm. T[D:z-s].

3 STENGELUMFASSENDE TAUBNESSEL *Lamium amplexicaule*. 10-30 cm; Einj., behaart, verzweigt; B. rundlich, gekerbt, oberste ±*ungestielt,* halb-st'umfassend; Bl. fleischrosa-rot, ca. 15 mm lang, oft kleiner u. geschlossen bleibend, scheinquirlig in Winkeln oberster B. III-X. Äcker. T[D:v].

4 LÖWENSCHWANZ *Leonurus cardiaca*. 0,3-1 m; Staude, dicht behaart, ästig; B. *handförmig* 3-5spaltig, beiderseits weichhaarig, gestielt; Bl. z. T. blaßfleischrot od. weiß, Oberlippe zottig behaart, Unterlippe purpurrot gezeichnet, 8-12 mm lang, in dichten Scheinquirlen zwischen den oberen B. VI-IX. Unkrautfluren, Wegränder, Schutt. ♴ S,(GB),F,M[D:z-s]. **4a Katzenschwanz** *L. marrubiastrum*. Zweij.; B. ungeteilt, grob gezähnt-gekerbt; Bl. bleichrosa, flaumig behaart. S,F,M[D:s].

5 GEMEINER HOHLZAHN *Galeopsis tetrahit*. 10-60 cm; Einj., rauh-behaart, verzweigt; St. unter Knoten *verdickt;* B. länglich-eiförmig, gesägt, gestielt; Bl. blaß purpurn, seltener weiß od. gelblich, 15-20 mm lang, scheinquirlig in Winkeln oberer B. VII-IX. Unkrautfluren, Äcker, Schutt, Wege. T[D:v]. **5a Weichhaariger H.** *G. pubescens*. St. unter Knoten wenig verdickt u. überwiegend weichhaarig; Bl. purpurn-rosa. M[D:z]. **5b** → S. 306.

6 SCHMALBLÄTTRIGER HOHLZAHN *Galeopsis angustifolia*. 10-40 cm; Ein-/ Zweijährige, flaumig; St. unter Knoten nicht verdickt, verzweigt; B. lineal-lanzettl., selten breiter, kaum gezähnt, gestielt; Bl. purpurrot, Unterlippe gelb gefleckt, 14-24 mm lang, scheinquirlig in Winkeln oberer B. VI-X. Unkrautfluren, Schutt, Geröll. T[D:s-v]. **6a** → S. 306.

7 BUNTER HOHLZAHN *Galeopsis speciosa*. 0,5-1 m; Einj., rauh behaart; St. unter Knoten *verdickt*, verzweigt; B. länglich-eiförmig, gesägt, gestielt; Bl. *blaß-gelb*, Mittellappen der Unterlippe *violett*, 20-24 mm lang, scheinquirlig in Winkeln oberer B. VI-X. Unkrautfluren, Äcker, Ufer, Schutt. T[D:v-s].

8 SAAT-HOHLZAHN *Galeopsis segetum*. 10-45 cm; Einj.; St. kurz-*flaumig*, verzweigt, unter den Knoten *nicht verdickt;* B. eiförmig-lanzettl., gesägt, gestielt; Bl. *gelblich*-weiß, 2-3,5 cm lang, scheinquirlig in Winkeln oberer B. VII-IX. Unkrautfluren, Steinschutt. ♴ (GB),F,M[D:v-s]. Bastardiert mit 6.

9 GOLDNESSEL *Lamium galeobdolon*. 15-60 cm; Staude, kriechend, behaart, etwas unangenehm riechend; *Ausläufer* lang, beb., nicht wurzelnd, meist wintergrün; B. eiförmig, dunkelgrün, gestielt; Bl. hell-goldgelb, z. T. Unterlippe mit rotbrauner Zeichnung, scheinquirlig in Winkeln oberer B. IV-VI. Laubwälder. T[D:v].

Große Brennessel (S. 38)   1 Weiße Taubnessel

Lippenblütler (Forts.)

1 WIESEN-SALBEI *Salvia pratensis.* 30-60 cm; Staude, behaart, schwach aromatisch; untere B. breit-lanzettl., wenige st'ständige schmaler u. sitzend, grobgekerbt, runzelig; Bl. *dunkelblau,* quirlig in b'losen Scheinähren. V-VIII. Trokkene Rasen; meist auf Kalk. (S),GB,F,M[D:s-v]. **1a Quirlblättriger S.** *S. verticillata.* Obere St. u. B. oft rötlich, alle B. gestielt; Bl. violett, kleiner, in reichbl. Scheinquirlen; Kelch rötlich. V-IX. Trockene Rasen, Unkrautfluren. (S,GB),F,M [D:s-z]. **1b Klebriger S.** *S. glutinosa* ☐. St. oben stark klebrig; Bl. gelb, groß. Bergwälder, Staudenfluren. M[D:s-v].

2 STEPPEN-SALBEI *Salvia nemorosa.* 20-70 cm; Staude, behaart; B. länglich herz-eiförmig-lanzettl., spitz, mittlere u. obere sitzend; Hochb. rotviolett; Bl. blau, quirlig in verzweigten Scheinähren. VI-VIII. Trockene Rasen, magere Wiesen. (S,GB,F),M[D:s].

3 u. 3a EISENKRAUT-SALBEI *Salvia verbenaca.* 20-60 cm; Staude, sehr vielgestaltig (z. T. Varianten mit begrenzter Verbreitung), behaart, wenig verzweigt; St. u. B. oben bisweilen rötlich; B. ±eiförmig, grob gekerbt-*fiederlappig,* obere ungestielt; Bl. blauviolett-blaßblau, 6-15 mm lang, bisweilen Unterlippe weiß-gefleckt, quirlig in Scheinähren, bisweilen sich nicht öffnend u. dann kürzer als Hochb. VI-IX. Trockene Rasen, GB,F,(M[D:s]). **3b** → S. 306.

4 MELISSE *Melissa officinalis.* 30-90 cm; Staude; ±behaart, gerieben stark nach Zitrone riechend (Gewürz, Tee etc.); B. eiförmig-rhombisch, untere herzförmig, gesägt-gekerbt, gestielt, bisweilen gelblich-grün; Bl. *weißlich,* quirlig in beb. Scheinähren. VI-IX. Kultiviert u. verwildert. ♃ (GB,F,M[D:s]) Heimat: O-Medit., W-Asien.

5 WALD-ZIEST *Stachys silvaticus.* 0,3-1 m; Staude, Ausläufer, weich- u. rauhbehaart, *unangenehm riechend;* B. breit-herzeiförmig, gesägt, gestielt; Bl. lebhaft *dunkelrot,* mit hellerer Zeichnung, quirlig in b'losen Scheinähren. VI-X. Bastardiert mit 5a. Laubwälder, Hecken. T[D:v]. **5a Sumpf-Z.** *S. paluster* ☐. Nur schwach riechend; B. länglich, kurz- od. ungestielt; Bl. blasser, trüb-rotbraun. Ufer, Gräben, nasse Wiesen. T[D:v-z]. **5b Alpen-Z.** *S. alpinus* ☐. ±weich-wollig behaart; St. mit rötlichen Stieldrüsen; Scheinähren beb.; Bl. größer, trüb-braunrot. Feuchte Bergwälder; auf Kalk. GB,F,M[D:s-v].

6 DEUTSCHER ZIEST *Stachys germanicus.* 0,4-1,25 m; Staude, *dicht grauweißbehaart;* B. eiförmig-elliptisch, zugespitzt, oberste sitzend; Bl. hell-karminrot, quirlig in beb. Scheinähren. VI-IX. Trockene Rasen, steinige Böden, meist auf Kalk. GB,F,M[D:s-z].

7 BERG-ZIEST *Stachys rectus.* 25-70 cm; Staude, behaart, angenehm duftend; B. länglich-lanzettl., gesägt, untere kurz gestielt, obere sitzend u. schmaler; Bl. *gelblich-weiß,* oft mit rötlicher Zeichnung, quirlig in beb. Scheinähren. VI-X. Trockene Rasen, Felsen. ♃ (GB),F,M[D:s-v]. **7a Einjähriger Z.** *S. annuus.* 10-30 cm; Einj.; B. länglich-elliptisch, obere lanzettl.; Bl. kleiner; Staubb. herausragend. (S,GB),F,M[D:s-z]. **7b Gliedkraut** *Sideritis montana.* Staubb. nicht herausragend. (S,F,M[D:s]) Heimat: SW-Europa.

8 FELD-ZIEST *Stachys arvensis.* 10-30 cm; Einj., ±niederliegend, behaart; B. *rundlich-eiförmig,* gekerbt, obere sehr kurz gestielt; Krone blaßrosa, kaum länger als Kelch. (IV)VII-X. Äcker, Brachen; kalkfreie Böden. T[D:z].

9 GEMEINER ZIEST *Stachys officinalis.* 10-80 cm; Staude, ±behaart, mit *B'rosette;* St. meist einfach; B. länglich, gleichmäßig gekerbt, (oberste kurz-)

gestielt; Bl. purpurnrosa, quirlig in ±dichter, 3-6 cm langer Scheinähre. VI-X. Magere Wiesen, Abhänge. ♃ T[D:s-v]. **9a, 9b** → S. 306.

1b Klebriger Salbei

203

Lippenblütler (Forts.)

MINZEN *Mentha* Kräuter, jede Art gerieben charakteristisch riechend; B. gestielt(außer 3); Bl. klein, glockenförmig, meist violett od. blaß purpurrot (Kronb'zipfel 4, ±gleich), in Scheinquirlen in B'winkeln; Kelchröhre 4zähnig; Staubb. 4, meist herausragend (u. a. außer Bastarden).

1 WASSER-MINZE *Mentha aquatica*. 20-80 cm; Staude, angenehm aromatisch; St. ±behaart, oft rötlich; B. eiförmig-elliptisch, gesägt-gekerbt; Bl. blaßviolettrötlich, oben in rundlicher Scheinähre; Kelchröhre behaart, langzähnig. VII-X. Nasse Wiesen, Auenwälder. T[D:v]. Bastardiert mit 2 u. 3(letztere: Pfefferminze: *M. × piperita*. B. schmaler, schärfer gezähnt; Bl. rötlicher, Stiele u. Kelchröhre meist ±kahl; Staubb. nicht hervorragend ⚥).

2 ACKER-MINZE *Mentha arvensis*. 15-30 cm; Staude, mehr scharf aromatisch, behaart; B. eiförmig-elliptisch, gesägt-gekerbt; Bl. lila-hellviolett, nur in b'winkelständigen Scheinquirlen; Kelchröhre behaart, kurzzähnig. VI-X. Äcker, feuchte Wiesen. T[D:v]. Bastardiert mit 1: *M. × verticillata*. Bl'quirle wie vor; Kelchzähne länger; Staubb. nicht hervorragend.

3 ROSS-MINZE *Mentha longifolia*. 0,1-1 m; Staude; St. weichhaarig; B. länglich eiförmig-lanzettl., ±sitzend, grün, oberseits glänzend u. kahl od. runzelig; Bl. lila-fleischfarben, in ±spitzer, endständiger Scheinähre. VII-X. Nasse Orte, Gräben, Ufer, Weiden; daneben kultivierte Formen. ⚥ T[D:v-z]. Bastardiert mit 1 u. 3a (*M. × villosa*). **3a, 3b** → S. 306.

4 POLEI-MINZE *Mentha pulegium*. 10-30 cm; Staude, niederliegend u. aufsteigend, flaumig, streng aromatisch; B. eiförmig-elliptisch, seicht gezähnt; Bl. lila-violett, in seitenständigen Scheinquirlen; Kelch fast 2lippig, untere Zähne schmaler, Röhre behaart. VII-X. Feuchte Rasen, Ufer. ⚥ GB,F,M[D:s-z].

5 GEMEINER WOLFSTRAPP *Lycopus europaeus*. 0,3-1 m; Staude, meist schwach behaart, nicht aromatisch; B. lanzettl., tief gezähnt bis fiederspaltig gelappt, gestielt; Bl. klein, weiß, innen rötlich gefleckt, glockig, in dichten Scheinquirlen im Winkel oberer B. VII-IX. Ufer, Gräben, Bruchwälder. ⚥ T[D:v]. **5a** → S. 306.

6 ECHTE BERGMINZE *Satureja calamintha*. 30-60 cm; Staude, zottig behaart, vielgestaltig, Minzen-Geruch; B. eiförmig-elliptisch, rel. lang gestielt, gekerbtgesägt; *Vorb. der Bl. kürzer als der Kelch;* Bl. in verzweigten Scheinquirlen, 8-12 mm (ssp. *nepetoides*) od. 15-22 mm (ssp. *silvatica* **6a** ☐) lang, lila-rot, seltener weißlich. VII-IX. Felsen, Geröll, trockene Laubwälder, Hänge; auf Kalk. GB,F,M[D:z-s].

7 WIRBELDOST *Satureja vulgaris*. 20-60 cm; Staude, zottig behaart, aromatisch, wenig ästig; B. eiförmig-elliptisch, kurz gestielt, seicht gekerbt-gesägt; *Vorb. der Bl. borstig, länger als der Kelch;* Bl. in dichten Scheinquirlen, purpurrot; Kelch rötlich, zottig. VII-IX. Trockene Wälder, Gebüsche; auf Kalk. T[D:s-v].

8 DOST *Origanum vulgare*. 20-60 cm; Staude, weichhaarig, aromatisch(Gewürz); B. spitzeiförmig, nicht od. fein kerbzähnig, gestielt; Bl. purpurn-fleischfarben, Hochb. oft *braunrot*, in lockeren Scheinquirlen. VII-X. Trockene Hänge, Gebüsche; auf Kalk. ⚥ T[D:s-v].

9 STEINQUENDEL *Satureja acinos*. 10-40 cm; Einj./Halbstrauch, behaart, nicht aromatisch; St. niederliegend-aufsteigend; B. länglich-eiförmig, ±ganzrandig, kurz gestielt; Bl. *violett,* mit weißer Zeichnung auf Unterlippe, quirlig in Winkeln oberer B. VI-IX. Trockene Rasen, magere Wiesen. T[D:s-v]. **9a** → S. 306.

10 WILDER THYMIAN *Thymus serpyllum*. 10-30 cm; Halbstrauch, rasenbildend, aromatisch; St. rundlich 4kantig, kriechend od. niederliegend-aufsteigend; B. lineal bis elliptisch, bis 1 cm, kurz gestielt; Bl. rosa bis violett-purpurrot, quirlig meist in rundlichen od. länglichen Köpfen. V-X. Trockene Sandfluren, Wiesen. ⚥ T[D:v]. **10a, 10b, 10c** → S. 306.

Nachtschattengewächse Fam. Solanaceae

Sträucher, Kräuter; B. ±wechselständig, gestielt; Kronb. 5, verwachsen; Fr. Beere od. Kapsel.

1 BITTERSÜSSER NACHTSCHATTEN *Solanum dulcamara.* 0,3-2 m; Halbstrauch, kletternd od. niederliegend; B. ei-herzförmig-länglich, obere mit 2 Seitenb'chen; Bl. in lockerem Blst., violett, Kronb. zurückgeschlagen; Staubbeutel gelb, säulenförmig vereint; zuletzt *scharlachrote* Beere. V-IX. Nasse bis feuchte Ufer, Gebüsche, Bruchwälder. ⚥⚘ T[D:v].

2 SCHWARZER NACHTSCHATTEN *Solanum nigrum.* 10-80 cm; Einj.; St. dunkelgrün; B. eiförmig-rautenförmig, buchtig gezähnt; Bl. *weiß,* in lockeren Blst., Kronb. zurückgeschlagen; Staubbeutel gelb, in hervortretender Säule vereint; grüne, zuletzt *schwarze* Beere. VI-X. Unkrautfluren, Schutt, Wegränder. ⚥⚘ T[D:v]. **2a** *S. sarrachoides.* Stärker behaart; St. grün; Kelchb. sich verlängernd, zuletzt untere Hälfte der grünen Beere bedeckend. (GB,F,M) Heimat: Brasilien. **2b Tomate** *S. lycopersicum* ☐. St. schlaff; B. 1-2fach fiederschnittig; Bl. gelb; rote Beere. Kultiviert, verwildert. ⚥ Heimat: Peru, Ecuador.

3 GELBER NACHTSCHATTEN *Solanum luteum.* 10-45 cm; Einj., ±behaart; B. eiförmig, tiefer buchtig gezähnt als 2; Bl. etwa wie 2; *gelbe* bis rötliche Beere. VII-X. Unkrautfluren. F,M[D:s].

4 TOLLKIRSCHE *Atropa belladonna.* 0,5-1,5 m; Staude, drüsig flaumig, ästig; B. eiförmig, bis 20 cm lang; Bl. grünlich-rotbraun, *glockenförmig,* einzeln, 2-3,5 cm lang; *schwarze*(selten gelbe) Beere. VI-IX. Laubwälder, Kahlschläge; auf Kalk. ⚥⚘ (S),GB,F,M[D:s-v].

5 SCHWARZES BILSENKRAUT *Hyoscyamus niger.* 20-80 cm; Zwei-/Einj., klebrig-zottig, unangenehm riechend; B. länglich-eiförmig, buchtig gezähnt, bis 20 cm lang, obere halbst'umfassend; Bl. schmutzig-gelb, violett geädert, weit glockig, in beb. Blst.; Fr. eine Kapsel. V-X. Unkrautfluren. ⚥⚘ T[D:s-z].

6 GIFTBEERE *Nicandra physaloides.* 0,3-1 m; Einj., unangenehm riechend, sehr ästig; B. länglich-eiförmig, buchtig bis lappig gezähnt; Bl. hell*blau* bis blaß violett, am Grund weiß, glockig-trichterig, einzeln 2-4 cm; Fr. eine harte, braune Beere, vom aufgeblasenen Fr'kelch umhüllt. VI-X. Unkrautfluren, aus Kultur verwildert. ⚘ (GB,F,M[D:s]) Heimat: Peru. **6a** → S. 306.

7 STECHAPFEL *Datura stramonium.* 0,3-1 m; Einj., kahl, unangenehm riechend; B. eiförmig, sehr groß, unregelmäßig gezähnt-gelappt; Bl. weiß, selten hellblau, röhrig-trichterig, einzeln, 5-10 cm; Fr. eiförmige, *stachelige* Kapsel. VI-X. Unkrautfluren. ⚥⚘ (T[D:z]) Heimat: Mexiko, N-Amerika.

8 BAUERN-TABAK *Nicotiana rustica.* 0,6-1,2 m; Einj., klebrig behaart, unangenehm riechend; B. *herz-eiförmig, stumpf;* Bl. (grünlich-)gelb, glockenförmig, in traubenartigen Rispen; Fr. eine Kapsel. VI-IX. Kultiviert u. verwildert. ⚘ (F,M[D:s-z]) Heimat: S-Amerika.

2b Tomate

Rachenblütler Fam. Scrophulariaceae

S. 208-216. Kräuter; B. ohne Nebenb.; Bl. dorsiventral; Kronb. 5 od. 4, verwachsen, Zipfel ± flach ausgebreitet (z. B. Königskerzen S. 208 od. Ehrenpreise S. 214) od. Bl. 2lippig offen od. geschlossen; Fr. eine Kapsel.

KÖNIGSKERZEN *Verbascum*. Zweij.; B. in Grundrosette u. am St. wechselständig; Kronzipfel 5, ± ausgebreitet; Bl. in Trauben od. Scheinähren; Staubbeutel ± orange, Fr. ± eiförmig.

1 KLEINBLÜTIGE KÖNIGSKERZE *Verbascum thapsus*. Bis 2 m; dicht *filzig* behaart; St. rundlich, meist einfach; B. eilänglich bis lanzettl., undeutlich gekerbt, am St. *geflügelt* herablaufend; Bl. gelb, 5-30 mm; 3 Staubfäden weiß wollig, 2 kahl od. fast kahl. VI-IX. Schutt, Weg- u. Waldränder. T[D:z]. **1a Großblütige K.** *V. densiflorum* ☐. St'b. bis zum nächst unteren B. am St. herablaufend; St. geflügelt, oben bisweilen ästig; Bl. in Scheinähren, 30-55 mm, Zipfel flach ausgebreitet. ⚥ S,(GB),F,M[D:z-v]. **1b Filzige K.** *V. phlomoides*. St'b. nicht bis zum nächst unteren B. am St. herablaufend; Bl. heller gelb, 30-55 mm. (GB),F,M[D:z-v].

2 SCHWARZE KÖNIGSKERZE *Verbascum nigrum*. 0,5-1,2 m; St. meist einfach, oberwärts *scharf kantig*, oft purpurrot-bräunlich; B. (untere: herz-)eiförmig-länglich, gekerbt, untere gestielt, dunkelgrün; Bl. gelb; alle Staubfäden violettwollig. V-X. Unkrautfluren, Wegränder, Ufer. T[D:v-z].

3 MEHLIGE KÖNIGSKERZE *Verbascum lychnitis*. 0,6-1,5 m; St. oberwärts scharf-*kantig*, oben rispig verzweigt, fein flaumig; B. eiförmig, wellig gekerbt, untere gestielt, oberseits bald verkahlend, unterseits mehlig *grau-filzig;* Bl. hellgelb od. weiß, 10-20 mm, alle Staubfäden weiß- od. gelblich-wollig. VI-IX. Trockene Rasen, lichte Wälder. (S),GB,F,M[D:s-v]. **3a Flockige K.** *V. pulverulentum*. St. rundlich; B. unterseits mit dichtem, flockigem, *weißem* Filz, breiter, ganzrandig; Bl. hellgelb. GB,F,M[D:s].

4 SCHABENKRAUT *Verbascum blattaria*. 0,6-1,2 m; St. kantig, unten kahl, oben drüsig-flaumig, einfach; B. verkahlt länglich-eiförmig, glänzend, grob gekerbt, untere in Stiel verschmälert; Bl. gelb, 20-30 mm, einzeln, *lang gestielt;* Staubfäden *purpurwollig*. VI-VIII. Unkrautfluren, Wegränder, Schutt. (GB),F,M[D:s]. **4a** *V. virgatum*. Ähnlich 4; St. ganz drüsig-flaumig; Bl. in 1-5bl. Teilblst. GB,F. **4b Violette Königskerze** *V. phoeniceum* ☐. Bl. dunkelviolett. (S,F),M[D:s].

BRAUNWURZ *Scrophularia*. Stauden (selten Zweijährige); St. meist vierkantig; untere B. gegenständig, gestielt, gesägt; Bl. 2lippig, offen, in endständigem, rispenartigem Blst.; Kronb'zipfel klein, stumpf.

5 KNOTIGE BRAUNWURZ *Scrophularia nodosa*. 0,5-1 m; St. nicht geflügelt, fast kahl; B. eiförmig, spitz, nicht gelappt; Krone rotbraun u. olivgrün, Kelchb. grün. VI-IX. Wälder, Ufer, Wegränder. ⚥ T[D:v]. **5a Wasser-B.** *S. auriculata*. St. geflügelt; B. am Grund herzförmig, untere oft mit kleinem B'chenpaar; Kelch weißrandig. Röhrichte, Ufer. GB,F,M[D:s]. **5b Geflügelte B.** *S. umbrosa*. Kahl; St. breit-geflügelt; B. am Grund abgerundet od. verschmälert u. am St. herablaufend; Bl. am Grund grünlich-gelb. GB,F,M[D:z-v].

6 *Scrophularia scorodonia*. 0,25-1 m; flaumig-behaart; B. am Grund *herzförmig;* doppelt gesägt-gekerbt, runzelig; Bl. rotbraun; Kelchb. *weißrandig*. VI-IX. Trockene, schattige Orte, Küstennähe. GB,F.

7 HUNDS-BRAUNWURZ *Scrophularia canina*. 20-60 cm; St. kahl, rundlich, ästig; B. einfach-*gefiedert* u. fiederschnittig; Bl. *purpurbraun*, oft oben weiß berandet; Staubfäden purpurn; Staubbeutel orange. VI-VIII. Flußschotter, Wegränder. F,M[D:s].

8 FRÜHLINGS-BRAUNWURZ *Scrophularia vernalis*. 15-45 cm; Zweij./Staude, weich behaart; B. herzeiförmig, runzelig, grob gesägt, hellgrün; Bl. blaß *grünlich-gelb*. IV-VI. Wälder, Gebüsche, Mauern, Steinbrüche. (S,GB),F,M[D:s].

209

Rachenblütler (Forts.)

S. 210; Bl. 2lippig, geschlossen(außer 9 u. 10) u. deutlich gespornt(außer 1 u. 2).

1 GARTEN-LÖWENMAUL *Antirrhinum majus.* 30-70 cm; Staude, oft am Grund holzig u. ästig, weichhaarig; B. schmal lanzettl., ungezähnt; Bl. 2-4 cm, verschiedenfarbig, Röhre meist weißlich mit Aussackung an Stelle eines Sporns, oft Lippen purpurn, Gaumen gelblich, in Trauben. V-X. Kultiviert u. verwildert. (GB,F,M[D:s]) Heimat: Medit., W-Asien.

2 ACKER-LÖWENMAUL *Antirrhinum orontium.* 8-35 cm; Einj., behaart; B. lanzettl.-lineal, ungezähnt; Bl. 8-15 mm, rosarot, Röhre ausgesackt, in lockerer Traube. VII-X. Äcker, Wegränder; kalkarme Böden. T[D:z].

3 FRAUENFLACHS *Linaria vulgaris.* 20-40 cm; Staude, oben ±drüsig behaart; B. ±lineal, zahlreich am St., ungezähnt; Bl. *gelb*, bis 35 mm lang, Gaumen orange, Sporn lang, ±gerade. VI-X. Unkrautfluren, Wegränder, Dämme. ⚥ T[D:v]. **3a Ginsterblättriges Leinkraut** *L. genistaefolia.* Bis 0,8 m; ästiger; B. eiförmig bis lanzettl., derb; Bl. zitronengelb, Gaumen dunkler. (M[D:s]). **3b** *L. supina.* 5-30 cm; ±niederliegend; Bl. 13-20 mm, oft in rundlichem Blst. (GB,F) Heimat: SW-Europa.

4 *Linaria arenaria.* 5-15 cm; Einj., dicht drüsig behaart, ästig; B. lineal-lanzettl., ungezähnt; Bl. gelb, 4-7 mm, Sporn oft *violett*, in kurzen Trauben. V-IX. Küstendünen. (GB),F. **4a Zweiteiliges Leinkraut** *L. bipartita.* Bis 50 cm; Krone blauviolett, Gaumen gelb, Oberlippe tief 2teilig. Kultiviert, verwildert u. eingeschleppt. (M[D:s]) Heimat: Spanien, SW-Afrika.

5 GESTREIFTES LEINKRAUT *Linaria repens.* 30-80 cm; Staude, kahl; B. lineal, ungezähnt, zahlreich am St.; Bl. *bläulich,* dunkelviolett gestreift, Gaumen gelblich, 8-15 mm, Sporn gerade, in lockeren Trauben. VI-IX. Wald- u. Wegränder, Äcker. (S,GB),F,M[D:s]. Bastardiert mit 3. **5a Acker-L.** *L. arvensis* ☐. Bis 20 cm; Einjährige; Bl. 4-8 mm, blaulila, Sporn nach vorne gebogen. Äcker. F,M[D:s]. **5b Alpen-L.** *L. alpina* ☐. 5-10 cm; Staude; obere B. quirlig genähert; Bl. 13-22 mm, dunkelviolett, Gaumen orange. VI-VIII. Kalkgeröll der Gebirge. F,M[D:Alp].

6 *Linaria purpurea.* 20-60 cm; Staude, kahl, graugrün, oft unverzweigt; B. lineal, ungezähnt, zahlreich am St.; Bl. purpurviolett, selten rosa, 8-12 mm, Sporn lang, gekrümmt, in ±dichten Trauben. VI-VIII. Kultiviert, verwildert (GB,F) Heimat: Italien. **6a** *L. pelisseriana* ☐. 15-50 cm; Einj.; untere B. in Wirteln; Bl. 1-2 cm, dunkler purpur-violett, mit weißem Fleck, Sporn gerade. Unkrautfluren. F.

7 ZYMBELKRAUT *Linaria cymbalaria.* Meist ausdauernd; St. hängend od. kriechend, bis 60 cm; B. handförmig 5-7lappig, lang gestielt; Bl. hellviolett, Gaumen gelb, 8-15 mm, Sporn kurz, etwas gebogen, einzeln, lang gestielt in B'winkeln. IV-XI. Mauern, Felsen. (T[D:v]) Heimat: S-Europa, W-Asien.

8 ECHTES TÄNNELKRAUT *Kickxia elatine.* 3-10 cm; Einj., ±niederliegend, langhaarig-drüsig; B. *spieß-* bis *pfeilförmig*, gestielt; Bl. 8-11 mm, Oberlippe violett, Unterlippe gelb, Sporn gerade, einzeln an fast kahlen Stielen in B'winkeln. VII-X. Äcker. T[D:s-z]. **8a Unechtes T.** *K. spuria* ☐. B. eiförmig-rundlich; Oberlippe der Bl. schwarz-violett, Sporn gebogen, Stiele lang behaart. GB,F,M [D:s].

9 ORANT *Chaenorrhinum minus.* 5-20 cm; Einj., dicht drüsig; B. länglich-lanzettl., ungezähnt, am Grund keilförmig verschmälert; Bl. blaßviolett, leicht geöffnet, Gaumen gelblich, 6-9 mm, Sporn kurz, stumpf, einzeln lang gestielt in B'winkeln. V-X. Unkrautfluren, Äcker, Bahndämme, Wegränder. T[D:s-v]. **9a** → S. 306.

10 LOCHSCHLUND *Anarrhinum bellidifolium.* 20-70 cm; Zweij./Staude, kahl; B. in Grundrosette verkehrt eiförmig-spatelig, kerbig gezähnt, obere in 3-7 lineale Zipfel aufgeteilt; Bl. hellviolett u. weiß, 3-5 mm, in sich verlängernden Trauben, Sporn schlank, nach vorn gebogen. V-VIII. Nadelwälder, Felsen, Mauern, Äcker. F,M[D:s].

211

Rachenblütler (Forts.)

1 GELBE GAUKLERBLUME *Mimulus guttatus.* 15-60 cm; Staude, kriechend, oben spärlich drüsig, nicht klebrig; B. herzeiförmig bis rundlich, gezähnelt, gegenständig, obere halbst'umfassend; Bl. gelb, offen, 3-4 cm, Unterlippe klein rot-punktiert, in beb. lockerer Traube. VI-X. Kultiviert, verwildert (Ufer, Sümpfe). (T[D:s-z]) Heimat: N-Amerika. **1a** *M. luteus* □. Kleiner u. fast kahl; Unterlippe der Bl. mit großen roten Flecken. (GB) Heimat: Chile. **1b Moschus-G.** *M. moschatus* □. Kleiner, klebrig-drüsig; Bl. 2 cm. (GB,F,M[D:s]) Heimat: N-Amerika.

2 ROTER FINGERHUT *Digitalis purpurea.* 0,3-1,5 m; Zweij., flaumig; B. ei-lanzettl., runzelig, weich; Bl. *purpurrot*, röhrig, nickend, in einseitswendiger Traube. VI-IX. Kahlschläge, Lichtungen; kalkfreie Böden. ⚥⚘ T[D:s-v].

3 GROSSER GELBER FINGERHUT *Digitalis grandiflora.* 30-70 cm; Staude, behaart; St. einfach; B. länglich-lanzettl., gesägt, oberseits kahl; Bl. blaß-*ockergelb,* nickend, röhrig, mit bräunlichen Adern, außen behaart, 3-5 cm lang, in einseitswendiger Traube. VI-IX. Kahlschläge, Laubwälder. § F,M[D:s-v]. **3a Kleiner gelber F.** *D. lutea* □. B. beiderseits fast kahl; Bl. 15-25 mm lang, hellzitronengelb. Kahlschläge, Wälder, Felsen. ⚥⚘§ F,M[D:s-z]. Gelegentlich Bastarde: 3×3a, 2×3a.

4 GNADENKRAUT *Gratiola officinalis.* 15-30 cm; Staude, kahl; B. lanzettl., gegenständig, sitzend, kleingesägt; Bl. 8-10 mm, Röhre gelblich, Saum rot, lila od. weiß, lang gestielt in oberen B'winkeln. V-X. Feuchte Wiesen, Ufer. ⚥⚘ F,M[D:s]. **4a →** S. 307.

5 ALPENBALSAM *Erinus alpinus.* 5-20 cm; Staude, ±behaart, meist mit Grundb'rosette; B. verkehrt eiförmig, kerbig-gezähnt; Bl. purpurrot, mit 5 ausgerandeten Kronzipfeln, in gedrängten Trauben. V-X. Meist Berggebiete, Felsen, Mauern. (GB),F.

6 ROTER ZAHNTROST *Odontites rubra.* 15-50 cm; Einj., Halbparasit, behaart, oft purpurrot, einfach od. ästig; B. lineal-lanzettl., gesägt, gegenständig, sitzend; Bl. *trübrot*, deutlich 2lippig(Unterlippe 3lappig), offen, in einseitswendigen beb. Trauben. V-IX. Wiesen, Weiden, Äcker. T[D:z].

7 GELBER ZAHNTROST *Odontites lutea.* 15-40 cm; Einj., Halbparasit; St. kurzhaarig, oben *reich verzweigt;* B. lineal, obere ganzrandig, Rand zurückgerollt, gegenständig, sitzend; Bl. dottergelb, 5-8 mm, sonst wie 6, aber Staubb. herausragend. VII-IX. Trockene Rasen, Felsen, Dünen; meist auf Kalk. (GB),F,M [D:s]. **7a** *O. jaubertiana.* Weich behaart; Bl. 7-9 mm, manchmal rötlich; Staubb. ±nicht herausragend. VIII-X. F.

8 BARTSCHIE *Bartschia alpina.* 5-15 cm; Staude, oben drüsig zottig, Halbparasit; St. einfach; B. eiförmig, gekerbt-gesägt, sitzend, gegenständig, obere trübviolett; Kelch violett; Krone ,dunkelviolett, 2lippig, Unterlippe 3lappig; Bl. in kurzer beb. Ähre. V-VIII. Feuchte Wiesen, Moore, Rasen der Gebirge. T[D:s-z].

9 *Parentucellia viscosa.* 10-50 cm; Einj., Halbparasit, drüsig-klebrig; St. meist *einfach;* B. lanzettl., grob gesägt, gegenständig, sitzend; Bl. gelb, 2lippig, offen, Unterlippe 3lappig, in beb. Ähre. VI-IX. Feuchte Rasen, sandige Orte, Dünen. GB,F.

2 Roter Fingerhut

1

1a

1b

2

3

3a

4

5

6

7

8

9

Rachenblütler (Forts.)

EHRENPREIS *Veronica*. B. z. T. gegenständig, meist gezähnt; Kronb. 4, verwachsen; Zipfel ungleich, radförmig; Kelchb. 4 (außer 2, 8); Staubb. 2; Fr. eine flache, oft ausgerandete Kapsel.

1 ÄHRIGER EHRENPREIS *Veronica spicata*. 15-45 cm; Staude, meist behaart; B. länglich-eiförmig, gestielt, obere schmaler u. sitzend; Bl. blau, 4-8 mm, in b'loser, dichter, ährenartiger Traube; Kelchzipfel stumpflich. VII-IX. Trockene Rasen, Abhänge, Felsen. T[D:z-s]. **1a** → S. 307.

2 GROSSER EHRENPREIS *Veronica teucrium*. 0,15-1 m; Staude, aufrecht, ±behaart; B. eiförmig-länglich, gekerbt-gesägt, ±sitzend; Bl. himmelblau(bis rosa), ca. 1 cm, in gestielten Trauben, Trauben in Winkeln oberer B.; Kelchzipfel 5. V-VIII. Lichte Wälder, Gebüsche, trockene Rasen. F,M[D:s-z]. **2a, 2b** → S. 307.

3 GAMANDER-EHRENPREIS *Veronica chamaedrys*. 15-25 cm; Staude, aufsteigend, behaart; St. mit 2 *gegenständigen* Haarleisten; B. eiförmig, spitz, sitzend od. kurz gestielt; Bl. azurblau, Schlund weiß, bis 1 cm, in gestielten gegenständigen Trauben in Winkeln der oberen B. IV-VII. Wiesen, Wälder. T[D:v]. **3a Berg-E.** *V. montana* ☐. St. ringsum behaart; B. *rundlich* od. breit-oval, lang gestielt; Bl. blaßlila, dunkler geadert. Feuchte Wälder. T[D:v-z]. **3b Felsen-E.** *V. fruticans* ☐. Halbstrauch, fast kahl; B. nicht od. wenig gezähnt; Bl. tiefblau, Schlund rot. VI-VIII. Felsen, Rasen der Gebg. T[D:s-z]. **3c, 3d** → S. 307.

4 PERSISCHER EHRENPREIS *Veronica persica*. 15-40 cm; Einj., kriechend-aufsteigend, behaart; B. breit-eiförmig, kurz gestielt; Bl. himmelblau, dunkler geadert, untere Zipfel oft *weiß*, Schlund gelblich, 8-15 mm, einzeln, lang gestielt in Winkeln oberer B.; Kapsel nierenförmig, 8-10 mm breit. III-XII. Äcker, Gärten, Wegränder. (T[D:v-z]) Heimat: SW-Asien. **4a Acker-E.** *V. agrestis* ☐. 3-30 cm; Bl. weißlich-blau, 3-6 mm, kürzer gestielt; Kapsel tief ausgerandet. III-XI. T[D:z-v]. **4b Glänzender E.** *V. polita* ☐. 8-15 cm; B. *glänzend*, dunkelgrün; Bl. dunkler, ganz blau, 4-8 mm, auf kürzeren Stielen; Kapsel schwach ausgerandet. III-XI. T[D:s-v]. **4c Glanzloser E.** *V. opaca* ☐. Ähnlich 4a u. 4b, aber B. mattgrün, Kelchb. spatelig. S,F,M[D:s]. **4d Faden-E.** *V. filiformis* ☐. Staude, rasig; St. fadenförmig; B. hellgrün; Bl. bläulich violett, auf sehr dünnen, langen Stielen; Kapsel rundlich. III-VI. Wiesen, Weiden, Rasen. (GB,F,M[D:s-z]) Heimat: Schwarzes-Meer-Gebiet.

5 EFEU-EHRENPREIS *Veronica hederaefolia*. 8-30 cm; Einj., behaart; St. liegend od. aufstrebend; B. rundlich, 3-9lappig, *efeuähnlich,* lang gestielt; Bl. hellblau, rötlich-lila od. weiß, klein, gestielt, einzeln in den B'winkeln. III-VIII. Äcker, Schutt, Wälder. T[D:v].

6 THYMIANBLÄTTRIGER EHRENPREIS *Veronica serpyllifolia*. 5-20 cm; Staude, kurzhaarig bis kahl; St. aufsteigend; B. elliptisch, kaum gekerbt, sitzend od. kurz gestielt; Bl. weißlich, blau geadert, 6-8 mm (**6a** ssp. *humifusa* ☐. Bl. 7-10 mm, blau. Gebirge), in beb. Trauben. IV-X. Grünland, Äcker. T[D:v]. **6b Alpen-E.** *V. alpina* ☐. Wurzelstock kriechend; B. bläulich-grün; Bl. blaulila mit weißl. Schlund. VII-VIII. Arktische u. alpine Schuttfluren. T[D:Alp]. **6c** → S. 307.

7 WALD-EHRENPREIS *Veronica officinalis*. 10-30 cm; Staude, behaart, aufsteigend; B. elliptisch bis breitlanzettl., kurz gestielt; Bl. hellila, dunkler geadert, in gestielten Trauben, Trauben in B'winkeln. V-VIII. Trockene Wälder, Heiden. ⚥ T[D:v-z]. **7a** → S. 307.

8 ACKER-EHRENPREIS *Veronica arvensis*. 3-30 cm; Einj., aufrecht, behaart; B. eiförmig, spitz, gekerbt-gesägt, sitzend od. kurz gestielt; Bl. hellblau, sehr klein (Krone kürzer als Kelch), in dichten beb. Trauben; Kapsel *gewimpert.* III-X. Unkrautfluren. T[D:v]. **8a, 8b, 8c, 8d, 8e, 8f** → S. 307.

9 BACHBUNGE *Veronica beccabunga*. 20-60 cm; Staude, ±fleischig, kahl; St. kriechend-aufsteigend; B. *elliptisch* bis kreisrundlich, gestielt; Bl. blau, 5-7 mm, in gegenständigen, gestielten Trauben in Winkeln oberer B. V-IX. Ufer, Gräben; nasse Böden. ⚥ T[D:v].

10 WASSER-EHRENPREIS *Veronica anagallis-aquatica*. 10-60 cm; Staude, aufsteigend od. aufrecht, fleischig; obere B. eiförmig-*lanzettl.,* schwach gezähnt, sitzend; Bl. hellblau, rötlich geadert, 5-10 mm, in gegenständigen gestielten Trauben in Winkeln oberer B.; Kapsel rundlich-elliptisch. VI-X. Ufer, Gräben, nasse Böden. T[D:v-z]. **10a Schopfiger E.** *V. aquatica* ☐. St. oft rötlich; Bl. blaß rosarot. T[D:z-s]. **10b Schild-E.** *V. scutellata*. B. *lineal-lanzettl.*; Bl. weißlich, in wechselständigen Trauben; Kapsel tief ausgerandet. T[D:z-s]. **10c** → S. 307.

1
2
3
4
5
9
10
7
8
6
10a

3a   4a   4c   4b   4d   6b   6a   3b   215

Rachenblütler (Forts.)

1 ECHTER AUGENTROST *Euphrasia officinalis.* 2-40 cm; Einj., Halbparasit, vielgestaltig, ±behaart, einfach od. ästig; B. ±eiförmig, spitz, tief gezähnt, obere bisweilen wechselständig; Bl. *weiß,* 2lippig, offen, violett gestreift, meist am Schlund gelb, in beb. Ähren, mit breiten, gezähnten Tragb.; Kapsel gewimpert. V-X. Trockene Rasen, Heiden, Moore. ⚥ T[D:v]. **1a Salzburger A.** *E. salisburgensis.* B. fast lanzettl.; Kapsel fast kahl. Gebirge. F,M[D:s-v]. Anmerkung → S. 307.

2 KLEINER KLAPPERTOPF *Rhinanthus minor.* 15-40 cm; Einj., Halbparasit, vielgestaltig, schwach behaart; B. ±lanzettl.-lineal, gekerbt, gegenständig, sitzend; Bl. *gelb,* 2lippig, meist offen, bis 15 mm lang, in beb. lockerer Traube, Oberlippe mit weißlichem od. bläulichem Zahn; Kelch *aufgeblasen,* Samen zur Reifezeit inwendig „klappernd". V-IX. Magere Rasen, Wiesen. T[D:v]. **2a** *Pedicularis lapponica.* 5-25 cm; B. lineal-lanzettl., fiederig eingeschnitten; Bl. 14-16 mm lang, Kelch weniger aufgeblasen. Heiden, Tundren. S. **2b, 2c, 2d, 2e, 2f** → **S. 307.**

LÄUSEKRAUT *Pedicularis.* Halbparasiten, besonders auf Gräsern; B. fiederschnittig; gezähnt, kurz gestielt, wechselständig; Bl. 2lippig, offen, in Ähren od. Trauben; Kelch zur Fruchtzeit ±aufgeblasen.

3 SUMPF-LÄUSEKRAUT *Pedicularis palustris.* 4-50 cm; Zweij., fast kahl; St. *einzeln,* unten ästig, oft purpurn; Bl. rosenrot-purpurn, Lippen gleichlang, Unterlippe bewimpert; Kelch behaart. V-IX. Sümpfe, Moore. T[D:z]. **3a** *P. hirsuta.* St. oben wollig; B. weniger tief gezähnt. Tundren. S. **3b, 3c, 3d, 3e** → S. 307.

4 WALD-LÄUSEKRAUT *Pedicularis silvatica.* 5-15 cm; Zweij./Staude, fast kahl; St. zu *mehreren,* unverzweigt; Bl. blaßrosa-purpurn, Unterlippe kürzer u. kahl; Kelch kahl. IV-VII. Moore, Feuchtheiden u. -wiesen. T[D:z-v].

5 KARLSZEPTER *Pedicularis sceptrum-carolinum.* 30-80 cm; Staude, steif aufrecht; B. mit *ovalen* Lappen, untere in Rosette; Bl. gelb, bis *32 mm* lang, Unterlippe rotrandig(bisweilen nicht-rotrandige Bl. geschlossen bleibend), in unbeb. erscheinender Ähre. VII-VIII. Sumpfwiesen, Moore, Wälder. S,M[D:s]. **5a Buntes L.** *P. oederi.* 5-15 cm; B. mit rundlichen Lappen; Bl. 12-20 mm mit rötlich-brauner Oberlippe u. roten Flecken, in vorerst dichter kopfiger Traube. S,F,M [D:Alp]. **5b** *P. flammea.* Ähnlich 5a; Bl. 10-12 mm, nicht gefleckt. S.

6 DURCHBLÄTTERTES LÄUSEKRAUT *Pedicularis foliosa.* 20-50 cm; Staude, aufrecht; B. 2fach gefiedert, mit zugespitzten *3eckigen* Abschnitten; Bl. bleichgelb, bis 25 mm lang, in dichten beb. Ähren. VI-VIII. Grasfluren höherer Gebirge. F,M[D:s-z].

7 WIESEN-WACHTELWEIZEN *Melampyrum pratense.* 10-50 cm; Einj., Halbparasit, vielgestaltig, oft schwach behaart; B. ±lanzettl., ±ganzrandig, sitzend, gegenständig; Bl. hellgelb, später rötlich, 2lippig, bis 17 mm lang, *halb geöffnet,* meist zu 2 einseitswendig, im Winkel gezähnter Deckb. V-IX. Magere Rasen, Heiden, Wälder. T[D:v]. **7a Wald-W.** *M. silvaticum* ☐. Schlanker; Bl. 6-8 mm lang, goldgelb, kaum geöffnet; Deckb. weniger gezähnt. VI-IX. Wälder, Gebüsche. T[D:s-z]. **7b Hain-W.** *M. nemorosum* ☐. B. eiförmig-lanzettl., 8-40 mm breit; Bl. goldgelb, Unterlippe vorn orange, obere Deckb. blauviolett. V-VIII. Trockene Rasen, Waldränder, S,F,M[D:s-v]. **7c Sumpf-W.** *M. paludosum,* B. ±lineal, 1-3 mm breit; Bl. weißlich od. hellpurpurn. Moore. M[D:s]. **7d, 7e** → S. 307.

8 KAMM-WACHTELWEIZEN *Melampyrum cristatum.* 15-30 cm; Einj., Halbparasit, schwach behaart; B. lineal-lanzettl., sitzend, gegenständig, oberste am Grund gezähnt; Bl. *gelb* u. *purpurn,* 2lippig, in *vierkantiger,* dicht-dachziegeliger Ähre; obere Deckb. *purpurn,* längs gefaltet. VI-IX. Gebüsche, Waldränder, Lichtungen. T[D:s-z]. **8a Acker-W.** *M. arvense* ☐. Bl. in kegelförmiger, nicht vierkantiger Ähre; Deckb. breiter, flach, fiederspaltig, meist hellrot. Äcker, Rasen. T[D:s-z].

9 *Sibthorpia europaea.* Staude, rasenförmig kriechend, behaart; St. dünn, bis 40 cm lang; B. *nierenförmig*-rundlich, mit 7-13 sehr stumpfen Lappen, lang gestielt, wechselständig; Krone 1,5-2,5 mm, 5zipfelig, 2 obere Zipfel blaßgelb, 3 untere blaßrosa, kurz gestielt in B'winkeln. VI-X. Feuchte, schattige Orte. GB,F.

217

Rachenblütler (Forts.)

1 SCHUPPENWURZ *Lathraea squamaria.* 5-20 cm; Staude, ohne B'grün, auf Wurzeln grüner Pfl.(z. B. Haselstrauch, verschiedene Bäume) parasitierend, flaumig; B. schuppenförmig; Bl. rosa, 2lippig, in dichter, nickender, einseitswendiger Traube. III-V. Laubwälder, Gebüsche. T[D:z]. **1a** *L. clandestina* □. St. kaum über dem Boden, kahl, mit länger gestielten, größeren violetten Bl. (GB),F.

Sommerwurzgewächse Fam. Orobanchaceae

Kräuter ohne B'grün, auf den Wurzeln grüner Pfl. parasitierend; B. am St. schuppenförmig, ± eiförmig-lanzettl., zugespitzt; Bl. ähnlich wie der obere Teil der Pfl. gefärbt, 2lippig, in Ähren; Fr. meist eiförmige Kapsel; z. T. mit Hilfe der Wirtspfl. zu bestimmen; St. bleiben mit den abgestorbenen Bl. über Winter erhalten. Grasfluren, Gebüsche.

2 GINSTER-SOMMERWURZ *Orobanche rapum-genistae.* Bis 85 cm; Mehrj./ Staude, gelblichweiß bis honigbraun; Bl. 20-25 mm, Oberlippe helmartig; Staubb. unten kahl; Narbenlappen goldgelb; Bl. nur mit Tragb., ohne Vorb. V-VII. Wirtspfl. u. a.: Besenginster, Färber-Ginster, Stechginster(S. 120). GB,F, M[D:z-v]. **2a Große S.** *O. elatior.* 20-70 cm; St. bisweilen rosa; Bl. 15-20 mm, Oberlippe bisweilen ausgerandet; Staubb. auch unten behaart. Wirtspfl.: Skabiosen-Flockenblume(S. 248), Kugeldistel(S. 244). **2b, 2c, 2d, 2e, 2f** → S. 307.

3 KLEETEUFEL *Orobanche minor.* 10-50 cm; Einj./Staude, gelblich od. rötlich überlaufen; Bl. 10-18 mm, Nerven violett, etwa so lang wie Tragb. (Vorb. fehlend); Staubb. oben fast kahl; Narbenlappen purpurn. V-X. Wirtspfl. u. a.: Klee (S. 130). (S),GB,F,M[D:v-z]. **3a Quendel-Sommerwurz.** *O. alba.* Mehrj., ± purpurrot; Bl. meist länger als Tragb., 1-3 cm; Staubb. unten behaart. Wirtspfl.: Lippenblütler (S. 194-204), bes. Thymian(S. 204). T[D:s-z]. **3b Bitterkraut-S.** *O. picridis.* Gelblichweiß bis violett; Staubb. unten stark behaart. Wirtspfl.: Korbblütler (bes. Gewöhnl. Bitterkraut S. 256), Möhre(S. 156). GB,F,M[D:s]. **3c Netzige S.** *O. reticulata.* Gelblich bis purpurn; Bl. mit dunklen Haaren; Staubb. fast kahl. Wirtspfl.: bes. auf Disteln(S. 246). T[D:s-z]. **3d Efeu-S.** *O. hederae.* Bleich od. rötlich; Narbenlappen erst gelb, zuletzt braun-schwarz. Wirtspfl.: Efeu(S. 154). GB,F,M[D:s]. **3e, 3f, 3g** → S. 307.

4 VIOLETTE SOMMERWURZ *Orobanche purpurea.* 15-65 cm; Mehrj., violett od. blaugrau, meist unverzweigt; Bl. 18-25(32) mm, mit 1 Tragb. u. *2 Vorb.*, am Saum violett. VI-VII. Wirtspfl.: Schafgarbe(S. 238), Beifuß(S. 238), Distel(S. 246). T[D:s-z]. **4a, 4b, 4c** → S. 307.

5 LABKRAUT-SOMMERWURZ *Orobanche vulgaris.* 10-60 cm; Ein-/Mehrj., bleich bis blaßviolett; Bl. 17-35 mm lang, *duftend*, nur 1 Tragb.; Staubb. unten behaart. VI-VII. Wirtspfl.: Labkräuter(S. 186). T[D:z]. **5a** → S. 307.

Kugelblumengewächse Fam. Globulariaceae

6 GEMEINE KUGELBLUME *Globularia elongata.* 5-30 cm; Staude; Rosettenb. spatelförmig-verkehrt-eiförmig, *ausgerandet* mit Zähnchen; Hochb. ± lanzettl., sitzend; Bl. violettblau, selten rosa od. weiß, 2lippig, Oberlippe kurz 2spaltig, Unterlippe 3spaltig, in *kugeligem* Kopf. IV-VI. Trockene Rasen, steinige Böden. S,F,M[D:s-z]. **6a, 6b** → S. 307.

Wasserschlauchgewächse Fam. Lentibulariaceae

FETTKRAUT *Pinguicula.* Stauden, klebrig-drüsig; B. länglich-elliptisch, ganzrandig, ausgebreitet in Grundrosette, Ränder nach oben einrollend, klebrig (Insektenfang); Bl. 2lippig, gespornt, einzeln an langen b'losen Stielen.

7 GEMEINES FETTKRAUT *Pinguicula vulgaris.* 7-18 cm; B. frischgrün; Bl. *blauviolett* mit weißem Schlundfleck, 15-22 mm, Sporn dünn, nach hinten gerichtet. V-VI. Sümpfe, Moore, feuchte Wiesen. T[D:s-z]. **7a** *P. grandiflora* □. Bl. 25-35 mm; Sporn kräftig, gerade. GB,F.

8 *Pinguicula lusitanica.* 6-15 cm; B. olivgrün mit rotbräunlichen Nerven; Bl. blaßlila mit gelbem Schlund, 6-9 mm, Sporn zylindrisch, herabgebogen. VI-X. Moore, feuchte Heiden. GB,F. **8a, 8b** → S. 307.

Wegerichgewächse Fam. Plantaginaceae

Kräuter; B. meist parallelnervig, in Grundrosette(außer 4); Bl. klein, in dichten Ähren od. Köpfen auf langen b'losen Stielen(außer 4); Staubb. hervorragend, meist auffällig gefärbt; Fr. eine Kapsel.

1 GROSSER WEGERICH *Plantago major.* 10-40 cm; Staude, kahl od. behaart; B. breit *elliptisch*, deutlich gestielt; Bl. gelblich-weiß, in langen, kürzer als die B. gestielten, grünlichen langen Ähren; Staubfäden weißlich. VI-X. Weiden, Wege, Schuttfluren. ⚥ T[D:v]. **1a Mittlerer W.** *P. media* □. Immer behaart, etwas graugrün; B. elliptisch, nicht od. kurz gestielt; Bl. weißlich, duftend, in länger gestielten kürzeren Ähren; Staubfäden lila. V-IX. Trockene Wiesen, Rasen, meist auf Kalk. ⚥ T[D:s-v].

2 SPITZ-WEGERICH *Plantago lanceolata.* 5-50 cm; Staude, fast kahl od. behaart; B. *lanzettl.;* Bl. bräunlich, in kurzen, schwärzlichen Ähren; Ährenstiel gefurcht; Staubfäden weißlich. V-IX. Wiesen, Weiden, Unkrautfluren. ⚥ T[D:v]. **2a → S. 308.**

3 STRAND-WEGERICH *Plantago maritima.* 15-40 cm; Staude, meist kahl; B. *lineal,* fleischig, 3-5nervig, gelegentlich gezähnt u. breiter; Bl. bräunlich, in länglichen, grünlichen Ähren; Ährenstiel nicht gefurcht; Staubbeutel gelb. VI-X. Salzige Wiesen der Küsten, selten Binnenland. T[D:v-s]. **3a, 3b → S. 308.**

4 SAND-WEGERICH *Plantago indica.* 20-30 cm; Einj., behaart, verzweigt; B. lineal, gegenständig, bisweilen gezähnt, untere mit beb. Seitentrieben; Bl. bräunlich-weiß, in lang gestielten, fast kugeligen Ähren in oberen B'winkeln. V-IX. Dünen, Schuttfluren, sandige Böden. ⚥ (GB,S),F,M[D:s]. **4a → S. 308.**

5 SCHLITZBLATT-WEGERICH *Plantago coronopus.* 8-15 cm; Ein-/Mehrj., behaart; B. verschieden gestaltet, meist *fiederspaltig* gelappt, seltener lineal u. tief gezähnt, 1nervig; Bl. weißlich, braunnervig, in kurzen grünlichen Ähren auf ungefurchten Stielen. V-X. Salzige Wiesen, sandige Böden der Küsten, selten Binnenland. T[D:v-s].

Dreizackgewächse Fam. Juncaginaceae

(Fam. der Klasse der Monocotyledoneae, s. S. 10 u. 258)

6 SUMPF-DREIZACK *Triglochin palustris.* 15-60 cm; Staude, kahl; B. lineal, *halbstielrund;* Bl. gelblichgrün, sehr klein, kurz gestielt, in lockerer Traube; Kronb. u. Narben 3; Fr. schmal pfeilförmig (3 Teilfr.). V-IX. Moore, Sumpfwiesen. ⚬ T[D:z-s]. **6a Blumensimse** *Scheuchzeria palustris* □ (Fam. Scheuchzeriaceae). 10-20 cm; B. lineal-rinnig, am Grund scheidig erweitert; Bl. gelblich, in armbl. Trauben; Fr. eiförmig, aufgeblasen. Moore. T[D:s].

7 SECHSZACK *Triglochin maritima.* 10-60 cm; Staude kahl; B. lineal, fleischig, *halbstielrund;* Bl. grünlich(-rötlich), sehr klein, kurz gestielt, in dichter Traube (wegerichähnlich); Kronb. 3; Narben 6; Fr. eiförmig (6 Teilfr.). V-IX. Salzwiesen der Küsten, selten Binnenland. ⚬ T[D:v-s].

Moschuskrautgewächse Fam. Adoxaceae

8 MOSCHUSKRAUT *Adoxa moschatellina.* 5-15 cm; Staude, kriechend, kahl; B. doppelt 3zählig, gelappt, lang gestielt; Bl. gelbgrün, in 5bl., fast würfelförmigem Blst.; Fr. grüne Steinfr. III-V. Feuchtere Laubwälder. T[D:v].

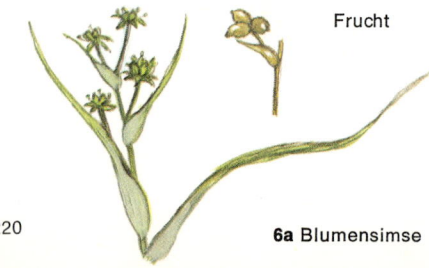

Frucht

6a Blumensimse

Baldriangewächse Fam. Valerianaceae

Kräuter; B. gegenständig, ohne Nebenb.; Kronb. 5, verwachsen; Bl. z. T. klein, gebüschelt in Blst.

1 HOLUNDERBLÄTTRIGER BALDRIAN *Valeriana sambucifolia.* 0,4-1,5 m; Staude, unten behaart, meist oben verzweigt; B. *gefiedert*, mit 7-11(*V. officinalis:* 11-25 ♀) lanzettl., gesägten Fiedern, untere gestielt; Bl. fleischrosa, am Grund ausgesackt, in ± rundlichen Büscheln. VI-VIII. Feuchte Ufer, Grabenränder. T[D:z-s].

2 SUMPF-BALDRIAN *Valeriana dioica.* 15-25 cm; Staude, fast kahl, mit Ausläufern; untere B. breiteiförmig, ungezähnt, z. T. lang gestielt, obere ± gefiedert, sitzend; Bl. fleischrot bis weiß, in rundlichen Büscheln; Staubb. u. Narben auf getrennten Pfl. V-VI. Moore, Ufer. T[D:v-z]. **2a Berg-B.** *V. montana.* Ohne Ausläufer; obere B. rundlich, schwach gezähnt. V-VIII. Steinschutt, Wälder der Gebirge. F,M[D:Alp]. **2b, 2c, 2d →** S. 308.

3 SPORNBLUME *Kentranthus ruber.* 30-50 cm; Staude, kahl, graugrün; B. eiförmig bis *lanzettl.*, untere gestielt u. ganzrandig; Bl. rosenrot(selten weiß), duftend, gespornt, in lockeren rundlichen Büscheln. V-IX. Mauern, Felsen, Klippen, Steilufer, Steinbrüche. (GB),F(M[D:s]).

4 GEWÖHNLICHER FELDSALAT *Valerianella locusta.* 10-20 cm; Einj., meist kahl, verzweigt; B. spatelförmig, obere lanzettl. Bl. bläulich-weiß, sehr klein in doldenähnlichen, flachen Büscheln; Fr. abgeflacht-rundlich. IV-V. Äcker, Wegränder, Böschungen. T[D:v-z]. **4a, 4b, 4c, 4d, 4e →** S. 308.

Geißblattgewächse Fam. Caprifoliaceae

Sträucher; B. gegenständig; Kronb. 5, verwachsen.

5 ZWERG-HOLUNDER *Sambucus ebulus.* 0,5-1,5 m; Staude, aufrecht, unangenehm riechend; B. *gefiedert;* B'chen lanzettl., scharf gesägt; Scheinnebenb. b'artig; Bl. rötlich-weiß, in flachen, doldenähnlichen Blst.; Staubbeutel purpurn; Fr. schwarze Beere. VI-VIII. Lichtungen, Unkrautfluren, Wegränder. ⚥ S,(GB),F, M[D:s-v]. **5a Schwarzer H.** *S. nigra.* 2-10 m; Strauch, sommergrün; B'chen breiter; Scheinnebenb. fädlich od. fehlend; Bl. duftend; Staubbeutel gelb. V-VII. Gebüsche, feuchte Wälder, Schuttplätze. ⚥⚥ T[D:v]. **5b Trauben-H.** *S. racemosa.* B. mit Bl. erscheinend; Bl. gelblich-weiß, in eiförmigen, dichten Blst.; Fr. rot. IV-V. Laubwälder, Lichtungen. (S,GB),F,M[D:v-s].

6 GEWÖHNLICHER SCHNEEBALL *Viburnum opulus.* 1-4 m; Strauch, sommergrün, schwach behaart; B. 3-5lappig, oberseits kahl u. ± glatt; Bl. weiß, in flachen, doldenähnlichen Blst., etwas duftend, *äußere viel größer;* Fr. glänzende, *scharlachrote* Steinfr. V-VII. Wälder, Gebüsche, Hecken. ⚥⚥ T[D:v-z[.

7 WOLLIGER SCHNEEBALL *Viburnum lantana.* 1-5 m; Strauch, sommergrün; B. *elliptisch,* gezähnt, runzelig, sternhaarig; Bl. weiß, in flachen, doldenähnlichen Blst., duftend; Steinfr. erst rot, dann schwarz. IV-VI. Gebüsche, Waldränder, Hecken; auf Kalk. ⚥ GB,F,M[D:z-s].

8 MOOSGLÖCKCHEN *Linnaea borealis.* 15-20 cm; Halbstrauch, wintergrün; St. fädlich, kriechend; B. eiförmig, gekerbt, gestielt; Bl. rosa od. weiß, glockig, nickend, duftend, zu 2; Fr. eiförmig. VI-VIII. Nadelwälder. T[D:s].

9 WALD-GEISSBLATT *Lonicera periclymenum.* Bis 6 m; rechtswindender Strauch, auch niederliegend, sommergrün, kahl od. behaart, früh austreibend; B. elliptisch, ganzrandig, nicht od. kurz gestielt; Bl. gelblich-weiß, später bräunlichgelb, oft rötlich überlaufen, 2lippig, langröhrig, stark duftend, in dichtem *Kopf;* Beere dunkelrot. VI-X. Wälder, Lichtungen. ⚥ T[D:v-z]. **9a Echtes G.** *L. caprifolium* ☐. Kahl; obere B. unter Blst. miteinander verwachsen; Beere korallenrot. V-VII. ⚥⚥ (GB),F,M[D:z-s].

10 ROTE HECKENKIRSCHE *Lonicera xylosteum.* 1-2 m; Strauch, sommergrün, behaart; B. breitelliptisch, spitz, kurz gestielt, etwas graugrün; Bl. gelblich, 2lippig, röhrig, zu 2 am Grund der oberen B., Beere scharlachrot. IV-VI. Laubwälder, Gebüsche, Hecken. ⚥⚥ T[D:v-s]. **10a, 10b, 10c →** S. 308.

9a Echtes Geißblatt

Kardengewächse Fam. Dipsacaceae

Kräuter; B. gegenständig; Kronzipfel 4 od. 5; Kelch borstig; Bl. klein, zu vielen in dichtem, kopfigem Blst., ähnlich dem der Korbblütler(S. 230), aber Staubb. weniger als Kronzipfel u. weit aus der Bl. herausragend; Köpfe von kelchähnlichen Hüllb. umgeben; Fr. klein, 1samig.

1 WIESEN-KNAUTIE *Knautia arvensis.* 30-80 cm; Staude, behaart; St'b. *fiederspaltig,* untere bisweilen ungeteilt; Bl. blaulila, in relativ *flachen,* 3-4 cm breiten Köpfchen; Randbl. meist vergrößert; Hüllb. in 2 Reihen, kürzer als Bl. VI-X. Wiesen, trockene Rasen, Äcker. ⚥ T[D:v-z]. **1a Wald-K.** *K. silvatica* ☐. Alle B. ungeteilt, obere nur gezähnt; Bl. violett; Randbl. etwas vergrößert; Hüllb. etwa so lang wie Bl. Wälder, Staudenfluren, bes. Bergland. F,M[D:v-s]. **1b** → S. 308.

2 TAUBEN-SKABIOSE *Scabiosa columbaria.* 20-50 cm; Zweij./Staude, behaart, wenig verzweigt; B. 1 bis mehrfach fiederspaltig, untere mit eiförmiger Endfieder; Bl. bläulichlila, in 1,5-3,5 cm breiten Köpfchen, mit *braunschwarzen* Kelchborsten; Hüllb. 1reihig. VI-XI. Trockene Rasen; auf Kalk. T[D:s-v]. **2a Gelbe S.** *S. ochroleuca* ☐. Bl. *gelblichweiß.* M[D:s-z]. **2b Graue S.** *S. canescens* ☐. Grundb. lanzettl.; Bl. hellblau; Kelchborsten gelblich. S,F,M[D:s]. **2c** → S. 308.

3 TEUFELSABBISS *Succisa pratensis.* 15-30 cm; Staude, behaart; untere B. breitlanzettl., ganzrandig, stielförmig verschmälert, bisweilen rötlich gefleckt, obere schmaler, bisweilen gesägt; Bl. dunkelblau, selten rosa, in *halbkugeligen,* bis 2,5(3) cm breiten Köpfchen. VI-X. Moorwiesen, Heiden. ⚥ T[D:v-z]. **3a** → S. 308.

4 BEHAARTE KARDE *Dipsacus pilosus.* 0,6-1,2 m; Zweij., ±borstenhaarig u. stachelig an St. u. B.; B. länglich eiförmig, oft untere mit 2 kleinen Seitenfiedern, untere gestielt, obere schmaler; Bl. *weiß,* in wollig dornigen, *kugeligen* Köpfchen; Staubbeutel viol. VII-IX. Lichte Wälder, Flußufer. (S),GB,F,M[D:s-z].

5 WILDE KARDE *Dipsacus silvester.* 0,7-1,5 m; Zweij., kahl; St. u. B. *stachelig;* abgestorbene St. u. Blst. über Winter bleibend; B. breit-lanzettl., bedeckt mit weißlichen, unten verdickten Stacheln in Grundrosette(zur Bl'zeit verwelkt), obere B. schmaler, paarweise am Grund tütenförmig verwachsen; Bl. violett, in konischem, später zylindrischem Kopf. VII-VIII. Unkrautfluren, ±feuchte Wegränder, Dämme. ⚥ GB,F,M[D:z]. **5a Schlitzblättrige K.** *D. laciniatus.* St'b. fiederspaltig; Bl. blaßlila. Unkrautfluren. M[D:s].

Glockenblumengewächse Fam. Campanulaceae (s. S. 226)

6 ZARTE TEUFELSKRALLE *Phyteuma tenerum.* 15-55 cm; Staude, fast kahl, unverzweigt; Grundb. eilanzettl., selten herzförmig, gesägt; St'b. lanzettl. bis lineal, sitzend; Bl. *tiefblau,* in kugelförmigen Köpfchen; Kronzipfel schmal; Hüllb. kürzer als Köpfchen, etwa 3eckig. V-VIII. Trockene Rasen; auf Kalk. GB,F,M[D:s]. **6a Kugelige T.** *P. orbiculare.* Untere B. ±herzförmig; Hüllb. so lang wie Kopf, lanzettl. F,M[D:s-z]. **6b Schwarze T.** *P. nigrum.* Grundb. herzeiförmig; St'b. breiter; Bl. *schwarz violett,* in ei-walzenförmigem Kopf. Wälder, Wiesen. F,M[D:z]. **6c, 6d, 6e** → S. 308.

7 ÄHRIGE TEUFELSKRALLE *Phyteuma spicatum.* 20-50 cm; Staude, kahl; Grundb. herzeiförmig, gesägt, lang gestielt; St'b. schmaler, obere sitzend; Bl. *gelblichweiß,* in *ei-walzenförmigem* Kopf; Kronzipfel schmaler. V-VII. Wälder, Wiesen. T[D:z-v].

8 BERG-SANDGLÖCKCHEN *Jasione montana.* 15-30 cm; Zweijährige, behaart, am Grund ohne tote B.; B. länglich bis lanzettl., am Rand *wellig,* obere sitzend; Bl. *blau,* in kugeligen, 1,5-2,5 cm breiten Köpfchen. V-IX. Heiden, Dünen, Dämme; trockene, sandige, kalkarme Böden. T[D:v-s]. **8a Ausdauerndes S.** *J. levis.* Staude, mit Ausläufern, am Grund abgestorbene B.; Bl. blaulila, Blst. 2,5-3 cm. F,M[D:s].

1a Wald-Knautie

1

2a

2

2b

3

4

5

6

7

8

Glockenblumengewächse Fam. Campanulaceae

Kräuter; B. ungeteilt, wechselständig, ohne Nebenb.; Kronb. verwachsen, Zipfel 5, z. T. glockenförmig *(Campanula* z. T.); Fr. eine Kapsel.

1 RUNDBLÄTTRIGE GLOCKENBLUME *Campanula rotundifolia.* 10-30 cm; Staude, kahl; Grundb. *rundlich,* früh hinfällig; St'b. ± lineal, obere sitzend; Bl. violettblau, 1,2-2,2 cm, auf langen, dünnen Stielen, in lockerem Blst.; Kronzipfel ⅓ der Länge. VI-X. Rasen, Heiden, Wälder. T[D:v]. **1a, 1b, 1c, 1d, 1e** → S. 308.

2 KNÄUEL-GLOCKENBLUME *Campanula glomerata.* 20-40 cm; Staude, steif aufrecht, weichhaarig od. kahl; untere B. eiförmig-länglich, bisweilen herzförmig, gestielt, obere lanzettl., sitzend; Bl. blauviolett, in dichtem Kopf; Kelchb. 3eckig-spitz. VI-X. Trockene Rasen, Gebüsche; auf Kalk. T[D:s-v]. **2a Borstige G.** *C. cervicaria.* 40-80 cm; untere B. ± lanzettl.; Bl. meist kleiner, hellblau; Kelchb. stumpflicher. Gebüsche, Wälder. S,F,M[D:s-z]. **2b** → S. 308.

3 NESSELBLÄTTRIGE GLOCKENBLUME *Campanula trachelium.* 30-80 cm; Staude, steifhaarig; St. scharfkantig, unverzweigt; St'b. ei-lanzettl., lang-zugespitzt, doppelt gesägt; Bl. blauviolett, 3-4 cm lang, zu 1-2 in beb. Traube; Kronzipfel kurz, 3eckig. VII-IX. Wälder, Gebüsche. T[D:v-z]. **3a Breitblättrige G.** *C. latifolia.* 0,5-1,5 m; weichhaarig; St. stumpfkantig; B. eiförmig, gleichmäßiger gesägt; Bl. 3-5,7 cm, ± heller blauviolett; Kronzipfel etwas schmaler; Bl. einzeln in B'winkeln. VI-VIII. Wälder, bes. Berggebiete. T[D:s-z]. **3b Acker-G.** *C. rapunculoides.* 30-80 cm; unterirdische Ausläufer; St. kaum kantig; B. schmaleiförmig bis lanzettl., gesägt; Bl. 2-3 cm, in einseitigem Blst.; Kronzipfel länger. Gebüsche, Wegränder, Äcker. S,(GB),F,M[D:z-v]. **3c Filzige G.** *C. bononiensis.* Ähnlich 3b, aber B. unterseits grausamtig; Bl. 1-2 cm; Blst. dichter. Wälder, Gebüsche. F,M[D:s].

4 WIESEN-GLOCKENBLUME *Campanula patula.* 20-50 cm; Zweij./Staude, meist kahl; St. kantig; B. länglich-spatelig, obere schmaler, sitzend; Bl. lila-violett, dunkler geadert, 1,5-2,5 cm, in lockerem, rispigem Blst.; Kronzipfel etwa ½ so lang wie Bl.; Kelchzähne pfriemlich. V-VII. Wiesen, Gebüsche, Wegränder. T[D:s-v]. **4a Rapunzel-G.** *C. rapunculus.* Bl. blaulila; Kronzipfel etwa ⅓ so lang wie Bl.; Blst. reichblütiger. S,(GB),F,M[D:z-v].

5 PFIRSICHBLÄTTRIGE GLOCKENBLUME *Campanula persicifolia.* 30-80 cm; Staude, meist kahl; untere B. länglich, keilig stielförmig verschmälert, obere lanzettl.-lineal, sitzend; Bl. himmelblau, 2,5-4 cm, gestielt, in Trauben; Kronzipfel breit-3eckig. V-VIII. Wälder, Gebüsche, auch verwildert. T[D:z].

6 BÄRTIGE GLOCKENBLUME *Campanula barbata.* 10-30 cm; Staude, steif behaart; unverzweigt; B. länglich-lanzettl., fast alle in Grundrosette, fast ganzrandig; Bl. hellblau, innen lang weißlich behaart, in ± einseitswendiger Traube; Anhängsel zwischen Kelchzipfeln lang. VI-VIII. Gebirgsrasen. S,F,M[D:Alp]. **6a, 6b** → S. 308.

7 MOORGLÖCKCHEN *Wahlenbergia hederacea.* 5-30 cm; Staude; St. kriechend; B. rundlich, 5lappig, *efeuähnlich,* gestielt; Bl. hell-blaulila, schmalglockig, 0,8-1 cm lang, auf dünnen Stielen in B'winkeln, Zipfel kurz. VI-IX. Sümpfe, Moore, nasse Wälder. GB,F,M[D:s].

8 KLEINER FRAUENSPIEGEL *Legousia hybrida.* 10-25 cm; Einj., behaart; B. schmal-elliptisch, sitzend; Bl. 0,6-1,5 cm ⌀, violettrot, *kürzer* als lanzettl. Kelchb., in lockeren Blst. V-VIII. Getreideäcker; meist kalkreiche, sandige Böden. GB,F,M[D:s].

9 GEWÖHNLICHER FRAUENSPIEGEL *Legousia speculum-veneris.* 10-20 cm; Einj., meist kahl; B. verkehrt-eiförmig, obere schmäler u. sitzend; Bl. 2-2,5 cm ⌀, dunkelviolett (dunkler u. bläulicher als Abb.), in lockeren Blst. V-VIII. Unkrautfluren, u. a. Getreideäcker; wie 8. F,M[D:z].

Lobeliengewächse Fam. Lobeliaceae

10 LOBELIE *Lobelia urens.* 20-60 cm; Staude, ± kahl, mit scharfem *Milchsaft;* St. beb.; B. verkehrt ei-lanzettl., gezähnt; Bl. blau od. purpurn, Oberlippe 2-, Unterlippe 3lappig, in gestielter Traube. VIII-IX. Feuchte Wälder u. Heiden; nicht auf Kalk. GB,F.

1

2

3

4

5

6

7

8

9

10

227

Bestimmungshilfe Korbblütler

(S. 230-256)

Bl.(s. S. 230) rel. klein, in dichten korb- od. kopfförmigen, von Hüllb. umgebenen Blst. (bisweilen eine Einzelbl. vortäuschend); entweder Blst. nur mit Röhrenbl. (distelähnlich) od. nur mit Zungenbl. (löwenzahnähnlich) od. Blst. in der Mitte mit Röhrenbl. (= Scheibenbl.) u. am Rand mit strahlenden Zungenbl. (= Strahlenbl.; margeritenähnlich); Kräuter, seltener Halbsträucher; u. a. nicht zu verwechseln mit den äußerlich ähnlichen Blst. der Kardengewächse (S. 224).

BEISPIELE AUFFÄLLIGER MERKMALE

PFLANZE

aromatisch: Großfrüchtige Spitzklette 304; Hundskamillen u. Kamillen(z. T.) 232; Gemeines Katzenpfötchen 234; Beifuß, Wermut, Laugenblume 238; Mutterkraut, Rainfarn 240

halbstrauchig: *Senecio cineraria* 242

stachelig-dornig: Dornige Spitzklette 230; Sommer-, Stern-Flockenblume, *Centaurea melitensis, C. aspera* 248; Rauhe, Acker-, Sumpf-Gänsedistel, Wilder Lattich 252

STENGEL

geflügelt: Eselsdistel 244; Echte Kratzdistel, Nickende, Schmalköpfige, Kletten-, Stachel-Distel 246; Sommer-Flockenblume 248; Alpen-Milchlattich 250

BLÄTTER

halbst'umfassend, sitzend: Astern, Berufkräuter 232; Gelbes Ruhrkraut, Kleines Flohkraut 234; Ruhrwurz, Weidenblättriger, Echter Alant, Kriechende Gemswurz 236; Garten-Ringelblume 240; Raukenblättriges, Wasser-Greiskraut, *Senecio squalidus*, Moor-, Gemeines Greiskraut 242; Gewöhnliche Eberwurz, Mariendistel, Kohldistel 244; S. 250, 252(z. größten Teil); Geflecktes Ferkelkraut 254; Großes Bitterkraut 256

in Grundrosette(bisweilen nur z. T.): Gänseblümchen, Alpen-Berufkraut 232; Gemeines Katzenpfötchen, Zwerg-Ruhrkraut 234; Arnika, Kriechende Gemswurz 236; Eberwurz 244; Lämmersalat 252; S. 254(z. größten Teil); Wald-, Alpen-Habichtskraut, Abbiß-Pippau 256

fleischig: *Inula crithmoides* 230; Salz-Aster 232

gegenständig: Wasserdost, Hohe Ambrosie 230; Knopfkräuter 232; Sonnenblumen, Arnika 236; Zweizahn 238

weiß- od. weißlich-nervig: Mariendistel 244; Wiesen-Bocksbart, Haferwurz 250

KÖPFE NUR MIT ZUNGENBLÜTEN

rosa/purpurrot: Haferwurz, Rote Schwarzwurzel, Alpen-Milchlattich, Hasenlattich 250

bräunlich-gelb: Schlitzblättriges Stielsamenkraut 250

gelb (od. weißlich-gelb): Wiesen-Bocksbart, Niedrige Schwarzwurzel 250; Gewöhnliche, Acker-, Sumpf-Gänsedistel, Mauerlattich, Wilder, Gift-, Weiden-Lattich 252; S. 254, 256(z. größten Teil)

blau: Wegwarte, Alpen-Milchlattich, Blauer Lattich 250

KÖPFE NUR MIT RÖHRENBLÜTEN
(einschl. Köpfe mit unscheinbaren, randständigen Zungenbl.)

rosa/purpurrot: Wasserdost 230; Gemeines Katzenpfötchen 234; Gewöhnliche Pestwurz 238; Alpen-Brandlattich 240; Kletten, Eselsdistel; Mariendistel, Echte Alpenscharte 244; S. 246, 248(z. größten Teil)

rot: Gemeines Katzenpfötchen 234; Österreichischer Beifuß 305

gelb: Hohe Ambrosie 230; Salz-Aster, Strahllose Kamille 232; S. 234(z. größten Teil); Zweizahn, *Otanthus maritimus*, Laugenblume 238; Rainfarn 240; Gemeines Greiskraut 242; Sommer-Flockenblume 248

blau: Kugeldistel 244; Berg-Flockenblume, Kornblume 248

weiß(lich): Gemeines Katzenpfötchen 234
bräunlich(-gelb): Spitzkletten 230; Filz- u. Ruhrkräuter 234; Beifuß-Arten, Wermut, Zweizahn 238; Eberwurz, Kohldistel 244

KÖPFE MIT RÖHREN-(SCHEIBEN-) U. ZUNGEN-(STRAHLEN-)BL.

Strahlenbl. rosa/purpurrot/blau-lila: Astern, Scharfes, Alpen-Berufkraut 232; Gemeine Schafgarbe 238; Alpen-Brandlattich 240

Strahlenbl. gelb: S. 230(z. größten Teil); Kleines Flohkraut 234; S. 236; Zweizahn 238; Huflattich, Saat-Wucherblume, Garten-Ringelblume 240; S. 242

Strahlenbl. weiß: Gänseblümchen, Kamillen(z. T.), Knopfkräuter 232; Schafgarben 238; Margerite, Mutterkraut 240

KÖPFE EINZELN

Inula crithmoides 230; Gänseblümchen, Kamillen, Alpen-Berufkraut 232; Zwerg-Filzkraut, Zwerg-Ruhrkraut 234; S. 236; Zweizahn 238; S. 240, 244 u. 248(z. größten Teil); Bocksbart, Haferwurz, Schwarzwurzeln, Wegwarte 250; S. 254(z. größten Teil); Alpen-Habichtskraut 256

KÖPFE ÜBER 3 CM ∅

Inula crithmoides 230; Kamillen(z. T.) 232; S. 236; Margerite, Saat-Wucherblume 240; Sumpf-Greiskraut 242; Kugeldistel, Eselsdistel, Mariendistel, Kohldistel 244; Echte, Wollköpfige, Stengellose Kratzdistel, Nickende, Stachel-Distel 246; Schwarze, Skabiosen-Flockenblume 248; Blauer Lattich 250; Acker-, Sumpf-Gänsedistel 252; Wiesen-Löwenzahn, Gewöhnliches, Geflecktes Ferkelkraut, Wiesen-Milchkraut 254; Wald-, Alpen-Habichtskraut 256

KÖPFE IN ÄHREN ODER TRAUBEN
(bisweilen rispige Gesamtblst.)

Goldruten, Kanadisches Berufkraut, Hohe Ambrosie 230; Zwerg-, Wald-Ruhrkraut 234; Pestwurz, Beifuß, Wermut 238; Kletten 244; Wegwarte, Alpen-Milchlattich 250; Lattiche 252

Korbblütler Fam. Compositae

Kräuter, mit od. ohne Milchsaft, vielgestaltig; Bl. klein, meist dicht zusammen auf einem Blst'boden Köpfchen od. Körbchen bildend; Blst. von kelchb'ähnlichen Hüllb. umgeben; Kronb. 5, zu einer Röhre verwachsen, entweder mit 5 annähernd gleich langen Kronzipfeln*(Röhrenbl.)* od. 3 bzw. 5 Zipfel einseitig zungenförmig verlängert *(Zungenbl.)*; Blst. entweder nur aus Röhrenbl.(z. B. Distel) od. in der Mitte aus Röhrenbl.*(Scheibenbl.)* u. randständigen „strahlenden" Zungenbl.*(Strahlenbl.,* z. B. Sonnenblume) od. nur aus Zungenbl.(z. B. Habichtskraut) gebildet; Fr. klein, meistens Nuß, an ihrer Spitze oft ein federartiger Pappus, Schuppen od. Hautsaum.

1 WASSERDOST *Eupatorium cannabinum.* 0,5-1,5 m; Staude, behaart; St. oft rötlich, ±verzweigt; B. handförmig 3-5schnittig, Abschnitte lanzettl., gezähnt, oberste ungeteilt; Bl. fleischrot-trübrosa od. weißlich; Blst.(Röhrenbl.) in schirmartiger Doldentraube. VII-IX. Feuchte Wälder, Kahlschläge, Ufer. ⚥ T[D:v]. **1a, 1b** → S. 308.

2 GEMEINE GOLDRUTE *Solidago virgaurea.* 0,15-1 m; Staude, kahl od. flaumig, wenig verzweigt; untere B. elliptisch, gestielt, obere lanzettl., gesägt, oberste schmaler, ganzrandig u. sitzend; Bl. goldgelb; Gesamtblst. zusammengezogen rispig, mit Strahlenbl. VI-X. Wälder, Heiden, Dünen (ssp. *virgaurea*); Gebirgsrasen (ssp. *alpestris*). ⚥ T[D:v-z].

3 KANADISCHE GOLDRUTE *Solidago canadensis.* 0,5-2,5 m; Staude, behaart, unten unverzweigt; B. lanzettl., gesägt; Blst. goldgelb, Zungenbl. etwa so lang wie Röhrenbl., einseitig auf Ästen; rispiger Gesamtblst. VII-IX. Unkrautfluren, Ufer, Waldränder. T[D:v] Heimat: N-Amerika. **3a Riesen-G.** *S. gigantea.* St. zumindest unten völlig kahl; B. scharf gesägt; Zungenbl. etwas länger als Röhrenbl. GB,F,M[D:z-s] Heimat: N-Amerika. **3b Grasblättrige G.** *S. graminifolia.* 60-70 cm; B. lineal-lanzettl.; dichter doldenähnlicher Gesamtblst. (GB,M[D:s]) Heimat: N-Amerika.

4 GOLDHAAR-ASTER *Aster linosyris.* 15-45 cm; Staude, behaart, unten unverzweigt; B. *lineal,* einnervig, dicht am St.; Blst.(Röhrenbl.), gelb, in dichter Doldentraube. VII-XI. Trockene Rasen, Gebüsche, Felsen; auf Kalk. T[D:s].

5 KANADISCHES BERUFKRAUT *Erigeron canadensis.* 0,15-1 m; Einj., behaart, oben stark verzweigt; B. schmal lanzettl., z. T. gezähnt; Blst.(weiße od. rötliche Zungenbl., etwa so lang wie gelbliche Röhrenbl.) in lockeren Rispen. VI-X. Unkrautfluren. ⚥ T[D:v] Heimat: N-Amerika.

6 DÜRRWURZ *Inula conyza.* 20-70 cm; Zweij./Staude, filzig; St. ±rotbraun, oben verzweigt; B. ei- od. breit-lanzettl., fingerhutähnlich, leicht buchtig gezähnt; Blst. gelb, Zungenbl. klein od. fehlend, innere Hüllb. purpurn, in Doldentrauben. VII-IX. Gebüsche, Waldränder, sonnige Abhänge; auf Kalk. ⚥⚥ GB, F,M[D:s-z]. **6a** *I. graveolens.* Einj., klebrig-drüsig, unangenehm riechend; B. lineal; Blst. kleiner, in verlängerter, kegeliger Ähre. Trockene Hänge. (GB),F.

7 *Inula crithmoides.* 15-90 cm; Staude, kahl; B. lineal, fleischig, oft an der Spitze 2-5zähnig; Blst. gelb, Zungenbl. lang, in rispig-doldigem Gesamtblst. VII-VIII. Salzwiesen, Kies u. Felsenstandorte der Küsten. GB,F.

8 HOHE AMBROSIE *Ambrosia elatior.* 0,2-1,5 m; Einj., behaart; St. verzweigt, oft rötlich, kantig; B. eiförmig, 1-2fach fiederspaltig, unterseits *graugrün,* z. T. gegenständig; Blst. grünlich-gelb, ohne Zungenbl., ♂ in Ähren, ♀ einzeln od. zu 2-3 im Winkel oberer B.; Fr'hülle stachelig. VI-X. Unkrautfluren, Schutt, Wegränder. ⚥ (GB,F,M[D:s]) Heimat: N-Amerika.

9 DORNIGE SPITZKLETTE *Xanthium spinosum.* 15-80 cm; Einj., steif ästig; B. länglich-rhombisch, 3-5lappig, oberseits grün, glänzend, unterseits graufilzig, am Grund mit 1-2 3teiligen gelben *Stacheln;* Blst. grünlich, ohne Zungenbl., mit widerhakigen Dornen besetzt; ♂-Blst. kugelig, oberhalb der eiförmigen ♀-Blst.; Fr'hülle mit widerhakigen Dornen. VII-X. Unkrautfluren, Schutt, Wegränder. ⚥ GB,F,M[D:s-z] Heimat: S-Amerika. **9a, 9b, 9c** → S. 308.

231

Korbblütler (Forts.)

1 GÄNSEBLÜMCHEN *Bellis perennis*. 2-15 cm; Staude, schwach behaart; B. spatelig, gekerbt, in Grundrosette; Scheibenbl. gelb, Strahlenbl. weiß, an der Spitze oft rötlich; Blst. lang gestielt, einzeln. I-XII. Weiden, Wiesen, Wegränder. ⚥ T[D:v]. **1a** *Erigeron mucronatus*. 10-25 cm; B. verkehrt-eiförmig; Gesamtblst. verzweigt. IV-X. Mauern. (GB,F) Heimat: Mexiko. **1b** → S. 308.

2 GERUCHLOSE KAMILLE *Matricaria maritima* ssp. *inodora*. 10-60 cm; Ein-/ Mehrj., ± aufrecht, *nicht* aromatisch; B. 2-3fach gefiedert, Zipfel fast haarfein; Scheibenbl. gelb, Strahlenbl. weiß bis 2 cm; Blst. einzeln; Hüllb. bleich hautrandig. IV-X. Unkrautfluren, Wegränder, Äcker. T[D:v]. **2a Strand-K.** ssp. *maritima*. Niederliegend-aufsteigend, kräftig; B. fleischig, Zipfel über 1 mm breit; Strahlenbl. bis 3 cm. Küstenspülsäume. T[D:z-s]. **2b Acker-Hundskamille** *Anthemis arvensis*. St. aufrecht, oft *flaumig-wollig;* B'zipfel breiter, lineal-lanzettl.; äußere Hüllb. zuletzt *zurückgebogen*. Äcker. T[D:v]. **2c Stinkende H.** *A. cotula*. Unangenehm riechend; St. zerstreut behaart; B'zipfel lineal od. fädlich; Hüllb. mit breitem Hautrand, grünem Mittelstreifen, an der Spitze *aufrecht*. Schutt, Äcker. T[D:z-s]. **2d Römische H.** *A. nobilis*. 15-30 cm; Staude, ausgebreitet-aufsteigend, angenehm aromatisch; B'abschnitte lineal; Hüllb. weißrandig; Strahlenbl. silberweiß, breit. VI-X. Grasfluren, heidige Stellen. ⚥ GB,F,(M[D:s]). **2e Echte K.** *Matricaria chamomilla*. 15-40 cm; stark aromatisch; B'zipfel ca. 0,5 mm breit, stachelspitzig; Strahlenbl. 6-9 mm lang, bald zurückgeschlagen; Hüllb. schmal braunrandig; Köpfe hohl. Äcker. ⚥ T[D:v]. **2f** → S. 308.

3 STRAHLLOSE KAMILLE *Matricaria matricarioides*. 5-20 cm; Einj., kahl, stark aromatisch, oben sperrig verzweigt; B. 2-3fach gefiedert, Zipfel 0,5-1 mm breit; Blst. gelbgrün, ohne Strahlenbl., einzeln; Hüllb. mit breitem Hautrand. V-XI. Weg- u. Straßenränder, Schutt, Äcker. T[D:v].

4 SALZ-ASTER *Aster tripolium*. 10-60 cm; Zweij./Staude, kahl, fleischig, verzweigt; untere B. länglich, stumpf, ungezähnt, dunkelgrün; St'b. lanzettl.; Scheibenbl. gelb; Strahlenbl. *hellblau* bis lila, selten weiß, gelegentlich *fehlend*, in lockerer doldiger Traube; Hüllb. stumpf. VI-X. Salzwiesen, salzige Röhrichte der Küsten. T[D:v-s]. **4a** → S. 308.

5 NEUBELGISCHE ASTER *Aster novi-belgii*. 0,8-1,6 m; Staude, verzweigt; St. unten 4reihig flaumig, beb.; B. lanzettl., obere sitzend, oft ± ganzrandig; Scheibenbl. gelb, Strahlenbl. lila, weiß od. rosa; Gesamtblst. breit doldig-rispig; äußere Hüllb. mindest. 1/2 so lang wie innere, *spitz*. VIII-XI. Flußufer, feuchte Wälder, Schutt. GB,F,M[D:z-s] Heimat: N-Amerika. **5a Neuenglische A.** *A. novae-angliae*. Rauhhaarig-flaumig, oben klebrig; Strahlenbl. meist rötlich. GB,M [D:z-s] Heimat: N-Amerika. **5b Weidenblättrige A.** *A. salignus*. B. lanzettl., sitzend, am Grund verschmälert; Hüllb. gleichlang, rötlich; Strahlenbl. weißlich, später violett. [D:z]. **5c Alpen-A.** *A. alpinus*. 5-15 cm; B. spatelig bis lanzettl.; Blst. bis 45 mm breit, einzeln. VII-VIII. Rasen, Weiden der Gebirge. M[D:z-s]. **5d, 5e** → S. 308.

6 SCHARFES BERUFKRAUT *Erigeron acer*. 10-30 cm; Zweij./Staude, rauh behaart; St. oft dunkelrot; obere B. lanzettl., ganzrandig, sitzend; Scheibenbl. gelblich, etwa so lang wie *aufrechte* hell-lila Strahlenbl.; Blst. 6-15 mm, in lockerer Traube od. Rispe; Hüllb. mit rötlichen Spitzen. V-IX. Offene, trockene Rasen, Abhänge, Mauern. ⚥ T[D:z]. **6a, 6b** → S. 309.

7 ALPEN-BERUFKRAUT *Erigeron alpinus*. 2-20 cm; Staude, behaart, bisweilen oben verzweigt; B. der Grundrosette spatelig, obere lanzettl., behaart; Scheibenbl. gelb, Strahlenbl. abstehend, rosa bis purpur-lila; Blst. *2-3 cm*, oft *einzeln;* Hüllb. kurz rauhhaarig, meist grün. VII-IX. Steinige Rasen, Felsen der Gebirge. F,M[D:Alp] (ähnlich: *E. borealis* S,GB). **7a Einköpfiges B.** *E. uniflorus* B. ziemlich kahl; Blst. 1-3 cm breit; Hüllb. dicht wollig-zottig. S,M[D:Alp]. **7b** *E. unalaschkensis*. Niedriger; Hüllb. schwarzpurpurn od. schwarzblau behaart. S. **7c, 7d, 7e** → S. 309.

8 RAUHES KNOPFKRAUT *Galinsoga ciliata*. 10-70 cm; Einj., oberwärts *dicht grauweiß behaart;* B. länglich-eiförmig, gesägt, dunkelgrün, gegenständig, obere schmaler; Scheibenbl. gelb; Strahlenbl. 4-5, flach, weiß, 3zähnig; Blst. in doldenähnlichem Gesamtblst. VI-X. Unkrautfluren, Schutt, Äcker, Flußufer. T[D:z] Heimat: S-N-Amerika. **8a Kleinblütiges K.** *G. parviflora*. St. oberwärts wenig u. kurz behaart; Strahlenbl. kürzer u. schmaler. Äcker. T[D:v].

233

Korbblütler (Forts.)

1 GEMEINES KATZENPFÖTCHEN *Antennaria dioica*. 5-20 cm; Staude, behaart, mit beb. oberirdischen Ausläufern; B. *unterseits* weißfilzig, die der Grundrosette spatelförmig; Blst. nur Röhrenbl., rosa od. weiß, doldig angeordnet; Hüllb. der Blst. mit zwittrigen Bl. ±weiß, die der mit ♀-Bl. rosa-purpurn. V-VII. Magere u. trockene Rasen, Moore, Heiden. T[D:z]. **1a** *A. alpina*. Bis ca. 5 cm; Grundb. oberseits grauweiß behaart, kurz; Blst. kleiner. Gebirge, Felsen; meist auf Kalk. S. **1b Karpaten-K.** *A. carpatica*. Ohne Ausläufer; B. schwach 3nervig, ±lanzettl., lang; Hüllb. bräunlich. S,M[D:Alp]. **1c** *A. porsildii*. Ausläufer kurz; Grundb. oberseits grün, 1nervig; Hüllb. grün od. schwarzbraun. S. **1d Perlblume** *Anaphalis margaritacea*. Bis 0,6 m; Staude, grauweiß-filzig; Blst. gelb, Hüllb. weiß. Unkrautfluren. ⚥ (GB,F,M) Heimat: NO-Asien, N-Amerika.

2 DEUTSCHES FILZKRAUT *Filago germanica*. 5-35 cm; Einj., abstehend, ±gabelig verzweigt, ±dicht weißwollig-filzig(gelblich-filzig: var. *virescens*); B. lanzettl., oft am Rand *gewellt*, spitz od. stumpf; Blst. geknäuelt, die oberen B. überragend, nur Röhrenbl., gelblich durch Spitzen der gerade aufgerichteten Hüllb.; Bl. gelblichweiß. VII-IX. Wegränder, Brachen, Heiden. T[D:s-z]. **2a Spatelblättriges F.** *F. spathulata*. Angedrückt grauweiß-filzig; St. am Grund ausgebreitet; B. spatelförmig, länger als geknäulte Blst.; Hüllb'spitzen bogig abstehend. GB,F,M[D:s].

3 ZWERG-FILZKRAUT *Filago minima*. 10-20 cm; Einj., weißfilzig; B. zahlreich am St., ±lineal; Blst. nur Röhrenbl., weißlich; Hüllb. unten seidig-filzig, oben mit glänzendem Hautrand, zur Fr'zeit sternförmig ausgebreitet, in gedrängtem, doldenähnlichem Gesamtblst., oberste B. überragend. VI-IX. Sandige, trockene Rasen, Heiden. T[D:s-z]. **3a Französisches F.** *F. gallica*. B. lineal, kaum 1 mm breit, oberste die Blst. weit überragend. (GB),F,M[D:s]. **3b Acker-F.** *F. arvensis*. Hüllb. bis zur Spitze weißwollig, später ±verkahlend. S,F,M[D:s]. **3c** *F. neglecta*. Ähnlich 3a; B. 2 mm breit. F.

4 SUMPF-RUHRKRAUT *Gnaphalium uliginosum*. 5-20 cm; Einj., grau-/weißfilzig, reich verzweigt; B. spatelig-lineal, oberseits grünlich, wechselständig; Blst. nur Röhrenbl., gelb-bräunlich, gebüschelt, von obersten B. überragt. VI-X. Feuchte Wegränder, Äcker, Teichränder. T[D:v]. **4a Zwerg-R.** *G. supinum*. 2-10 cm; Staude; B. ±lineal, 1-2 mm breit; Bl. bräunlich-gelb; Hüllb. braunhäutig; Blst. in lockerer Ähre, nicht von obersten B. übergipfelt. Gebirge; T[D:s-z]. **4b, 4c** → S. 309.

5 GELBES RUHRKRAUT *Gnaphalium luteo-album*. 10-30 cm; Einj., dicht weißwollig filzig, wenig verzweigt; B. länglich-lineal, Ränder etwas eingerollt, obere wellig berandet, beiderseits behaart; Blst. nur Röhrenbl., gelb, mit roten Narben, ±eiförmig, in doldentraubigem Gesamtblst. VI-IX. Sandige Ackerränder, Dünen. T[D:s-z]. **5a** *G. undulatum*. Höher, stärker verzweigt u. unangenehm riechend; B. breiter, oberseits grün, am St. herablaufend. (F) Heimat: S-Afrika.

6 WALD-RUHRKRAUT *Gnaphalium silvaticum*. 10-50 cm; Staude, graufilzig; St. unverzweigt; obere B. ±lineal, 1nervig, oberseits grünlich, unterseits weißlich, wechselständig; Blst. blaß bräunlich-trübgelb, in verlängerter, endständiger beb. Ähre od. Traube; Hüllb. mit braunem Fleck an der Spitze. VII-IX. Lichte Wälder, Heiden, magere Rasen; kalkarme Böden. T[D:z-v]. **6a Norwegisches R.** *G. norvegicum*. 10-30 cm; B. lanzettl., 3nervig; Blst. in gedrungener Ähre; Hüllb. schwarzbraun. Bergrasen. T[D:s].

7 SAND-STROHBLUME *Helichrysum arenarium*. 10-30 cm; Staude, wollig graufilzig; B. breit lanzettl.-lineal, flach, wechselständig; Blst. *goldgelb*, nur Röhrenbl., in dichten Doldentrauben. VII-X. Sandfluren, Heiden, Kiefernwälder. ⚥ F,M[D:s-z].

8 *Micropus erectus*. 5-20 cm; Einjährige, dichtwollig; B. ±lineal, kurz, dicht u. zahlreich am St. wechselständig; Blst. nur Röhrenbl., strohgelb, in *dichten* Knäueln. VI-VII. Grasfluren, Äcker. F.

9 KLEINES FLOHKRAUT *Pulicaria vulgaris*. 5-45 cm; Einj.; St. wollig-zottig, reich verzweigt; B. länglich od. eiförmig, am Rand *wellig*, wechselständig; Blst. gelb; Strahlenbl. aufrecht, kaum länger als Scheibenbl.; Blst. in lockerem, doldenähnlichem Gesamtblst. VII-IX. Feuchte Teich- u. Wegränder, Ufer. T[D:z-v].

Korbblütler (Forts.)

1 RUHRWURZ *Pulicaria dysenterica*. 20-60 cm; Staude, behaart; B. ±lanzettl., am Rande *wellig*, obere halbst'umfassend; Blst. mit Scheiben- u. Strahlenbl., gelb, 15-30 mm, in lockerer Doldentraube. VII-IX. Feuchte Ufer, Wiesen, Weiden. T[D:z].

2 WEIDENBLÄTTRIGER ALANT *Inula salicina*. 25-60 cm; Staude, schwach behaart; St. steif; B. *länglich*-lanzettl., obere sitzend u. halbst'umfassend; Blst. mit Scheiben- u. Strahlenbl., 2,5-4 cm, in lockerer endständiger Doldentraube; Hüllb. lanzettl. VI-X. Moorige Wiesen, Rasen, Abhänge, Waldränder. S,GB[Irland],F,M[D:z-s]. **2a Wiesen-A.** *I. britannica*. St. seidenhaarig; B. lanzettl., unterseits seidenhaarig; Hüllb. lineal, zurückgekrümmt. F,M[D:z]. **2b Schwertblättriger A.** *I. ensifolia*. B. lineal-lanzettl., fast parallelnervig, am Rand bewimpert; Blst. mit schmalen Zungenbl., M[D:s]. **2c Rauher A.** *I. hirta*. B. u. St. rauhhaarig. Grasfluren. F,M[D:z]. **2d Deutscher A.** *I. germanica*. B. unterseits wollig; Blst. ca. 10 mm ⌀. M[D:s]. **2e Schweizer A.** *I. helvetica*. Blst. 3,5-3 cm ⌀. M[D:s].

3 ECHTER ALANT *Inula helenium*. 0,6-1,5 m; Staude, behaart; B. eiförmigelliptisch, gezähnt, untere bis 40 cm lang, obere sitzend, wechselständig, halbst'umfassend; Blst. mit schmalen Zungenbl., gelb, 6-8 cm ⌀, in lockeren Doldentrauben. VI-IX. ⚥ (T[D:s]) Heimat: M-Asien. **3a Telekie** *Telekia speciosa*. B. tiefer gezähnt, untere herzförmig; Zungenbl. breiter, dunkelgoldgelb, Scheibenbl. braungelb. Besonders Ufer, Stromtäler. (F,M[D:s]) Heimat: SO-Europa, W-Asien. **3b** → S. 309.

4 OCHSENAUGE *Buphthalmum salicifolium*. 15-70 cm; Staude, behaart, wenig verzweigt; B. lanzettl. bis lineal-lanzettl., gezähnt, wechselständig; Blst. mit Scheiben- u. Strahlenbl., 3-6 cm ⌀, einzeln, Zungenbl. *breit,* gelb. VI-IX. Lichte Wälder, Gebüsche, trockene Rasen. F,M[D:s-v].

5 SCHLITZBLÄTTRIGER SONNENHUT *Rudbeckia laciniata*. 1-2 m; Staude, fast kahl; untere u. mittlere B. fiederspaltig od. *gelappt*, gezähnt, wechselständig; Blst. mit Scheiben- u. Strahlenbl., Zungenbl. breit u. zurückgeschlagen, gelb, Scheibenbl. grünlich-braun, einen Kegel bildend, 7-12 cm ⌀, einzeln. VI-X. Ufer, feuchte Wälder. (GB,F,M[D:z]) Heimat: N-Amerika. **5a Rauher S.** *R. hirta*. Rauhbehaart; alle B. ungeteilt; Blst. 6-8 cm. ⚥ (T[D:z-s]) Heimat: N-Amerika.

6 *Helianthus rigidus*. Bis 2 m; Staude, rauhhaarig; B. ei-lanzettl., kleingesägt, gegenständig, sehr kurz gestielt; Blst. mit Strahlen- u. Scheibenbl.; Strahlenbl. lang u. breit, gelb; Scheibenbl. gelb bis braun, rotwerdend, 6-10 cm ⌀, langgestielt. VIII-X. (GB,F,M) Heimat: N-Amerika. **6a Topinambur** *H. tuberosus*. B. grobgekerbt, mit flügelrandigem Stiel; Blst. 4-8 cm ⌀, gelb. IX-XI(selten blühend). Kultiviert. Heimat: N-Amerika. **6b Gemeine Sonnenblume** *H. annuus*. Bis annähernd 3 m; Einjährige; B. herzförmig-dreieckig; Blst. bis 30 cm ⌀. Kultiviert. ⚥ Heimat: Mexiko, M-Amerika. **6c** *Guizotia abyssinica*. Oben klebrig behaart; Blst. 2-3 cm ⌀. (T) Heimat: Afrika.

7 ARNIKA *Arnica montana*. 20-60 cm; Staude, flaumig, aromatisch duftend; B. verkehrt eiförmig bis lanzettl., besonders in Grundrosette, am St. wenige, gegenständig; Blst. 4-8 cm ⌀, einzeln, mit Strahlen- u. Scheibenbl., gelb. VI-VIII. Rasen, Heiden, Wiesen. ⚥§ S,F,M[D:s-z]. **7a** *A. alpina*. Ca. 15 cm; B. lanzettl., zugespitzt; Blst. ca. 3 cm ⌀. S.

8 FÄRBER-HUNDSKAMILLE *Anthemis tinctoria*. 20-60 cm; Zweij./Staude, graugrün, wollig behaart; B. 2fach gefiedert, unterseits kurzhaarig; Blst. 2,5-4 cm ⌀, einzeln, langgestielt; Strahlen-(selten fehlend) u. Scheibenbl. goldgelb. VII-IX. Trockene Rasen, Felsbänder. S,(GB),F,M[D:z-s]. **8a Österreichische H.** *A. austriaca*. Strahlen blütenweiß. Unkrautfluren. M[D:s].

9 KRIECHENDE GEMSWURZ *Doronicum pardalianches*. 0,3-1,25 m; Staude, behaart; B. breitherzförmig, fast ganzrandig, obere sitzend; Blst. 4-6 cm ⌀, gelb; Strahlen- u. Scheibenbl. V-VII. Schattige Wälder, Gebüsche. (GB)F,M[D:s]. **9a** *D. plantagineum*. B. etwas schmaler, meist in den Stiel zusammengezogen; Blst. 5-8 cm, einzeln. GB,F. **9b, 9c, 9d, 9e** → S. 309.

237

Korbblütler (Forts.)

1 GEWÖHNLICHE PESTWURZ *Petasites hybridus.* 0,2-1 m; Staude, behaart; B. *sehr groß,* bis nahezu 1 m, herzförmig, gezähnt, unterseits wollig grau, lang gestielt, alle grundständig, nach der Bl. erscheinend; Blst. nur Röhrenbl., in vielköpfigem, traubigem, gedrängtem Gesamtblst., blaßpurpurn, nicht duftend, im Winkel schuppenförmiger Tragb., ♂- u. ♀-Bl. auf verschiedenen Pfl. III-V. Ufer, feuchte Wälder. ⚥ T[D:v]. **1a Winterheliotrop** *P. fragrans* ☐. Niedriger; B. kleiner, mit den duftenden Bl. erscheinend. XI-III. Eingebürgert. (GB,F) Heimat: N-Afrika. **1b Weiße P.** *P. albus.* 10-35 cm; B. rundlich, kleiner, unterseits graufilzig; Bl. gelblichweiß. S,(GB,F),M[D:z-s]. **1c** *P. frigidus.* Ähnlich 1b, aber niedriger; B. kleiner. S. **1d Filzige P.** *P. spurius.* St'schuppen blaßgelb; B. breit 3eckig, unterseits weißfilzig; Gesamtblst. stark verästelt. F,M[D:z-s]. **1e** → S. 309.

2 GEMEINE SCHAFGARBE *Achillea millefolium.* 20-80 cm; Staude, behaart; B. 2-3fach gefiedert, federartig, untere 15-30 mm breit; Strahlenbl. kurz, weiß od. rosa, Scheibenbl. gelblich; Blst. in flacher Doldentraube. VI-XI. Wiesen, Weiden, Wegränder. ⚥ T[D:v]. **2a, 2b, 2c, 2d, 2e, 2f, 2g** → S. 309.

3 SUMPF-SCHAFGARBE *Achillea ptarmica.* 30-60 cm; Staude, behaart; B. *lineallanzettl.,* fein gesägt, glänzend, halbst'umfassend; Strahlenbl. weiß, Scheibenbl. weißlich; Blst. in lockerer Doldentraube. VII-IX. Nasse Wiesen, Moore; kalkarme Böden. T[D:v-z]. **3a** → S. 309.

4 GEMEINER BEIFUSS *Artemisia vulgaris.* 0,3-2 m; Staude, behaart, schwach aromatisch; B. 1-2fach fiederspaltig, obere sitzend, oberseits dunkelgrün, unterseits ±weißfilzig; Blst. nur Röhrenbl., eiförmig, gelblich od. rotbraun, zahlreich in beb. Rispe. VII-IX. Schuttfluren, Wegränder, Ufer. ⚥ T[D:v]. **4a Kamtschatka-B.** *A. verlotorum.* Stark aromatisch, mit Ausläufern; oberste B. einfach. X-XI. (GB,M[D:s]) Heimat: Kamtschatka, Japan. **4b Wermut** *A. absinthium.* Stark aromatisch; B. beidseits seidig-filzig; Blst. gelb, größer. ⚥ T[D:v-z]. **4c Feld-B.** *A. campestris.* 20-80 cm; nicht aromatisch; St. ±kahl; B. 2-3fach fiederteilig, Zipfel schmal, ±verkahlend; Bl. gelb od. rötlich. VII-X. Trockene, sandige Rasen. **4d, 4e, 4f, 4g, 4h, 4i, 4k, 4l** → S. 309.

5 STRAND-BEIFUSS *Artemisia maritima.* 15-60 cm; Halbstrauch, weiß-graufilzig, *stark aromatisch;* B. 2fach fiederteilig; Blst. nur Röhrenbl., eiförmig, gelb bis orangegelb, in Trauben od. Ähren. VII-X. Salzwiesen, selten Binnenland. T[D:v-s].

6 DREITEILIGER ZWEIZAHN *Bidens tripartitus.* 0,15-1 m; Einj., fast kahl; B. *3teilig,* gegenständig, Abschnitte lanzettl., gezähnt, Stiele geflügelt; Blst. meist nur Röhrenbl., aufrecht, gelb, meist einzeln; Fr. flach, mit 2-4 widerhakigen Borsten. VII-X. Ufer. T[D:v-z]. **6a Nickender Z.** *B. cernuus* ☐. B. *lanzettl.,* ungeteilt, sitzend; Blst. nickend, größer, meist mit Strahlenbl. T [D:z]. **6b Schwarzfrüchtiger Z.** *B. frondosus* ☐. B. gefiedert; Blst. kleiner, innere Hüllb. dunkel, länger als äußere. GB,M[D:z-s] Heimat: N-Amerika. **6c Einfachblättriger Z.** *B. connatus.* B. ungeteilt, mit geflügeltem Stiel. F,M[D:z-s] Heimat: N-Amerika. **6d Strahlen-Z.** *B. radiatus.* B. gelbgrün, Zähne einwärts gekrümmt. M[D:s].

7 OTANTHUS *Otanthus maritimus.* 15-30 cm; Staude, aufsteigend, dicht *weißfilzig;* B. länglich, gezähnt; Blst. nur Röhrenbl., knopfförmig, gelb, geknäuelt. VIII-XI. Stranddünen. GB[Irland],F.

8 LAUGENBLUME *Cotula coronopifolia.* 5-20 cm; Einj., kahl, fleischig, *aromatisch;* B. länglich-lanzettl., gezähnt bis gelappt, am Grund scheidig; Strahlenbl. so lang wie Scheibenbl., weißlich, gelbrandig; Blst. knopfförmig, einzeln, lang gestielt, sonnenwendig. VII-X. Feuchte Wiesen, Wegränder, Küstennähe. (S, GB,F,M[D:z-s]) Heimat: S-Afrika. **8a** *Artemisia norvegica.* Ca. 15 cm; graugrün ±behaart, nicht fleischig; B. 1-2fach gefiedert; Blst. nur Röhrenbl., locker zu mehreren. Gebirge. S,GB.

6a Nickender Zweizahn

6b Schwarzfrüchtiger Zweizahn

Korbblütler (Forts.)

1 MARGERITE *Chrysanthemum leucanthemum.* 0,2-1 m; Staude, schwach behaart, wenig verzweigt; untere B. spatelig, kerbzähnig-fiederlappig, obere schmaler, halbst'umfassend; Strahlenbl. weiß, Scheibenbl. gelb; Blst. 2,5-6 cm ⌀, einzeln. V-IX. Grasfluren. T[D:v]. **1a** *C. maximum.* Blst. 5-8 cm. VII-IX. Gartenflüchtling. (GB,M) Heimat: Pyrenäen. **1b, 1c** → S. 309.

2 MUTTERKRAUT *Chrysanthemum parthenium.* Bis 80 cm; Staude, kahl od. behaart, sehr *aromatisch;* B. gelbgrün, gefiedert bzw. fiederlappig; Strahlenbl. weiß(selten fehlend), Scheibenbl. gelb (gelegentlich nur Zungenbl.: „gefüllte" Gartenform); Blst. 1-2,5 cm ⌀, in lockerer Doldentraube. VI-IX. Unkrautfluren. (T[D:z]) Heimat: O-Medit. **2a Ebensträußige Wucherblume** *C. corymbosum.* Nicht aromatisch; B. derb, mit gesägter Spindel; Blst. 1,5-4 cm ⌀. Wälder, Gebüsche. F,M[D:s-z].

3 RAINFARN *Chrysanthemum vulgare.* 0,4-1,6 m; Staude, fast kahl, stark *würzig* duftend, oben ästig; B. gefiedert, gesägt; Blst. nur Röhrenbl., knopfförmig, gelb, in Scheindolden. VII-X. Unkrautfluren, Wegränder. ⚡⚘ T[D:v].

4 SAAT-WUCHERBLUME *Chrysanthemum segetum.* 20-60 cm; Einj., blaugrün, kahl; B. länglich, dicklich, grob gezähnt-fiederspaltig, obere halbst'umfassend; Blst. 3-4(5,5) cm, einzeln, Strahlenbl. u. Scheibenbl. gelb. VI-X. Äcker, Wegränder. T[D:v-s].

5 HUFLATTICH *Tussilago farfara.* 10-35 cm; Staude, behaart, Ausläufer, unverzweigt; Grundb.(nach Bl. erscheinend) rundlich-herzförmig, spitz-zähnig (viel kleiner als Pestwurz: S. 238); Strahlenbl.(schmal) u. Röhrenbl. gelb; Stiel des Blst. mit rötlichen Schuppenb.; Fr. mit weißem Pappus. II-IV. Schutt, Wegränder. ⚡ T[D:v].

6 ALPEN-BRANDLATTICH *Homogyne alpina.* 15-35 cm; Staude, behaart, Ausläufer, unverzweigt; Grundb. herznierenförmig, dunkelgrün, glänzend, unterseits oft rötlich, lederig, kerbrandig; Strahlenbl. ähnlich Röhrenbl., purpurrot; Blst. einzeln, Stiele mit schmalen, schuppenartigen B.; Fr. mit weißem Pappus. V-IX. Feuchte Gebirgsrasen, Wälder. S,GB,M[D:s-z]. **6a** → S. 309.

7 GARTEN-RINGELBLUME *Calendula officinalis.* 25-50 cm; Ein-/Mehrj., rauh behaart; B. spatelig(untere) od. lanzettl.; Strahlenbl. u. Scheibenbl. goldgelb bis rötlich; Blst. einzeln, 4-5 cm ⌀. V-X. Gartenpfl., verwildert. ⚡ (GB,F,M [D:z]) Heimat: Medit. **7a** → S. 309.

5 Huflattich

1

2

3

4

5

6

7

Korbblütler (Forts.)

GREISKRAUT, KREUZKRAUT *Senecio*. In der Regel mit Scheiben- u. Strahlenbl., gelb; Blst. in Rispen; Pappus der Fr. aus einfachen Haaren, keinen Schirm bildend; gelegentlich Bastarde.

1 JAKOBS-GREISKRAUT *Senecio jacobaea*. 0,3-1 m; Staude/Zweij., verkahlend, oben verzweigt; B. fiederteilig, Endlappen ±eiförmig, stumpf; Blst. 1,5-2,5 cm ⌀, in dichten flachen Rispen; äußere Hüllb. 1-2, viel kürzer als *dunkelspitzige* innere. VI-XI. Weiden, Ackerränder. ⚥⚘ T[D:v-z]. **1a Raukenblättriges G.** *S. erucifolius* ☐. ±graugrün; B'lappen schmaler, Endlappen spitzer; äußere Hüllb. 4-6, ¹/₂ so lang wie innere. VII-IX. T[D:s-v]. **1b Wasser-G.** *S. aquaticus*. Untere B. fiederig mit großem, stumpflichem Endlappen; Blst. 2,5-3 cm ⌀, in lockeren Rispen; äußere Hüllb. 1-2. Nasse Grasfluren. T[D:v-s]. **1c Spreizblättriges G.** *S. erraticus*. St. von unten an verzweigt; untere B. mit großem, herzförmigem Endlappen, Seitenlappen im rechten Winkel abstehend, nicht vorwärts gerichtet. F,M[D:s-z]. **1d, 1e →** S. 309.

2 *Senecio squalidus*. Bis 30 cm; Ein-/Mehrj., ±kahl, verzweigt; B. lanzettl. u. fiederig gelappt, Endlappen scharf *zugespitzt*, obere sitzend; Blst. 1,5-2 cm ⌀; Hüllb. mit schwarzen Spitzen, äußere 5-13, kürzer als innere. IV-XI. Mauern, Unkrautfluren. (GB,F) Heimat: S-Italien. **2a Frühlings-Greiskraut** *S. vernalis*. Einj., oben spinnwebig behaart; Blst. bis 3 cm ⌀. ⚘ S,F,M[D:s-v]. **2b →** S. 309.

3 MOOR-GREISKRAUT *Senecio tubicaulis*. 15-60 cm; Zweij./(Staude), *klebrigzottig*; B. *lanzettl.*, wellig bis gezähnt; Blst. hellgelb, 2-3 cm ⌀. VI-VII. Ufer, Gräben, Moore. T[D:s].

4 SUMPF-GREISKRAUT *Senecio paludosus*. 1-1,7 m; Staude, behaart; B. lanzettl., stark *sägezähnig*, sitzend, oberseits kahl-glänzend, unterseits *weißlich filzig*; Blst. 3-4 cm, in flacher Rispe. VII-VIII. Nasse Ufer, Bruchwälder. T[D:s-z]. **4a Fluß-G.** *S. fluviatilis*. B. kahl, gezähnt; Blst. 3 cm ⌀; Strahlenbl. nur bis 8. Ufer, feuchte Gebüsche. (GB),F,M[D:s-z]. **4b, 4c, 4d →** S. 309.

5 HAIN-GREISKRAUT *Senecio nemorensis*. 0,6-1,5 m; Staude, schwach behaart; B. breit lanzettl., *knorpelig gezähnt,* kurz gestielt; Blst. 1,5-2,5 cm ⌀, in flacher Rispe, Strahlenbl. oft nur 5. VII-IX. Laubwälder, Kahlschläge, Berggebiete. S,(GB),F,M[D:s-v].

6 GEMEINES GREISKRAUT *Senecio vulgaris*. 10-30 cm; Einj., ±kahl od. behaart; B. buchtig gelappt, oberseits kahl; Blst. nur *Röhrenbl.* (sehr selten wenige Zungenbl.), gelb, in lockeren Rispen; Hüllb. braun-schwarz bespitzt, äußere sehr kurz. I-XII. Unkrautfluren, Äcker. ⚘ T[D:v]. **6a Kelbriges G.** *S. viscosus*. Bis 50 cm; unangenehm riechend, graugrün, klebrig; Blst. blaßgelb, Zungenbl. sehr kurz eingerollt; Hüllb. ohne schwarze Spitze, äußere ¹/₂ so lang wie innere. VI-X. Schuttfluren, Wegränder. T[D:v]. **6b Wald-G.** *S. sylvaticus*. Bis 80 cm; flaumig, trübgrün, nicht unangenehm riechend; Blst. ähnlich 6a; Hüllb. rötlich-schwarz bespitzt, äußere sehr klein. VI-X. Sandige Heiden, Waldränder. T[D:v].

7 *Senecio cineraria*. 30-60 cm; Halbstrauch, dicht *weißfilzig*, reich verzweigt; B. länglich-eiförmig, gezähnt bis fiederlappig, oberseits graugrün; Blst. 8-12 mm. VI-VIII. Küstenklippen, Felsen. ⚥ (GB,F) Heimat: Medit.

8 STEPPEN-GREISKRAUT *Senecio integrifolius*. 8-25 cm; Staude, jung spinnwebig-wollig, *nur oben verzweigt;* Grundb. ±eiförmig, entfernt gezähnt, länger als Stiel, in Rosette, obere schmaler; Blst. 1,5-2,5 cm, in einer Rispe. V-VI. Trockene Rasen, Moore. T[D:s]. **8a Spatelblättriges G.** *S. helenites*. Bis 1 m; Grundb. ±herzförmig gestutzt, unterseits wollig-filzig, so lang wie schmal geflügelter B'stiel. Moore. F,M[D:s]. **8b Krauses G.** *S. rivularis*. Ähnlich 8a, aber Grundb. lang gestielt u. Fr'knoten kahl. V-VI. Feuchte Wälder, Wiesen. M[D:z-s]. **8c →** S. 309.

1a Raukenblättriges Greiskraut

243

Korbblütler (Forts.)

1 KUGELDISTEL *Echinops sphaerocephalus.* 0,6-1,5 m; Staude, weichhaarig u. schwach klebrig; B. lanzettl., fiederspaltig-dornig; Blst. *kugelig;* Hüllb. pfriemlich, nur Röhrenbl. grünlich-stahlblau. VI-IX. Schuttfluren, Ufer, Dämme (T[D:s]) Heimat: S-Europa, Asien. **1a** *E. commutatus.* Nicht klebrig; Bl. weißlich. (F,M) Heimat: SO-Europa.

2 GEWÖHNLICHE EBERWURZ *Carlina vulgaris.* 15-50 cm; Zweijährige, dornig; St. hoch, *aufrecht;* B. länglich-lanzettl., buchtig- bis fiederspaltig-dornig; Blst. nur Röhrenbl., gelbbraun, bis 3,5 cm $\varnothing$, meist zu mehreren; Hüllb. ausgebreitet, *strohgelb.* VII-IX. Trockene Rasen, Weiden; meist auf Kalk. T[D:v-s].

3 STENGELLOSE EBERWURZ *Carlina acaulis.* 3-20 cm; Staude, dornig, St. sehr kurz; B. in *Rosette,* dem Boden angedrückt, fiederspaltig-dornig; Blst. nur Röhrenbl., weißlich, einzeln, bis 7 cm $\varnothing$; Hüllb. auffällig, *weiß,* strahlenförmig ausgebreitet (bei feuchtem Wetter eingekrümmt; „Wetterdistel"). V-IX. Trockene, steinige Rasen. § F,M[D:s-z].

4 ECHTE ALPENSCHARTE *Saussurea alpina.* 5-30 cm; Staude, aufrecht, behaart; B. lanzettl., ±gezähnt, unterseits spinnwebig wollig, nicht dornig; Blst. nur Röhrenbl., violett-rot, duftend, dicht gebüschelt. VII-IX. Gebirgsrasen. S, GB,M[D:Alp]. **4a, 4b** → S. 309.

5 KLEINE KLETTE *Arctium minus.* 0,5-1,1 m; Ein-/Zweij., aufrecht, behaart, dornlos, sparrig verzweigt; B. ellipsoidisch, bis 30 cm, länger als breit, Stiele hohl; Blst. 1,5-3 cm $\varnothing$, nur Röhrenbl., eiförmig, purpurrot, traubig; Hüllb. an der Spitze rötlich, hakig, eingebogen, lange bleibend. VII-IX. Unkrautfluren, Schutt, Wegränder. T[D:v]. **5a Große K.** *A. lappa.* B'stiele markig, B. (bis 80 cm) so lang wie breit, Stiele markig; Blst. 3,5-4 cm; Hüllb. ganz grün. $\text{\textcopyright}$ T[D:v-z]. **5b Filzige K.** *A. tomentosum.* Blst. 2-2,5 cm, innere Hüllb. nicht hakig, spinnwebig-weißwollig. T[D:z-s]. Dazu verschiedene Bastarde. **5c** → S. 309.

6 ESELSDISTEL *Onopordum acanthium.* 0,3-1,5 m; Zweij., grauweiß-wollig, dornig; St. *breit* geflügelt; B. länglich-elliptisch, dornig; Blst. nur Röhrenbl., purpurn, einzeln; Hüllb. unten wollig, dornig endend. VII-IX. Schuttfluren; oft sandige Böden. $\text{\textcopyright}$ T[D:s-z].

7 MARIENDISTEL *Silybum marianum.* 0,6-1,5 m; Ein-/Mehrj., dornig; St. kahl od. wollig, stachellos; B. länglich, dunkelgrün, *weißaderig,* buchtig-dornig; Blst. nur Röhrenbl., purpurrot, einzeln; Hüllb. an der Spitze abstehend, gelblich dornig bespitzt. VI-VIII. Schuttfluren. $\text{\textcopyright}$ (GB),F,M[D:s].

8 KOHLDISTEL *Cirsium oleraceum.* 0,5-1,5 m; Staude, ±kahl; B. lanzettl., weichdornig, gezähnt od. fiederspaltig; Blst. nur Röhrenbl., eiförmig, *weißgelb,* in dichtem, beb. Gesamtblst.; Hüllb. eiförmig, dornig-gezähnt. VII-IX. Feuchtnasse Wiesen, Wälder. S,(GB),F,M[D:v]. **8a Stacheligste Kratzdistel** *C. spinosissimum.* Bis 0,7 m; stark dornig; alle B. fiederspaltig u. dornig; Blst. weißlich. Gebirge. F,M[D:Alp]. **8b** *C. erisithales* ☐. Blst. zitronengelb, nicht von oberen B. umgeben, einzeln od. wenige u. nickend. Berggebiete. F.

8b *Cirsium erisithales*

Korbblütler (Forts.)

DISTELN: *Carduus, Cirsium.* St. meist geflügelt u. dornig; B. länglich od. lanzettl., meist buchtig- od. fiederlappig-dornig; Blst. nur Röhrenbl., rot, lila, ±*purpurrot* (außer S. 244/8); Hüllb. meist dornspitzig; Fr. mit federigem *(Cirsium)* od. einfach haarigem *(Carduus)* Pappus, Pappus nicht schirmförmig.

1 ACKER-DISTEL *Cirsium arvense.* 0,5-1,25 m; Staude, unterirdisch weitkriechend, schwach behaart, ästig; St. dornlos; B. z. T. unterseits behaart; Blst. *lila,* 1,5-2,5 cm ∅, duftend, zu mehreren; Hüllb. violett überlaufen, schwarzspitzig, schwach dornig. VI-IX. Äcker, Schutt. T[D:v]. **1a Bach-Kratzdistel** *C. rivulare.* B. stärker behaart, schwach dornig; Blst. zu 2-4, dicht beieinander, 2,5-3,5 cm ∅, purpurn, rundlich. Feuchte Wiesen. M[D:s]. **1b** → S. 310.

2 ECHTE KRATZDISTEL *Cirsium vulgare.* 0,6-1,5 m; Zwei-/Einjährige, behaart, *scharf dornig;* B. tief fiederspaltig; Blst. bis 4 cm ∅, *einzeln;* Hüllb. in dunklen Dorn mit heller Spitze endend. VI-IX. Unkrautfluren, Schutt, Waldränder. T[D:v].

3 WOLLKÖPFIGE KRATZDISTEL *Cirsium eriophorum.* 0,7-1,5 m; Zweij., sehr dornig; St. weißwollig-zottig, ungeflügelt; B fiederspaltig; Blst. violett-blaupurpurn, kugelig, 4-7 cm ∅, meist einzeln; Hüllb. spinnwebig-wollig. VII-IX. Unkrautfluren; auf Kalk. GB,F,M[D:s-z].

4 ENGLISCHE KRATZDISTEL *Cirsium dissectum.* 0,3-1 m; Staude, schwach dornig, Ausläufer; St. meist einfach, ungeflügelt, wollig; B. unterseits weißwollig, obere ungeteilt, Rand weichdornig; Blst. purpurrot, 2-2,5 cm ∅, meist einzeln. VI-VIII. Feuchte Wiesen, Moore, Heiden. GB,F,M[D:s]. **4a Filzige K.** *C. heterophyllum* ☐. B. dichter weißfilzig; Blst. bis 5 cm ∅. T[D:z-s]. **4b Knollen-K.** *C. tuberosum* ☐. Bis 1,5 m, mit Wurzelknollen, ohne Ausläufer; alle B. fiederspaltig, beiderseits grün; Blst. 2,5-3 cm. Trockene Wiesen; meist auf Kalk. F,M[D:s-z].

5 STENGELLOSE KRATZDISTEL *Cirsium acaulon.* 5-10 cm; Staude, schwach behaart; B. nur in Grund*rosette,* Zipfel sehr dornig; Blst. purpurrot, 2,5 cm ∅, meist einzeln sitzend, auf kurzem (selten bis 15 cm langem) St.; Hüllb. bräunlich purpurn, schwach dornig. VI-IX. Trockene Rasen; auf Kalk. T[D:s-v].

6 NICKENDE DISTEL *Carduus nutans.* 0,3-1,5 m; Zweij., weißwollig behaart; B. tief fiederspaltig; Blst. purpurrot, 3,5-7 cm ∅, oft einzeln, *nickend,* auf oben dornlosem St., Hüllb. lang dornspitzig, z. T. zurückgebogen. VI-IX. Unkrautfluren, Wegränder, Schutt; meist auf Kalk. T[D:v-z]. **6a Berg-D.** *C. defloratus.* St. unter Blst. (1-3 cm) b'los u. ungeflügelt; Hüllb. aufrecht. Trockene Rasen, Felsspalten der Gebirge. M[D:s-z].

7 SCHMALKÖPFIGE DISTEL *Carduus tenuiflorus.* 0,3-1,35 m; Ein-/Zweij., weiß wollig-filzig; B. unterseits ±weißfilzig; Blst. hellrot, etwa 8 mm ∅, zu mehreren, gedrängt. V-VIII. Unkrautfluren, z. T. in Meeresnähe. GB,F,M[D:s].

8 KLETTEN-DISTEL *Carduus personata.* 0,6-1,8 m; Staude, mit weißlichen Haaren; B. weich-dornig, obere ungeteilt, unterseits weißlich; Blst. 1,5-2 cm, fast sitzend, dicht gedrängt, Hüllb. nicht dornspitzig, äußere zurückgekrümmt, dunkel. VII-VIII. Bachufer, feuchte Wiesen (Berggebiete). F,M[D:s-z].

9 STACHEL-DISTEL *Carduus acanthoides.* 0,3-2 m; Zweij.; B. *weich-dornig,* unterseits z. T. kraushaarig; Blst. purpurrot, 1-1,5 cm ∅, gedrängt, Stiele nur oben dornlos; Hüllb. weich-dornig. VI-IX. Unkrautfluren, Schutt, Wegränder. T[D:z-s]. **9a Krause D.** *C. crispus.* Ähnlich 9, aber stärker dornig bis Blst., B. unterseits wollig-filzig. S,F,M[D:v]. **9a Sumpf-Kratzdistel** *Cirsium palustre* ☐. Weniger verzweigt, z. T. purpurrot überlaufen (besonders Hüllb.), jung spinnwebig wollig; Blst. purpurn(selten heller); St. bis zur Spitze dornig. Feuchte Wiesen, Moore, Wälder. T[D:v].

9b Sumpf-Kratzdistel **4b** Knollen-Kratzdistel **4a** Filzige Kratzdistel

Korbblütler (Forts.)

FLOCKENBLUMEN *Centaurea*. Dornlos (außer 5,6); St. steif, behaart; B. wechselständig; Blst. nur Röhrenbl.; randständige Bl. oft vergrößert u. weiblich od. steril, Zipfel lang, bisweilen sternförmig ausgebreitet; Hüllb. mit gezähntem od. gefranstem Anhängsel an der Spitze; Pappus nicht schirmförmig. Verschiedentlich Bastarde od. Adventivarten im Gebiet.

1 SCHWARZE FLOCKENBLUME *Centaurea nigra*. 20-70 cm; Staude; B. *lanzettl.,* untere schwach gezähnt; Blst. meist ohne, seltener mit (1a ☐) vergrößerten Randbl., einzeln, 2-4 cm ⌀; Hüllb. schwarzbraun, mit feinen, langen Fransen. VI-IX. Bastarde mit 1b. Magere Rasen. T[D:s]. **1b Wiesen-F.** *C. jacea*. Schlanker; Blst. 1-2 cm ⌀, blasser, Randbl. vergrößert, Hüllb'anhängsel heller braun, mit unregelmäßig eingeschnittenem Rand. T[D:v]. **1c Flockenwurz** *Jurinea cyanoides*. B. unterseits weißfilzig, am Rand eingerollt, untere fiederteilig. Trockne Sandböden. M[D:s]. **1d, 1e, 1f, 1g** → S. 310.

2 SKABIOSEN-FLOCKENBLUME *Centaurea scabiosa*. 0,5-1 m; Staude, dunkelgrün; B. *fiederteilig,* ±borstig rauh; Blst. einzeln, 3-5 cm ⌀, Randbl. vergrößert; Hüllb. grün u. schwarz scheckig, langfransig. VI-IX. Trockene Rasen; auf Kalk. T[D:z-s]. **2a** *C. paniculata*. Zweij., wollig; Blst. 5-6 mm ⌀, in langer, verzweigter Traube. (GB),F. **2b Rispige F.** *C. stoebe*. B. graugrün, Lappen lineal; Blst. kleiner, rispig gehäuft; Hüllb. grün, Anhängsel schwarz. F,M[D:s]. **2c** → S. 310.

3 BERG-FLOCKENBLUME *Centaurea montana*. 30-60 cm; Staude, kriechend, behaart; B. *lanzettl.,* sitzend; Blst. mit vergrößerten Randbl., blau, 6-8 cm ⌀, einzeln. V-X. Bergwiesen, Wälder. (GB),F,M[D:s-z]. **3a** → S. 310.

4 KORNBLUME *Centaurea cyanus*. 30-60 cm; Einj., graugrün, filzig; B. fiederspaltig, gestielt, obere lanzettl., sitzend; Blst. mit vergrößerten Randbl., blau, einzeln, 1,5-3,5 cm ⌀. VI-X. Äcker (bes. Getreide), Schutt. T[D:v-z].

5 SOMMER-FLOCKENBLUME *Centaurea solstitialis*. 30-80 cm; Zwei-/Einj., grauwollig, oben ästig; St. geflügelt; B. fiederspaltig, obere lineal; Blst. *hellgelb,* einzeln; mittlere u. äußere Hüllb. in langen *gelben Dorn* endend. VII-IX. Trockene Unkrautfluren. (T[D:s-z]) Heimat: S-Europa, Asien. **5a** *C. melitensis* ☐. Hüllb. fiederspaltig bedornt; Bl. drüsig. Eingeschleppt. Heimat: Medit. **5b** *Carthamus lanatus* ☐. B. dornig u. b'ähnliche, dornige Hüllb. Eingeschleppt. Heimat: Medit. **5c Saflor** *C. tinctorius* ☐. Ähnlich 5b; Blst. rötlich-orange, größer. Verschleppt. (GB,F,M[D:s]) Heimat: SW-Asien.

6 STERN-FLOCKENBLUME *Centaurea calcitrapa*. 15-60 cm; Zweij., behaart, verzweigt; B. fiederspaltig, Lappen *borstenspitzig;* Blst. distelähnlich, blaß purpurrot, einzeln, 8-10 mm ⌀; Hüllb. mit gelbem Enddorn u. kleineren am Grunde. VII-IX. Trockene Unkrautfluren. (GB),F,M[D:s]. **6a** *C. aspera*. Staude; Blst. bis 2,5 cm ⌀; Hüllb. mit kurzen, handförmigen, abstehenden od. zurückgebogenen rötlichen Dornen. (GB),F. **6b** → S. 310.

7 FÄRBERSCHARTE *Serratula tinctoria*. 0,3-1 m; Einj./Staude, ±kahl; St. ±steif-aufrecht; B. fiederspaltig, Lappen *scharf gesägt;* Blst. purpurrot, doldigtraubig gehäuft; Hüllb. oben purpurrot, am Rand flaumig; Pappus schmutzigweiß. VII-X. Moorige Wiesen, Grabenränder, Wälder. T[D:s-v].

5b *Carthamus lanatus*   **5a** *Centaurea melitensis*   **5c** Saflor

Korbblütler (Forts.)

Blst. der Pfl. S. 250-256 nur Zungenbl., meist (u. a. außer 250/5 u. 8, 252/7, 8 u. 9) mit Milchsaft.

1 WIESEN-BOCKSBART *Tragopogon pratensis*. 30-75 cm; Einj./Staude, fast kahl; B. *lineal*, grasähnlich; Blst. gelb, einzeln, Hüllb. meist länger als Bl., in sonnigen Morgenstunden geöffnet; Pappus schirmartig. V-VIII. Wiesen, Wegränder. T[D:v]. **1a Großer B.** *T. dubius*. St. oberwärts keulenförmig verdickt. Trockene Rasen, Wälder. F,M[D:z-s].

2 HAFERWURZ *Tragopogon porrifolius*. 0,6-1,2 m; Ein-/Zweij.; ähnlich 1a, aber Blst. purpurrot. Kultiviert u. verwildert. (T[D:s]) Heimat: Medit.

3 ROTE SCHWARZWURZEL *Scorzonera purpurea*. 15-50 cm; Staude, kahl, wenig ästig; B. *lineal*, gekielt; Blst. rötlich-lila, einzeln; Bl. viel länger als Hüllb. V-VI. Trockene Rasen, Waldlichtungen. F,M[D:s]. **3a Schlitzblättriges Stielsamenkraut** *Podospermum laciniatum* ☐. Ein-/Zweij.; B. fiederspaltig, Lappen lineal, Endlappen breiter; Bl. gelb. M[D:s].

4 NIEDRIGE SCHWARZWURZEL *Scorzonera humilis*. 10-40 cm; Staude, fast kahl, wenig ästig; B. lanzettl., ganzrandig, obere fast schuppig; Blst. weißlichgelb, einzeln; Bl. viel länger als filzige Hüllb. V-VII. Feuchtere Heiden, Moorwiesen. T[D:s]. **4a Österreichische S.** *S. austriaca*. Am St'grund Faserschopf; B. lanzettl.; Blst. gelb. F,M[D:s]. **4b Garten-S.** *S. hispanica*. St. oben stark verzweigt. M[D:z-s]. **4c →** S. 310.

5 WEGWARTE *Cichorium intybus*. 0,3-1,3 m; Staude, ±behaart; St. steif, verzweigt, ohne Milchsaft; untere B. buchtig-fiederlappig, obere lanzettl.; Blst. *hellblau*, 2,5-4 cm, in beb. ährenförmigem Gesamtblst. VI-IX. Wegränder, Weiden. ⚥ T[D:z-v].

6 ALPEN-MILCHLATTICH *Cicerbita alpina*. 0,6-1,2 m; Staude; St. einfach, oben traubig ästig u. *braunrot*-drüsig; B. fiederspaltig gelappt, st'umfassend; Blst. violett, 2 cm ⌀. VII-IX. Staudenfluren der Gebirge. T[D:s-z]. **6a Französischer M.** *C. plumieri*. Oberwärts kahl; B. grob fiederteilig; Blst. blau. (GB),F,M[D:s]. **6b Tataren-Lattich** *Lactuca tatarica*. 30-80 cm; ±kahl; B. fiederig eingeschnitten, grobzähnig; Gesamtblst. langgestreckt; Blst. dunkler. Sandstrand, Dünen. S, (GB),M[D:s]. **6c** *Lactuca sibirica*. Ähnlich 6b; aber ganz kahl; B. lanzettl., oft ganzrandig, mittlere am längsten; Hüllb. purpurn gezeichnet. Sandige Flußtäler. S.

7 BLAUER LATTICH *Lactuca perennis*. 30-60 cm; Staude, fast kahl; B. fiederspaltig, blaugrün, obere sitzend; Blst. 2,5-4 cm, blau-purpurn od. weiß, lang gestielt in lockerer Rispe; Hüllb. ohne rote Zeichnung. V-VIII. Trockene Rasen. F,M[D:z-s].

8 HASENLATTICH *Prenanthes purpurea*. 0,5-1,5 m; Staude; St. oben ästig, flaumig od. kahl; B. verkehrt eiförmig-länglich, z. T. buchtig gezähnt, obere herablaufend; Blst. violettrot, selten weiß, bis 2 cm lang, in lockerer Rispe. VII-IX. Bergwälder, Lichtungen. F,M[D:s-v].

3a Schlitzblättriges Stielsamenkraut

Korbblütler (Forts.)

Siehe Bemerkung S. 250 oben

1 GEWÖHNLICHE GÄNSEDISTEL *Sonchus oleraceus*. 30-90 cm; Einj., kahl, bläulichgrün; B. fiederig gelappt, Endlappen am größten, weich gezähnt, obere mit *pfeilförmigen* Lappen st'umfassend; Blst. hellgelb, 2-2,5 cm, außen braunrötlich gestreift, in rispigen Knäueln. V-XI. Äcker, Schutt, Wegränder. T[D:v].
1a Rauhe G. *S. asper* ☐. B. länglich, ±ungeteilt, mit stacheligen Zähnen, obere mit *rundlichen* Lappen st'umfassend. T[D:v-z].

2 ACKER-GÄNSEDISTEL *Sonchus arvensis*. 0,5-1,5 m; Staude, oben (bes. Blst.) *borstig-gelb-drüsig;* B. lanzettl., buchtig-fiederspaltig, unterseits bläulichgrün, weichstachelig gezähnt, obere mit rundlichen Lappen st'umfassend; Blst. bis 4-5 cm, goldgelb, in lockerer endständiger Doldenrispe. VII-IX. Unkrautfluren, Ufer, Dünen. T[D:v].

3 SUMPF-GÄNSEDISTEL *Sonchus paluster*. Bis 3 m; Staude; St. 4kantig, unten kahl; B. *tief* fiederspaltig, blaugrün, am Rand weichstachelig, mit *pfeilförmigen* Lappen st'umfassend; Blst. hellgelb, 3-4 cm, in dichter Rispe, Stiele u. Hüllb. dicht schwarz-drüsenhaarig. VII-IX. Nasse Wiesen, Ufer, Gräben; auch salzhaltige Böden. T[D:s].

4 MAUERLATTICH *Mycelis muralis*. 60-80 cm; Staude, kahl, auch rötlich überlaufen; B. fiederspaltig, mit eckigem Endlappen, grobzähnig, mit rundlichen Lappen st'umfassend; Blst. 7-10 mm, blaßgelb (oft nur 5 Zungenbl.), in lockerer Rispe. VI-IX. Wälder, Mauern, Felsen. T[D:z-v].

5 WILDER LATTICH *Lactuca serriola*. 0,5-1,5 m; Einj., ±kahl; St. unten stachelig; B. blaugrün, länglich, untere fiederlappig, obere oft ungeteilt, unterseits Mittelrippe stachelig, pfeilförmig sitzend, an sonnigen Orten mittlere u. obere ±senkrecht(N-S) gestellt (Kompaßpfl.); Blst. 11-13 mm, gelb, zahlreich in verzweigten Ähren od. Trauben; Hüllb. oft etwas violett; Fr. hell braun-grau. VI-IX. Unkrautfluren, Schutt. T[D:v-z]. **5a Gift-L.** *L. virosa*. Mittlere u. obere B. ±waagerecht; Fr. braun-schwarz. ⚥⚘ GB,F,M[D:s].

6 WEIDEN-LATTICH *Lactuca saligna*. 30-60 cm; Ein-/Zweij., meist kahl, stachellos, wenig verzweigt; B. graugrün, fiederspaltig, Lappen zurückgerichtet, weißliche Mittelrippe, obere lineal-lanzettl., pfeilförmig sitzend; Blst. 1 cm, in schlanker, lockerer Ähre od. Ährenrispe; Hüllb. grün; Fr'schnabel weiß. VII-VIII. Unkrautfluren; auch salzhaltige Böden. GB,F,M[D:s]. **6a, 6b** → S. 310.

7 RAINKOHL *Lapsana communis*. 0,25-1,2 m; Einj./(Staude), ohne Milchsaft; obere B. breit-lanzettl., eckig gezähnt, untere fiederspaltig, Endlappen groß; Blst. gelb, 1-2 cm, in lockerer Rispe, bei Regenwetter geschlossen bleibend. VI-X. Schattige Wegränder, Unkrautfluren. T[D:v].

8 LÄMMERSALAT *Arnoseris minima*. 10-25 cm; Einj., kahl, ohne Milchsaft; B. verkehrt-eiförmig, in Grundrosette, gezähnt; St. unter Blst. *keulig verdickt;* Blst. 7-10 mm (Zungenbl. kurz), einzeln od. wenige in lockerer Traube; ohne Pappus. VI-IX. Äcker, Sandböden. T[D:z-s].

9 GROSSER KNORPELSALAT *Chondrilla juncea*. 0,3-1 m; Staude, unten behaart; obere B. nicht gelappt, lineal-lanzettl., untere fiederlappig, grob gezähnt, früh hinfällig; Blst. 1 cm, z. T. sitzend, zu 1-3 ährenförmig bis traubig angeordnet; Hüllb. behaart. VII-IX. Trockene Rasen, Böschungen. F,M[D:s-z].
9a Kronlattich *Willemetia stipitata*. 20-45 cm; St. schwarzhaarig; B. schwach gezähnt, fast nur in Grundrosette; Blst. größer. VI-VIII. Sümpfe. M[D:s-z]. **9b** → S. 310.

1a Rauhe Gänsedistel

1

2

3

4

5

6

7

8

9

Korbblütler (Forts.)

S. Bemerkung S. 250 oben; B. in Grundrosette (außer 5a, 8) länglich bis verkehrt-lanzettl., grob gezähnt, buchtig eingeschnitten od. schwach fiederig gelappt (außer 9).

LÖWENZAHN *Taraxacum*. Gattung mehrere Sektionen von Arten z. T. großer Formenmannigfaltigkeit umfassend (D: Arten in 3 Sect.), z. T. als „Kleinarten" aufgefaßt. Stauden, mit Milchsaft, fast kahl; B. in Grundrosette, meist buchtig eingeschnitten; Blst. einzeln, auf hohlen, oft oben behaarten St.; Pappus schirmförmig.

1 *Taraxacum* Sect. *Borealia*. Hierzu u. a. **WIESEN-LÖWENZAHN** *T. officinale*. 5-50 cm; äußere Hüllb. hell- od. graugrün, zurückgeschlagen, kürzer als innere; Blst. sattgelb, bis 5 cm; Fr. hell- bis sattbraun. Formenreich. IV-VI. Grünland, Unkrautfluren. ♃ T[D:v]. **1a Sumpf-L.** *T. palustre*. 15-35 cm; B. schmal-lanzettl., wenige Zähne; äußere Hüllb. fest angedrückt, dunkel, deutlich berandet; Fr. braungrün. Nasse Wiesen, Moore. T[D:z-s]. **1b, 1c, 1d, 1e** → S. 310.

2 *Taraxacum* Sect. *Erythrocarpa*. Hierzu u. a. **HEIDE-LÖWENZAHN** *T. laevigatum*. 5-25 cm; äußere Hüllb. hell- od. graugrün, angedrückt od. zurückgeschlagen, kürzer als innere, an der Spitze *gehörnt;* Blst. hellgelb, bis 2,5 cm; Fr. rot od. rotbraun. Verschiedene Formen. IV-VI. Trockene Rasen, Wegraine. T[D:z]. **2a** → S. 310.

3 *Taraxacum* Sect. *Spectabilia*. Hierzu u. a. **GROSSER LÖWENZAHN** *T. spectabile*. 10-35 cm; B. oft etwas gefleckt; äußere Hüllb. hell- od. graugrün, immer angedrückt, kürzer als innere, ohne Hautrand; Blst. sattgelb, bis 5 cm. Formenreich. IV-VII. Moore, Wiesen. S,GB,M[D:s].

4 GEWÖHNLICHES FERKELKRAUT *Hypochoeris radicata*. 20-60 cm; Staude, wenig verzweigt; B. meist rauh behaart, in Grundrosette, stumpflich; St. oben kahl, blaugrün, mit fast schuppenförmigen B.; Blst. einzeln, gelb. VI-IX. Magere Grasfluren. T[D:v-z]. **4a Herbst-Milchkraut** *Leontodon autumnalis*. Meist kahl; St. verzweigt; B. tief fiederteilig, spitz; Blst. 1-3,5 cm, sattgelb, einzeln; schuppenförmige B. besonders im oberen Teil des St. VII-X. Weiden, Ufer. T[D:v].

5 WIESEN-MILCHKRAUT *Leontodon hispidus*. 15-30 cm; Staude, meist behaart, unverzweigt; B. in Grundrosette, meist schwach buchtig gezähnt, Spitze stumpflich; Blst. einzeln, 2,5-4 cm, äußere Zungenbl. unterseits oft *rötlich* od. orange, St. b'los, höchstens mit 1-2 Schuppenb.; Pappus schirmförmig. VI-X. Wiesen, Rasen, Schutt. T[D:v-z]. **5a, 5b, 5c, 5d** → S. 310.

6 SALZ-MILCHKRAUT *Leontodon saxatilis*. 5-30 cm; Ein-/Mehrj., kahl od. behaart, unverzweigt; Blst. einzeln, 1,2-2 cm, äußere Zungen unterseits grau-violett, vor dem Aufblühen nickend; St. b'los; Pappus ±schirmförmig. VI-X. Wiesen, Weiden, Dünen. T[D:z-s]. **6a Sand-Ferkelkraut** *Hypochoeris glabra* ☐. Einj., kahl; St. grasgrün; B. glatt; Blst. 12-15 mm(bei heller Sonne geöffnet); Bl. nicht länger als Hüllb., Zungen unterseits weißlich. VI-X. Sandfluren. T[D:z-s].

7 GEFLECKTES FERKELKRAUT *Hypochoeris maculata*. 0,25-1 m; Staude, behaart; B. breit lanzettl., *rotbraun gefleckt*, meist nur Grundb.; Blst. zitronengelb, bis 4-5 cm; Hüllb. schwarzgrün, oben gelbfilzig. V-VIII. Magere Rasen, Wälder. T[D:s-z]. **7a** → S. 310.

8 GRÜNER PIPPAU *Crepis capillaris*. 15-60 cm; Einj., *stark verzweigt;* B. der Grundb'rosette gezähnt bis fiederschnittig, obere schmal, pfeilförmig-spitz st'-umfassend; Blst. 1-1,5 cm, in lockerer Rispe; äußere Zungenbl. unterseits oft *rötlich;* äußere Hüllb. anliegend. VI-XI. Wiesen, Rasen, Unkrautfluren. T[D:v-z].

9 KLEINES HABICHTSKRAUT *Hieracium pilosella*. 5-30 cm; Staude, oberirdische beb. Ausläufer, abstehend weiß behaart, unverzweigt; B. breitlanzettl., ganzrandig, unterseits weißlich-filzig; Blst. hellgelb, einzeln, 2-3 cm (äußere Zungenbl. unterseits oft *rotstreifig*), auf b'losen Stiel. V-X. Magere u. trockene Rasen. ♃ T[D:v]. **9a** → S. 310.

255

Korbblütler (Forts.)

HABICHTSKRÄUTER *Hieracium.* Differenzierteste Gattung; wiederholte Bastardbildung und z. T. geschlechtslose Fortpflanzung; hierdurch viele „Zwischenarten". Hier Beispiele (S. 254, 256); mit Milchsaft; St. unterhalb des Gesamtblst. unverzweigt; B. ± lanzettl., wechselständig, meist gezähnt; Pappus schmutzig-weiß. Anmerkung → S. 310.

1 WALD-HABICHTSKRAUT *Hieracium sylvaticum.* 30-60 cm; Staude, behaart; untere B. meist abgesetzt-langgestielt, gelappt bis gezähnt; nicht zahlreich am St.; Blst. 2-3 cm, weniger zahlreich in ästig-sparrigem Gesamtblst. VI-VIII. Wälder, Gebüsche, Mauern, Felsen. T[D:v].

2 SCHIRM-HABICHTSKRAUT *Hieracium umbellatum.* 0,3-1 m; Staude, behaart, z. T. rauh; B. zahlreich, nur am St.; Blst. 2-3 cm, zahlreich, doldenartig gehäuft. VI-XI. Wälder, Heiden, Rasen. ⚥ T[D:v].

3 ALPEN-HABICHTSKRAUT *Hieracium alpinum.* 10-30 cm; Staude, flockig behaart; B. meist in Grundrosette, wenige schuppenförmige am St.; Blst. meist *einzeln*, 2,5-3,5 cm. VII-VIII. Gebirgsrasen; steinige Böden. T[D:z-s].

4 ORANGEROTES HABICHTSKRAUT *Hieracium aurantiacum.* 25-50 cm; Staude, *schwärzlich* behaart; B. fast alle in Grundrosette; Blst. *orange-rot* (wenn gelb: s. *H. auricula* S. 310), 15 mm, dicht gebüschelt. VI-VIII. Magere Rasen, Weiden. T[D:z-s].

5 GEWÖHNLICHES BITTERKRAUT *Picris hieracioides.* 30-60 cm; Staude, rauh behaart, *verzweigt*; B. lanzettl., *buchtig-gezähnt*; Blst. 2-3,5 cm, gebüschelt; Hüllb. dicht schwarz-borstig, äußere *klein*, abstehend; Pappus gelblich-weiß. VII-X. Offene Rasen, Wegränder, Schutt. T[D:s-v].

6 GROSSES BITTERKRAUT *Picris echioides.* 30-60 cm; Einjährige, *borstig* behaart, ästig; B. ei-länglich, buchtig gezähnt, Haare auf *weißlichen* Erhebungen; Blst. gelb, 2-2,5 cm, gebüschelt; äußere Hüllb. groß u. breit; Pappus weiß. VI-XI. Unkrautfluren. GB,F,(M[D:s-z]).

PIPPAU *Crepis.* Äußere Hüllb. meist viel kürzer als innere, eine Außenhülle bildend u. oft abstehend; Pappus meist weiß.

7 LÖWENZAHN-PIPPAU *Crepis vesicaria.* 30-80 cm; Ein-/Zweij., behaart, ästig; B. tief-fiederlappig-gezähnt, spitzlappig st'umfassend; Blst. 1,5-2,5 cm, in Knospe aufrecht, rispig, äußere Zungenbl. unterseits *rötlich*. V-VII. Unkrautfluren. GB,F,M[D:z-s]. **7a Wiesen-P.** *C. biennis* □. Bis 1,2 m, behaarter; Blst. weniger zahlreich, 2,5-3,5 cm; Zungenbl. auch außen gelb. T[D:v]. **7b Borstiger P.** *C. setosa.* Fein gelblich-borstig; Blst. heller gelb. (GB),F,M[D:s]. **7c Stinkender P.** *C. foetida.* Gerieben nach bitteren Mandeln riechend; Blst. weniger zahlreich, in Knospe nickend. GB,F,M[D:z-s]. **7d Franzosen-P.** *C. nicaeensis.* Obere B. pfeilförmig-spitz st'umfassend; Bl. oft rotspitzig. (GB,S),F,(M[D:s]). **7e Lagoseris sancta.** B. alle in Grundrosette, grob gelappt. F.

8 SUMPF-PIPPAU *Crepis paludosa.* 40-80 cm; Staude, fast kahl; St. beb.; B. ± lanzettl., scharf gezähnt, obere lappig st'umfassend; Blst. orange-gelb, 15-25 mm, zu wenigen rispig; Hüllb. dicht drüsig grünlich/schwarzhaarig; Pappus bräunlich-weiß. VI-IX. Feuchte Wiesen, Moore, Ufer. T[D:v]. **8a Dach-P.** *C. tectorum.* Bis 60 cm; Einjährige, stark verzweigt; Pappus *weiß*. Unkrautfluren. S,F,M[D:z-v]. **8b Glänzender P.** *C. pulchra.* Ähnlich 8a; weniger ästig u. drüsig behaart; Hüllb. kahl. Trockene, warme Unkrautfluren. F,M[D:s]. **8c Abbiß-P.** *C. praemorsa.* St. fast völlig b'los; B. mit od. ohne Zähne; Blst. klein. S,F,M [D:s-z].

9 WEICHER PIPPAU *Crepis mollis.* 30-60 cm; Staude, schlank, meist behaart; B. ± lanzettl., gezähnt od. nicht, obere mit *rundlichen* Lappen st'umfassend; Blst. 2-3 cm, wenige rispig; Pappus *rein-weiß*. VI-VIII. Wiesen, Wälder, Ufer. GB,F,M [D:s-z]. **9a, 9b, 9c, 9d, 9e, 9f, 9g** → S. 310.

Froschlöffelgewächse Fam. Alismataceae

Kahle Wasserpfl.; B. grundständig; Bl. mit 3 Kronb. u. kopfig gehäuften Fr'chen.

1 GEMEINER FROSCHLÖFFEL *Alisma plantago-aquatica.* 0,15-1,1 m; Staude; B. oval, am Grund gerundet od. herzförmig; Bl. in Quirlen, weiß, 8-10 mm; Fr'chen in einem Kreis, in der Mitte od. unterhalb geschnäbelt. VI-IX. Röhrichte, Gräben. ⚥ T[D:v]. **1a Lanzettlicher F.** *A. lanceolatum* □. B. lanzettl., in Stiel verschmälert; Bl. rosa; Fr'chen mit kurzem Schnabel nahe Spitze [D:z]. **1b Gras-F.** *A. gramineum.* Oft untergetaucht; B. lineal, bandartig; Bl. kleiner; Schnabel der Fr'chen hakig. T[D:s].

2 IGELSCHLAUCH *Baldellia ranunculoides.* 5-30 cm; Staude; B. schmal lanzettl.; Bl. *blaß rosa,* 10-15 mm, in bis 20bl. Quirlen; Blst'stiele aufrecht(ssp. *ranunculoides*) oder Stiele in Form wurzelnder Ausläufer(ssp. *repens*) u. Bl. 15-22 mm in 1-4 Dolden. VI-X. In od. an Sand- od. Moorgewässern. T[D:s-z].

3 FROSCHKRAUT *Luronium natans.* Staude, flutend, bis 1,4 m; B. breit-oval (untergetauchte schmaler); Bl. weiß, gelb gefleckt, 12-15 mm. V-X. Meist stehendes Wasser. T[D:s].

4 *Damasonium alisma.* 5-30 cm; Staude; B. stumpf-oval, am Grund herzförmig, schwimmend od. untergetaucht; Bl. weiß, 6 mm; Fr'chen lang geschnäbelt, sternförmig zu 6 spreizend. VI-IX. Flache Gräben, Teiche. GB,F.

5 HERZLÖFFEL *Caldesia parnassifolia.* 10-90 cm; Staude; B. tief-herz-eiförmig, lang gestielt; Bl. weiß, in Quirlen. VII-IX. Röhrichte. F,M[D:s].

6 PFEILKRAUT *Sagittaria sagittifolia.* 0,2-1,25 m; Staude; B. tief pfeilförmig, Schwimmb. lanzettl., untergetauchte B. handförmig; Bl. weiß, braunrot gefleckt, 20 mm. VI-VIII. Röhrichte; meist flache Gewässer. ⚥ T[D:v]. **6a** *S. rigida.* Niedriger; B. oval, alle oberhalb der Wasserfläche; Bl. weiß, bisweilen gelb gefleckt. (GB) Heimat: N-Amerika. **6b** *S. natans.* B'lappen abwärts gerichtet; Bl. u. Fr'chen kleiner. S.

Schwanenblumengewächse Fam. Butomaceae

7 SCHWANENBLUME *Butomus umbellatus.* 0,6-1,5 m; Staude, kahl; B. lineal, 3kantig, rinnig, alle grundständig; Kronb. 3, rötlichweiß; Blst. eine Dolde; Fr'chen 6, eiförmig, zur Reife rotbraun. VI-VIII. Röhrichte, Gräben, Teiche. T[D:v-s].

Froschbißgewächse Fam. Hydrocharitaceae

8 FROSCHBISS *Hydrocharis morsus-ranae.* Schwimmb'pfl., Staude; B. ±kreisrund, tief-herzförmig am Grund; Kronb. 3, weiß, gelb gefleckt, ca. 12 mm. VI-VIII. Seichte, stehende Gewässer. T[D:v-z]. **8a Wassernuß** *Trapa natans* □ (Fam. Trapaceae, Kl. Dicotyledoneae.) Wurzelnd; B. rautenförmig, vorn gezähnt; Kronb. 4, weiß. VI-VIII. F,M[D:s].

9 KREBSSCHERE *Stratiotes aloides.* 15-45 cm; Staude; nur zur Bl'zeit Rosetten lineal-lanzettl., scharf stachelig-gesägter B. zur Oberfläche aufsteigend; Kronb. 3, weiß, bis 2 cm; Staubb. u. Narben auf verschiedenen Pfl. VI-VIII. Seichte, stehende Gewässer. T[D:z-s].

1a Lanzettlicher Froschlöffel

8a Wassernuß

Liliengewächse Fam. Liliaceae

S. 260-268. B. ungeteilt; 3 innere u. 3 äußere Bl'hüllb., meist gleichfarbig; Staubb. 6; Fr'knoten oberständig.

1 MAIGLÖCKCHEN *Convallaria majalis.* 10-25 cm; Staude, kahl; B. breit-elliptisch, fast gegenständig zu 2 am St.; Bl. weiß, *duftend,* glockig, überhängend, einseitige Traube; Beeren rot. V-VI. ±trockene Laubwälder. ⚥⚲§ T[D:v].

2 SCHATTENBLUME *Maianthemum bifolium.* 5-15 cm; Staude, kahl, unverzweigt; B. *herzeiförmig,* glänzend, zu 2, wechselständig; Bl. weiß, klein, nicht duftend, Staubb. hervorragend, in einer Traube; Beeren rot. V-VII. Wälder. ⚲ T[D:v-z].

3 FALTENLILIE *Lloydia serotina.* 7-12 cm; Staude, schlank, kahl, unverzweigt; B. schmal-lineal, grasähnlich; Bl. weiß, *rot-nervig,* 20 mm, glockig, *einzeln.* V-VIII. Gebirgsrasen. GB,M[D:Alp].

4 *Simethis planifolia.* Bis ca. 30 cm; Staude, kahl; B. lineal, grasähnlich, grundständig, blaugrün, oft gedreht; Bl. weiß, außen rötlich, 20 mm, 6b., in einer Rispe. V-VI. Steinige Heiden. GB[Irland],F.

5 ASTLOSE GRASLILIE *Anthericum liliago.* 30-60 cm; Staude, kahl; Blst. meist *unverzweigt;* B. lineal, grasähnlich, alle grundständig; Bl. weiß, sternförmig, 3-5 cm, 6b., mit gelben Staubbeuteln, in verlängerter Traube; Tragb. lanzettl., lang. V-VII. Trockene Rasen, Abhänge. S,F,M[D:z-s]. **5a Ästige G.** *A. ramosum* □. Bl. bis 2,7 cm, in lockerer Rispe, Tragb. kürzer. VI-VIII. F,M[D:z-s].

6 WEISSER GERMER *Veratrum album.* 0,5-1,5 m; Staude, aufrecht, behaart; B. breit elliptisch, an den Nerven längsfaltig, ungestielt; Bl. innen weiß, außen grün (ssp. *album*) od. nur grün bis gelblichgrün (ssp. *lobelianum*), in ährenförmigen Rispen. VI-VIII. Weiden, Wiesen der Gebirge. ⚥⚲ S,F,M[D:s-z].

7 SUMPF-SIMSENLILIE *Tofieldia pusilla.* 5-15 cm; Staude, schlank, kahl, unverzweigt; B. schmal, schwertförmig, meist *grundständig,* gelegentlich einzelne höher; Bl. weißlich-gelb, in einer kurzen Traube, *Tragb. 3lappig,* grün. VI-VIII. Quellmoore der Gebirge u. Tundren. T[D:Alp].

8 KELCH-SIMSENLILIE *Tofieldia calyculata.* 10-40 cm; Staude; B. schmal, schwertförmig, *grund- u. st'ständig;* Bl. grünlich-gelb, selten etwas rötlich, in zylindrischer Traube; *Tragb. lanzettl.,* Vorb. 3lappig. VI-VIII. Moore, Sümpfe. S[Gotland],M[D:s-v].

Liliengewächse Forts. S. 262

Fam. Eriocaulaceae

9 *Eriocaulon aquaticum.* 15-60 cm; Staude, kahl, unverzweigt, rasig; B. grundständig, *untergetaucht,* schmal, spitz, durchscheinend; Bl. weiß, in flachen, knopfförmigen Köpfen auf b'losen St., wenige cm aus dem Wasser ragend; Tragb. *grau.* VII-IX. Flache, stehende Gewässer; offene, nasse, torfige Böden. GB[W-Irland, Innere Hebriden].

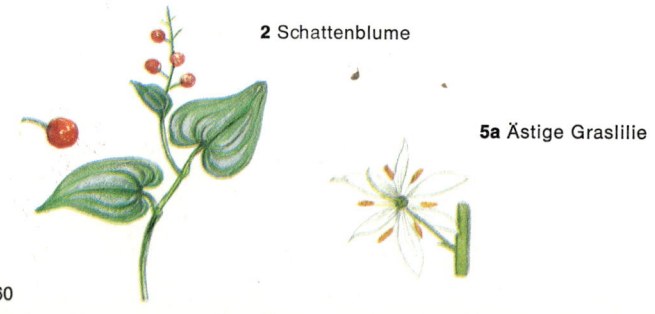

2 Schattenblume

5a Ästige Graslilie

Liliengewächse (Forts.)

1 SCHACHBLUME *Fritillaria meleagris.* 15-30 cm; Staude, kahl; B. lineal, rinnig, etwas graugrün, st'ständig; Bl. glockig, einzeln, nickend, schachbrettartig purpurrot- u. weißlich, seltener weißlich-grünlich gefleckt. IV-V. Feuchte Wiesen, bisweilen große Bestände. ⚘§ T[D:s].

2 BEINBRECH *Narthecium ossifragum.* 10-30 cm; Staude, kahl; B. linealschwertförmig, ± sichelig, grundständig gebüschelt, bisweilen orange überlaufen; Bl. orange-*gelb,* sternförmig, 6b., in Trauben auf b'losen St.; Kapsel dunkel orange. VII-VIII. Moore, feuchte Heiden. T[D:z-s].

3 TÜRKENBUND *Lilium martagon.* 30-60 cm; Staude, kahl; St. gefleckt; B. breit lanzettl., dunkelgrün, z. T. quirlig genähert, st'ständig; Bl. in lockerer Traube, hellpurpurn, dunkler gefleckt, nickend, Bl'b. *zurückgerollt.* VI-VII. Wälder, Staudenfluren. § S,(GB),F,M[D:s-z]. **3a Pyrenäen-Lilie** *L. pyrenaicum* ☐. B. nicht quirlig genähert, schmaler lanzettl.; Bl. gelb, dunkler gefleckt. (GB) Heimat: Pyrenäen. **3b Feuer-L.** *L. bulbiferum.* Bl. aufrecht, gelb od. rot, Bl'b. nicht zurückgerollt, mit (ssp. *bulbiferum*) od. ohne (ssp. *croceum*) Brutzwiebeln in B'achseln. M[D:s].

4 GEMEINER GELBSTERN *Gagea lutea.* 10-30 cm; Staude, fast kahl; grundständiges B. 7-12 mm breit, an der Spitze *kapuzenförmig* u. dann *pfriemförmig spitz;* Bl'b. 6, stumpf, gelb, sternförmig, außen mit grünen Streifen; Blst. doldenförmig (darunter 2 b'artige Hochb.), auf b'losen St. III-V. Laubwälder, Gebüsche. T[D:v-z].

5 KLEINER GELBSTERN *Gagea minima.* 7-15 cm; Staude, grundständiges B. *1-2 mm* breit, flach u. ± rinnig; Bl. zu 1-7, langgestielt. III-V. Wälder, Gebüsche. S,F,M[D:s].

6 WIESEN-GELBSTERN *Gagea pratensis.* 6-20 cm; Staude, behaart; grundständiges B. lineal, 2-5 mm breit, gestielt, etwas graugrün; Bl. grünlich-gelb, sternförmig, zu 1-6 in doldenförmiger Blst. (mit einem Paar breiter, b'artiger Hochb.), auf b'losen St. III-IV. Trockene Rasen, Äcker. F,M[D:z-s]. **6a Böhmischer G.** *G. bohemica.* Grundständige B. ca. 1 mm breit; Bl. meist einzeln, Stiel zottig. II-IV. F,M[D:s].

7 SCHEIDEN-GELBSTERN *Gagea spathacea.* 6-20 cm; Staude; grundständige B. fadenförmig, st'ständiges breiter, scheidenförmig; Bl. gelb-grün, zu 1-5, Stiele kahl. IV-V. Lichte Laubwälder. F,M[D:z-s]. **7a Acker-G.** *G. villosa.* B. grasgrün; Bl'stiele zottig; Bl. zu 5-10. II-V. Äcker; kalkmeidend. S,F,M[D:z-s].

8 WILDE TULPE *Tulipa silvestris.* 20-40 cm; Staude, schlank, kahl; B. lineal, grasähnlich, an der Spitze etwas kapuzenförmig, ohne hervortretende Nerven, grundständig; Bl. gelb, außen oft grünlich od. rötlich, einzeln, duftend, auf b'losen St. IV-V. Grasige Lichtungen, Gebüsche, Ufer. (GB),F,M[D:s].

3a

1

2

3

4

5

6

7

8

263

Liliengewächse (Forts.)

LAUCH *Allium.* Kräuter, meist mit unterirdischer Zwiebel, kahl, unverzweigt; Zwiebel- od. Knoblauchgeruch; Bl. meist ±glockig, im kopfigen bzw. doldigen Blst. oft mit Brutzwiebeln gemischt; unter dem Blst. 2 breite häutige, bisweilen früh abfallende Hüllb.

1 BÄR-LAUCH *Allium ursinum.* 20-50 cm; Staude, bisweilen fast teppichbildend; St. stumpf 3kantig; B. 2, *elliptisch-lanzettl.,* gestielt, grundständig, früh gelb, starker Knoblauchgeruch; Bl. weiß, sternförmig; Blst. doldenförmig. IV-VI. Laubwälder. T[D:v]. **1a** → S. 310.

2 *Allium triquetrum.* 20-50 cm; Staude; St. scharf 3kantig; B. lineal, scharf gekielt, grundständig; Bl'b. weiß, außen mit schmalem grünen Streifen; Bl. hängend; Blst. ±einseitig, doldenförmig, ohne Brutzwiebeln. IV-VI. Gebüsche, Ufer, schattige Orte. (GB) Heimat: Medit. **2a** *A. paradoxum.* B. meist einzeln, ±lineal; Blst. 1-2bl., Stiele ungleich lang, mit Brutzwiebeln. IV-V. (GB,F,M [D:s]) Heimat: Kaukasus.

3 WEINBERGS-LAUCH *Allium vineale.* 40-60 cm; Staude, steif; B. fast stielrund, schmalrinnig, hohl; Bl. purpurrot od. grünlich, Staubb. *herausragend,* Hüllb. kürzer, Blst. mit Bl. u. (od. nur dichter Kopf von) Brutzwiebeln. VI-VIII. Wegränder, Weinberge. T[D:v-z]. **3a Gemüse-L.** *A. oleraceum* ☐. B. lineal, ca. 3 mm breit; Blst. lockerer, Bl. ungleich gestielt; Staubb. nicht herausragend; selten nur Brutzwiebeln. T[D:z-v]. **3b** → S. 310.

4 SCHNITTLAUCH *Allium schoenoprasum.* 7-50 cm; Staude, dicht wachsend; B. zylindrisch, hohl, bläulichgrün, *grundständig* (ssp. *sibiricum* auch st'ständig); Bl. rosa-purpur, kurz gestielt, Staubb. nicht herausragend; Blst. oft ±kugelig; Hüllb. kurz. V-VIII. Böschungen, Steinschutt u. kultiviert. T[D:z].

5 GEKIELTER LAUCH *Allium carinatum.* 30-60 cm; Staude; B. lineal, unterseits gekielt, bis zur St'mitte. Bl'b. rosenrot, *stumpflich;* rote Staubb. hervorragend, lang gestielt; Blst. locker doldenförmig, mit Brutzwiebeln; Hüllb. lang. VI-VIII. Trockene Rasen, Wiesen, Felsen. T[D:s-z]. **5a** *A. roseum.* B. grundständig, nicht gekielt; Bl. rosa; Staubb. nicht hervorragend; Hüllb. kürzer. IV-VI. (GB) Heimat: Medit., Azoren. **5b** → S. 310.

6 WINTERZWIEBEL *Allium fistulosum.* 0,3-1 m; Staude; B. zylindrisch, hohl; Bl. weißlich-grün, zahlreich, in kugeligem Blst.; St. hohl u. über Mitte aufgeblasen. VI-IX. Kultiviert u. verwildert. (T[D:s]) Heimat: China. **6a** → S. 310.

7 KNOBLAUCHARTIGER LAUCH *Allium scorodoprasum.* 0,6-1 m; Staude, steif; B. lineal, am Rand rauh; Bl. dunkelpurpurrot, lang gestielt, mit Brutzwiebeln in doldenförmigem Blst.; Staubb. *nicht* herausragend. VI-VIII. Wiesen, Auenwälder. T[D:z-s]. **7a Runder L.** *A. rotundum.* 30-60 cm; B. nicht rauhrandig; Bl. purpurrot in dichtem Kopf ohne Brutzwiebeln. F,M[D:s].

8 *Allium ampeloprasum.* 0,6-2 m; Staude, aufrecht; B. lineal, graugrün, fein gezähnt; Bl. blaßpurpurn od. weiß (Staubb. gelb, etwas herausragend), zahlreich in großen (5-10 cm ∅) Blst., gelegentlich einige kleine Brutzwiebeln; 1 Hüllb., vor Bl'zeit abfallend. VII-VIII. Felsige Orte in Küstennähe, Böschungen. GB,F. **8a** *A. babingtonii.* Blst. lockerer, mit weniger Bl., zahlreichen Brutzwiebeln, u. bisweilen sekundäre Blst. tragend. GB. **8b** → S. 310.

9 BERG-LAUCH *Allium montanum.* 15-30 cm; Staude; St. scharfkantig; B. lineal, kiellos, gelegentlich gedreht, grundständig; Bl. rosenrot, in dichtem, doldenförmigem Blst. VI-VIII. Trockene, warme Rasen, Felsbänder. S,F,M[D:s]. **9a, 9b, 9c, 9d** → S. 310.

10 KOPF-LAUCH *Allium sphaerocephalon.* 30-90 cm; Staude; B. halbstielrund, rinnig, hohl; Bl. purpurrot, Staubb. *herausragend;* Blst. ohne Brutzwiebeln, *kugelig;* Hüllb. kurz, häutig. VI-VIII. Trockene Rasen, Felsen, Dünen. GB,F,M [D:s].

265

Liliengewächse (Forts.)

1 HASENGLÖCKCHEN *Scilla non-scripta.* 15-30 cm; Staude, kahl, oft in Herden; B. lineal, gekielt, mit kapuzenförmiger Spitze, grundständig; Bl. azurblau, selten weiß, lang-glockig, duftend, in *langer* einseitiger Traube (an Spitze nikkend); Staubbeutel gelblich-weiß; Fr. eiförmig, Samen schwarz. IV-VI. Wälder, Gebüsche, Küstenklippen, Gebirge. § GB,F,M[D:s]. **1a** *S. hispanica* ☐. Kräftiger als 1; B. breiter; Bl. größer, blasser, in allseitiger aufrechter Traube; Staubbeutel blau. Später blühend. (GB,F) Heimat: SW-Europa, N-Afrika.

2 *Scilla verna.* 5-15 cm; Staude, kahl; B. lineal, oft gekrümmt, *grundständig,* vor den Bl. erscheinend; Bl. violett-blau, selten weiß, 6b., sternförmig, mit bläulichen Tragb., in gedrängter Traube. IV-VI. Grasfluren, meist Küstennähe. S,GB,F.

3 ZWEIBLÄTTRIGE MEERZWIEBEL *Scilla bifolia.* 10-20 cm; Staude, kahl; B. breit-lineal, meist 2 (selten 3-5), *st'ständig;* Bl. blau, selten lila od. weiß, 6b., sternförmig, in lockerer Traube, Tragb. *fehlend* od. klein. III-V. Wälder, Wiesen. § F,M[D:s].

4 *Scilla autumnalis.* 4-25 cm; Staude, fast kahl; B. lineal, grasähnlich, *grundständig, nach* den Bl. erscheinend; Bl. rötlich-blau, sternförmig, ohne Tragb., in lockerer Traube. VII-X. Trockene Grasfluren, oft Küstennähe. GB,F.

5 GEWÖHNLICHE TRAUBENHYAZINTHE *Muscari atlanticum.* 10-35 cm; Staude, kahl; B. *1-3 mm* breit, grasförmig, halbstielrund, später zurückgekrümmt, grundständig; Bl. dunkelblau, eiförmig, mit weißem Saum, in dichter Traube. IV-V. Trockene Rasen, Weinberge. § GB,F,M[D:s]. **5a Übersehene T.** *M. neglectum.* In allem größer als 5; Traube 30-40bl. § M[D:s].

6 KLEINE TRAUBENHYAZINTHE *Muscari botryoides.* 10-20 cm; Staude, kahl; B. 3-8 mm breit, grasähnlich, an der Spitze breiter, aufrecht, grundständig; Bl. himmelblau, ± kugelig, mit weißlichen Zähnen, in mehr konischer Traube als 5. III-V. Wälder, Wiesen. § GB,F,M[D:s-z]. **6a Schopf-T.** *M. comosum* ☐. Bis 75 cm; B. 10-27 mm breit; Bl. länger gestielt; Traube verlängert, an der Spitze Schopf steriler amethystfarbener Bl. Magere Rasen. § (GB),F,M[D:s]. **6b** → S. 311.

7 HERBST-ZEITLOSE *Colchicum autumnale.* 8-25 cm; Staude, kahl; B. *breit-lanzettl.,* hellgrün, im Frühjahr erscheinend, zur Bl'zeit abgestorben; Bl. hell-lilarosa, selten weiß (ähnlich wie Crocus), mit langer weißer Röhre; 1- bis mehrbl.; Fr. eiförmig(im Frühjahr erscheinend); von Crocus unterschieden u. a. durch 6 Staubb. VIII-X. Wiesen, Auenwälder. ⚥⚲ T[D:v-s].

Liliengewächse Forts. S. 268

Schmerwurzgewächse Fam. Dioscoreaceae

8 SCHMERWURZ *Tamus communis.* Bis 4 m, rechtswindend; Staude, kahl, ohne Ranken; B. *herz-eiförmig,* dunkelgrün, glänzend, wechselständig; Bl. gelblich-grün, klein, 6b., in lockerer, selten verzweigter Traube; Staubb. u. Fr'b. auf verschiedenen Pfl.; Fr. rote Beere. V-VIII. Waldränder, Gebüsche, Hecken. ⚥⚲ GB,F,M[D:s].

6a Schopf-Traubenhyazinthe, fruchtend, ca. 1:2

7 Herbst-Zeitlose, Frucht, ca. 1:3

Liliengewächse (Forts.)

1 VIELBLÜTIGE WEISSWURZ *Polygonatum multiflorum*. 30-60 cm; Staude, kahl; St. rund, bogig; B. elliptisch, wechselständig, st'ständig; Bl. weiß, Spitzen grünlich, lang-glockig, geruchlos, zu 1-5 in hängenden Blst. in B'achseln; Beeren *blauschwarz*. V-VI. Wälder, Gebüsche. ⚇ T[D:v]. **1a Salomonssiegel** *P. odoratum* ☐. St. unten *kantig*; Bl. duftend, zu 1-2. Wälder; meist auf Kalk. ⚇ T[D:z-s]. **1b** *P.* × *hybridum* (1×1a). Kultiviert u. gelegentlich verwildert. (T). **1c Knotenfuß** *Streptopus amplexifolius*. Ähnlich 1a; aber Bl'b. nicht am Grund verwachsen, sternförmig. V-VII. Bergwälder. ⚇ M[D:s].

2 QUIRLBLÄTTRIGE WEISSWURZ *Polygonatum verticillatum*. 30-60 cm; Staude, kahl; St. fein-kantig; B. lineal-lanzettl., zu 3-7 *quirlständig*, st'ständig; Bl. weiß, grünspitzig, zu 1-7 in B'achseln, glockig, geruchlos; Beeren vorerst *rot*, später schwarzblau. V-VII. Bergwälder. ⚇ T[D:z-s].

3 EINBEERE *Paris quadrifolia*. 10-40 cm; Staude, kahl; B. elliptisch, spitz, sitzend, meist zu 4 *quirlständig* (selten 3-8) an der Spitze der St.; Bl. grün, 4-6b., sternförmig, einzeln, Staubb. hervorragend; Beere blauschwarz. V-VI. Meist Laubwälder. ⚡⚇ T[D:v-s].

4 PYRENÄEN-MILCHSTERN *Ornithogalum pyrenaicum*. 30-60 cm; Staude, kahl, unverzweigt; B. lineal-lanzettl., blaugrün, grundständig, meist zur Bl'zeit verwelkend; Bl. blaß-gelbgrün, 6b., sternförmig, in *vielbl.* verlängerter Traube. V-VII. Laubwälder, Gebüsche, Grasfluren. GB,F,M[D:s].

5 NICKENDER MILCHSTERN *Ornithogalum nutans*. 15-50 cm; Staude, kahl; B. breit-lineal, rinnig, in der Mitte meist *weißstreifig*, grundständig; Bl. groß, weiß, außen grünlich, glockig, nickend, in einseitiger lockerer Traube. IV-V. Wiesen, Unkrautfluren. (T[D:z-s]) Heimat: SO-Europa.

6 DOLDENTRAUBIGER MILCHSTERN *Ornithogalum umbellatum*. 10-20 cm; Staude, kahl; B. lineal, rinnig, in der Mitte meist *weißstreifig*, grundständig; Bl'b. weiß, mit grünem Rückenstreifen, zu 6, sternförmig; doldentraubiger Blst. V-VI. Rasen, Böschungen, Unkrautfluren. ⚡ T[D:z]. **6a** → S. 311.

7 SPARGEL *Asparagus officinalis*. 0,3-1,5 m; Staude, kahl, reich verzweigt; nadelförmige (b'ähnliche) grüne Kurzsprosse gebüschelt; Bl. grünlich-weiß, glockig, zu 1-2 am Grunde der Sproßbüscheln; Staubb. u. Fr'b. auf verschiedenen Pfl.; Beere rot. IV-V(VIII). Sandufer, Böschungen, oft in Küstennähe (ssp. *prostratus*: St. dünn, oft niederliegend; Kurzsprosse dick u. kurz; Bl'stiele kurz), daneben kultiviert (ssp. *officinalis*). ⚡⚇ T[D:s].

8 MÄUSEDORN *Ruscus aculeatus*. 25-80 cm; Strauch, immergrün, kahl; Kurzsprosse eiförmig, *dornspitzig* (b'ähnlich); Bl. weißlich od. grünlich, klein, 6b., zu 1-2 auf der Oberseite der Kurzsprosse; Staubb. u. Fr'b. auf verschiedenen Pfl.; Beere rot. I-IV. Trockene Wälder, Hecken, Felsen. GB,F.

1a Salomonssiegel, Frucht

2 Quirlblättrige Weißwurz, junge Früchte

1 Vielblütige Weißwurz, Früchte

1

2

3

4

5

6

7

8

Amaryllisgewächse Fam. Amaryllidaceae

Kräuter, ausdauernd, kahl; B. lineal, grundständig; 3 äußere u. 3 innere Bl'-hüllb.; Staubb. 6; Fr'knoten unterständig; Kapsel; Blst. am Grund mit scheidenförmigem Hüllb.

1 GELBE NARZISSE Narcissus pseudonarcissus. 15-40 cm; Staude; B. graugrün, oben kiellos; Bl. blaßgelb, nickend, einzeln auf b'losem St., Nebenkrone glockig, goldgelb, etwa so lang wie äußere spreizende Bl'b. III-V. Wiesen, Rasen, Wälder; daneben verschiedene Kulturvarietäten, gelegentlich verwildert. ⚥⚘§ GB,F,M[D:s]. **1a** N. obvallaris. Bl. einförmig tiefgelb, aufrechte, Nebenkrone länger als äußere Bl'b. GB[Pembrokeshire].

2 N. × biflorus. Vermutlich ursprünglich Bastard 1×3; Bl. zu 2, duftend, Nebenkrone kurz glockig, goldgelb, Rand kerbig, weißlich, äußere Bl'b. gelblichweiß bis weiß. IV-V. Eingebürgert in Grasfluren. (GB,F).

3 WEISSE NARZISSE Narcissus poeticus. 20-45 cm; Staude; B. graugrün; Bl. nickend, einzeln, duftend, mit kurzer gelber Nebenkrone (Rand rötlich u. kerbig-kraus), äußere Bl'b. weiß. IV-V. Kultiviert u. verwildert. ⚘ (GB,F,M[D:s]) Heimat: SW-Europa. **3a Schmalblättrige N.** N. stellaris. B. bis höchstens 5 mm breit. Bergwiesen. M[D:s].

4 MÄRZBECHER Leucojum vernum. 10-30 cm; Staude; B. hellgrün; Bl'b. weiß, grün-spitzig, 2-2,5 cm; Bl. 1(-2), glockig, nickend, auf b'losem St.; Staubbeutel orange. II-IV. Feuchte Laubwälder, Wiesen. § GB,F,M[D:z-s].

5 SOMMER-KNOTENBLUME Leucojum aestivum. 30-60 cm; Staude; B. hellgrün; Bl. zu 3-8 auf ungleichlangen Stielen, ähnlich 4; Bl'b. 14-20 mm. IV-V. Nasse Wiesen, Wälder. GB,F,M[D:s].

6 SCHNEEGLÖCKCHEN Galanthus nivalis. 8-20 cm; Staude; B. grün, bereift, schmaler als bei 4 u. 5; Bl. weiß, nickend, glockig, einzeln auf b'losem St.; Bl'b. 2-2,5 cm, weiß, innere grünspitzig, $^1/_2$ so lang wie äußere. I-IV. Feuchte Laubwälder, Ufer, Wiesen; daneben verwildert. § GB,F,M[D:z-s].

Aronstabgewächse Fam. Araceae

7 ARONSTAB Arum maculatum. 15-60 cm; Staude, kahl; B. spieß-pfeilförmig, dunkelgrün, oft braun-gefleckt (var. maculatum), grundständig, im Frühjahr erscheinend; Bl. sehr klein; am Grund eines Kolbens; männliche über weiblichen Bl., dicht quirlig, an einem oben bläulich-braunen Kolben, mit auffälliger tütenförmiger, blasser grüner Spatha; Fr. scharlachrot. IV-V. Laubwälder, Gebüsche. ⚥⚘ GB,F,M[D:s-v]. **7a** A. italicum □. B. größer, mehr 3eckig, mit gelblich-weißen Nerven, im Herbst erscheinend, Kolben oben gelb. ⚥⚘ GB,F. **7b Schlangenwurz** Calla palustris □. Wasser-/Sumpfpfl.; B. ±herzförmig; Kolben kürzer, grün; Spatha weit offen, weiß; Fr. korallenrot. V-VIII. Moore, Teichufer. ⚘ S,(GB),F,M[D:z-s].

Anmerkung: **Natterzunge** Ophioglossum vulgatum □ und **Echte Mondraute** Botrychium lunaria □ (beide Farnpfl. Fam. Ophioglossaceae) besitzen einen spathaähnlichen breit-lanzettl. bzw. gefiederten Teilwedel (anderer Wedelteil Sporenstände tragend).

7 Aronstab (gefleckte u. ungefleckte Varietät)   **7a** Arum italicum   Natterzunge

7b Schlangenwurz   Echte Mondraute

Schwertliliengewächse Fam. Iridaceae

SCHWERTLILIE *Iris.* Stauden, kahl, bisweilen Rhizome bis oberhalb des Bodens; B. schwertförmig, meist hauptsächlich grundständig; Bl. groß, 3 äußere Bl'b. spreizend, bisweilen innere gebärtet, 3 innere Bl'b. ±aufrecht, alle am Grund verschmälert; Griffeläste bl'b.artig, an der Spitze gelappt; Blst. meist 2- u. mehrbl. mit scheidenförmigen Hüllb. (Spatha); Fr. 3seitige Kapsel. Figuren auf S. 273: 1 : 2.

1 SIBIRISCHE SCHWERTLILIE *Iris sibirica.* 30-70 cm; schlank; B. schmal, grasähnlich; Bl. 6 cm, *blau* u. violett, Nägel rel. lang; Spatha braun. V-VI. Wiesen. § (S),F,M[D:s].

2 *Iris versicolor.* 0,5-1 m; etwas verzweigt; B. breiter als 3, etwas graugrün, ohne erhabene Mittelrippe; Bl. blaß *rosa-purpurn,* zu 1-3, Platte der äußeren Bl'b. ± so lang wie Nagel; Griffelspitzen fast *weiß;* Samen dunkelbraun. VI-VII Sümpfe. ⚥ (GB) Heimat: N-Amerika.

3 GELBE SCHWERTLILIE *Iris pseudacorus.* 0,5-1 m; St. zusammengedrückt; B. mit erhabener Mittelrippe; Bl. *gelb,* Adern schwärzlich, 8-10 cm ⌀, zu 1-3; Samen braun. V-VI. Röhrichte, Ufer, Gräben. ⚥⚘§ T[D:v].

4 DEUTSCHE SCHWERTLILIE *Iris germanica.* 0,3-1 m; aufrecht, verzweigt; B. *graugrün;* Bl. duftend, bis 10 cm ⌀, zu 2-3, äußere Bl'b. violett-purpurrot, *gelbbärtig,* innere dunkel-lila; Spatha grün u. braun. V-VI. Trockene Rasen. ⚥§ (T) Heimat: Medit., SW-Asien. **4a Nacktstengelige S.** *I. aphylla.* 5-50 cm; B. länger als St. § M[D:s]. **4b Holunder-S.** *I. sambucina.* Nach Holunder riechend; äußere Bl'b. dunkler geadert. § (M[D:s]) Heimat: Kleinasien, Transkaukasien.

5 BASTARD-SCHWERTLILIE *Iris spuria.* 30-60 cm; etwas verzweigt; B. 5-12 mm breit, gerieben unangenehm riechend; Bl. blaß, blau-violett, geadert, 4-5 cm ⌀, sitzend, zu 1-3, Platte der äußeren Bl'b. rundlich, ¹/₂ so lang wie *gelb*-kieliger Nagel; Griffeläste violett. V-VI. Feuchte Wiesen, Rasen. § (GB),F,M[D:s].

6 *Iris foetidissima.* 30-80 cm; B. dunkelgrün, gerieben streng u. unangenehm riechend; Bl. *schmutzig-lila,* gelegentlich gelblich, 8 cm ⌀, zu 2-3; Samen orange. V-VII. Lichte Wälder, Gebüsche, Küstenklippen, Dünen. ⚥ GB,F.

7 *Gladiolus illyricus.* 40-90 cm; Staude, kahl; B. schwertförmig, grundständig; Bl. rot-purpurn, 6b., zu 3-8 am St. VI-VII. Grasige u. buschige Heiden, feuchte Wiesen. GB,F. Verschiedene ähnliche Arten auch verwildert. **7a Sumpf-Siegwurz** *G. paluster.* Bl'b. z. T. mit weißem Streifen. § M[D:s]. **7b Garten-Montbretie** *Crocosmia* × *crocosmiflora.* 30-90 cm; Blst. einseitswendig; Bl. kleiner, orange. VII-VIII. Hybride *C. pottsii* × *aurea,* eingebürgert an Seen, Teichen, Klippen, Schutt. (GB,F). **7c** → S. 311.

8 ROMULEA *Romulea columnae.* Bis 5 cm; Staude, kahl; B. fadenförmig, lockig gekrümmt, grundständig; Bl. weiß-purpurn, außen grünlich, 7-10 mm ⌀, nur in hellen Sonnenlicht geöffnet. III-V. Sandige Grasfluren, Dünen. GB,F.

9 WEISSER SAFRAN *Crocus albiflorus.* 8-15 cm; Staude, kahl; B. lineal, rinnig, gekielt, mit *weißer* Mittelrippe; Bl. weiß, seltener violett od. blau, einzeln. III-IV. Bergwiesen. (GB,F),M[D:z-s]. **9a** *Crocus nudiflorus.* B. im Frühjahr erscheinend, zur Bl'zeit abgestorben; Staubb. 3 (Herbst-Zeitlose: 6, B. breit). Wiesen, Moorheide. (GB) Heimat: SW-Europa.

10 BLAUAUGENGRAS *Sisyrinchium angustifolium.* 15-45 cm; Staude, kahl; B. lineal, grundständig; Bl. blau, mit gelbem Schlund, 6b., sternförmig, zu 1-4 auf *2flügeligem* St., geöffnet nur in vollem Sonnenlicht. V-VII. Feuchte Wiesen, Ufer. GB,(F,M[D:s]).

Knabenkrautgewächse Fam. Orchidaceae

S. 274–286. Stauden, unverzweigt, kahl od. fast kahl (außer *Epipactis* S. 284); B. ungeteilt, ganzrandig, oft lineal-lanzettl., gestielt u. dicklich; Bl. verschieden gestaltet, aber ±deutlich dorsiventral, vielfach gespornt, oft große abwärts gerichtete Lippe; Bl. mit Tragb. in Ähre od. Traube; Fr'knoten unterständig; Fr. eiförmig od. zylindrisch.

1 FRAUENSCHUH *Cypripedium calceolus*. 15-50 cm; B. elliptisch-spitz, deutlich längsrippig; Lippe pantoffelförmig, hohl, gelb, innen oft etwas rot gefleckt, übrige Bl'b. purpurbraun; Bl. zu 1-2. V-VI. Laubwälder, Gebüsche, Bergland; auf Kalk. § T[D:s-z].

2 BIENEN-RAGWURZ *Ophrys apifera*. 15-30 cm; B. breit-lanzettl., zugespitzt; äußere Bl'b. *rosa*, innere *grünlich* u. Lippe braun, stark gewölbt, an der Spitze *rundlich*, sammetartig, einer bl'besuchenden Biene ähnlich, an der Spitze Anhängsel zurückgeschlagen, mit blasser U-förmiger Zeichnung. V-VII. Trockene Rasen u. Wälder; auf Kalk. § GB,F,M[D:s]. **2a** var. *trollii* ☐. Lippe mit nicht zurückgeschlagenem Anhängsel, ohne U-förmige Zeichnung.

3 HUMMEL-RAGWURZ *Ophrys fuciflora*. 10-30 cm; äußere u. innere Bl'b. rosaweiß, Lippe fast 4eckig, dunkel-purpurbraun, mit gelblicher Zeichnung, einer Hummel ähnlich, an der Spitze herzförmiges Anhängsel. V-VII. Trockene Rasen; auf Kalk. § GB,F,M[D:s].

4 SPINNEN-RAGWURZ *Ophrys sphegodes*. 15-30 cm; äußere u. innere Bl'b. *gelbgrün*, Lippe mit H-, X- od. π-förmiger Zeichnung, rückwärts gewölbt, ohne Anhängsel. IV-VI. Trockene Rasen; auf Kalk. § GB,F,M[D:s].

5 FLIEGEN-RAGWURZ *Ophrys insectifera*. 15-30 cm; schlank, B. schmal elliptisch; äußere Bl'b. hellgrün, innere fadenförmig, Lippe länglich, 3lappig, dunkelpurpur, Mittellappen an der Spitze ausgerandet, mit fast 4eckigem, *graubläulichem* Fleck am Grund. V-VI. Trockene Rasen u. Wälder; auf Kalk. § T[D:z-s].

6 SCHWARZES KOHLRÖSCHEN *Nigritella nigra*. 8-15 cm; B. lineal, spitz; Bl. *schwarzpurpurn*, selten heller, gespornt, *nach Vanille duftend,* in dichtem Kopf. V-IX. Gebirgswiesen. § S,F,M[D:Alp]. **6a** → S. 311.

7 CALYPSO *Calypso bulbosa*. Ca. 10 cm; B. ellpitisch, deutlich längsnervig, *einzeln;* Bl. hellpurpur-rosa, einzeln; Lippe groß, hohl, bräunlich gezeichnet, am Sporneingang gelb. V. Feuchte Wälder, Wiesen. S[nördl. Gebiete].

2 Bienen-
Ragwurz

2a *Ophrys apifera* var. *trollii*
(Wespen-Ragwurz)

3 Hummel-
Ragwurz

4 Spinnen-
Ragwurz

5 Fliege
Ragwu

Knabenkrautgewächse (Forts.)

KNABENKRÄUTER *Orchis* (1-8): Tragb. der Bl. häutig u. dünn, bisweilen sehr klein, oft gefärbt. Siehe auch ☐ S. 280.

1 MÄNNLICHES KNABENKRAUT *Orchis mascula.* 20-55 cm; B. schmal-länglich, spitz, bisweilen schwärzlich-purpur-gefleckt; Bl. purpurrot, seltener rosarot od. weiß, Katergeruch; 1 äußeres Bl'b. helmförmig, die 2 anderen *aufrecht-abstehend,* Lippe 3lappig, Sporn lang. IV-VI. Trockenrasen, Bergwiesen, Waldränder. § T[D:z-s]. **1a Blasses K.** *O. pallens.* Bis 35 cm; B. breiter; Bl. gelblichweiß. Wälder. § F,M[D:s].

2 KLEINES KNABENKRAUT *Orchis morio.* 8-30 cm; B. länglich-lanzettl., spitz, ungefleckt; Bl. purpurrot, rosa od. weiß; 3 äußere, *grünnervige* u. 2 innere Bl'b. helmförmig zusammenneigend, Lippe 3lappig; Blst. ärmer u. lockerer als bei 1. IV-VI. Trockene Rasen, Wiesen. § T[D:s-z].

3 PURPUR-KNABENKRAUT *Orchis purpurea.* 30-80 cm; B. länglich, ungefleckt, glänzend, zumeist in Grundrosette; äußere u. 2 innere Bl'b. einen rotbraunen Helm(„Kopf") bildend, Lippe *hellrosenrot* mit 2 lineal. Seitenlappen („Arme") u. *breitem,* geteiltem Mittellappen („Beine"), duftend, Sporn kurz. V-VI. Wälder, Gebüsche, Trockenrasen; auf Kalk. § GB,F,M[D:s-z].

4 HELM-KNABENKRAUT *Orchis militaris.* 25-45 cm; B. ±breit länglich, ungefleckt; Bl. männchenförmig, „Kopf" grau od. hellpurpurn, Lippe blaßpurpurn, ebenso wie im Innern des Helmes mit dunklerer Zeichnung, Lappen schmal, Fortsatz zwischen den „Beinen"; Sporn kurz. V-VI. Trockene Rasen, Gebüsche; auf Kalk. § GB,F,M[D:z-s].

5 BRAND-KNABENKRAUT *Orchis ustulata.* 10-35 cm; B. länglich, spitz, ungefleckt; Bl. klein, ähnlich 3, Helm *dunkel-schwarz-purpurn,* später heller, Lippe weiß, dunkel-purpurrot-punktiert, Lappen ±lineal, duftend; Sporn kurz. IV-VI. Trockene Rasen; auf Kalk. § T[D:s]. **5a Dreizähniges K.** *O. tridentata* ☐. „Beine" der Bl. kaum entwickelt; Mittellappen nur schwach 3lappig, hell-purpurrot-punktiert. § M[D:s-z].

6 AFFEN-KNABENKRAUT *Orchis simia.* 25-40 cm; B. ±breit länglich, glänzend, ungefleckt; Bl. ähnlich 4, „äffchenförmig", „Arme" u. „Beine" *viel schmaler* u. länger, Mittelzahn ±deutlich („Schwanz"). V-VI. Trockene Rasen; meist auf Kalk. § GB,F,M[D:s].

7 WANZEN-KNABENKRAUT *Orchis coriophora.* 15-30 cm; B. lineal-lanzettl.; Bl. schmutzig-rotbraun(*mit Wanzengeruch;* eine südliche Form: dunkler rot, Lippe mit großem Mittellappen u. weißen Tragb. mit Vanillegeruch), Bl'b. helmartig (äußere *grünnervig*), Lippe 3lappig, grünlich mit rotbrauner Aderung u. dunkleren Punkten. Sporn kurz. IV-VI. Feuchtwiesen. § F,M[D:s].

8 *Orchis laxiflora.* Bis 60 cm; B. lanzettl., ungefleckt; Bl. purpurrot, in lockerer Ähre, 1 äußeres u. 2 innere Bl'b. helmartig, 2 äußere aufrecht abstehend, Lippe breiter als lang, *bisweilen nur 2lappig,* Sporn kurz; Tragb. u. St. oft rötlich. V-VI. Feuchtwiesen. § F,M. **8a Sumpf-K.** *O. palustris* ☐. Bl. etwas heller, Lippe so lang od. länger als breit, 3lappig. § S,M[D:s-z]. **8b →** S. 311.

5a Dreizähniges Knabenkraut   **8a** Sumpf-Knabenkraut

Knabenkrautgewächse (Forts.)

1 HUNDSWURZ *Anacamptis pyramidalis*. 15-60 cm; B. lineal-lanzettl., ungefleckt; Bl. ±*purpurrot, duftend,* in anfangs dichtem, *pyramidenförmigem* Blst.; äußere Bl'b. abstehend, 2 innere helmartig zusammenneigend, Lippe bis ½ 3lappig, Sporn *sehr lang,* dünn, gebogen. VI-VIII. Trockene Rasen, Dünen; meist auf Kalk. T[D:s].

KNABENKRÄUTER *Orchis* (2-6): Tragb. der Bl. grün od. ±violett, derber, den St'b. ähnlich; Lippe der Bl. breit, äußere Bl'b. aufrecht spreizend, ausgebreitet; oft Bastarde.

2 FLEISCHROTES KNABENKRAUT *Orchis incarnata* ssp. *incarnata.* 25-55 cm; B. verlängert-lanzettl., gekielt, an der Spitze *kapuzenförmig, gelbgrün,* ungefleckt; Bl. fleischfarbig, selten dunkel-violett-rot, weiß od. gelb; Lippe oft mit kleinem Mittelzahn, schmal-, durch *Zurückschlagen* der Seiten erscheinend; Sporn lang. V-VII. Sumpfwiesen, Bruchwälder, Dünentäler. § T[D:z]. **2a** ssp *cruenta.* Niedrig; B. beiderseits dunkel-purpurn gefleckt; Bl. meist dunkler; Sporn kurz. § T[D:s]. **2b Traunsteiners K.** *O. traunsteineri.* B. schmal lineal; Bl. dunkelpurpurn, in lockerem Blst.; Lippe 3lappig, dunkler gezeichnet. § S,F,M [D:s]. **2c** → S. 311.

3 *Orchis praetermissa.* 15-60 cm; B. dunkelgrün, nur leicht kapuzenförmig an der Spitze, ungefleckt; Bl. rosa-lila, Lippe breit, dunkler liniert u. punktiert, mit kleinem Mittelzahn; Sporn *nach vorn* gewölbt; Sporn kurz, gerade; Tragb. u. oberer St. oft purpurn. VI-VII. Feuchte Wiesen, Flachmoore, Dünentäler. § T[D:s?]. **3a** *O. purpurella.* Bis 25 cm; gelegentlich etwas klein-gefleckt; Bl. dunkelpurpurn; Lippe ungezähnt od. kurz 3lappig; Sporn gerade. S,GB,M.

4 BREITBLÄTTRIGES KNABENKRAUT *Orchis latifolia.* 10-50 cm; B. breit-länglich, *trübgrün,* meist schwarzbraun gefleckt; Bl. lila-purpurrot, selten fleischfarbig od. weiß, Lippe ±3lappig, dunkler liniert u. punktiert; Sporn kurz. V-VII. Feuchte Wiesen, Flachmoore .§ T[D:s-v].

5 FUCHS-KNABENKRAUT *Orchis fuchsii.* 15-50 cm; B. länglich bis lanzettl., gekielt, meist alle *dunkel-gefleckt;* Bl. rotviolett, rosarot od. weiß, bläulich-violett gezeichnet, Lippe deutlich 3lappig; Sporn lang. VI-VIII. Flachmoore, Wälder. § T[D:z-s]. **5a Geflecktes K.** *O. maculata* □. Lippe kaum lappig, mit welligem Rand u. kleinem Zahn. Feuchte Heiden, Moore, Nadelwälder. § T[D:z-s].

6 HOLUNDER-KNABENKRAUT *Orchis sambucina.* 10-25 cm; B. hellgrün, glänzend, ungefleckt; Bl. *gelblich-weiß,* Lippe oft purpurrot gepunktet, *hellgrüne* Tragb., od. *purpurrot,* rot gepunktete Lippe u. *rötliche* Tragb., oftmals gemischt innerhalb eines Bestandes; Lippe sehr kurz 3lappig; nicht duftend. IV-VI. Trockene Rasen, bes. Berggebiete. § S,F,M[D:s].

7 GROSSE HÄNDELWURZ *Gymnadenia conopea.* 25-60 cm; B. lang-lanzettl., ungefleckt; Bl. *rosa* od. purpur-lila, *duftend,* äußere Bl'b. weit abstehend, 2 innere kapuzenförmig, Lippe 3lappig; Sporn sehr lang. VI-VIII. Trockene Rasen, Wiesen, Wälder; auf Kalk. § T[D:s-v]. **7a Kleine H.** *G. odoratissima.* 15-30 cm; B. schmaler; Bl. purpurn bis hellrosa, stark (Vanille) duftend; Blst. kürzer, dichter; Sporn kürzer, gerader. § S,F,M[D:s].

Knabenkrautgewächse (Forts.)

1 OHNHORN *Aceras anthropophorum.* 20-35 cm; B. länglich-lanzettl., gekielt, glänzend; Bl. *grünlich-gelb* bis rotbraun, „männchenförmig"; Blst. schmal-walzlich, dicht; Bl'b. einen „Kopf", Lippe „Arme" u. „Beine" bildend (vgl. S. 276/3), oft rotbraun; Sporn fehlend. V-VI. Trockene Rasen; auf Kalk. GB,F,M [D:s].

2 RIEMENZUNGE *Himantoglossum hircinum.* 30-90 cm; graugrün; B. läng-lich-lanzettl., früh hinfällig; Bl. grünlich-weiß, rötlich gezeichnet mit Bocks-geruch; Bl'b. einen „Kopf" bildend, Lippe 3lappig, Mittellappen *bandförmig* lang, ±gedreht; Sporn kurz; Blst. oft verlängert. V-VII. Trockene Rasen, Ge-büsche, Weinberge, Dünen. § GB,F,M[D:s].

3 *Neotinea intacta.* 10-30 cm; B. länglich-elliptisch, stumpf, ungefleckt od. *in Streifen* braun gefleckt; Bl. grünlich-weiß od. rosa, duftend(Vanille), in kurzer *dichter* Ähre; Bl'b. helmförmig, Lippe kurz 3lappig; Sporn kurz. IV-VI. Evtl. auf-fälliger zur Fr'zeit. Sandrasen, Dünen; kalkreicher, steiniger Grund. GB[W-Ir-land,Isle of Man].

4 ZWERGKNABENKRAUT *Chamaeorchis alpina.* 5-12 cm; leicht zu übersehen; B. lineal, grasähnlich; Bl. grünlichgelb bis violettbraun, zu wenigen in einem Blst.; Bl'b. helmförmig, Lippe eiförmig, gelblich, bisweilen mit 2 zahnförmigen Seitenlappen, ohne Sporn. VII-VIII. Gebirgsrasen; auf Kalk. S,M[D:Alp].

5 EINKNOLLE *Herminium monorchis.* 8-30 cm; B. eiförmig-lanzettl., gelblich-grün, zu 2-3 nahe St'grund; Bl. grünlichgelb, nach *Honig* duftend; äußere u. innere Bl'b. abstehend, Lippe tief 3lappig, Mittellappen am längsten; Sporn kurz od. fehlend. V-VII. Trockene Rasen, Weiden; auf Kalk. T[D:s-z].

6 HOHLZUNGE *Coeloglossum viride.* 6-25 cm; B. ±lanzettl., obere schmaler; Bl. grün, rötlich-bräunlich überlaufen; äußere u. innere Bl'b. helmförmig. Lippe lineal, an der Spitze *3zähnig* (mittlerer kurz), Sporn sehr kurz. V-VII. Borst-grasrasen, bes. Bergland. T[D:s-z].

7 HERZ-ZWEIBLATT *Listera cordata.* 4-20 cm; B. 3eckig-*herzförmig*, glänzend, *zwei* fast gegenständig unten am St.; Bl. grünlich-rotbraun; Bl'b. etwas zu-sammenneigend, Lippe 3lappig, rotbraun, Mittellappen gespalten, ohne Sporn. V-VIII. Fichtenwälder, Moore, oft versteckt zwischen Moos, Heide- u. Farnkraut. T[D:s].

8 EIFÖRMIGES ZWEIBLATT *Listera ovata.* 20-50 cm; B. breit-*eiförmig*, nicht glänzend, *zwei* fast gegenständig unten am St.; Bl. grünlichgelb, in langem Blst.; äußere u. innere Bl'b. teilweise kapuzenförmig zusammenneigend, Lippe lineal, gelblich, an Spitze 2spaltig, ohne Sporn. V-VII. Laubwälder, Gebüsche. T[D:s-v].

Helm-Knabenkraut (S. 276)   Purpur-Knabenkraut (S. 276)

1 Ohnhorn   **Affen-Knabenkraut** (S. 276)   **6 Hohlzunge**

2 Riemenzunge

Knabenkrautgewächse (Forts.)

1 GRÜNLICHE WALDHYAZINTHE *Platanthera chlorantha.* 25-60 cm; B. elliptisch, grundständige zu 2, st'ständige schmaler, ±lanzettl.; Bl. grünlich-weiß, duftend(Vanille); Blst. locker; Bl'b. ausgebreitet, Lippe lineal, ungeteilt, Sporn sehr lang, Staubbeutelfächer oben einander genähert. V-VII. Wälder, Trockenrasen, Wiesen. § T[D:s-z]. **1a Zweiblättrige W.** *P. bifolia* ☐. Bis 40 cm, zierlicher, untere B. kleiner; Staubbeutelfächer parallel. Moore, Heiden, Wälder. § T[D:z-s].

2 ROTES WALDVÖGLEIN *Cephalanthera rubra.* 20-50 cm; oben gelegentlich rötlich; B. lanzettl., in tiefem Schatten bisweilen fast grasähnlich; Bl. *hellpurpur-rot,* nicht weit geöffnet, Lippe heller, ohne Sporn. VI-VII. Meist lichte Buchenwälder; auf Kalk. § T[D:s-z].

3 WEISSES WALDVÖGLEIN *Cephalanthera damasonium.* 20-60 cm; B. *breitlanzettl.,* etwas bläulich-grün, obere schmaler; Bl. gelblichweiß, sich wenig öffnend, ohne Sporn, Lippe am Grund gelblich, versteckt; Tragb. der unteren Bl. länger als Bl. V-VII. Meist lichte Buchenwälder; auf Kalk. § T[D:s-z].

4 LANGBLÄTTRIGES WALDVÖGLEIN *Cephalanthera longifolia.* 15-60 cm; schlank; B. *lanzettl.-lineal,* lang, grün; Bl. weiß, etwas weiter geöffnet, Lippe mit gelbem Fleck; alle Tragb. *kürzer* als Bl. V-VI. Wälder. § T[D:s].

5 WEISSZÜNGEL *Leucorchis albida.* 10-30 cm; B. länglich-eiförmig, gekielt, glänzend, ungefleckt; Bl. *weißlich,* duftend; äußere u. innere Bl'b. helmförmig zusammenneigend, Lippe 3lappig, Sporn kurz. V-VII. Borstgrasrasen, Heiden. § T[D:s-v].

6 HERBST-DREHÄHRE *Spiranthes spiralis.* 7-20 cm; St'b. zur Bl'zeit nur scheidig, neben St. eine Grundrosette eiförmig-länglicher, etwas bläulich-grüner B.; Bl. weißlich, duftend, Lippe bisweilen grünlich, vorn gekerbt u. ausgerandet, Rand kraus u. zurückgeschlagen; Blst. *schraubig* gedreht; Bl. *einreihig.* VIII-X. Trockene Rasen, Weiden. ⚥ GB,F,M[D:s]. **6a Sommer-D.** *S. aestivalis* ☐. St. zur Bl'zeit *beb.;* B. lanzettl.-lineal; Bl. weißlich, etwas größer u. weniger duftend, Blst. weniger schraubenförmig gedreht; Tragb. länger. VII-VIII. Flachmoore, Kalksümpfe, oft Flußgebiete. F,M[D:s].

7 *Spiranthes romanzoffiana.* 12-25 cm; ohne Grundb'rosette; St'b. lineal-lanzettl.; Bl. weiß od. gelblich-weiß, am Grunde grünlich, duftend, ohne Sporn, in 3 schraubig-gedrehten Reihen mit langen Tragb.; Blst. dicker als 6. VIII-IX. Sumpfwiesen, Moore; nasse Böden. GB.

8 NETZBLATT *Goodyera repens.* 15-25 cm; oberflächlich *kriechend;* St. oben behaart; B. eiförmig, spitz, deutlich *netznervig,* in Grundrosette, obere schmaler bis fast schuppenförmig; Bl. weißlich, duftend, in *schraubig-gedrehtem* Blst.; Lippe ohne Sporn, Rand nicht kraus u. zurückgeschlagen. VII-VIII. Moorige Nadelwälder. T[D:s].

6a Sommer-Drehähre

1

1a

2

3

4

5

6

7

8

Knabenkrautgewächse (Forts.)

SUMPFWURZ *Epipactis*. B. meist breit lanzettl.-elliptisch, spitz; Bl. in einseitiger Traube; Lippe spornlos, 2gliedrig, hinteres Glied ausgehöhlt, durch Einschnürung vom vorderen, oft ±3eckigen, frei hervortretenden Lippenglied getrennt.

1 ECHTE SUMPFWURZ *Epipactis palustris*. 30-50 cm; B. ±lanzettl., gekielt, gefaltet; äußere Bl'b. purpurn-braun, innere *rötlich* u. *weiß*, Lippe weißlich, hinteres Glied rötlich gestreift, vorderes Glied mit gelblichem Fleck u. am Rand wellig-kerbig; selten Bl. gelblichweiß u. Lippe weiß; Fr'knoten behaart. VI-VIII. Flachmoore, Kalksümpfe, Dünentäler. T[D:z].

2 BRAUNROTE SUMPFWURZ *Epipactis atrorubens*. 20-60 cm; *dunkelrot überlaufen;* St. behaart; St'b. ±2zeilig; Bl. *dunkelrot*, duftend(Vanille), weit geöffnet; Fr'knoten behaart. VI-VIII. Wälder, trockene Rasen, Felsen, Dünen; auf Kalk. T[D:z-v].

3 BREITBLÄTTRIGE SUMPFWURZ *Epipactis helleborine*. 25-80 cm; oben behaart, unten oft violett; B. breit elliptisch-eiförmig, allseits wechselständig; Bl. sehr verschieden, grün bis stark purpurrot, nicht duftend, weit geöffnet; Lippe rundlich erscheinend(Spitze des Vordergliedes nach unten *zurückgebogen*). VII-IX. Wälder, schattige Gebüsche, Dünentäler. T[D:s-v]. **3a Kleinblättrige S.** *E. microphylla* ☐. Bis 40 cm; B. kaum über 2,5 cm lang; Bl. grünlich, am Rande rötlich, Lippe weißlich. Wälder. S,F,M[D:s]. **3b Müllers S.** *E. muelleri* ☐. Bl. gelblich-grün, oberes Lippenglied innen rot. F,M[D:s].

4 SCHMALLIPPIGE SUMPFWURZ *Epipactis leptochila*. 20-70 cm; oben dicht behaart, gelblich-grün; B. ±*2zeilig;* Bl. blaßgrün, *nickend,* meist weit geöffnet; hinteres Lippenglied innen rötlich, vorderes lang, *zugespitzt.* VII-VIII. Buchenwälder, Dünen; auf Kalk. GB,F,M[D:s].

5 VIOLETTE SUMPFWURZ *Epipactis sessilifolia*. 25-60 cm; St. bis zur Spitze violett überlaufen, oft zu mehreren; B. eiförmig-länglich, allseits wechselständig; Bl. grünlich-gelblich-weiß(außen purpur-grünlich); hinteres Lippenglied innen meist violett, vorderes an Spitze zurückgebogen; untere Tragb. oft länger als Bl. VIII-IX. Wälder. GB,F,M[D:s-z].

6 *Epipactis dunensis*. 20-40 cm; St. oben behaart, unten violett, *2zeilig* beb.; Bl. blaß gelblich-grün, *nicht weit geöffnet;* hinteres Lippenglied innen rötlich, Spitze des vorderen zurückgebogen wie 3; untere Tragb. *länger als Bl.* VI-VII. Moorige Dünentäler, Kiefernpflanzungen. GB[Lancashire, Anglesey].

7 *Epipactis phyllanthes*. 20-45 cm; St. kahl od. fast kahl, *2zeilig* beb.; B. variabel; Bl. herabhängend, grün, oft gelblich od. rötlich getönt, *wenig geöffnet;* Lippe meist weißlich; untere Tragb. länger als Bl. VII-IX. Wälder, Dünen. GB, F,M. **7a Weißlippige Sumpfwurz** *E. confusa* ☐. Schlanker; Bl. weit geöffnet; vorderes Lippenglied weiß, herzförmig. Wälder. S,M[D:s].

1 Echte Sumpfwurz

2 Braunrote Sumpfwurz

3 Breitblättrige Sumpfwurz

3a Kleinblättrige Sumpfwurz

3b Müllers Sumpfwurz

5 Violette Sumpfwurz

6 *Epipactis dunensis*

7 *Epipactis phyllanthes*

7a Weißlippige Sumpfwurz

285

Knabenkrautgewächse (Forts.)

1 NESTWURZ *Neottia nidus-avis.* 20-40 cm; *gelblich-bräunlich;* B. nur *schuppenförmig* am St.; Bl. ebenso wie St. gefärbt, etwas unangenehm riechend; Lippe am Grund sackartig ausgehöhlt, nicht gespornt, an der Spitze abstehend *2lappig* (Sommerwurz [S. 213]: Lippe 3lappig). V-VII. Meist schattige Buchenwälder. T[D:s-z].

2 KORALLENWURZ *Corallorrhiza trifida.* 7-25 cm; St. bleich-gelblich-grün, wenige schuppenförmige Scheidenb.; Bl. gelblich-weiß od. -grün; Bl'b. abstehend, Lippe ohne Sporn, beiderseits stumpf 1zähnig, *rot* punktiert. V-VII. Laub- u. Nadelwälder(bes. Berggebiete), Dünentäler. T[D:s].

3 WIDERBART *Epipogium aphyllum.* 10-30 cm; St. weißlich (oberwärts *violett-*) *-gelb,* wenige scheidige Schuppenb.; Bl. gelblich, zu 1-3 im Blst., Sporn fleischrot; Bl'b. ausgebreitet, Lippe 3lappig, nach oben gerichtet. VI-IX(bes. nach nassem Frühjahr). Sehr schattige, oft feuchtere Wälder. T[D:s].

4 WEICHWURZ *Hammarbya paludosa.* 5-15 cm; St. 5kantig, unten *3-5b.;* B. oval, an den Rändern gelegentlich Brutknospen; Bl. grünlich; Bl'b. abstehend, Lippe länglich, nach oben gerichtet. VII-IX. Moore, meist zwischen Torfmoos, saure Sümpfe. T[D:z-s].

5 KLEINGRIFFEL *Malaxis monophyllos.* 8-30 cm; St. 3kantig, 1b.; B. ±oval; Bl. gelblichgrün; Bl'b. abstehend, Lippe lanzettl., nach oben gerichtet. VI-VII. Bruchwälder, moorige Wiesen, oft zwischen Torfmoos, Dünentäler. S,M[D:s].

6 GLANZKRAUT *Liparis loeselii.* 6-20 cm; St. mit *2 breit-lanzettl.,* gelblich-grünen, glänzenden B. am Grund; Bl. grünlichgelb; Bl'b. ausgebreitet, Lippe ungespornt, länglich, ±nach oben gerichtet. VI-VII. Torfige Wiesen, Dünentäler; auf Kalk. T[D:s].

7 DINGEL *Limodorum abortivum.* 20-50 cm; *schmutzig-violett;* St. nur mit scheidigen Schuppenb.; Bl. hellviolett, bis 4 cm ⌀; Bl'b. ausgebreitet, Lippe eiförmig, wellig, gespornt. V-VII(bes. nach nassem Frühjahr). Wälder. § F,M[D:s].

Anmerkung: 1-3 u. 7 sind ebenso wie Fichtenspargel (S. 168) *Saprophyten,* Pfl. ohne B'grün, die mit Hilfe von Pilzen Nährstoffe (u. a. organische Verbindungen) aufnehmen; nicht zu verwechseln mit Sommerwurzgewächsen u. Schuppenwurz (S. 218), die als Parasiten entsprechende Nährstoffe den Wurzeln höherer Pfl. entnehmen.

Kleeteufel
(Sommerwurzgewächse S. 218)

2 Korallenwurz

1 Nestwurz **3** Widerbart Fichtenspargel (S. 168) Schuppenwurz (S. 218)

Ergänzende Übersicht über Wasserpflanzen

Die folgende Übersicht u. die Beschreibungen auf den S. 290–296 umfassen ergänzende Beispiele im Gebiet zu beobachtender Wasserpfl. verschiedener Pflanzenfamilien z. T. unter Einschluß der in der Allg. Bestimmungshilfe (S. 13) erfaßten Arten. – Die unten folgende Bestimmungshilfe berücksichtigt Beispiele der B'merkmale völlig untergetauchter (submerser), halbuntergetauchter (halbsubmerser) Wasserpfl. od. Pfl. mit Schwimmb.; B'- u. St'merkmale der Wasserpfl. zeigen eine relativ große Variabilität, u. a. bedingt durch Wassertiefe, Lichtentzug, Wasserbewegung, Geschwindigkeit der Wasserströmung etc.

Blätter elliptisch oder eiförmig-spitz

schwimmend: Froschlöffelgewächse(z. T.) 258; Laichkräuter(z. T.) 294
untergetaucht: Bachburgel, Ludwigie 290; Laichkräuter(z. T.) 294

Blätter länglich-eiförmig, länglich-lanzettlich

schwimmend: Wasser-Knöterich 40
untergetaucht: Laichkräuter(z. T.) 294; (B'ähnliche lanzettl. Sprosse: Dreifurchige Wasserlinse 292)

Blätter rundlich

schwimmend: Teichrose, Seerose 66; Seekanne 178; Froschbiß 258; (B'ähnliche Sprosse: Wasserlinsen 292)
untergetaucht: Teichrose 66

Blätter klein
(spatelförmig, lanzettlich, lineal etc.)

über Wasser od. schwimmend: Quellkraut 42; Wasser-Teichkraut 102; Tännel, Schlammkraut 290; Tannenwedel, Wasserstern 292
untergetaucht: Quellkraut 42; Wasser-Teichkraut 102; Tännel, Schlammkraut 290; Tannenwedel, Wasserstern, Wasserpest 292; Nixenkräuter 294

Blätter rosettig
(lineal, lanzettlich, pfriemförmig)
(meist untergetaucht)

Krebsschere 258; *Eriocaulon aquaticum* 260; Pfriemenkresse, Strandling, Wasser-Lobelie, See-Brachsenkraut 290

Blätter lang und grasähnlich

schwimmend: Igelkolben 290
untergetaucht: Gras-Froschlöffel 258; Igelkolben 290; Wasserschraube 292; Laichkräuter (z. T.), Seegras, Salde 294

Blätter zusammengesetzt oder tief-gelappt

über Wasser od. schwimmend: Wasser-Hahnenfuß u. Verwandte 70; Brunnenkresse 90; Sellerie 162; Fieberklee 178
untergetaucht: Wasser-Hahnenfuß u. Verwandte 70; Brunnenkresse 90; Sellerie, Flutender Wasserfenchel 162; Wasserfeder 176; Wasserschlauch 290; Hornblatt, Tausendblatt 292

Untergetauchte Pflanze (meist Zone 1)	Schwimmb. Pflanze (meist Zone 2)	Halbunterge- tauchte Pflanze (meist Zone 3)	Ufer-Pflanze nasser Böden (meist Zone 4)
Flutender Wasser-fenchel 162	Wasser-Knöterich 40	Quellkraut 42	Quellkraut 42
Wasserfeder 176	Seerose 66	Brunnenkresse 90	Wasser-Teichkraut 102
Krebsschere (nicht blühend) 258	Teichrose 66	Wasser-Teichkraut 102	Sellerie 162
Wasser-Lobelie 290	Wasser-Hahnen-fuß etc. 70	Fieberklee 178	Bachburgel 290
Wasserschlauch 290	Seekanne 178	Froschlöffel 258	Strandling 290
See-Brachsenkraut 290	Froschkraut 258	Pfeilkraut 258	Tännel 290
Wasserstern 292	Froschbiß 258	Igelschlauch 258	Schlammkraut 290
Wasserschraube 292	Igelkolben 290	Herzlöffel 258	Pfriemen-kresse 290
Grundnessel 292	Zwerglinse 292	Schwanenblume 258	Flatter-Binse 296
Wasserpest 292	Wasserlinse 292	Gelbe Schwertlilie 272	Sumpf-Segge 296
Tausendblatt 292	Algenfarn 292	Ludwigie 290	Rispige Segge 296
Hornblatt 292	Wasserstern 292	Pfriemenkresse 290	Geschnäbelte Segge 296
Laichkräuter 294		Bachburgel 290	Schlamm-Schach-telhalm 296
Seegras[1] 294		Schlammkraut 290	Sumpf-Schachtel-halm 296
Salde[2] 294		Tännel 290	
Teichfaden[3] 294		Strandling 290	
Nixenkräuter[3] 294		Tannenwedel 292	
		Igelkolben 296, 290	
		Schilfrohr 296	
		Wasserschwaden 296	
		Rohrkolben 296	
		Kalmus 296	
		Teichsimse 296	
		Schlamm-Schach-telhalm 296	
		Sumpf-Schachtelhalm 296	

[1] Im Meerwasser
[2] Im Brackwasser
[3] Im Süß- u. Brackwasser

Untergetauchte, halbuntergetauchte u. Schwimmb.-Pfl. der Süßgewässer sowie nicht untergetauchte Ufer-Pfl., deren unterirdische Organe in nassem Boden entwickelt werden, besiedeln Standorte, an denen bestimmte Wasserfaktoren vorherrschen. Diese Faktoren umfassen — neben der unterschiedlichen chemischen Zusammensetzung des Wassers — mechanische Einflüsse u. a. in Form der Wasserbewegung, der Strömung, des Wasserdruckes sowie Einflüsse auf den Stoffwechsel u. die Entwicklung der Pfl. u. a. durch herabgesetzte Belüftung, verminderten Lichtgenuß, Verschiebung der spektralen Zusammensetzung des Lichtes. Diese Faktoren sind je nach der jeweils vorliegenden Wassertiefe von unterschiedlicher Wirkung u. bedingen oft in Teichen, Seen, Bächen u. Flüssen eine dem Uferverlauf folgende Zonierung der Pflanzenarten. Die-

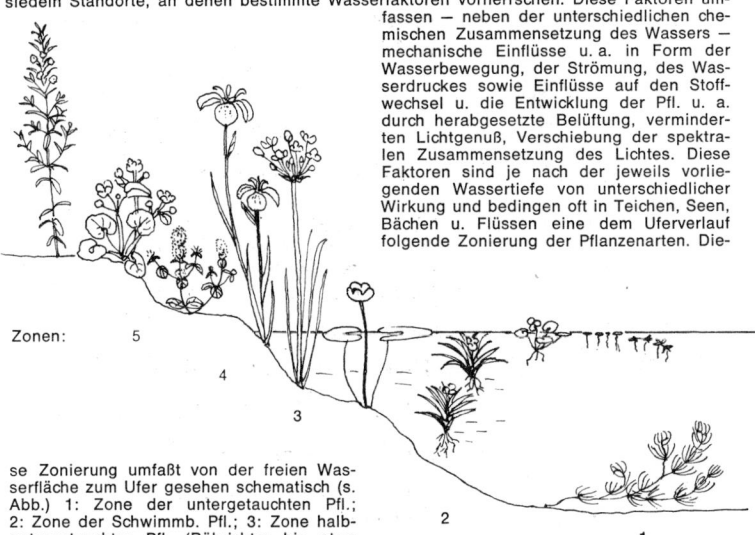

Zonen: 5
4
3
2
1

se Zonierung umfaßt von der freien Wasserfläche zum Ufer gesehen schematisch (s. Abb.) 1: Zone der untergetauchten Pfl.; 2: Zone der Schwimmb. Pfl.; 3: Zone halbuntergetauchter Pfl. (Röhrichte; bis etwa zur Linie des mittleren Wasserstandes); 4: Zone der Großseggen; 5: Zone der Weidengebüsche. Dieser Zonierung, die gleichzeitig einen Ausschnitt aus der Entwicklungsreihe bei der Verlandung von Gewässern darstellt, kann in Höhe u. oberhalb der Linie des mittleren Wasserstandes eine Zone hochwüchsiger Stauden zwischengelagert sein, die sich in Höhe eines Spülsaumes auf besonders nährstoffreichem Boden entwickelt.

QUELLKRAUT *Montia fontana* (Fam. Portulacaceae): s. S. 42

1 PFRIEMENKRESSE *Subularia aquatica* (Fam. Cruciferae: s. S. 84). 2-8 cm; Einjährige, oft submers; B. lineal-pfriemlich, spitz, zu vielen grundständig; Bl. klein, weiß, in *lockerer Traube;* Kronb. 4, schmal; Fr. länglich-eiförmig. VI-IX. Flache, nährstoffarme Seen u. Teiche mit Sandgrund. T[D:s].

MOOSTEICHKRAUT *Tillaea aquatica, T. muscosa, T. vaillantii* (Fam. Crassulaceae): s. S. 102.

2 QUIRLIGER TÄNNEL *Elatine alsinastrum* (Fam. Elatinaceae). Einj./Staude; submerse St. 7-50 cm lang, bisweilen kriechend; submerse B. lineal, emerse breit-lanzettl., zu 3-17 in *Wirteln;* Bl. sehr klein, grünlichweiß, *einzeln* in B'winkeln; Kronb. 4. VII-VIII. In od. an flachen Gewässern; meist schlickige Böden, bisweilen im Sommer austrocknend. S,F,M[D:s]. **2a** → S. 311.

3 BACHBURGEL *Peplis portula* (Fam. Lythraceae: s. S. 150). Einj.; St. bis 55 cm lang, ±niederliegend, kahl; B. verkehrt-eiförmig, in Stiel verschmälert, gegenständig, ebenso wie St. bisweilen rötlich; Bl. *einzeln,* in B'winkeln sitzend; Kronb. klein, rötlichweiß od. fehlend; Fr. rundlich. VII-IX. In od. an flachen Gewässern, feuchtnasse Wege, Äcker; kalkarme Böden. T[D:z]. **3a** → S. 311.

4 LUDWIGIE *Ludwigia palustris* (Fam. Onagraceae: s. S. 148-150). Einj./Staude, kahl; St. ±niederliegend, bis 30 cm lang, oft rötlich; B. eiförmig, spitz, gegenständig, bisweilen rotnervig; Bl. ohne Kronb., einzeln in oberen B'winkeln ("paar"weise); Kelchb. 4, grün, bisweilen rötlich; Fr. an der Spitze mit Kelchb. VI-VIII. In od. an flachen Gewässern. GB,F,M[D:s].

5 SCHLAMMKRAUT *Limosella aquatica* (Fam. Scrophulariaceae: s. S. 208). 3-5 cm; Einj., kahl; oft *Ausläufer;* B. länglich-spatelförmig, lang-gestielt, in Grundrosette; Bl. klein, blaßviolett-grünlich, gestielt, *einzeln* in B'winkeln; Kronb. 5; Fr. eiförmig, Stiele herabgebogen. VI-X. Sümpfe, Ufer; nasse Schlammböden. T[D:s-z]. **5a** → S. 311.

6 GEMEINER WASSERSCHLAUCH *Utricularia vulgaris* (Fam. Lentibulariaceae: s. S. 218). Staude, Insektivore ohne Wurzeln; St. flutend bis 2 m lang; B. *fiederförmig* in fadenförmige grüne Abschnitte geteilt, mit kleinen Fangblasen (Schläuche) u. Borsten; Bl., goldgelb(Gaumen braunrot), *2lippig,* stumpf gespornt, an b'losem St. über dem Wasser; Fr. kugelig. VI-VIII. Meist stehendes Wasser, Teiche, Gräben. T[D:z]. **6a Mittlerer W.** *U. intermedia.* Meist kleiner u oft mit Erdspr. im Schlamm; B'endzipfel stumpfzugespitzt, jederseits 2-12 Wimpern; Schläuche nur an bleichen Erdspr.; Sporn ±spitz. Meist moorige Gewässer. T[D:s]. **6b Kleiner W.** *U. minor* ☐. Ähnlich 6a; Wasserb. bis 12 mm breit, mit Schläuchen, B'endzipfel ohne Zähne; Bl. kleiner, blaßgelb, Sporn kurz u. stumpf. T[D:z-s]. **6c, 6d, 6e** → S. 311.

7 STRANDLING *Litorella uniflora* (Fam. Plantaginaceae: s. S. 220). 2-12 cm; Staude, kahl; wurzelnde Ausläufer; bisweilen submerse Rasen bildend: B. *binsenförmig,* einseitig flach, alle grundständig; Bl. weißlich(meist nur bei Landformen), männliche lang gestielt, mit weit *herausragenden Staubb.,* weibliche sitzend; Kronb'zipfel 4. VI-VIII. In od. an flachen nährstoffärmeren Gewässern. T[D:z-s].

8 WASSER-LOBELIE *Lobelia dortmanna* (Fam. Lobeliaceae: s. S. 226). 40-70 cm; Staude, kahl; Rosette linealer, ungezähnter B. submers; Bl. *weiß-bläulich,* 2lippig, in b'loser Traube oberhalb des Wassers. VII-VIII. Seen, Teiche, Ufer; kalkfreier Grund. T[D:s].

Eriocaulon aquaticum: s. S. 260

9 EINFACHER IGELKOLBEN *Sparganium emersum* (Fam. Sparganiaceae) 20-60 cm; Staude, kahl; B. lang, lineal, unten 3kantig, flutende lang-*riemenförmig;* Bl. klein, grün, in *kugeligen* männlichen od. weiblichen Blst., in unverzweigter Ähre (Ästiger I. s. S. 296); Fr. geschnäbelt. VI-VII. Gräben, Teiche, Ufer. T[D:z]. **9a, 9b** → S. 311.

10 SEE-BRACHSENKRAUT *Isoetes lacustris* (Farnpflanze: Fam. Isoetaceae) u. Verwandte (*I. tenella, I. histrix*). Ohne Bl., mit spitzen, binsenähnlichen B.(an deren Grund sich Sporenbehälter befinden), nicht zu verwechseln mit 1, 5a, 7, 8 od. *Ericaulon* (S. 260). In od. an flachen Gewässern. T[D:s].

1 RAUHES HORNBLATT *Ceratophyllum demersum* (Fam. Ceratophyllaceae). Staude, submers; St. bis 1 m lang; B. 1-2fach gabelig geteilt, ±steif, dunkelgrün, Zipfel lineal, stachelig-gezähnt, wirtelig; Bl. klein, *einzeln*, sitzend; Bl'b. 8 od. mehr, lineal, männliche weißlich, weibliche grün, in der Achsel verschiedener B'wirtel; Fr. eine Nuß mit 3 Stacheln. VI-X. Stehende od. langsam fließende Gewässer. T[D:v-s]. **1a** → S. 311.

2 ÄHRENBLÜTIGES TAUSENDBLATT *Myriophyllum spicatum* (Fam. Haloragaceae). Staude, submers, wurzelnd; St. bis 1,25 m lang; B. federartig-*gefiedert*, meist zu 4 *wirtelig*, Zipfel borstlich; Bl. klein, rötlich, Kronb. 4 od. 0, ♂-(Staubbeutel gelb) über den ♀-Bl. *wirtelig* in einer aus dem Wasser herausragenden Ähre; Tragb. klein, ungeteilt; Fr. ±kugelig. VI-IX. Stehende od. langsam fließende, nährstoffreiche, auch brackige Gewässer. T[D:v]. **2a Quirlblütiges T.** *M. verticillatum* ☐. Tragb. größer u. fiederspaltig. Nährstoffreiche Gewässer. T[D:z]. Nicht zu verwechseln mit submersen, fiederspaltigen, aber wechselständigen B. des Wasser-Hahnenfußes(S. 70). **2b** → S. 311.

3 TANNENWEDEL *Hippuris vulgaris* (Fam. Hippuridaceae). Staude; St. aufrecht (bis 1,9 m) u. halbsubmers od. submers u. flutend; B. *lineal*, bis zu 16 *wirtelig*, dunkelgrün(blasser wenn submers); Bl. grün, ohne Kronb., sehr klein, kurz gestielt od. sitzend in oberen B'achseln; Fr. grünliche Nuß. V-VIII. Stehende od. langsam fließende Gewässer. T[D:z-s]. Nicht zu verwechseln mit Schachtelhalmen(S. 296), dort wirtelige Seitenspr. u. tütenförmige B.(Farnpflanzen).

4 WASSERSTERN *Callitriche* spp. (Fam. Callitrichaceae). Einj./Stauden, meist submers, z. T. mit rosettigen Schwimmb., z. T. oberirdisch auf schlammigem Grund, sehr veränderlich durch Wassertiefe, Dauer einer Überstauung, Lichtverhältnisse etc.; B. verkehrt-eiförmig od. lineal (4a ☐) gegenständig od. — wenn nicht überflutet — an der Spitze rosettig; Bl. sehr klein, grün, einzeln in B'achseln; Fr. 4 Nüßchen bildend (Arten nur sicher an Hand der Fr. zu unterscheiden). IV-X. Gewässer od. auf schlammigen Böden. T[D:v].

5 KANADISCHE WASSERPEST *Helodea canadensis* (Fam. Hydrocharitaceae s. S. 258). Staude, submers, bis 3 m lang; B. länglich-eiförmig, gesägt, dunkelgrün, meist *zu 3 wirtelig;* Bl.(selten) weiß od. rötlich, lang gestielt u. an Wasseroberfläche; ♂- u. ♀-Bl. auf verschiedenen Pfl. V-IX. Stehende od. langsam fließende Gewässer. T[D:v] Heimat: N-Amerika. **5a Grundnessel** *Hydrilla lithuanica* ☐. B. schmal-lineal, spitz, gezähnt, blaßgrün, zu 3-5 wirtelig; in Europa nur ♀-Pfl. Tiefe Gewässer. GB[Irland],(F,M[D:s]). **5b** *Helodea major* ☐. B. stark zurückgekrümmt, stumpf gezähnt, wirtelig. (GB) Heimat: S-Afrika. **5c Dichte W.** *H. densa* ☐. B. über doppelt so groß wie bei 5, meist zu 4 wirtelig; Bl. viel größer, weißlich (wohl nur ♂-Pfl. im Gebiet). (GB,F,M[D:s]) Heimat: M-, S-Amerika. **5d** → S. 311.

6 WASSERSCHRAUBE *Vallisneria spiralis* (Fam. Hydrocharitaceae: s. S. 258). Staude, submers, Ausläufer; B. grundständig, lineal, *bandförmig,* lang, an der Spitze stumpf u. leicht gezähnt, 3-5nervig; Bl. klein, rötlich-weiß; ♂-Bl. zu mehreren in eiförmigen submersen Blst.(später losgelöst u. schwimmend); ♀-Bl. einzeln mit langen, nach der Bl'zeit schraubig-gewundenen Stielen. VI-X. Warme (meist künstlich erwärmte) Gewässer. (GB,F,M[D:s]) Herkunft: Subtropen-Tropen.

7-9 Wasserlinsengewächse Fam. Lemnaceae: Kräuter; kleine schwimmende od. submerse, nicht im Grund wurzelnde Wasserpfl.; stehende Gewässer, oft an der Wasseroberfläche eine grüne Decke bildend; Spr. meist abgeflacht, bisweilen b'förmig, seltener fast kugelig; B. fehlend od. klein u. schuppig-häutig; selten blühend; ♂- u. ♀-Bl. unscheinbar, jung in einer Scheide eingeschlossen. Nicht zu verwechseln mit Algenfarn *Azolla filiculoides* (10 ☐) (Farnpflanzen: Fam. Azollaceae), einer schuppigen Wasserlinse ähnelnd, im Herbst rötlich. [D:s] Heimat: Amerika.

7 KLEINE WASSERLINSE *Lemna minor*. Staude; Spr'glieder *rundlich-eiförmig,* beiderseits flach u. grün, ca. 1,5-4 mm, 1-5nervig, auf Wasseroberfläche schwimmend; Wurzel 1. V-VII. ⚥ T[D:v]. **7a, 7b** → S. 311.

8 DREIFURCHIGE WASSERLINSE *Lemna trisulca*. Staude; Spr'glieder *lanzettl.* (außer der Bl'zeit *unter* der Wasseroberfläche schwimmend), flach, durchscheinend, 7-12 mm, Tochterspr. sich im *rechten Winkel* an Spr'gliedern entwickelnd; Wurzel 1. V-VII. T[D:v].

9 ZWERGLINSE *Wolffia arrhiza*. Staude, kleinste europäische Bl'pfl.; Spr'glieder kugelig-ellipsoidisch, *0,5-1,5 mm,* ohne Wurzeln; bisher in Europa keine Bl. beobachtet. GB,F,M[D:s].

1-7 Laichkrautgewächse Fam. Potamogetonaceae: Kräuter(Stauden); submers, einige mit Schwimmb. u. Blst. über der Wasseroberfläche; B. wechselständig, selten fast gegenständig, im Umriß z. T. veränderlich durch Wassertiefe u. -strömung; Bl. klein, grünlich, ohne Bl'b. (Bl'b. durch 4 Anhängsel der Staubb. ersetzt), in gestielten, kolbenförmigen Blst. in der Achsel der B.; Fr. aus 4 Steinfr'chen; meist in stehenden od. langsam fließenden Gewässern; oft Bastarde. Hier nur eine vereinfachte Übersicht besonders an Hand von B'merkmalen.

1 SCHWIMMENDES LAICHKRAUT *Potamogeton natans.* Schwimmb. *lederartig länglich-elliptisch,* länger als Spreite gestielt, neben B'stiel meist mit Falte; submerse B. früh absterbend($\pm$lineal); Bl. in lang gestielter, gerader Ähre. V-IX. ⚥ T[D:v]. **1a Knöterichblättriges L.** *P. oblongus.* Schwimmb. elliptischlanzettl., so lang od. kürzer als Spreite gestielt; submerse B. bleibend, lanzettl. Meist flache, saure, kalkarme Gewässer. T[D:z]. **1b Gefärbtes L.** *P. coloratus* ☐. Schwimmb. häutig, durchscheinend, netz-nervig, oft rötlich; alle B. breit, Stiel viel kürzer als Spreite. T[D:s]. **1c** ☐, **1d** ☐, **1e, 1f** → S. 311.

2 SPIEGELNDES LAICHKRAUT *Potamogeton lucens.* Alle B. submers (vgl. 1d, 1e) *oval od. lanzettl.,* kurz gestielt, durchscheinend, Rand wellig, glänzend; Ähren oberwärts verdickt. VI-IX. $\pm$tiefe, meist kalkreiche Gewässer. T[D:v]. **2a Langblättriges L.** *P. praelongus* ☐. B. länglich, 4-6× so lang wie breit, grüner, weniger wellig u. stumpflicher; Ährenstiele länger, nicht verdickt. T[D:z-s].

3 DURCHWACHSENES LAICHKRAUT *Potamogeton perfoliatus.* Alle B. submers, dunkelgrün, $\pm$eiförmig, *st'umfassend.* VI-IX. T[D:v].

4 KRAUSES LAICHKRAUT *Potamogeton crispus.* St. $\pm$4kantig; alle B. submers, lineal-lanzettl., *wellig-kraus,* durchscheinend, gezähnelt-rauh; Ähren klein. V bis IX. T[D:v].

5 KLEINES LAICHKRAUT *Potamogeton pusillus.* St. fast stielrund; alle B. submers, *schmal-lineal,* 3nervig; B'häutchen nicht verwachsen; Ähre klein. VI-IX. Meist kalkärmere Gewässer (im Gegensatz zu 5a-5e). T[D:v-s]. **5a, 5b, 5c** ☐, **5d, 5e, 5f** ☐, **5g** → S. 311.

6 KAMM-LAICHKRAUT *Potamogeton pectinatus.* B. alle submers, dunkelgrün, schmal-lineal, meist 3nervig(2 am Rand), queraderig, meist spitz, mit B'scheiden. VI-IX. Meist stehende, auch brackige, meist kalkreiche Gewässer. T[D:v]. **6a, 6b** → S. 311.

7 DICHTBLÄTTRIGES LAICHKRAUT *Potamogeton densus.* Alle B. submers, zu 2(-3) *fast gegenständig,* eiförmig bis lineal-lanzettl., sitzend, $\pm$st'umfassend, bisweilen sehr kurz; Ähren kurz gestielt, 3-6bl. V-IX. Meist nährstoffreiche u. kalkhaltige, langsam fließende od. stehende Gewässer. GB,F,M[D:s-z].

8 GEMEINES SEEGRAS *Zostera marina* (Fam. Zosteraceae). Staude, vielgestaltig, submers in Meerwasser; B. bis über 1 m lang, lineal, *grasähnlich,* 1,5-9 mm breit, 3-9nervig, Spitze(wenigstens junger B.) *abgerundet;* Bl. in einem *flachen, b'scheideumhüllten Kolben,* sehr klein, ♂- u. ♀-Bl. getrennt, ohne Bl'hüllb. VI-IX. Schlammige, sandige od. steinige Meeresküsten, nahe unterhalb der Niedrigwasserlinie. T[D:Meeresküsten]. **8a** → S. 311.

9 SPIRALIGE SALDE *Ruppia spiralis* (Fam. Ruppiaceae). Staude, bis auf Blst. submers; St. bis 20 cm lang; B. *fadenförmig,* dunkelgrün, wechselständig od. fast gegenständig; eigentliche Bl'hüllb. fehlend, grün, Staubb. 2; Bl. zu 2 gestielt, zur Bl'zeit bis zur Wasseroberfläche reichend, gemeinsamer Blst'stiel zur Fr'zeit > 10 cm lang, *spiralig-schraubig* gewunden. VI-IX. Brackwassertümpel, Meeresbuchten. T[D:Küstengebiete]. **9a** → S. 311.

10 TEICHFADEN *Zannichellia palustris* (Fam. Zannichelliaceae). Staude, submers; St. bis 50 cm lang; B. fadenförmig, meist gegenständig; Bl. sehr klein, grün, ♂- (1 Staubb.) u. ♀-Bl. getrennt, sitzend od. kurzgestielt in B'achseln; Fr'chen(2-4) geschnäbelt. V-IX. Stehende od. bewegte brackige od. Süßgewässer. T[D:v-s].

11 BIEGSAMES NIXENKRAUT *Najas flexilis* (Fam. Najadaceae). Einjährige, submers, zart; St. bis 30 cm lang, *biegsam;* B. lineal, fein gezähnt, zu 2(-3) wirtelig, durchscheinend; Bl. (♂- u. ♀- getrennt) klein, grün, zu 1-3 in B'achseln, sitzend. VII-IX. Teiche, Seen. S,GB,M[D:s]. **11a Großes N.** *N. marina* ☐. St. schwach u. B. stärker bestachelt; ♂- u. ♀-Bl. auf verschiedenen Pfl. Brakkige u. süße Gewässer. T[D:s]. **11b** → S. 311.

1 FLATTER-BINSE *Juncus effusus* (Fam. Juncaceae). 0,3-1 m; Staude, dicht-rasig; St. glatt, grün, meist glänzend; Niederb. rotbraun; Blst. büschelig, ±locker, scheinbar seitenständig. VI-VIII. Nasse Wiesen, Grabenränder. ⚥ T[D:v]. **2 Glanzfrüchtige B.** *J. articulatus.* 10-60 cm; Staude, lockerrasig; St. mit binsenförmigen, deutlich querwandigen B.; Blst. sparrig ausgebreitet. VII-X. Nasse Wiesen, Moore. T[D:v]. Nicht zu verwechseln mit Hainsimsen *Luzula* mit behaarten B. an trockeneren Standorten.

3 SCHILFROHR *Phragmites communis* (Fam. Gramineae). Bis 4 m; Staude, meist in Herden; B'spreite breit, am Grund mit Haaren; Blst. eine große Rispe, häufig braun-violett. VII-IX. Röhrichte. T[D:v]. **4 Wasser-Schwaden** *Glyceria maxima.* Bis 2 m; Staude, ±gelbgrün, kriechend; B'spreite ±lineal, am Grund mit deutlichem Häutchen; Blst. eine große Rispe, ±gelbgrün. VII-VIII. Röh-richte. ⚲ T[D:v].

5 KALMUS *Acorus calamus* (Fam. Araceae S. 270). 0,6-1,5 m; Staude; Schaft zusammengedrückt; Blst. ein grüner, dichter Kolben, scheinbar seitenständig; B. schwertförmig, an Rändern oft wellig. VI-VII. Röhrichte, Gräben, Wiesen. ⚥ T[D:v-z].

6 ÄSTIGER IGELKOLBEN *Sparganium erectum* (Fam. Sparganiaceae: s. S. 290). 30-60 cm; Staude; B. unten 3kantig; St. mit beb. ästigem Blst.; Bl. klein, grün-lich, in sitzenden kugeligen Köpfen. VI-VIII. Röhrichte, Gräben. T[D:v].

7 BREITBLÄTTRIGER ROHRKOLBEN *Typha latifolia* (Fam. Typhaceae). 1-2,5 m Staude, truppweise; B. lang lineal, ca. 1-2,5 cm breit, etwas blaugrün; Blst. ein Kolben, oben dünn u. ♂, unten dick, schwarzbraun u. ♀. VI-VIII. Röhrichte. ⚥ T[D:v]. **8 Schmalblättriger R.** *T. angustifolia.* Ähnlich 7; B. 4-10 mm breit; ♂-Blst. vom ♀-Kolben durch ein St'stück entfernt. VI-VIII. Röhrichte. T[D:v-z].

9 GRÜNE TEICHSIMSE *Schoenoplectus lacustris* (Fam. Cyperaceae). 0,8-3 m; Staude, meist in Herden; St. stielrund, grasgrün, am Grund B'scheiden, an der Spitze rispenartiger, teilgeknäulter rotbrauner Blst. VI-VII. Röhrichte, T[D:v]. **10 Sumpf-Segge** *Carex acutiformis.* 0,3-1 m; Staude; St. scharf 3kantig, gras-ähnliche B. in 3 Zeilen; Blst. zusammengesetzt aus mehreren ährenartigen walzlichen Blst., oben ♂, darunter ♀-Blst. rotbraun-schwärzlich. (Bestimmung nur unter Berücksichtigung der Fr'schläuche möglich.) V-VI. Seggenbestände, Wiesen, Auenwälder. T[D:v]. **11 Rispige S.** *C. paniculata.* 0,3-1 m; Staude, hor-stig; B. schmal, ebenso wie St. rauh; Blst. grünlich-bräunlich, unterbrochen ährenrispig. V-VI. Seggenbestände, Bruchwälder, Gräben. T[D:z]. **12 Geschnä-belte S.** *C. rostrata.* 30-60 cm; Staude, graugrün; B. 2-3 mm breit; St. stumpfkan-tig, fast glatt, oben 2-3 ♂-, darunter 2-3 ♀-ährenartige, walzliche, bräunlich-gelbe Blst. V-VII. Seggenbestände, Moorgräben, Teichränder. T[D:v].

13 SCHLAMM-SCHACHTELHALM *Equisetum fluviatile* (Farnpflanzen: Fam. Equi-setaceae). 0,3-1,5 m; Staude, oft truppweise; St. meist unten *unverzweigt* od. wenig ästig, nicht od. nur sehr schwach viel- u. fein-gerieft, mit sehr großer Zentralhöhlung; B. wirtelig, klein, tütenförmig verwachsen. Sporenreife V-VI. Seggenbestände, Röhrichte, Gräben. ⚥ T[D:v]. **14 Sumpf-S.** *E. palustre.* St. einfach, quirlig-ästig, mit 4-8 tiefen Furchen, mit enger Zentralhöhlung u. 4-8 gleichgroßen Seitenhöhlungen. Sporenreife V-IX. Moore, Feuchtwiesen, Grä-ben. ⚲ T[D:v].

Anhang

Ergänzende Artenliste

In Ergänzung zu den Artbeschreibungen neben den Bildtafeln (S. 24-296) sind im folgenden weitere, meist seltenere oder nur lokal auftretende Arten der Flora NW-Europas mit kurzen Merkmals- u. Verbreitungsangaben aufgelistet. Die Anordnung folgt den Hinweisen im Bildtafelteil und ist in der Mehrzahl der Fälle mit der Ähnlichkeit zu den dort abgebildeten Arten begründet.

Seite 24
3a Japanische Lärche *Larix kaempferi*. Borke rotbraun; Jungtriebe rot, oft bereift; B. blaugrün. Gepflanzt. Heimat: Japan.
4c Zirbel-Kiefer *Pinus cembra*. Junge Zweige rostgelb-filzig; B. zu 3-5, 5-12 cm. Nadelwälder der Hochgebirge. M[D:Alp]. **4d Krummholz-K.** *P. mugo*. Bis 10 m; Baum/Strauch, mit z. T. liegenden Ästen; formenreich; B. zu 2, 1-5(8) cm lang. Legföhrengestrüpp der Gebirge, Hochmoore. ⚥ M[D:s-z].
5a Riesen-Lebensbaum *Thuja plicata*. Borke zimtbraunrot; Hauptzweigspitzen nicht hängend; B. mit Harzgeruch; Zapfen eiförmig, 12 mm. Gepflanzt. Heimat: N-Amerika.
6b Sadebaum *Juniperus sabina*. Bis 1,5 m; Strauch; B. 4reihig, ältere ± schuppenförmig, dicht dachziegelig. Trockene Rasen, Kiefernwälder. ⚥-♀ M[D:Alp].
8 Meerträubel *Ephedra distachya* (Fam. Ephedraceae). Bis 1 m; Halbstrauch, reich verzweigt; Äste grün; B. sehr klein, gegenständig, schuppenförmig; Bl. klein, gelbgrün, oft sitzend; ♂- u. ♀-Bl. auf verschiedenen Pfl.; Beerenzapfen scharlachrot. Sandküsten, Felsen, Mauern. ⚥ F[Atlantikküsten].

Seite 30
3c Balsam-Pappel *Populus balsamifera*. Knospen stark harzig; B. oberseits stark glänzend, unterseits bleichgrün. Gepflanzt. Heimat: N-Amerika.
4a Myrica carolinensis. Zweige u. B. behaart; Kätzchen zwischen den B.; Steinfr. weiß-wachsig. Gepflanzt u. eingebürgert. (GB,M) Heimat: N-Amerika.
7a Niedrige Birke *Betula humilis*. Bis 1,5 m; junge Äste drüsig; B. rundlich-eiförmig od. eiförmig. Moore, Moorwiesen. M[D:s].
8b Grün-Erle *Alnus viridis*. Bis 2 m; meist Strauch; B. eiförmig, spitz, beiderseits grün, oberseits kahl. IV-V. Staudengebüsche der Gebirge, Wälder. F,M[D:s-z].

Seite 38
7b Sumpf-Brennessel *Urtica kioviensis*. Ähnlich 7; St. niederliegend-aufsteigend; weniger Brennhaare; obere Nebenb. verwachsen. Bruchwälder, Röhrichte. M[D:s].

Seite 44
1a Straußblütiger Sauer-Ampfer *Rumex thyrsiflorus*. Ähnlich 1; aber B. 4-14× so lang wie breit; Äste der Blst. mehrfach verzweigt. VII-VIII. Trockene Wegränder. S,F,M [D:z]. **1b Schild-A.** *R. scutatus*. Niedriger; B. blaugrün, rundlich od. geigenförmig. Fels- u. Geröllfluren, Mauern. S,(GB),F,M[D:s-z]. **1c Berg-A.** *R. arifolius*. 0,3-1 m; St. hoch hinauf beb.; Ochrea ± ganzrandig; B. ca. 2× so lang wie breit, Spieß- od. Pfeillappen kurz. Bergwälder, Staudengebüsche. S,F,M[D:s-z]. **1d Schnee-A.** *R. nivalis*. 6-15 cm; St. meist b'los; B. dicklich, untere rundlich-eiförmig, folgende spießförmig. Schneetälchen der Hochgebirge. M[D:Alp].
2a Schmalblättriger kleiner Sauer-Ampfer *Rumex tenuifolius* B. schmal-lineal, bis 10× so lang wie breit. Trockene Rasen. T[D:z]. **2b Verwachsenfrüchtiger kleiner Sauer-A.** *R. angiocarpus*. B. lanzettl., 3-4× so lang wie breit; innere Bl'b. mit Fr. verwachsen. [D:s].
3c Alpen-A. *R. alpinus*. Bis 2 m; B. rundlich-herzförmig; Zipfel der inneren Fr'hülle herz-eiförmig, ganzrandig, schwielenlos. Lägerfluren der Gebirge. (GB),F,M[D:s-v].
3d *R. triangulivalvis*. B. lineal-lanzettl.; innere Zipfel der Fr'hülle 3eckig, schwielenlos. VII-VIII. (T) Heimat: N-Amerika. **3e** *R. frutescens*. Niedrig, kriechend; B. lederigdick, am Rand wellig; innere Zipfel der Fr'hülle 3eckig, ganzrandig, mit Schwiele. VII-VIII. (GB,M) Heimat: S-Amerika. **3f** *R. pseudonatronatus*. Ähnlich 3b; aber B. schmal lanzettl.(bis 15× so lang wie breit). Küsten, Flußufer. S. **3g Schmalblättriger A.** *R. stenophyllus*. Ähnlich 3a; aber B. am Rand ± flach; Zipfel der Fr'hülle scharf gezähnt. (S,GB),M[D:z].
6b Garten-A. *R. patientia*. Innere Zipfel der Fr'hülle rundlich-herzförmig, meist nur 1 schwielentragend. V-VII. Gepflanzt. ⚥ Heimat: SO-Europa, Vorderasien.

Seite 46
2c Streifen-Gänsefuß *Chenopodium strictum*. Ähnlich 2; St. rotstreifig; B. schmal-länglich-lanzettl., oft rotrandig, meist ± ganzrandig. F,M[D:s]. **2d Grüner G.** *C. viride*. Ähnlich 2; hell-grün; St. grün; B. ± 3lappig. S,GB,M[D:z-s]. **2e Schneeballblättriger G.** *C. opulifolium*. B. bisweilen breiter als lang, ± 3lappig. T[D:z-s].
6c Langblättrige Melde *Atriplex oblongifolia*. Ähnlich 6; untere B. ei-lanzettl.; Vorb. herz- bis rhombisch-eiförmig ganzrandig. F,M[D:s-z]. **6d Glanz-M.** *A. nitens*. Untere

B. herzförmig-3eckig, oberseits glänzend, unterseits weiß-schülferig; Vorb. eiförmig, ganzrandig. M[D:s-z]. **6e Pfeilblättrige M.** *A. calotheca*. Untere B. 3eckig-pfeilförmig, gezähnt; Vorb. eingeschnitten-gezähnt. Spülsäume; Küsten. S,M[D:s]. **6f Babingtons M.** *A. glabriuscula*. B. grauschülferig; Vorb. breit-rhombisch, gezähnelt, bis zur Mitte verwachsen. Spülsäume; Küsten. T[D:s]. **7b Tatarische M.** *A. tatarica*. Scheinähren b'los; Vorb. fast 3lappig-gezähnt. Schuttfluren. (F),M[D:s]. **9a Warzen-Knorpelkraut** *Polycnemum verrucosum*. St. kleinwarzig, zart; Tragb. bis 2× so lang wie 1,5-1,7 mm lange Bl'hülle(bei 9: 2-8× länger als Bl'hülle). M[D:s]. **9b Acker-K.** *P. arvense*. St. ±kräftig; Tragb. 2-4× so lang wie 1-1,5 mm lange Bl'hülle. M[D:s].

Seite 52
2e Zweiblütiges Sandkraut *Arenaria biflora*. ±rasig; B. ±rundlich, kahl; Bl. zu 1-2. Hochgebirgsfluren. M[D:Alp].
3b Gewimperte Nabelmiere *Moehringia ciliata*. B. lineal, oft bewimpert; Kronb. 5, länger als Kelch, weiß. Steinschuttfluren; Hochgebirge. M[D:Alp].
4d Felsen-Miere *Minuartia rupestris*. Rasig; B. lanzettl., bewimpert; Kronb. 5, etwa so lang wie Kelch, weiß. Felsspalten; auf Kalk. M[D:Alp]. **4e Polster-M.** *M. cherlerioides*. Dichtrasig; B. ±länglich, kahl; Kronb. 4, etwas kürzer als Kelch. Felsspalten; auf Kalk. M[D:Alp]. **4f Österreichische M.** *M. austriaca*. Lockerrasig; B. lineallanzettl.; Kronb. länglich, 2× so lang wie Kelch, weiß. Geröllfluren, Felsspalten; auf Kalk. M[D:Alp].

Seite 54
1c Fries-Sternmiere *Stellaria diffusa*. Ähnlich 1b; St. oberwärts rauh; Kronb. 2-4 mm. VI-VIII. Feuchte Wälder. S,M[D:s]. **1d Dickblättrige S.** *S. crassifolia*. 3-15 cm B. dicklich, *kahl;* Bl. 5-8 mm; Kronb. länger als Kelch. Moore. S,M[D:s]. **1e** *S. humifusa*. Ähnlich 1d; St. niederliegend; B. schmaler; Bl. 8-16 mm. S.
2e *Stellaria crassipes*. Staude; B. dick, sitzend; Bl. meist einzeln; Kapselzähne zurückgebogen. VI-VII. S. **2f** *S. calycantha*. St. 4kantig; B. gelblichgrün, eiförmig bis lineal-lanzettl.; Kronb. kürzer als Kelch. VI-VII. S[Arktis].
5e Klebriges Hornkraut *Cerastium dubium*. 3-10 cm; Einjährige; St. aufrecht, klebrigweichhaarig. Nasse Wege, Ufer. F,M[D:s]. **5f Einblütiges H.** *C. uniflorum*. 2-6 cm; dichtrasig; B. oft grasgrün; Kronb. 1,5-2× so lang wie Kelch. Steinschutt der Hochgebirge; kalkarm. M[D:Alp]. **5g Breitblättriges H.** *C. latifolium*. Lockerrasig; B. etwas blaugrün; Kronb. 2-2,5× so lang wie Kelch. Auf Kalk. M[D:Alp].

Seite 56
1a Frühlings-Spörgel *Spergula morisonii*. Ziemlich kahl; B. unterseits nicht gefurcht; Kronb. eirund; Staubb. 10. IV-VI. Sandfluren. S,(GB),F,M[D:v-s]. **1b Fünfmänniger S.** *S. pentandra*. Kronb. lanzettl.; Staubb. 5. Sand- u. Steinrasen. F,M[D:s].
2d *Spergularia bocconii*. Nebenb. 3eckig, nicht silberig; Kronb. 2-3,5 mm, weiß od. oberseits rosa, unterseits weiß. Sandfluren, Felsen der Küsten. (GB),F,(M). **2e Stachelsamige Schuppenmiere** *S. echinosperma*. Ähnlich 2c; Samen schwärzlich, bestachelt. Ufer. F,M[D:s]. **2f Getreidemiere** *Delia segetalis*. 3-10 cm; Kelchb. weiß-hautrandig, spitz; Kronb. weiß, kürzer. V-VII. Äcker. F,M[D:s].
4f Bewimpertes Mastkraut *Sagina ciliata*. Ähnlich 4c; B. meist reich bewimpert; Kelchb. der Fr. angedrückt. Äcker, Wege. T[D:s-z].
7b Behaartes Bruchkraut *Herniaria hirsuta*. B. u. borstig-stachelspitzige Bl'hüllb. behaart; Fr. kürzer als Bl'hülle. Sand- u. Steinrasen. (GB),F,M[D:s]. **7c Graues B.** *H. incana*. Ähnlich 7b, aber Bl'hülle nicht stachelspitzig; B. dicht-behaart. Sandrasen. F,M[D:s].

Seite 60
8a Kleinblütiges Seifenkraut *Saponaria ocymoides*. Bis 20 cm; St. niederliegend; Bl. bis 1,2 cm, hellpurpur. V-IX. Kalkschuttfluren. M[D:Alp].

Seite 62
7a Strahlensame *Heliosperma quadridentatum*. 5-20 cm; Staude, oben klebrig; Kronb. oft 4zähnig, weiß; Samen gewimpert. VI-VII. Quellfluren der Gebirge; auf Kalk. M[D:Alp].

Seite 64
1b Stein-Nelke *Dianthus silvester*. Dichtrasig; Kronb. rosa, nicht gebärtet od. punktiert. VII-IX. Steinrasen. M[D:Alp].

Seite 66
2a Christrose *Helleborus niger*. 15-30 cm; St. b'los; Bl'hülle weiß od. rötlich. II-III. Buchenwälder. ⚥⚥⚥ M[D:Alp].

Seite 68
3d Niederliegender Hahnenfuß *Ranunculus serpens*. 10-30 cm; Zweijährige; St. zur Bl'zeit niederliegend; Grundb. bis ²/₃ eingeschnitten. Hochgebirgswälder. M[D:s].

3e Bastard-H. *R. hybridus.* 8-15 cm; Staude; Grundb. ungeteilt, blau-grün. Kalkschuttfluren. M[D:Alp].
5c Kärntner H. *R. carinthiacus.* B'abschnitte lineal; Fr'schnabel kurz. Gebirgsrasen. M[D:s]. **5d Hornschuchs H.** *R. oreophilus.* 7-50 cm; Wurzelstock oben behaart; junge Grundb. nach unten geknickt. Steinrasen der Gebirge. M[D:s].

Seite 70
1a *Ranunculus nivalis.* 8-15 cm; Grundb. nierenförmig, handförmig eingeschnitten; Honigb. 5. Bergland. S[Arktis]. **1b** *R. sulphureus.* Grundb. keilförmig, schwach gelappt; Bl'hüllb. braun-behaart. S[Arktis].
2a *R. pygmaeus.* 1,5-4 cm; Grundb. nierenförmig, 3lappig; Sammelfr. nicht konisch. Bergland. S.
5a Eisenhutblättriger Hahnenfuß *R. aconitifolius.* 30-50 cm; Mittelabschnitt der Grundb. bis zur Basis frei; Bl'stiele behaart. Bergwälder. F,M[D:s-z].
6a Alpen-Hahnenfuß *R. alpestris.* Bl'hüllb. kahl; Honigb. deutlich ausgerandet od. 2lappig. Schneetälchen. M[D:Alp].

Seite 74
1a Schwarze Akelei *Aquilegia atrata.* Bl. schwarz-violett, kleiner als bei 1. VII. Wälder, Wiesen. M[D:s]. **1b Einseles A.** *A. einseleana.* 15-40 cm; Sporn der blauvioletten Honigb. fast gerade, etwa so lang wie Platte. VI-VIII. Kalksteinschutt. M[D:Alp].

Seite 76
2a Teufelsbart *Pulsatilla alpina.* Hochb. den Laubb. ähnlich; Bl. weiß od. gelb. Gebirgsrasen, Hochstaudenfluren. § F,M[D:Harz,Alp].

Seite 78
8d Geschnäbelter Erdrauch *Fumaria rostellata.* Bl. 7-9 mm, purpurrot; äußere Kronb. an der Spitze geschnäbelt. M[D:s].

Seite 80
6a *Papaver laestadianum.* Ähnlich 6, aber B. gelblich-borstig u. Narbenscheibe etwa so breit wie Kapsel. S[Arktis]. **6b** *P. lapponicum.* Kapsel birn- od. keulenförmig; Milchsaft gelb; Narbenscheibe pyramidenförmig. S[Arktis]. **6c** *P. dahlianum.* Ähnlich 6b, aber Milchsaft weiß; Narbenscheibe flach gewölbt. S[Arktis]. **6d Alpen-Mohn** *P. alpinum* ssp. *sendtneri.* Kronb. weiß(selten rosa); Narbenscheibe flach. VII-VIII. Kalkschutt. M[D:Alp].

Seite 84
1c *Draba glacialis.* Ähnlich 1a, aber Blst. zur Fr'zeit stark verlängert. S[Arktis]. **1d Sauters Felsenblümchen.** *D. sauteri.* Ähnlich 1; 2-6 cm; B. lanzettl.; Staubb. ½ so lang wie Kronb. VI-VII. Felsspalten, Kalkschutt. M[D:Alp].

Seite 86
1a Bleicher Schöterich *Erysimum crepidifolium.* B. lanzettl., etwas buchtig; Bl. hellgelb, geruchlos; Schoten stumpf-4kantig; IV-VII. Trockene Rasen; auf Kalk. ⚥ M[D:s]. **1b Wohlriechender S.** *E. odoratum.* Bl. 90 cm; B. geschweift-gezähnt; Bl. zitronengelb, wohlriechend. F,M[D:s]. **1c Ackerkohl** *Conringia orientalis.* 10-50 cm; kahl; B. st'umfassend-geöhrt; Kronb. 8-13 mm, gelblich od. grünlich-weiß; Schoten 6-14 cm, 4kantig, Äcker, Schutt; auf Kalk. S,GB,F),M[D:s-z].
6a Geschweifter Schöterich *Erysimum repandum.* 15-30 cm; Kronb. 6-10 mm, ockergelb; Griffel länger als 6; Schoten 4,5-10 cm. M[D:s]. **6b Steifer S.** *E. hieracifolium.* 0,15-1,25 m; Zweijährige/Staude; Kronb. 8-10 mm, gelb; Bl'stiele so lang wie Kelch; Schoten 3-5,5 cm, ± der Blst'achse angedrückt. Unkrautfluren. F,M[D:s-z].
8a Österreichische Sumpfkresse *Rorippa austriaca.* Obere B. lanzettl.-spatelig, st'umfassend; Fr. kugelig, 1,5-3 mm lang (kleiner als bei 8), ± so lang wie Griffel, vielmal kürzer als Fr'stiel. (S,GB,F),M[D:s].

Seite 90
1b Resedenblättriges Schaumkraut *Cardamine resedifolia.* 5-15 cm; Grundb. eiförmig, nur St'b. geteilt; B'stiel geöhrt. Felsspalten, Schutt der Hochgebirge. M[D:s-z].
1c Alpen-S. *C. alpina.* Grundb. rauten-eiförmig; St'b. ± ungeteilt; B'stiel nicht geöhrt. Schneetälchen. M[D:Alp]. **1d Dreiblättriges S.** *C. trifolia.* Bis 30 cm; B. 3zählig. Buchenwälder. M[D:s-z].
6a Wald-Nachtviole *Hesperis silvestris.* Bis 1 m; drüsig-behaart; Grundb. fiederspaltig. M[D:s]. **6b Trübe N.** *H. tristis.* Bis 50 cm; Grundb. eiförmig; Kronb. gelblichgrün, violett geadert. M[D:s].

Seite 92
7e Pyrenäen-Löffelkraut *Cochlearia pyrenaica.* Ähnlich 7; Fr. ± rhombisch-ellipsoidisch, beidends verschmälert. Quellfluren; Bergland. GB,F,M[D:s]. **7f** *C. scotica.* Bis 5 cm; Kronb. 2-3 mm, oft purpurn. Küsten; Sand. GB[Schottland, Irland?].

Seite 94
7b Blaue Gänsekresse *Arabis coerulea.* 2-12 cm; St'b. nicht st'umfassend; Kronb. bläulich. Schneetälchen. M[D:Alp]. **7c Zwerg-G.** *A. pumila.* Bis 15 cm; behaart;

Kronb. 5-7,5 mm, weiß. Felsspalten. M[D:Alp]. **7d Maßlieb-G.** *A. jacquinii.* Bis 30 cm; kahl; Kronb. 6-7 mm, weiß. Quellfluren. M[D:Alp]. **7e Doldige G.** *A. corymbiflora.* Zweijährige; rauh-behaart; Kronb. 4-5 mm, weiß. Bergrasen. M[D:Alp].

Seite 96
6g Filz-Felsenblümchen *Draba tomentosa.* 3-6 cm; St. u. B. dicht behaart; Schötchen behaart. Felsspalten. M[D:Alp]. **6h Kälte-F.** *D. dubia.* 3-10 cm; St. u. B. locker behaart; Schötchen kahl. Felsspalten. M[D:Alp]. **6l Kärntner F.** *D. carinthiaca.* 3-8 cm; St. oben kahl; B. locker behaart. Steinige Rasen, Felsschutt. M[D:Alp]. **6k Steinschmückel** *Petrocallis pyrenaica.* 2-8 cm; Staude; Polster; Grundb. keilförmig, 3-5-spaltig; Kronb. hell-lila od. rosa. Felsspalten. M[D:Alp].
8b Alpen-Gemskresse *Hutchinsia alpina.* Staude; St. b'los; Kronb. 2× länger als Kelch (bis 5 mm). V-VIII. Felsschutt. M[D:Alp].

Seite 98
2d Durchwachsenblättrige Kresse *Lepidium perfoliatum.* Untere B. 2fach fiederteiligspaltig, obere eiförmig st'umfassend; Kronb. blaß gelb, länger als Kelchb.; Schötchen rundlich. (T[D:s]) Heimat: O-Europa, W-Asien. **2e Grasblättrige K.** *L. graminifolium.* Zweijährige; B. nicht st'umfassend; Kelchb. weiß berandet; Schötchen eiförmig-spitz (GB),F,M[D:s].
8a Rundblättriges Täschelkraut *Thlaspi rotundifolium.* 5-10 cm; St. ausläuferartig; St'b. st'umfassend geöhrt; Bl. hellviolett. VI-IX. Kalkschutt. M[D:Alp]. **8b Steintäschel** *Aethionema saxatile.* 5-20 cm; Staude; B. lineal-lanzettl.; Bl. rötlich. Felsspalten; M[D:Alp].

Seite 102
8a Dunkle Fetthenne *Sedum atratum.* 3-8 cm; B. kurz-keulenförmig, stielrund; Bl. weißlich, grünlich od. rötlich. Felsspalten; Kalkgeröll. M[D:Alp].
10a Sand-Hauswurz *Sempervivum arenarium.* Ähnlich 10; aber B. im unteren Drittel am breitesten. Bergland; eingebürgert. M[D:s] Heimat: O-Alpen. **10b Spinnweben-H.** *S. arachnoideum.* 5-10 cm; B. an Spitze spinnwebig-wollig; Rosetten bis 2,5 cm ⌀; Kronb. 12-18, karminrot. Felsspalten; Kalkgeröll. M[D:Alp]. **10c Dachwurz** *S. tectorum.* B. nur gewimpert; Rosetten bis 8 cm ⌀. Felsspalten; meist nicht auf Kalk; daneben gepflanzt. ⚥ M[D:Alp].

Seite 104
2a Schatten-Steinbrech *Saxifraga umbrosa.* Niedergestreckt; B. verkehrt-eiförmig, kerbzähnig; Stiele kurz, behaart. § (GB,M[D:s]) Heimat: SW-Europa. **2b** *S. hirsuta.* B. rundlich-nierenförmig, behaart, auf langen runden Stielen. (GB),F. **2×2a** *S.* × *urbium* (GB,F), 2×2b *S.* × *polita* GB[Irland] u. **2a×2b** *S.* × *geum* (GB,F,M) Merkmale als Übergänge zwischen den Eltern. **2c Rundblättriger S.** *S. rotundifolia.* B. rundlicher als 2; Kronb. unten goldgelb. § (GB,F),M[D:Alp]. **2d Tolmiee** *Tolmiea menziesii.* Höher; B. herzförmig, gelblich-grün, oft im Herbst mit Bulbillen am Grunde; Kronb. dunkelrot, schmal. (GB) Heimat: N-Amerika. **2e Tellima** *Tellima grandiflora.* Noch höher; B. rundlicher, dunkler grün; Kronb. grünlich-rosa, lanzettl., geschlitztgezähnt. (GB) Heimat: N-Amerika.
3a *S. tenuis.* Sehr ähnlich 3, schlanker, weniger behaart; Bl. deutlich gestielt in lockeren Blst. S[Arktis].
4a *S. adscendens.* Bis 25 cm; nicht drüsig behaart; alle B. gezähnt, untere in Rosette. VI-VII. Gebirge. S. **4b** *S. osloensis.* Merkmale zwischen 4 u. 4a. 4a. S.
5b Moschus-S. *S. moschata.* 1-12 cm; B. lineal od. 3-7spaltig, Spitzen ohne Grannen, in Rosetten. Felsspalten; auf Kalk. § M[D:Alp]. **5c Moosartiger S.** *S. bryoides.* St. niedergestreckt, rasig; B. lineal-lanzettl., grannenspitzig. Felsspalten, Kalkschutt. § M[D:Alp]. **5d Fettblatt-S.** *S. sedoides.* Lockerrasig; Kronb. kürzer od. so lang wie Kelch, lanzettl. Kalkschutt. § M[D:Alp]. **5e Blattloser S.** *S. aphylla.* Ähnlich 5d; aber B. 3-5spaltig u. Kronb. lineal, länger als Kelch. Kalkschutt. § M[D:Alp].
8c Mannsschild-S. *S. androsacea.* Bis 10 cm; rasig; B. ungeteilt, ±lanzettl. Kalkschutt, Schneetälchen. § M[D:Alp].
9a Zweiblütiger S. *S. biflora.* Niedrig polsterbildend; B. lockerer; St. 2-6bl. VII-VIII. Felsschutt. M[D:Alp].
10b Kies-S. *S. mutata.* Ähnlich 10; aber Bl. orangegelb. Felsspalten; Kalkgeröll. § M[D:s-z]. **10c Blaugrüner S.** *S. caesia.* 5-10 cm; Rosettenb. bogig-zurückgekrümmt; St. 2-6bl.; Bl. weiß. Felsspalten. § M[D:Alp]. **10d Bursers S.** *S. burseriana.* Rosettenb. ±aufrecht; St. 1bl.; Bl. weiß, rot geadert. Felsspalten, Geröll. § M[D:Alp].
11 *S. hieracifolia.* 10-40 cm; B. länglich, behaart, in Rosette; St. des Blst. b'los; Bl. klein, rötlich-grün, in ährenförmigen Blst. Gebirge. S[Arktis].

Seite 106
6a *Alchemilla hybrida* u. Verwandte. Serie der Weichhaarigen Frauenmantel-Arten; ähnlich 6, u. a. Bl. außen ±dicht behaart (bei 6 meist ±kahl). [D:s-z].
8a Kleinfrüchtiger Ackerfrauenmantel *Aphanes microcarpa.* Ähnlich 8; aber Bl. kleiner, nur bis 1 mm u. Fr. bis 1,8 mm lang. [D:z-s].

Seite 108
Rosen *Rosa* spp. weitere 13 Arten in [D:z-s] beobachtet.

Seite 110
2d Stengel-Fingerkraut *Potentilla caulescens.* 10-25 cm; St. aufstrebend; B. länglich-lanzettl., an Spitze 5-7zähnig; Kronb. kaum ausgerandet, weiß. VII-VIII. Felsspalten. M[D:s-z]. **2e Clusius-F.** *P. clusiana.* 4-10 cm; B. an Spitze 3zähnig; Kronb. ausgerandet, gelblichweiß. Felsspalten. M[D:Alp].
6c Kriechende Nelkenwurz *Geum reptans.* Bis 15 cm; ähnlich 6a, aber mit Ausläufern. Schneetälchen. M[D:Alp].

Seite 112
3g Kleinstes Fingerkraut *Potentilla brauneana.* 2-5 cm; meist 1bl.; B. 3zählig, oberseits kahl. Schneetälchen. M[D:Alp].
7a Liegendes F. *Potentilla supina.* St. bis 30 cm, liegend, nicht wurzelnd; B. grün; Bl'stiele zuletzt zurückgekrümmt. F,M[D:s-z]. **7b** *P. multifida.* Nicht kriechend; B. doppelt-gefiedert bzw. gespalten, Abschnitte lineal, nur unterseits silbrig; Bl. kleiner als bei 7, in lockeren Blst. S.

Seite 114
2b *Pirus communis* ssp. *salvifolia.* Kleiner als 2; B. schmaler, ganzrandig, unterseits grauflaumig. F,M. **2c** *P. cordata.* Bis 8 m; bisweilen Strauch; Zweige rötlich; B. eilanzettl., junge ebenso wie Kelchb. dicht flaumig; Bl. kleiner, oft außen rosa; Fr. rundlicher, ohne abgestorbene Kelchb. GB,F.
3b Elsbeere *Sorbus torminalis* ☐. B. bis 9 cm, beiderseits grün, ± tiefgelappt; Fr. 12-18 mm, braun. [D:z-s]. **3c Schwedische Mehlbeere** *S. intermedia* ☐. Zwischen 3 u. 3a; B. deutlich gelappt u. grob gezähnt. ([D:s]). **3d Breitblättrige Bastardelsbeere** *S. latifolia.* Zwischen 3 u. 3b; B. derb, ± kreisförmig; Fr. gelbrot, kugelig, F. **3e Speierling** *S. domestica.* Ähnlich 3a; Bl. 1,7 cm. Wälder, Weinberge. M[D:s]. **3f Zwergmispel** *S. chamaemespilus.* Bis 2 m; Strauch; B. beidseits meist kahl, elliptisch, spitz; Bl. rosa. VI. Krummholzgebüsche; auf Kalk. M[D:s-v]. **3g Mougeot-Mehlbeere** *S. mougeotii.* B. schmal-elliptisch, am Rand gelappt, unterseits ± weißfilzig. M[D:s]. **3h Nordische Bastardelsbeere** *S. hybrida.* Ähnlich 3c; B. bis ¹/₂ fiederteilig, unterste B'lappen länger als breit. S,(M[D:s]).
4b *Crataegus calycina.* B. 3-7lappig, nein gezähnt; Blst. kahl; Griffel 1. S,F,M[D:z-s].
4c Großfrüchtiger Weißdorn *C. macrocarpa.* B. sehr tief gelappt, Lappen zugespitzt; Fr. bis 1,5 cm lang. M[D:s]. Ähnlich: *C. helvetica.* B'lappen nicht zugespitzt. M[D:s].
6a Sauer- u. Glaskirsche *Prunus cerasus.* Bis 8 m; Strauch/(Baum); B. 8-12 cm, ± zugespitzt; Fr. rot. Gepflanzt. (T)Heimat: SO-Europa, W-Asien. **6b Zwergkirsche** *P. fruticosa.* Bis 1,25 m; Strauch; B. bis 4(5) cm lang, stumpflich; Fr. rot. Trockene Gebüsche. M[D:s]. **6c Weichselkirsche** *P. mahaleb.* Bis 6 m; Strauch/Baum; Bl. kleiner, nach den B. erscheinend; Blst. traubig. Trockene Gebüsche. (S),F,M[D:z-s].
7a Virginische Traubenkirsche *Prunus serotina.* Bis 8(20) m; B. derb, bis 12 cm, glänzend; Bl. ca. 5-10 mm; Fr. schwarzrot. (T)Heimat: N-Amerika.
8c Filzige Zwergmispel *Cotoneaster tomentosa.* Fr. hochrot, dicht filzig. Trockene Gebüsche, Wälder. (S),F,M[D:s].

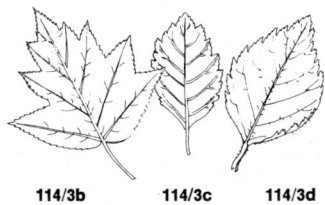

10 Mispel *Mespilus germanica.* Bis 3(6) m; Strauch; B. länglich-lanzettl.; Bl. endständig, einzeln, weiß; Fr. 5steinig, grün bis braun. V. Wälder, Gebüsche. M[D:s].

114/3b Elsbeere
114/3c Schwedische Mehlbeere
114/3d Breitblättrige Bastardelsbeere

114/3b   **114/3c**   **114/3d**

Seite 118
1d Südlicher Tragant *Astragalus australis.* 10-30 cm; Bl. weiß od. gelblich; Fr. kahl. Alpenrasen. M[D:Alp].
3b Stengelloser T. *A. exscapus.* Sehr zottig; st'los; Nebenb. lang angewachsen; Bl. hellgelb. V. Trockene Rasen. M[D:s].
6c Berg-Fahnenwicke *Oxytropis montana.* Bl. violett. Hochgebirgsrasen. M[D:Alp].

Seite 120
2b Regensburger Geißklee *Cytisus ratisbonensis.* Bl. im Blst. einseitig, meist zu 2. Trockene Wälder, Rasen. M[D:s-z].
8c Ausdauernde Lupine *Lupinus perennis.* Ähnlich 8a; B. 7-9zählig. Gepflanzt. (M) Heimat: Atl. N-Amerika.

Seite 122
1d Bunte Wicke *Vicia dasycarpa.* Ähnlich 1c; aber St. u. B. kahl od. schwach behaart. M[D:s-z].

Seite 124
4b Fädliche Platterbse *Lathyrus filiformis.* Ähnlich 4a; B'chen lineal; Bl. purpurrot bis blauviolett. Trockene Rasen; auf Kalk. M[D:s].

Seite 126
1c Berg-Esparsette *Onobrychis montana.* Ähnlich 1; St. am Grund niederliegend; Fr. lang stachelig. Trockenrasen, Gebirgsrasen. M[D:s].
2b Bocks-Hauhechel *Ononis hircina.* Ähnlich 2; ohne Ausläufer. Weiden, Abhänge. S,M[D:s].

Seite 130
1b Wald-Klee *Trifolium alpestre.* B'chen u. Nebenb. schmaler als bei 1a; Kelch 20nervig, zottig. F,M[D:s-z].
2b Seidenhaariger Backenklee *Dorycnium germanicum.* Halbstrauch; Blst. 6-14bl. (weiß); Schiffchen schwarz-violett. Trockene Rasen. M[D:s]. **2c Krautiger B.** *D. herbaceum.* Blst. 15-25bl. M[D:s].
3d Kleinblütiger Klee *Trifolium retusum.* 3-10 cm; Einjährige; Kelch so lang od. länger als Krone. Felsen, trockene Rasen. M[D:s]. **3e Rasiger K.** *T. thalii.* 5-15 cm; Staude; ähnlich 3; Bl. allseits abstehend. Gebirgsweiden. M[D:Alp].
4b Persischer K. *T. resupinatum.* Ein-/Zweijährige; Bl. ±gedreht (Fahnen ±nach unten gerichtet) — hierdurch Blst. flacher — zur Fr'zeit ähnlich aufgeblasen. Unkrautfluren; kultiviert. (GB),F,M[D:s].
5a *T. glomeratum.* Kahl; niederliegend od. aufsteigend; B'chen oft mit bleichem Fleck; Blst. kugelig; Kelchzähne zur Fr'zeit zurückgeschlagen. GB,F. **5b** *T. bocconei.* Behaart; Bl. blaßrosa; Blst. oft zu 2 u. ungleich. GB,F. **5c Rauher K.** *T. scabrum.* Bl. weiß od. blaßrot; Kelchzähne zur Fr'zeit starr zurückgekrümmt. V-VII. GB,F,M[D:s].
7a Rotköpfiger K. *T. rubens.* Staude, ±kahl; Blst. länger; Bl. purpurrot. Trockene Gebüsche. M[D:s-z].

Seite 132
2b *Oxalis stricta.* Ähnlich 1; St. nicht wurzelnd; Nebenb. sehr klein; Blst. doldenartig. (GB,F,M) Heimat: N-Amerika.
3a *O. corymbosa.* Kleiner als 3, mit mehreren Knöllchen am St'grund; B. unterseits weniger in Randnähe punktiert; Bl. purpurrot-rosa. (GB,F) Heimat: S-Amerika. **3b** *O. latifolia.* Fast kahl; B. unterseits ungefleckt, aber bisweilen rötlich; Bl. blaß bis tief rosa. (GB,F) Heimat: S-Amerika.
5b *Tribulus terrestris* (Fam. *Zygophyllaceae).* Einjährig, kleiner als 5, niederliegend; Bl. gelb; Fr. sternförmig, stachelig. Trockene Orte. F.
7c Klebriger Lein *Linum viscosum.* 25-60 cm; Staude; St. zottig; obere B. drüsigbewimpert; Bl. pfirsichblütenfarbig. Trockene Rasen. M[D:s]. **7d Zarter L.** *L. tenuifolium.* 15-30 cm; B. lineal, kahl, 1-2 mm breit; Bl. hellrötlich. F,M[D:z-s]. **7e** *L. suffruticosum.* 5-25 cm, bisweilen am Grund holzig; B. 0,2-1 mm breit; Bl. weiß. F. **7f Österreichischer L.** *L. austriacum.* Ähnlich 7; Fr'stiele abwärts-gebogen. Trockene Rasen. M[D:s]. **7g Leo-L.** *L. leonii.* 5-10 cm; niederliegend-aufsteigend; Fr'stiele seitlich abgebogen. Trockene Rasen. F,M[D:s]. **7h Alpen-L.** *L. alpinum.* Fr'stiele ±aufrecht. Steinige Rasen; Kalkschutt. M[D:Alp].

Seite 134
5b Spreizender Storchschnabel *Geranium divaricatum.* Einjährige; St. niederliegend, bis 50 cm; Kronb. hellrosenrot, weniger ausgerandet als 5. M[D:s].

Seite 136
1d Ruten-Wolfsmilch *Euphorbia virgata.* Ähnlich 1c; B. glanzlos. V-VII. Unkrautfluren. M[D:s].
5a Flaumige W. *E. villosa.* 50-80 cm; B. beiderseits behaart; Fr. sehr klein, warzig, kahl. VI-VII. ⚥ F,M[D:s]. **5b Sumpf-W.** *E. palustris.* 0,5-1,5 m; B. blaugrün, kahl; Fr. mit kurzen Warzen. V-VI. Ufer. S,F,M[D:z-s]. **5c Süße W.** *E. dulcis.* St'b. kurz-gestielt; Drüsenlappen vorerst grün, später schwarz-purpurn. IV-VI. Wälder. (GB),F,M [D:s-z]. 5a, b u. c B. bisweilen an der Spitze gezähnt, Hüllb. grün, Drüsen ±oval. **5d Warzige W.** *E. verrucosa.* Hüllb. u. Drüsenlappen gelblich. Trockene Rasen. F,M [D:s-z]. **5e Österreichische W.** *E. austriaca.* Ähnlich 5a; St'b. kurz-gestielt; Fr. lang behaart. Hochstaudenfluren. M[D:s]. **5f Vielfarbige W.** *E. polychroma.* Hüllb. orange; Drüsen wachsgelb; Fr. mit orange-roten Warzen. Trockene Gebüsche. M[D:s].

Seite 138
4a Kalk-Kreuzblume *Polygala calcarea.* 5-20 cm; St. unten niederliegend; an der Spitze B. rosettig gedrängt, verkehrt-eiförmig; Blst. aufrecht; Bl. 5 mm, hellblau. IV-VI. Auf Kalk. GB,F,M[D:s]. **4b Schopfige K.** *P. comosa.* 10-25 cm; St. aufsteigend; B. am Grund kaum rosettig gedrängt; Blst. reichbl., anfangs schopfig, Tragb. anfangs länger als Bl'stiel; Bl. meist blaßrot. Meist auf Kalk. S,F,M[D:s-z]. **4c Quendel-K.** *P. serpyllifolia.* 5-15 cm; St. niederliegend-aufsteigend, ohne Grundrosette; untere B. fast gegenständig; Blst. 3-5bl.; Bl. blau, selten weißlich. Nicht auf Kalk. T[D:z-s]. **4d Sumpf-K.** *P. amarella.* 5-20 cm; St. mit Grundrosette; Bl. 2-4,5 mm lang (**Bittere K.** *P. amara.* Bl. bis 10 mm. ⚥ [D:Alp]), blau od. weiß od. rötlich. Feuchte Wiesen. T[D:z-s]. **4e Voralpen-K.** *P. alpestris.* Untere B. kleiner; Blst. kurz, dicht; Bl. 4-5 mm. Hochgebirgsrasen. M[D:Alp].
6a Gestreifter Seidelbast *Daphne striata.* 10-35 cm; immergrün; B. über 1,6 cm; Bl. ±kahl, hellrot, längsstreifig. V-VII. Hochgebirgsrasen. M[D:Alp]. **6b Heideröschen** *D. cneorum.* B. bis 1,6 cm; Bl. filzig, rot. Trockene Rasen, Wälder. F,M[D:s].

Seite 140
1c Felsen-Johannisbeere *Ribes petraeum.* 1-1,25(2) m; Kelchzipfel bewimpert; Bl. grün, rot punktiert; Fr. dunkler rot. F,M[D:s]. **1d Nordische J. R.** *spicatum.* Ähnlich 1; aber Bl'achse innen ohne Ringwulst, schüsselförmig. Bruchwälder; daneben kultiviert. S,GB,M[D?:s].
5a Felsen-Kreuzdorn *Rhamnus saxatilis.* 0,3-1 m; B. 1-3 cm, rundlicher als bei 5; Stiel 2-6 mm. IV-V. Trockene Wälder. M[D:s]. **5b Zwerg-K. R.** *pumila.* 5-20 cm; dornenlos, niederliegend; B. wechselständig; Bl. weiß. VI-VII. Kalkfelsen. M[D:Alp].
6a Wilde Weinrebe *Vitis vinifera* ssp. *silvestris* (Fam. *Vitaceae*). Bis 10 m; Strauch, kletternd; B. 3-5lappig; Bl. gelbgrün, in Rispen; Beeren 5-7 mm, saftarm. VI. Auenwälder. F,M[D:s].
8a Deutsche Tamariske *Myricaria germanica.* 0,6-2 m; Strauch; ährenförmige Blst. dicker als bei 8. VI-VIII. Feuchte Weiden-Gebüsche. ☿ S,F,M[D:s].

Seite 144
6a Zierliches Johanniskraut *Hypericum elegans.* 15-30 cm; St. kahl, oben 2kantig; B. länglich-lanzettl. VI-VII. Trockene Rasen. M[D:s].

Seite 146
1b Weißes Veilchen *Viola alba.* Ausläufer nicht wurzelnd; B. z. T. wintergrün, Nebenb. schmaler; Bl. 1,5-2 cm. F,M[D:s]. **1c Hügel-V.** *V. collina.* Ohne Ausläufer; B. herz-eiförmig, Nebenb. schmal-lanzettl.; Bl. blaßlila, Sporn weiß. Meist auf Kalk. S, F,M[D:s-z]. **1d** *V. suavis.* Mit kurzem Rhizom; große (bis 20 cm), lang gestielte Sommerb.; Bl. violett, mit weißem Schlund. F,(M).
2c Wunder-V. *V. mirabilis.* St. u. B'stiele 1reihig behaart; B. größer als bei 2; Nebenb. ungezähnt, z. T. braun werdend; erste Bl. bis 2 cm, offen, blaßlila, spätere geschlossen bleibend. Wälder, Kalk. S,F,M[D:s-z].
4b Hohes V. *V. elatior.* 20-50 cm; St. oben behaart; Nebenb. zuletzt so lang od. länger als B'stiel; Bl. 2-2,5 cm. Feuchte Wiesen, Wälder. S,F,M[D:s].
6a Sibirisches V. *V. epipsila.* B. unterseits ± behaart; Bl. 1,5-2 cm; 2 Vorb. über der Mitte des Bl'stieles. S,M[D:s]. **6b Moor-V.** *V. uliginosa.* B. herz-eiförmig; Bl. 2-3 cm, dunkelviolett. S,M[D:s].
8c Langsporniges Stiefmütterchen *V. calcarata.* 4-10 cm; Bl. 2,5-4 cm, dunkelviolett, Sporn 0,8-1,5 cm lang. Steinschuttfluren u. Magerrasen; Hochgebirge. M[D:Alp].

Seite 148
Nachtrag **1d:** *Helianthemum oelandicum.* Ähnlich 1b; fast kahl. S[Öland].
7c Striegelhaarige Nachtkerze *Oenothera strigosa.* Kronb. 20-25 mm; Kelch ± rot. [D:s]. Arten sehr formenreich.

Seite 150
3l Lamys Weidenröschen *Epilobium lamyi.* Ähnlich 3c; St. oberwärts behaart; B. graugrün; Bl. doppelt so groß. [D:s-z].

Seite 156
1c Glänzender Kerbel *Anthriscus nitida.* Ähnlich 1; B. 3zählig; Griffel sehr kurz; Fr. oft knotig. Bergwälder. M[D:s].

Seite 158
2c Schwarze Bibernelle *Pimpinella nigra.* Sehr ähnlich 2; St. unten stark behaart; Dolde 15-24strahlig (bei 1: 7-16strahlig). S,M[D:s-v].
5d Sibirische Hirschwurz *Libanotis sibirica.* Ähnlich 5; B. meist nur einfach-fiederteilig. Trockene Hügel, Gebüsche. M[D:s].

Seite 160
1b Berg-Bärenklau *Heracleum elegans.* Ähnlich 1; Grundb. 3lappig od. 3zählig (bei 1: 5zählig). Bergwiesen, Hochstaudenfluren. M[D:s-v]. **1c Österreichische B.** *H. austriacum.* 10-60 cm; St. nur gerillt; B'scheiden nicht bauchig. Hochgebirge. M[D:Alp].

Seite 162
6b Schierling-Wasserfenchel *Oenanthe conioides.* Zweijährige; ähnlich 1; St. kaum hin- u. hergebogen; B'abschnitte breiter. Röhrichte, Tideufer. F,M[D:s].

Seite 166
9a Berg-Hasenohr *Bupleurum ranunculoides.* 5-30 cm; untere B. lanzettl.; Hüllchenb. breit-elliptisch. Steinige Rasen; Hochgebirge. M[D:Alp].

Seite 170
9a Bewimperte Alpenrose *Rhododendron hirsutum.* 0,3-1 m; B. beidseits grün, borstig bewimpert; Bl. hellrosa. VI-VII. Krummholzgebüsche; auf Kalk. § M[D:Alp]. **9b Rostrote A.** *R. ferrugineum.* B. oberseits grün, unterseits rostbraun, nicht bewimpert. Kalkarme Substrate. ☿♀§ M[D:Alp].

Seite 172
3a Krannbeere *Vaccinium macrocarpon.* Ähnlich 3; Fr. 1-2 cm (bei 3: 6-8 mm). Kultiviert; daneben in Hochmooren eingebürgert. ([M:D:s]) Heimat: N-Amerika.
6a Zwergalpenrose *Rhodothamnus chamaecistus.* 15-20 cm; B. wechselständig, gewimpert; Krone radförmig, hellrosa. Krummholz- u. Zwergstrauchgebüsche; Hochgebirge. M[D:Alp].

Seite 174
Nachtrag **5c:** *Primula scandinavica.* Ähnlich 5; Krone größer. S. **5d:** *P. stricta.*
2–30 cm; kaum mehlig. S. **5e:** *P. nutans.* Ähnlich 5d; Tragb. mit Öhrchen. S.
9a Berg-Alpenglöckchen *Soldanella montana.* 10-20 cm; ähnlich 9; B. dünner, größer
(bis 7 cm); Bl. blauviolett. Bergwälder, -wiesen. M[D:s-z]. **9b Kleines A.** *S. pusilla.*
3-10 cm; B. 5-15 mm, dünn; Bl. rötlich-violett. Schneetälchen; nicht auf Kalk.
M[D:Alp]. **9c Kleinstes A.** *S. minima.* B. bis 6 mm, dick; Bl. blaßlila. Auf Kalk.
M[D:Alp]. **9d Heilglöckchen** *Cortusa matthioli.* Bis 40 cm; Staude; B. rundlich, gelappt; Bl. duftend, rosa (nicht geschlitzte Kronb.), doldig. VII-VIII. Hochstaudenfluren.
M[D:Alp].

Seite 176
8d Zwerg-Mannsschild *Androsace chamaejasme.* 2-6 cm; Staude; Rosettenpfl., drüsig-zottig; B. länger als 1 cm, spitz. Steinige Rasen. M[D:Alp]. **8e Stumpfblättriger
M.** *A. obtusifolia.* 2-10 cm; stern-flaumhaarig; B. stumpflich. M[D:Alp]. **8f Dolomiten-
M.** *A. hausmannii.* 1-5 cm; B. bis 5 mm; Bl. 4 mm. Felsspalten. M[D:Alp]. **8g Schweizer M.** *A. helvetica.* Dicht graufilzig, oft halbkugelige Polster; B. ca. 3 mm; Bl. die B.
nicht überragend. M[D:Alp].

Seite 178
1a Wegerich-Grasnelke *Armeria pseudarmeria.* 25-50 cm; kräftiger als 1, mit breiteren, 3-7nervigen B.; Schaft fast kahl; Bl. hell-karminrot. F,M[D:s]. **1b Alpen-G.** *A. alpina.* 5-30 cm; B. 1-3nervig; Hüllb. braun; Bl. dunkelrot. Ufer. M[D:s].
4a *Limonium auriculae-ursifolium.* Bis 40 cm; kräftiger als 4, mit breiteren, graugrü-
nen, am Grund bisweilen klebrigen B.; Stiele 5-9nervig; innere Deckb. rot-bespitzt.
F. Ähnlich 4: *L. recurvum, L. transwallianum, L. paradoxum.* GB.

Seite 182
1d Kalk-Glockenenzian *Gentiana clusii.* 2-8 cm; Staude, mit B'rosette; Bl. bis 6 cm,
einzeln, glockig, azurblau. IV-VII. Hochgebirgsrasen, Moorwiesen; auf Kalk. §
M[D:Alp]. **1e Kiesel-G.** *G. kochiana.* Ähnlich 1d; Krone innen olivgrün gefleckt. Nicht
auf Kalk. § M[D:Alp]. **1f Rundblättriger Enzian** *G. orbicularis.* 3-6 cm; Grundb. dicht
dachziegelig, rundlich, klein; Bl. tiefblau. Steinige Rasen; auf Kalk. M[D:Alp]. **1g
Bayrischer E.** *G. bavarica.* 4-20 cm; ohne B'rosette, Grundb. ±so groß wie St'b.
VII-IX. Weiden, Schneetälchen. M[D:Alp].
4b Ungarischer E. *G. pannonica.* Ähnlich 4; Kelchzipfel ±gleich; Krone trüb rot-vio-
lett. M[D:Bayr. Wald, Alp].
6c Österreichischer E. *G. austriaca.* 5-30 cm; Zweijährige, ästig; Bl. fast in Eben-
sträußen, 2-4,5 cm, lila. Magere Rasen. M[D:s].
9b Tauernblümchen *Lomatogonium carinthiacum.* 1-15 cm; Einjährige; Bl. 1,2-1,5 cm,
blaßlila-weißlich. Steinige Wiesen, Weiden. M[D:Alp].

Seite 184
4b Lein-Seide *Cuscuta epilinum.* Auf Lein schmarotzend; St. u. Bl. gelblich; Blst.
10-11 mm; Kronzipfel spitz. S,M[D:s]. **4c Weiden-S.** *C. gronovii.* Besonders auf Weiden, Brennesseln u. Astern schmarotzend; St. orange; Kronzipfel stumpf. [D:s-z]. **4d
Pappel-S.** *C. lupuliformis.* Besonders auf Pappeln, Weiden, Hopfen u. Brennesseln
schmarotzend; St. rötlich, sehr dünn. [D:s-z].
5a *Polemonium acutiflorum.* Bl. glockenförmig. Auf Kalk. S.
7a Färber-Meister *Asperula tinctoria.* 30-70 cm; untere B. zu 4-6 in Quirlen; Bl. weiß;
Kronzipfel 3; Fr. glatt. S,F,M[D:s-z].
8a Blaugrünes Labkraut *Galium glaucum.* 20-80 cm; St. kahl, rund; B. unterseits
blaugrün, lineal, Rand zurückgerollt; Fr. glatt. V-VII. Trockene Rasen; meist Kalk.
F,M[D:s-z].

Seite 186
3b Glattes Labkraut *Galium schultesii.* 0,3-1 m; St. oben 4kantig; B. 4-9 mm breit, zu
6-8, unterseits blaugrün; Kronzipfel grannenspitzig. Laubwälder. M[D:s]. **3c Gran-
nen-L.** *G. aristatum.* 20-60 cm; St. bis unten 4kantig, B. unterseits graugrün. Buchen-
Mischwälder. M[D:s-z]. **3d Glanz-L.** *G. lucidum.* B. 0,5-2 mm breit, oberseits glänzend, unterseits 2 glänzende Linien. Laubwälder, trockene Rasen. M[D:s]. **3e Nori-
sches L.** *G. noricum.* 3-10 cm; B. 1-1,5 mm breit, zu 7-8; Kronzipfel nicht grannenspitzig. Magere Rasen. M[D:Alp]. **3f Ungleichblättriges L.** *G. anisophyllum.* 6-12 cm;
B. nichtbl. Triebe eiförmig, bl. Triebe gebliete, zugespitzt, bis 2 mm breit. Trockene
Steinige Rasen, Felsen; Berggebiete. M[D:s-v]. **3g Mährisches L.** *G. valdepilosum.*
15-30 cm; zur Bl'zeit nichtbl. Triebe bzw. untere B. vertrocknet; Blst. locker. Trockene
Rasen; meist Sand. M[D:s].
5d Schweizer L. *G. rupicola.* 2-10 cm; ähnlich 5; Fr'stiele herabgekrümmt (bei 5: gerade); Fr. fein gekörnelt. Kalkschuttfluren. M[D:Alp]. **5e Schwedisches L.** *G. suecicum.* 10-20 cm; ähnlich 5a; St. unten oft rötlich; B'randborsten vorwärts gerichtet.
Magere Rasen. S,M[D:s].
7a Wirtgens L. *G. wirtgenii.* Ähnlich 7; B. breiter (bis ca. 2 mm), kaum gerollt; Bl.
goldgelb, nicht duftend. Trockene Rasen. M[D:z-s].
8d Anis-L. *G. verrucosum.* 5-15 cm; ähnlich 8a; Einzelblst. meist 1bl., kürzer als
Tragb. [D:s].

Seite 188
1e Knolliger Beinwell *Symphytum bulbosum*. 25-50 cm; unterirdischer Sproß mit Knollen (bei 1d: unregelmäßig fleischig u. Kronzipfel zurückgekrümmt); Kronzipfel gerade vorgestreckt. Kultiviert, verwildert. (M[D:s]) Heimat: Balkan, Italien.
3c Alpen-Wachsblume *Cerinthe glabra*. Staude; B. nie gefleckt; Bl. kleiner (9-12 mm). Hochstaudenfluren; daneben gepflanzt. M[D:Alp].

Seite 190
1b Schmalblättriges Lungenkraut *Pulmonaria angustifolia*. Untere B. lineal-lanzettl., ungefleckt, wenige Drüsenhaare. S,M[D:z-s]. **1c Knolliges L.** *P. tuberosa*. Untere B. länglich-lanzettl.-eiförmig (breiter als 1b). GB,F,M[D:z-s]. **1d Weiches L.** *P. mollis*. 15-50 cm; B. dicht weichhaarig, grün; St. oben drüsig-klebrig. F,M[D:s]. **1e Graues L.** *P. mollissima*. Untere B. grauweißlich, sehr dicht behaart. M[D:s].
3a Alpen-Vergißmeinnicht *Myosotis alpestris*. 5-10 cm; Bl. leuchtend blau; Kelchröhre wenig abstehend behaart, fast silberweiß; Fr'stiele wenig länger als Kelch, aufrecht, Traube schwach verlängert. Gebirge. GB,F,M[D:Alp].
4c Armblütiges V. *M. sparsiflora*. St. sehr schlaff, zart, ± niederliegend, schwach behaart, armbl.; Fr'stiele viel länger als offener Kelch, herabgeschlagen. IV-VI. Wälder. S,M[D:s].
6f Bodensee-V. *M. caespititia*. 3-10 cm; ähnlich 6; kriechend, meist kahl; St. rund IV-V. Ufer. M[D:s]. **6g Lockerblütiges V.** *M. laxa*. 10-30 cm; Einjährige; Kelch sich nach der Bl. stark verlängernd. Küstengebiete. T[D:s-z].
8a Wald-Klettenkraut *Lappula deflexa*. 20-60 cm; Bl. 3-5 mm, Stiele zuletzt zurückgebogen. Nadelwälder, Felsen. S,M[D:s].

Seite 198
4a Schmalblättriger Andorn *Marrubium peregrinum*. B. elliptisch-lanzettl., glatt; Kelchzähne 5. Schuttfluren. M[D:s].

Seite 200
5b Zweispaltiger Hohlzahn *Galeopsis bifida*. Ähnlich 5; Bl. kleiner als 15 mm. S,M[D:z].
6a Breitblättriger H. *G. ladanum*. B. ei-lanzettl. (7-15 mm breit); grob gezähnt. [D:s-v].

Seite 202
3b Pyrenäen-Drachenmaul *Horminum pyrenaicum*. 10-25 cm; Staude; Grundb. rosettig; Bl. violett, in ährenartigem einseitigen Blst.; Kelch 2lippig. VI-VIII. Gebirgsweiden, Kalkschutt. M[D:Alp].
9a Fuchsschwanz-Ziest *Stachys alopecuros*. 20-40 cm; B. eiförmig; Bl. gelb. Steinrasen, Gebüsche. M[D:Alp]. **9b Knolliges Brandkraut** *Phlomis tuberosa*. Bis 1,5 m; Staude; Grundb. tief herzförmig, lang gestielt; Krone außen weißfilzig, hellrot. Trockene Gebüsche. M[D:s].

Seite 204
3a Rundblättrige Minze *Mentha rotundifolia* □. St. ± dicht zottig; B. breit-rundlich; Bl. rötlicher als 3. GB,F,M[D:s-z]. **3b Ähren-M.** *M. spicata*. Ähnlich 3; aber St. fast kahl; B. höchstens unterseits auf den Nerven behaart. Kultiviert u. verwildert. (T[D:s]) Heimat: S-Europa.
5a Hoher Wolfstrapp *Lycopus exaltatus*. ± unverzweigt; B. länglich-eiförmig, breit, alle tief-fiederspaltig. M[D:s]. **9a Alpen-Steinquendel** *Satureja alpina*. Krone kürzer als 1 cm (bei 9: 1,5-2 cm); Fr'kelch offen. Steinige Rasen. M[D:Alp].
10a Thymian *Thymus* spp. Serie der Steppen-T.: Pfl. ohne Ausläufer; Bl'äste fast stielrund. Trockene, steppenartige Rasen. M[D:s]. **10b** Serie der Frühblütigen T.: Pfl. mit langen Ausläufern; B. ei-rundlich, mit Randwulst. Trockene Rasen. F,M [D:s-z]. **10c** Serie der Gemeinen T.: Bl'äste 4kantig, meist 2seitig od. 4kantig behaart. Trockene Rasen. T[D:v-s].

Seite 206
6a Blasenkirsche *Physalis alkekengi*. Bis 60 cm; Staude; Kelch zur Fr'reife aufgeblasen, mennigrot; Beere orange-rot. V-VIII. Gebüsche, Wälder. ⚥ F,M[D:s-z].

Seite 210
9a Büchsenkraut *Lindernia pyxidaria* □. B. sitzend od. fast sitzend; Krone 6-8 mm, weiß, oben rötlich, kürzer als Kelch. VIII-IX. Ufer, Gräben. M[D:s].

204/3a Rundblättrige Minze   **210/9a** Büchsenkraut

Seite 212
4a Alpenrachen *Tozzia alpina.* 10-50 cm; Kelch 4zähnig; Krone goldgelb, Unterlippe rot-punktiert. Hochstaudenfluren. M[D:Alp].

Seite 214
1a Langblättriger Ehrenpreis *Veronica longifolia.* 0,4-1,2 m; B. eilanzettl., zugespitzt, bis zur Spitze gesägt; Bl. 6-8 mm; Kelchzipfel spitz. Ufer, feuchte Wiesen. S,(GB), F,M[D:z].
2a Österreichischer E. *V. austriaca.* Obere B. schmal-lanzettl., kurz gestielt, ±ganz-randig. M[D:s]. **2b Niederliegender E.** *V. prostrata.* St. niederliegend-aufsteigend; B. ±lineal-lanzettl., gestielt; Bl. 4-14 mm; Kelchzipfel kahl. IV-VI. Trockene Rasen. F,M[D:s].
3c Breitblättriger E. *V. latifolia.* Staude; B. eiförmig, obere lang zugespitzt, sitzend; Bl. blaurosa od. hellblau, in verlängerten Trauben. Bergwälder. M[D:s-z]. **3d Halb-strauchiger E.** *V. fruticulosa.* 10-30 cm; Halbstrauch; Bl'stiele drüsig; Krone blaß-rosarot. Steinige Rasen. M[D:Alp].
6c Maßliebchen-E. *V. bellidioides.* Ähnlich 6b; aber mit B'rosette u. Blst. drüsig. Gebirgsrasen. M[D:Alp].
7a Blattloser E. *V. aphylla.* Bis 3 cm; Blst. 3-4bl., lang gestielt. Steinige Rasen, Schneetälchen. M[D:Alp].
8a Fremder E. *V. peregrina.* B. länglich-elliptisch, oft ganzrandig; Bl. bläulich od. weiß; Kapsel *kahl.* Äcker, Ufer. (GB,F,M[D:s]) Heimat: Amerika. **8b Frühlings-E.** *V. verna.* Obere B. fiederteilig. T[D:s]. **8c Dreiblättriger E.** *V. triphyllos.* 2-15 cm; obere B. handförmig 3-5teilig; Bl. tief azurblau (Krone länger als Kelch), lang ge-stielt. III-V. T[D:z]. **8d Früher E.** *V. praecox.* B. tiefer als bei 8 kerbzähnig einge-schnitten; Bl. etwas länger als Kelch gestielt, azurblau. S,(GB),F,M[D:s-z]. **8e Drüsen-reicher E.** *V. acinifolia.* Ähnlich 8d, aber B. nur schwach gekerbt; Bl. 2× länger als Kelch gestielt, blaßblau; Kapsel sehr tief ausgerandet. (GB),F,M[D:s]. **8f Heide-E.** *V. dillenii.* Ähnlich 8b, aber B. fleischig, Bl. größer, azurblau. M[D:s].
10c Schlamm-E. *V. anagalloides.* B. lanzettl.-lineal, schmaler als bei 10; Kapsel länglich-elliptisch. F,M[D:s].

Seite 216
1 Augentrost *Euphrasia* spp. Anmerkung: hierneben etwa 12 weitere, z. T. sehr ähn-liche Arten mit verschiedenen Unterarten im deutschen Gebiet.
2b Alpen-Klappertopf *Rhinanthus alpinus.* Kronröhre stark gebogen, so lang od. länger als kahler Kelch; Deckb'zähne spitz. Bergwiesen. M[D:s]. **2c Grannen-K.** *R. aristatus.* Krone bis 2 cm lang; Deckb'zähne z. T. grannenspitzig. Bergwiesen. M[D:s-z]. **2d Zottiger K.** *R. alectorolophus.* Bis 80 cm; Kronröhre schwach gekrümmt; Kelch dicht weiß-wollig. Wiesen, trockene Rasen. F,M[D:s]. **2e Drüsiger K.** *R. ru-melicus.* Kelch drüsig behaart. Trockene Rasen. M[D:s]. **2f Großer K.** *R. serotinus.* Kelch kahl od. an Kanten borstig. Wiesen, Äcker. T[D:v-s].
3b Quirlblättriges Läusekraut *Pedicularis verticillata.* Kronoberlippe stumpf; B. quir-lig od. gegenständig. Bergweiden. M[D:Alp]. **3c Gestutztes L.** *P. recutita.* B. wech-selständig; Krone braunrot, bis 1,5 cm. Bergweiden. M[D:Alp]. **3d Ähriges L.** *P. rostrato-spicata.* Kronoberlippe lang geschnäbelt; Kelch wollig-zottig; Blst. ±lang ährig. Steinige Rasen. M[D:Alp]. **3e Kopfiges L.** *P. rostrato-capitata.* Bis 20 cm; Kelch ±kahl; Blst. kopfig. Steinige Rasen, Felsen. M[D:Alp].
7d Polnischer Wachtelweizen *Melampyrum polonicum.* Ähnlich 7b; B. bis 1,5 cm breit; Kelch schwach behaart. Wälder. M[D:s]. **7e Felsen-M.** *M. saxosum.* Ähnlich 7a; Bl. 10-12 mm lang. Zwergstrauchheiden. M[D:s].

Seite 218
2b Hellgelbe Sommerwurz *Orobanche flava.* Bl. anfangs rötlich, dann bräunlich. Wirtspfl.: u. a. Pestwurz, Huflattich. F,M[D:s-z]. **2c Elsässer S.** *O. alsatica.* Bl. auf Nerven bräunlichlila. Wirtspfl.: Doldenblütler. F,M[D:s]. **2d Rötlichgelbe S.** *O. lutea.* Ähnlich 2a; Bl. rötlichgelb-bräunlich. Wirtspfl.: u. a. Schneckenklee, Klee, Steinklee. F,M[D:s-v]. **2e Hain-S.** *O. lucorum.* Bl. orange. Wirtspfl.: Berberitze, Brombeere, Weißdorn. M[D:s]. **2f Salbei-S.** *O. salviae.* Bl. gelb bis bräunlich-lila. Wirtspfl.: Wie-sen-Salbei. M[D:Alp, sonst s].
3e Blutrote S. *O. gracilis.* Bl. gelb, innen purpurn. Wirtspfl.: Hülsenfrüchtler. F,M[D:s]. **3f Gamander-S.** *O. teucrii.* Bl. bräunlichlila. Wirtspfl.: Gamander. F,M[D:s-z]. **3g Bei-fuß-S.** *O. loricata.* Bl. gelblichweiß, violett-geadert. Wirtspfl.: Feld-Beifuß. M[D:s]. **4a Ästige S.** *O. ramosa.* St. gelblichweiß; Bl. 10-17 mm. Wirtspfl.: Hanf, Tabak, To-mate, Kartoffel, Taubnessel u. a. (GB),F,M[D:s]. **4b Sand-S.** *O. arenaria.* Bl. 26-35 mm, violett. Wirtspfl.: Feld-Beifuß. F,M[D:s-z]. **4c Bläuliche S.** *O. coerulescens.* Bl. hellblaulila. Wirtspfl.: Feld-Beifuß, Schafgarbe. M[D:s].
5a Amethyst-S. *O. amethystea.* St. violett bis rötlich; Bl. 15-23 mm, weißlich, violett geadert. Wirtspfl.: Feld-Mannstreu. GB,F,M[D:s].
6a Nacktstengelige Kugelblume *Globularia nudicaulis.* Köpfchenstiel b'los; Bl. 10-12 mm. Gebirgsrasen. M[D:Alp]. **6b Herzblättrige K.** *G. cordifolia.* 3-10 cm; Aus-läufer; Bl. 6-8 mm. M[D:Alp, sonst s].
8a Alpen-Fettkraut *Pinguicula alpina.* 5-11 cm; Bl. weiß, 10-16 mm, 2 gelbe Streifen am Schlund, Sporn konisch, nach vorn gekrümmt. Sümpfe, feuchte Gebirgsrasen. S,M[D:s-z]. **8b** *P. villosa.* 3-6 cm; B. bräunlich; Bl. blaßviolett, 2 gelbe Streifen am Schlund, 6-9 mm, Sporn gerade. S.

Seite 220

2a Berg-Wegerich *Plantago atrata.* Bis 15 cm; Ährenstiel rund. Schneetälchen, Weiden. M[D:Alp].
3a Schlangen-W. *P. serpentina.* 8-25 cm; B. lederig, am Rand gewimpert. Steinige Rasen. M[D:Alp]. **3b Alpen-W.** *P. alpina.* 4-10 cm; B. 2-10 cm, ±bogig aufsteigend. Steinige Rasen. M[D:Alp].
4a Strauch-W. *P. sempervirens.* Bis 10(40) cm; Halbstrauch. Trockene Rasen, Wegränder. M[D:s].

Seite 222

2b Dreizähliger Baldrian *Valeriana tripteris.* Unterste B. rundlich-herzförmig, obere 3zählig, gesägt. IV-VII. Felsspalten. F,M[D:z-s]. **2c Felsen-B.** *V. saxatilis.* Bis 30 cm; obere B. lanzettl.-lineal. Felsspalten. M[D:Alp]. **2d Zwerg-B.** *V. supina.* Bis 10 cm; Blst. kopfig, von Hochb. umhüllt. VII-VIII. Kalkschutt, Felsspalten. M[D:Alp].
4a Gekrönter Feldsalat *Valerianella coronata.* B. schmaler als 4; Bl. bläulicher in rundlichen Köpfen; Fr. vom vergrößerten Kelch deutlich gekrönt. F,(M[D:s]). **4b Gezähnter F.** *V. dentata.* Kelch gezähnt; Fr. flach. [D:s-z]. **4c Gefurchter F.** *V. rimosa.* Fr. kugelig-eiförmig. [D:s-z]. **4d Wollfrüchtiger F.** *V. eriocarpa.* Fr. eiförmig, kurzflaumig. M[D:s]. **4e Gekielter F.** *V. carinata.* Kelch ±fehlend; Fr. prismatisch. M[D:s-z].
10a Schwarze Heckenkirsche *Lonicera nigra.* B. zuletzt kahl; Bl. purpurrot-weißlich, lang gestielt; Fr. zu 2, schwarz. ♀ F,M[D:s-z]. **10b Alpen-H.** *L. alpigena.* B. zugespitzt; Bl. braunrot, lang gestielt; je 2 kirschrote Fr. verwachsen. Gebirge. M[D:s-z]. **10c Blaue H.** *L. coerulea.* B. meist stumpflich; Bl. kaum 2lippig, weißgelb, kurz gestielt; je 2 schwarze Fr. verwachsen. Gebirge. S,M[D:s].

Seite 224

1b Ungarische Knautie *Knautia drymeia.* Blst. kleiner; Bl. pfirsichrot. V-IX. Trockene Wälder. F,M[D:s].
2c Glänzende Skabiose *Scabiosa lucida.* 10-30 cm; ähnlich 2; B. glänzend, ±kahl. Steinige Rasen. M[D:Alp, sonst s].
3a Sumpf-Abbiß *Succisella inflexa.* 30-80 cm; Staude; Blst. 1-2 cm; Kelch ohne Borsten. VI-IX. Moorwiesen. M[D:s].
6c Ziestblättrige Teufelskralle *Phyteuma betonicifolium.* Grundb. bis 4× so lang wie breit; Bl. hellblau-lila. Magere Rasen. M[D:Alp]. **6d Eiförmige T.** *P. ovatum.* Bis 1 m; Grundb. ±so lang wie breit; Bl. schwarzblau. Hochstaudenfluren. M[D:Alp]. **6e Halbkugelige T.** *P. hemisphaericum.* Bis 15 cm; Grundb. grasähnlich; Blst. kugelig, dunkelblauviolett. Magere Rasen. M[D:Alp].

Seite 226

1a *Campanula uniflora.* Bis 10 cm; untere B. lanzettl.; Bl. 5-10 mm, einzeln, nickend. Gebirge, arktische Heiden. S. **1b Scheuchzers-Glockenblume** *C. scheuchzeri.* St'b. sitzend; 1-2bl. Gebirge. S,M[D:s-z]. **1c Zwerg-G.** *C. cochleariifolia.* 5-15 cm; dichtrasig; St. unten weißborstlich. Gebirge. F,M[D:s-z]. **1d Rautenblättrige G.** *C. rhomboidalis.* 20-50 cm; St'b. ±eiförmig. Wiesen, Weiden. F,M[D:s]. **1e Lanzettblättrige G.** *C. baumgartenii.* St'b. lanzettl., unterseits langhaarig, 1d u. 1e mit langen Bl'stielen. Wiesen, Weiden, Lichtungen. Berggebiete. F,M[D:s].
2b Straußblütige G. *C. thyrsoides.* Bis 30 cm; Zweijährige; Bl. *blaßgelb,* in dicker Ähre. Gebirgsrasen. M[D:Alp].
6a Sibirische G. *C. sibirica.* Zweijährige; Bl. blaulila, am Rand kahl. Trockene Rasen. M[D:s]. **6b Alpen-G.** *C. alpina.* 5-15 cm; Kelchanhängsel sehr kurz, Kelch über ½ so lang wie Krone. Magere Rasen. M[D:Alp].

Seite 230

1a Gemeiner Alpendost *Adenostyles glabra.* Bis 80 cm; St. fein gerillt; B. herznierenförmig, obere gestielt, nicht geöhrt. Bergwälder; auf Kalk. M[D:Alp, sonst s].
1b Grauer A. *A. alliariae.* Bis 1,5 m; St. gefurcht; B. sitzend, geöhrt, od. Stiel geöhrt. Bergwälder. M[D:s-v].
9a Gemeine Spitzklette *Xanthium strumarium.* B'stiel ohne Stacheln; B. nicht weißfilzig, herzförmig-3eckig; Fr'hülle mit nicht hakigen Schnäbeln. GB,F,M[D:s-z]. **9b Großfrüchtige S.** *X. orientale.* Pfl. gelbdrüsig, duftend, rauh behaart; Fr'hülle mehr als 3× so lang wie breit, Schnäbel hakig eingekrümmt. F,M[D:s]. **9c Ufer-S.** *X. riparium.* Fr'hülle ca. 2× so lang wie breit, Schnäbel gerade, nadelfein zugespitzt. M[D:s-z].

Seite 232

1b Alpenmaßliebchen *Aster bellidiastrum.* 10-30 cm; Bl'köpfe größer (bis 30 mm), einzeln, Zungenbl. weiß, rötlich od. violett. IV-IX. Feuchte Felsen, Halden der Gebirge. M[D:s-z].
2f Ruthenische Hundskamille *Anthemis ruthenica.* Ähnlich 2b; St. grau-weißwollig. Äcker, Schutt. M[D:s].
4a Berg-Aster *Aster amellus.* Steif behaart, niedrig fleischig; Hüllb. behaart, an der Spitze etwas abstehend. Trockene Rasen, Gebüsche; auf Kalk. F,M[D:s-z].
5d Lanzettblättrige A. *A. lanceolatus.* ±geöhrt; Blst. bis 1,5 cm; Strahlenbl. lila. [D:s]. **5e Kleinblütige A.** *A. tradescantii.* St'b. nicht geöhrt; Strahlenbl. zuletzt weiß. [D:s-z]. 5b, 5d, 5e Heimat: N-Amerika.

6a Lilafarbener Feinstrahl Erigeron annuus. 0,2-1 m; Strahlenbl. bis 10 mm, abstehend, lila; Hüllb. fast kahl; u. **6b Weißer F.** E. strigosus. Strahlenbl. bis 5-6 mm, weiß; Hüllb. lang behaart. Unkrautfluren. F,M[D:z-s]. Heimat: N-Amerika.
7c Übersehener F. E. neglectus. Ähnlich 7; B. ± kahl; Hüllb. meist purpurn; Zungenbl. weinrot. M[D:Alp]. **7d Drüsiger F.** E. atticus. Bis 50 cm; St. u. B. drüsig; Zungenbl. purpurn. M[D:Alp]. **7e Kahler F.** E. polymorphus. 5-30 cm; St. u. B. fast kahl. M[D:Alp].

Seite 234
4b Alpen-Ruhrkraut Gnaphalium hoppeanum. Ähnlich 4a; St. aufrecht; B. 2-4 mm breit. Schneetälchen. M[D:Alp]. **4c Edelweiß** Leontopodium alpinum. 5-20 cm; wolligfilzig; Blst. strahlig von B. umgeben. VII-IX. Felsspalten; auf Kalk. § M[D:Alp].

Seite 236
3b Kompaßpflanze Silphium perfoliatum. 1-2,5 m; B'stiele geflügelt, paarweise zum Becher verwachsen. VII-IX. Ufer. (M[D:s])Heimat: N-Amerika.
9b Gletscher-Gemswurz Doronicum glaciale. Bis 25 cm; Grundb. in Stiel verschmälert, dicklich. VII-VIII. Kalkschutt, Schneeböden. M[D:Alp]. **9c Österreichische G.** D. austriacum. 0,3-1,5 m; unterste B. spatelig. Hochstaudenfluren. M[D:s]. **9d Herzblättrige G.** D. columnae. Bis 60 cm; Grundb. langgestielt, rundlich ± tief herzförmig, gezähnt. Hochstaudenfluren. M[D:Alp]. **9e Großblütige G.** D. grandiflorum. Blst'korb sehr groß, bis 6 cm ⌀. Kalkschuttfluren. M[D:Alp].

Seite 238
1e Alpen-Pestwurz Petasites paradoxus. B. eiförmig bis 3eckig-herzförmig, unterseits bleibend weißfilzig; Blst'stiele hohl. Geröllfluren. M[D:Alp].
2a Edle Schafgarbe Achillea nobilis. B. flach, nicht federig, Spindel mit gezähntem Flügelrand; Strahlenbl. 5, gelblich. VI-IX. Trockene Rasen. F,M[D:s-z]. **2b Hügel-S.** A. collina. Untere B. kaum 10 mm breit. M[D:s]. **2c Ungarische S.** A. pannonica. Wollig-zottig. M[D:s]. **2d Schmalblättrige S.** A. setacea. B'zipfel borstlich fädlich, verflochten. M[D:s]. **2e Schwarze S.** A. atrata. 5-30 cm; Strahlenbl. 7-12; B'zipfel lineal. Steinschuttfluren. M[D:Alp]. **2f Steinraute** A. clavenae. B'zipfel 2-5 mm breit; Pfl. weißgrau. M[D:Alp]. **2g Großblättrige S.** A. macrophylla. 0,3-1 m; Pfl. ± kahl; B'zipfel ± 1 cm breit. Hochstaudenfluren. M[D:Alp].
3a Knorpelblättrige S. A. cartilaginea. Bis 1,2 m; B. ± graugrün u. behaart. Moorwiesen, Ufer. M[D:s].
4d Römischer Wermut Artemisia pontica. St. z. T. verholzend; B. beiderseits grau behaart, Abschnitte stachelspitzig; Blst. kugelig, gelb. M[D:s]. **4e Estragon** A. dracunculus. Sehr aromatisch; B. lanzettl.-lineal, nur unterste an der Spitze 3spaltig; Blst. gelblich-weißlich. (F,M[D:s])Heimat: Asien, Amerika, O-Europa. **4f Felsen-Beifuß** A. rupestris. 5-50 cm; Halbstrauch; B. meist kahl. S,M[D:s]. **4g Österreichischer B.** A. austriaca. Ähnlich 4d; B. seidig; Blst. eiförmig, rötlich od. gelblich. M[D:s]. **4h** A. laciniata. Ähnlich 4c; St. stärker behaart, oft rötlich; Abschnitte unterer B. stumpflicher. S[Öland]. **4i Edelraute** A. mutellina. 5-15 cm; Halbstrauch/Staude; ähnlich 4b; B'zipfel ca. 1 mm breit. Felsspalten. M[D:Alp]. **4k Einjähriger B.** A. annua. 0,4-1,5 m; Einjährige; B. kahl. Schuttunkrautfluren. M[D:s]. **4l Besen-B.** A. scoparia. Zweijährige; ähnlich 4c;B'zipfel schmaler; Blst. kleiner (1,5-2 mm). M[D:s].

Seite 240
1b Sägeblättrige Wucherblume Chrysanthemum atratum. Bis 40 cm; B. scharf gesägt. Steinschuttfluren. M[D:Alp]. **1c Alpen-W.** C. alpinum. 5-15 cm; untere B. kammartig-fiederteilig. Schneetälchen. M[D:Alp].
6a Filziger Brandlattich Homogyne discolor. B. unterseits weißfilzig. Fichtenwälder, Rasen. M[D:s-z].
7a Acker-Ringelblume Calendula arvensis. 10-20 cm; Blst. bis 2 cm ⌀. Unkrautfluren. (F,M[D:s]) Heimat: S-Europa, W-Asien.

Seite 242
1d Eberrauten-Greiskraut Senecio abrotanifolius. 15-40 cm; B. graugrün; Bl. orange. Krummholzfluren. M[D:Alp]. **1e Weißgraues G.** S. incanus. 5-15 cm; B. weißlich-grau; Hüllb. schwarzfilzig. Magere Rasen. M[D:Alp].
2b Fels-G. S. rupestris. 20-60 cm; B. höchstens unterseits spinnwebig-wollig. Unkrautfluren. M[D:Alp].
4b Gemswurz-G. S. doronicum. 20-40 cm; untere B. gestielt; Blst. bis 6 cm ⌀. Magere Rasen. M[D:Alp]. **4c Alpen-G.** S. alpinus. 0,3-1 m; untere B. herz-eiförmig, Stiel ungeflügelt. Lägerfluren. M[D:s-z]. **4d Berg-G.** S. subalpinus. B'stiel fiederig geflügelt. M[D:s-z].
8c Kärntner G. S. ovirensis. 20-60 cm; Grundb. ei-lanzettl. (bei 8b: herzförmig). V-VII. Hochstaudenfluren. M[D:Alp].

Seite 244
4a Filzige Alpenscharte Saussurea discolor. B. unterseits weißfilzig. Steinige Rasen. M[D:Alp]. **4b Zwerg-A.** S. pygmaea. 5-20 cm; St. 1köpfig. M[D:Alp].
5c Hain-Klette Arctium nemorosum. Ähnlich 5; Blst. über 3 cm ⌀. Waldlichtungen. T[D:s-z].

Seite 246
1b Graue Kratzdistel *Cirsium canum*. St. 1köpfig, oben b'los. Moore, Wiesen. M[D:s].

Seite 248
1d Schwärzliche Flockenblume *Centaurea nigrescens*. Bis 1 m; Hüllb'anhängsel klein, schwarz. Wiesen. M[D:s]. **1e Österreichische F.** *C. phrygia*. Innere braune Hüllb'anhängsel äußere überragend. Wiesen. (S),M[D:s]. **1f Perücken-F.** *C. pseudophrygia*. Äußere Hüllb'anhängsel ± federig, innere überragend. S,M[D:s-v]. **1g Hain-F.** *C. nemoralis*. Ähnlich 1; Mittelfeld der Hüllb'anhängsel schmaler als Fransenlänge. T[D:s-z].
2c Gefleckte F. *C. maculosa*. Ähnlich 2b; Hüllb'anhängsel bräunlich. F,M[D:s].
3a Filzige F. *C. triumfetti*. Hüllb. mit schwarzem Saum u. hellen Fransen. Eichenwälder, trockene Gebüsche. M[D:s].
6b Sparrige F. *C. diffusa*. Hüllb'dornen kürzer, bis 4 mm. Schuttunkrautfluren. M[D:s].

Seite 250
4c Wenigblütige Schwarzwurzel *Scorzonera parviflora*. Zweijährige/Staude; Bl. so lang wie Hüllb. Salzige Wiesen; Binnenland. M[D:s].

Seite 252
6a Ruten-Lattich *Lactuca viminea* ☐. St. blaßgrün, markig; untere u. mittlere B. stärker fiederspaltig, mit linealen Lappen; Fr'schnabel schwarz. Trockene Rasen. F,M[D:s]. **6b Eichen-L.** *L. quercina* ☐. St. grün, hohl; B. fiederlappig od. gezähnt, Lappen breiter. Gebüsche. S,M[D:s].
9b Alpen-Knorpelsalat *Chondrilla chondrilloides*. 10-30 cm; Blst. scheindoldig angeordnet. Fluß- und Bachschotterfluren. M[D:s].

252/6a Ruten-Lattich   **252/6b** Eichen-Lattich

254/1b Hainsalat   **254/5a** *Leontodon hyoseroides*

Seite 254
1b Hainsalat *Aposeris foetida* ☐. Straffer aufgerichtet als 1, Milchsaft stinkend; Hüllb. schwarzgrün, bemehlt; Pappus fehlend. VI-VIII. Wälder. M[D:s-z]. **1c Kärntner-Löwenzahn** *Taraxacum pacheri*. Blst. orangegelb. VII-VIII. Schuttfluren, Zwergstrauchbestände. M[D?:Alp]. **1d Alpen-L.** *T. alpinum*. Blst. ± hellgelb; B. unten ± tief geteilt. V-VIII. Rasen. M[D:Alp]. **1c Quell-L.** *T. alpestre*. B'rand nur spitz gezähnt. Quellfluren. M[D:Alp].
2a Blaugrüner L. *T. obliquum*. Fr. ± hell-graubraun. [D:s].
5a *Leontodon hyoseroides* ☐. B. fiederlappig, Lappen lang u. schmal. F,M. **5b Graues Milchkraut** *L. incanus*. B. graufilzig. Trockene Rasen, Bergland. M[D:z-s]. **5c Schweizer M.** *L. helveticus*. B. deutlich gestielt. Gebirgsrasen. M[D:z]. **5d Berg-M.** *L. montanus*. Hüllb. u. oberste St'teile schwarzzottig. Steinschuttfluren. M[D:Alp].
7a Einköpfiges Ferkelkraut *Hypochoeris uniflora*. 15-50 cm; St. 1köpfig. Gebirgsrasen. M[D:Alp].
9a Öhrchen-Habichtskraut *Hieracium auricula*. Unterirdische Ausläufer; St. mit (1)2-5köpfig gehäuften Blst.; B. glänzend, bläulichgrün. T[D:z].

Seite 256
Habichtskräuter *Hieracium* spp. Anmerkung: hier nur wenige Artbeispiele aufgeführt.
9a Gold-Pippau *Crepis aurea*. 5-20 cm; Blst. orangerot. Weiden. M[D:Alp]. **9b Triglav-P.** *C. terglouensis*. 2-5 cm; Bl. gelb; Pappus weiß. M[D:Alp]. **9c Felsen-P.** *C. jacquini*. 10-25 cm; Pappus schmutzigweiß (bis rötlich). M[D:Alp]. **9d Großköpfiger P.** *C. conyzifolia*. 15-40 cm; Kronröhre behaart; Hüllb. zottig. M[D:Alp]. **9e Voralpen-P.** *C. alpestris*. Hüllb. anliegend-filzig. Rasen, Felsen. M[D:s-z]. **9f Berg-P.** *C. pontana*. 20-60 cm; Kronröhre kahl; Fr. über 1 cm. M[D:Alp]. **9g Schabenkraut-P.** *C. blattarioides*. 20-75 cm; Fr. kürzer als 9 mm. Hochstaudenfluren. M[D:Alp].

Seite 264
1a Schwarzer Lauch *Allium multibulbosum*. Bis 80 cm; St. stielrund; untere B. lanzettl., sitzend. Weinberge. M[D:s].
3b Kochs L. *A. kochii*. B. unten riemenförmig, oben rund. Dünen. S,M[D:s].
5b Schöner L. *A. pulchellum*. B. ±1 mm breit; Blst. ohne Zwiebeln. M[D:s].
6a Küchenzwiebel *A. cepa*. St. unter Mitte aufgeblasen; Bl. grünlich-weiß; Staubb. herausragend. Kultiviert. Heimat: Persien-Altai.
8b Porree *A. porrum*. B. breiter als 8; Bl. hellrot-weißlich(Staubb. rötlich); Hüllb. bleibend. Kultiviert; verwildert. (T[D:s])Heimat: Medit.
9a Kanten-Lauch *A. angulosum*. B. gekielt. Feuchte Wiesen. F,M[D:s-z]. **9b Wohlriechender L.** *A. suaveolens*. F,M[D:s] u.**9c Steifblättriger L.** *A. strictum*. M[D:s]; St. rund; Bl. hellpurpurrot. 9b: Feuchte Wiesen, 9c: Trockene Rasen, Felsen. **9d Allermannsharnisch** *A. victorialis*. B. breit-lanzettl.; Bl. gelblichweiß. Grasfluren der Gebirge. M[D:s-z].

Seite 266
6b Schmalblütige Traubenhyazinthe *Muscari tenuiflorum.* Ähnlich 6a; B. 2-15 mm breit; sterile Bl. sehr kurz gestielt. M[D:s].

Seite 268
6a Schmalblättriger Milchstern *Ornithogalum gussonei.* Bis 10 cm; B. 1-2 mm breit (bei 6: 2-5 mm). Trockene Rasen. F,M[D:s].

Seite 272
7c Dachziegelige Siegwurz *Gladiolus imbricatus.* Ähnlich 7a; Fr. 3furchig (bei 7a: 6furchig). Feuchte Waldwiesen. M[D:s].

Seite 274
6a Kugel-Knabenkraut *Traunsteinera globosa.* 15-60 cm; B. lanzettl., scheidig; Blst. ± kugelig; Bl. hellviolettrosa. Bergwiesen. § M[D:s].

Seite 276
8b Großes Sumpf-Knabenkraut *Orchis elegans.* Ähnlich 8a; bis 60 cm; Lippe ungeteilt. § M[D?:s].

Seite 278
2c Ostsee-Knabenkraut *Orchis russowii.* Ähnlich 2a; kräftiger; Blst. sehr dicht. § S,M[D:s].

Seite 290
2a Ähnlich: *Elatine hydropiper, E. hexandra, E. triandra.* T[D:s-z].
3a *Peplis borysthenica.* Meist aufrecht u. ± behaart; B. sitzend, bisweilen wechselständig. F.
5a *Limosella australis.* B. kleiner, mehr lineal als 5; Bl. größer, weiß, Röhre orange; Fr. rundlicher. Küstennähe. GB[Wales].
6c Blaßgelber Wasserschlauch *Utricularia ochroleuca.* T[D:s]. **6d Bremis-W.** *U. bremii.* [D:s]. **6e Übersehener W.** *U. neglecta.* GB,F,M[D:s].
9a Schmalblättriger Igelkolben *Sparganium angustifolium.* Kleiner als 9; St. u. alle B. flutend, nicht gekielt, Scheiden aufgeblasen, ♂-Blst. 3-6, unterstes Tragb. Gesamtblst. überragend. VI-IX. Moorige Gewässer. T[D:s]. **9b Zwerg-I.** *S. minimum.* Kleiner als 9a; B. schmaler, flutend od. aufrecht; ♂-Blst. 1, unterstes Tragb. Gesamtblst. nicht überragend. VI-VIII. T[D:s].

Seite 292
1a Glattes Hornblatt *Ceratophyllum submersum.* B. weniger steif u. heller grün als 1, 3-4fach gabelig geteilt; Fr. mit 1 Stachel. Auch in etwas brackigem Wasser. GB,F, M[D:z-s].
2b Wechselblütiges Tausendblatt *Myriophyllum alterniflorum.* Zarter als 2; Kronb. gelblich; Ähre jung überhängend, obere Bl. zu 1 od. 2. Nährstoff- u. kalkarme Gewässer. T[D:z-s].
5d *Helodea callitrichoides.* Größer als 5; B. bis 2,5 cm lang, hellgrün, zu (2)3 wirtelig; Bl. nur ♀. (GB)Heimat: S-Amerika.
7a Teichlinse *Spirodela polyrrhiza.* Staude; Spr'glieder rundlich-eiförmig, unterseits meist rot, 3-10 mm, 5-11nervig; Wurzeln zahlreich. T[D:z-s]. **7b Buckelige Wasserlinse** *Lemna gibba.* Spr'glieder 2-5 mm, unterseits stark bauchig verdickt. T[D:z-s].

Seite 294
1c Flutendes Laichkraut *Potamogeton nodosus* (☐. s. S. 295). Alle B. länglich-lanzettl., submerse schmaler, durchscheinend, netznervig. GB,F,M[D:z-s]. **1d Grasartiges L.** *P. gramineus* (☐ s. S. 295). Evtl. mit Schwimmb. ähnlich 1a, aber schmaler, dünner, stumpfer; submerse B. lineal-lanzettl., Rand z. T. wellig, sitzend; Kolbenstiele oberwärts verdickt. Meist kalkarme Gewässer. T[D:z-s]. **1e Alpen-L.** *P. alpinus.* Oberwärts oft rötlich; evtl. mit lanzettl., netznervigen Schwimmb.; submerse B. ähnlich, sitzend; Kolbenstiele nicht verdickt. Kalkarme Gewässer. T[D:z-s]. **1f** *P. epihydrus.* St. abgeflacht; Schwimmb. schmal-elliptisch; submerse B. lineal, sitzend. GB[Hebriden].
5a *P. panormitanus.* Ähnlich 5; aber B'häutchen über die Hälfte röhrig verwachsen. Meist kalkreichere od. brackige Gewässer. T[D:z-s]. **5b Haarförmiges L.** *P. trichoides.* B. 1nervig. T[D:z-s]. **5c Rötliches L.** *P. rutilus* (☐ s. S. 295). St. zusammengedrückt; Ährenstiel 2-3mal länger als Ähre; Teilfr. ohne Kiel. S,GB,M[D:z-s]. **5d Stachelspitziges L.** *P. friesii.* B. 5nervig; Teilfr. stumpf gekielt. T[D:s]. **5e Spitzblättriges L.** *P. acutifolius.* B. vielnervig (1-5 stärkere), haarförmig zugespitzt; Ährenstiel ± so lang wie Ähre. T[D:z-s]. **5f Stumpfblättriges L.** *P. obtusifolius* (☐ s. S. 295). B. stumpf, kurz stachelspitzig, meist 3nervig; Ährenstiel ± so lang wie Ähre. T[D:v-s]. **5g Flachstengeliges L** *P. compressus.* B. stumpf vielnervig(3-5 stärkere); Ährenstiel 2-4× so lang wie Ähre. T[D:z-s].
6a Fadenblättriges L. *P. filiformis.* Kleiner als 6; B. fadenförmig, 1nervig; Ährenstiele lang; Ähre unterbrochen-quirlig. Oft kalkarme Gewässer. T[D:z-s]. **6b Schweizer L.** *P. helveticus.* B. (3)5nervig; untere Scheiden stark aufgeblasen. M[D:s].
8a Zwerg-Seegras *Zostera nana.* B. bis 40 cm lang, ±1 mm breit, 1nervig (2 weitere mit Rand verschmolzen), Spitze ausgerandet. VI-VIII. T[D:Meeresküsten].
9a Meerstrand-Salde *Ruppia maritima.* B. hellgrün, schmaler als 9; Blst'stiele weniger als 5 cm lang, nicht spiralig gewunden. T[D:z-s].
11b Kleines Nixenkraut *Najas minor.* Ähnlich 11; aber St. zerbrechlich; B. grob gezähnt. F,M[D:s].

311

Anmerkungen zur Pflanzenökologie

Die im Hauptteil dieses Buches aufgeführten Arten der Flora NW-Europas sind nicht gleichmäßig in den Teilgebieten (s. S. 6) verbreitet, sondern treten nur an bestimmten Standorten auf. Als Standort bezeichnet man alle Faktoren wie z. B. Klima, Boden, andere Pflanzen etc., die am Fundort einer Pflanzenart auf diese einwirken und ihre Entwicklung, ihr Wachstum und damit ihre Verbreitung bestimmen.

Wachstum und Entwicklung höherer Pflanzen, die — abgesehen von der Verbreitung durch Samen und Früchte — keine Möglichkeit zur Ortsveränderung haben, sind u. a. von einem Energiehaushalt abhängig, der weitgehend durch die Faktoren der Umgebung am Wuchsort bestimmt ist. Die Pflanzenökologie ist die Lehre vom Haushalt der Pflanzen bei der Einwirkung dieser Faktoren am Wuchsort, die wir eben als Standort zusammenfassen.

Diese Faktoren, die den Haushalt beeinflussen, sind in erster Linie bei der grünen Pflanze:

1. Licht (spektrale Zusammensetzung, spektrale Energieverteilung, Dauer der Belichtung pro Tag etc.);
2. Temperatur (Temperatur der Gewebe, Temperaturgang zwischen Tag und Nacht, während eines Jahres etc.);
3. Wasser (Menge des für die Pflanze verfügbaren Wassers etc.);
4. Nährstoffe (Menge und Zusammensetzung der für die Pflanze verfügbaren gasförmigen und festen, wasserlöslichen Nährstoffe);
5. Schadstoffe (Menge und Zusammensetzung der für die Pflanze schädlichen gasförmigen, flüssigen oder festen, löslichen Stoffe).

Der Haushalt der einzelnen Pflanzenarten wird unterschiedlich durch Menge und Zusammensetzung der vorgenannten fünf Faktoren beeinflußt. Jede einzelne Pflanzenart hat einen unterschiedlichen Bedarf an Menge und Zusammensetzung der vorgenannten Faktoren. Diese Faktoren kommen am Wuchsort einer Pflanze mittelbar z. B. nicht nur durch das Klima und den Boden, sondern auch durch Tiere, Pflanzenschädlinge, andere Pflanzen in der Umgebung des Wuchsortes unterschiedlich zur Wirkung.

Unterschiede im Haushalt der einzelnen Pflanzenarten führen zur Spezialisierung auf bestimmte Standorte und bestimmen damit die Verbreitung einer Pflanzenart.

Nach der Herkunft der Standortfaktoren können zwei große Faktorenkomplexe, die gemeinsam — bisweilen mit der vorherrschenden Wirkung einzelner Faktoren — die Entwicklung und Verbreitung beeinflussen, unterschieden werden: einmal der Komplex der abiotischen Faktoren (z. B. Klima und Boden), zum anderen der Komplex der biotischen Faktoren (z. B. andere Pflanzenarten, Tiere).

Abiotischer Faktorenkomplex

Beispiele von Faktoren bzw. Faktorengruppen, die überwiegend nicht durch andere Organismen bedingt sind.

Klima-Faktoren bestimmen wesentlich die Hauptverbreitung der Arten des Gebietes durch die generelle Abnahme der mittleren Temperaturen von Süd nach Nord und die der Niederschläge von West nach Ost. Beide zusammen ergeben für das westlichen Teil des Gebietes ein luftfeuchtes, ozeanisches Klima mit relativ milden und feuchten Wintern und für den östlichen Teil lufttrockeneres, kontinentaleres Klima mit relativ strengeren Wintern.

Temperatur-Abnahme mit zunehmender geographischer Breite führt nach Norden zu einer Verkürzung der frostfreien Jahresperiode und damit zur Verkürzung der Dauer der Vegetationsperiode. Mit zunehmender Höhe über dem Meeresspiegel tritt in den Gebirgen die gleiche Änderung der Temperatur und ihre Folge auf. Hierdurch finden viele Alpenpflanzen im Norden in Höhe des Meeresspiegels ebenso wie einzelne nördlich verbreitete Pflanzen in den Alpen einen ähnlichen Standort und können somit im Hochgebirge und an nördlichen Küsten auftreten. Die milden Winter im ozeanischen Klima der südwestlichen Küstengebiete ermöglichen in diesem Bereich die Ausbreitung einer großen Anzahl wärmeliebender Arten.

Niederschläge nehmen im allgemeinen mit der Entfernung vom Meer nach Osten ab, jedoch mit zunehmender Höhe über dem Meeresspiegel in den Gebirgen insbesondere an den West- oder Nordabhängen wieder zu; Ost- und Südabhänge sind oft niederschlagsärmer und bisweilen Teil eines in gleicher Richtung entwickelten „Regenschattens". Viele Pflanzenarten, deren Verbreitungsschwerpunkt im weniger niederschlagsreichen kontinentalen Klima liegt, finden in diesen Regenschattengebieten ihre westliche Verbreitungsgrenze und treten im Gegensatz zu anderen Arten u. a. nicht im feuchten westlichen oder nördlichen Teil des Gebietes auf.

Boden-Faktoren. Der einerseits durch Klima-Faktoren bestimmte Standort einer Pflanzenart und damit ihr mögliches Vorkommen in einem Gebiet wird andererseits wesentlich durch den Boden beeinflußt, der sich über den verschiedenen Gesteinen entwickelt hat. Die Bodenbildung selbst ist wiederum eine Folge von Temperatur, Niederschlag und vorliegendem Pflanzenbewuchs. Zwei Extreme der Bodenbildung haben einerseits über kalkarmen Gesteinen zu sauren, kalkfreien oder kalkarmen und andererseits über kalkhaltigen Gesteinen zu neutralen bis alkalischen, meist kalkreichen Böden geführt, die jeweils von bestimmten kalkmeidenden bzw. kalkliebenden Pflanzenarten besiedelt werden. Die Karte (S. 6) gibt für den größten Teil des Gebietes (außer Alpen) Schwerpunkte der Regionen an, in denen sich eine Bodenentwicklung über kalkreichen Gesteinen vollzogen hat.

Hierneben finden sich im Gebiet u. a. an den Küsten auf Sand und Ton Anfänge einer Bodenbildung und eine Besiedlung dieser Rohböden mit bestimmten Pflanzenarten, die z. B. eine wiederholte Übersandung, Überschlickung, Überflutung und hohen Meersalzgehalt der Bodenlösung ertragen, oder an grund- und luftfeuchten, niederschlagsreichen Orten Hochmoorbildungen, deren nährstoffarme, meist sehr saure Böden wiederum von speziellen Pflanzenarten besiedelt werden.

Zusammenfassend ergibt sich, daß die Verbreitung der einzelnen Pflanzenarten durch die Mannigfaltigkeit abiotischer Faktoren des Standortes und die Unterschiede im Haushalt der Arten bestimmt wird und daß an gleichen Standorten Arten mit gleichen Standortansprüchen zu erwarten sind. Solche Arten mit sehr ähnlichen Standortansprüchen können Pflanzengemeinschaften, Vegetationseinheiten ausbilden.

Biotischer Faktorenkomplex

Beispiele von Faktoren bzw. Faktorengruppen, die überwiegend durch andere lebende Organismen (Menschen, Tiere, Pflanzen) bedingt sind.

Menschen. In sehr großen Teilen des Gebietes sind Standorte und Verbreitung der einzelnen Pflanzenarten durch gärtnerische, landwirtschaftliche, forstliche und technische Maßnahmen des Menschen beeinflußt. Dies betrifft einerseits die eingreifende Veränderung vieler abiotischer Faktoren wie z. B. Veränderungen des Wasserhaushaltes der Böden, umfangreiche Bodenbewegungen, Produktion von Schadstoffen etc. und andererseits z. B. die Beseitigung der natürlichen Vegetation zur Schaffung von Äckern, Grünland und Forsten. Diese Maßnahmen haben zur flächenmäßigen Ausdehnung vorhandener oder neuer Standorte geführt, auf denen sich Arten mit den entsprechenden Standortansprüchen ausbreiten und eigene Vegetationseinheiten ausbilden konnten.

Diese die natürlichen Pflanzengemeinschaften ersetzenden neuen Vegetationseinheiten kennzeichnen in großen Gebieten eine durch den Menschen bedingte Kulturlandschaft, in der durch Anpflanzungen heute bisweilen Pflanzenarten — wie z. B. die Fichte in den ausgedehnten Nadelwaldbeständen Norddeutschlands — vorherrschen, die in diesen Gebieten ursprünglich nicht oder in anderen Fällen nur vereinzelt auftraten.

Dieser Einfluß des Menschen auf den Standort einzelner Pflanzenarten und ganzer Vegetationen ist im Bereich der Äcker und des Grünlandes besonders deutlich, da hier nach Pflanzung oder Aussaat der Nutzpflanzen als Pflügen oder durch die wiederholte Mahd einer Wiese ein besonderer Standort gegeben ist, an dem nur bestimmte Pflanzenarten überleben, die dann mit den Nutzpflanzen zusammen eine eigene, von diesen kulturtechnischen Maßnahmen abhängige Pflanzengemeinschaft ausbilden.

Tiere liefern durch Tritt, Verbiß, Fraß, durch ihre Stoffwechselrestprodukte, durch das Verschleppen von Samen und Früchten eine große Zahl weiterer Faktoren, die die Verbreitung bestimmen und in den Standort eingehen, oftmals nur lokal wie z. B. an Wildwechseln von auffälliger Bedeutung, mancherorts aber auch besondere Vegetationseinheiten erzeugend. Tierische Pflanzenschädlinge wie z. B. Gallwespen, Blatt- und Stengelminierer sind hieran ebenso wie viele unter- oder oberirdisch lebende Tierarten beteiligt. Besonders deutlich sind diese tierischen Faktoren in verschiedenen Vegetationseinheiten. So führt z. B. die reichliche Düngung durch tierische Stoffwechselrestprodukte in der Umgebung von Almhütten am Rande der weiträumigen Triften in den Alpen zu einer Lägerflur mit einer Flora stickstoffliebender Pflanzen. Ebenso wie hiermit für manche Pflanzenarten erst ein Standort geschaffen wird, wie sich hier eine durch den Standort spezialisierte Pflanzengemeinschaft ausgebildet hat, sind verschiedene weitere Vegetationseinheiten durch Standortfaktoren, die von Tieren geliefert werden, nur möglich geworden.

Laufender Verbiß durch die Beweidung ist der Hauptfaktor des Standortes der Pflanzen einer Rinder-Weide des Tieflandes; der Verbiß durch Schafbeweidung verhinderte im Bereich der deutschen bewaldeten Mittelgebirge über kalkhaltigen Gesteinen den Aufwuchs von Sträuchern und Bäumen und führte zur Ausbildung der Halbtrockenrasen; Schafbeweidung ist mit dem vom Menschen früher durchgeführten Plaggenhieb der Hauptfaktor, der in nordwestdeutschen Sandgebieten zur Verheidung führte. Diese Vegetationseinheiten der Weide, des Halbtrockenrasens und der Heide entwickeln sich ohne diesen Faktor der Beweidung früher oder später wieder in die ursprüngliche Waldvegetation zurück.

Pflanzen. Abgesehen von wenigen Standorten — wie z. B. manche Rohböden, auf denen Einzelpflanzen in großem Abstand voneinander wachsen — wird bei den ausgebildeten Pflanzengemeinschaften der Standort einer einzelnen Pflanze von Nachbarpflanzen beeinflußt. Dieser Einfluß kann z. B. in einer Beschattung, in einem Nährstoff- und Wasserentzug durch die Nachbarpflanze bestehen oder darin, daß eine Pflanzenart Stoffwechselrestprodukte ausscheidet, die als Schadstoffe das Wachstum und die Entwicklung einer anderen Pflanzenart beeinflussen. Zwischen den Individuen besteht also eine vielfältige Konkurrenz am Wuchsort, die sowohl zwischen Individuen der gleichen Pflanzenart als auch zwischen Individuen verschiedener Pflanzenarten vorliegt. Diese Faktoren am Standort sind nicht nur durch die höheren Pflanzen, sondern auch durch die niederen Pflanzen, wie z. B. durch viele Pilze, gegeben, die entweder als pflanzliche Schädlinge höhere Pflanzen befallen, im Boden leben oder hier im Boden eine Symbiose mit Wurzeln höherer Pflanzen eingehen.

Diese Wechselwirkungen zwischen den Pflanzenindividuen stellen die vorherrschenden biotischen Faktoren am Standort der Einzelpflanze in einer Pflanzengemeinschaft, in einer Vegetationseinheit dar. Diese Faktoren bedingen die Auslese von Standortspezialisten höherer Pflanzen in der Kraut- und Strauchschicht eines Waldes ebenso wie die individuelle Entwicklung der einzelnen Standortspezialisten eines beweideten Halbtrockenrasens. Sie haben entscheidende Bedeutung für die Auslese der Arten einer Pflanzengemeinschaft.

Eine Vegetationseinheit ist hiernach eine Gesellschaft von Pflanzen mit ähnlichen Standortansprüchen, die sich in einem gewissen Konkurrenzgleichgewicht befinden. Eine Änderung des Standortes verändert das Konkurrenzgleichgewicht; je nach dem Ausmaß und der Art dieser Änderung des Standortes wird sich entweder ein neues Konkurrenzgleichgewicht einstellen oder aber eine Gesellschaft von Pflanzen mit einer anderen Artenzusammensetzung ausbilden.

Zusammenfassend ergibt sich, daß ein Standort sowohl abiotische als auch biotische Faktoren umfaßt, die beide durch den unterschiedlichen Haushalt der einzelnen Pflanzenarten die Verbreitung der Art bestimmen. Arten mit gleichen oder ähnlichen Standortansprüchen können auf Grund der abiotischen und der biotischen Faktoren des Standortes eine standorttypische Vegetationseinheit, eine Pflanzengesellschaft ausbilden, in der sich die einzelnen Individuen in einem weitgehenden Konkurrenzgleichgewicht befinden.

Unter gleichen Standortbedingungen umfaßt hiernach eine Pflanzengesellschaft auch weitgehend gleiche Arten. Der Artengehalt charakterisiert also die Pflanzengesellschaft. Eine bestimmte Artenkombination und somit die Pflanzengesellschaft selbst weist den Standort, das Zusammenwirken aller ökologischer Faktoren aus.

Beispiele von Vegetationseinheiten

Im größten Teil des hier berücksichtigten Gebietes würde durch das Klima bedingt eine Waldvegetation vorherrschen, wenn nicht durch die einschneidenden Maßnahmen des Menschen (Acker- und Grünlandwirtschaft) dieser Wald beseitigt oder an seinem Wiederentstehen behindert worden wäre. Der Wald ist in dem größten Teil des Gebietes die maximale, klimatisch bedingte Vegetationsform, die Klimax-Vegetation.

In dieser ursprünglichen Vegetation herrschten von den Tieflagen bis in die Bergregion der Mittelgebirge oder bis in die entsprechende Höhenstufe der Hochgebirge des mittleren und südlichen Gebietes sommergrüne Laubmischwälder vor. Im nördlichen Teil des Gebietes und in den höheren Lagen der Gebirge schließen sich hieran — bis zur alpinen und z. T. bis zur arktischen Waldgrenze — immergrüne Nadelwälder an. In den Tieflagen oft nur noch in Resten, in den Höhenlagen und im nördlichen Gebiet wiederholt noch in weitgehend natürlicher Ausprägung vertreten.

Die Wälder des Gebietes zeigen — abgesehen u. a. von den Moosen, die den Boden besiedeln — im allgemeinen einen typischen Aufbau aus 3 Schichten, einer Baum-, Strauch- und Krautschicht. Im sommergrünen Wald umfaßt die Krautschicht viele Arten, die vor dem Laubaustrieb der darüber später beschattenden Sträucher und Bäume im zeitigen Frühjahr austreiben und blühen.

Besonderheiten des Gesteins im Zusammenwirken mit dem Klima haben innerhalb der Laubmischwälder zu Wald-Vegetationseinheiten unterschiedlicher Artenzusammensetzung oder zu unterschiedlichen Mengenanteilen der einzelnen Arten geführt:

Auf nährstoffreichen, tiefgründigen, kalkhaltigen Lehmböden Mitteleuropas herrschten im Flachland und im unteren Hügelland ursprünglich vielerorts **Eichen-Hainbuchenwälder,** u. a. mit Hainbuchen und Stiel-Eichen, vor, die fast ganz durch Ackerflächen verdrängt worden sind. An diesen Waldtyp können sich in den Mittelgebirgen artenreiche **Buchenwälder** anschließen, in denen u. a. große Bestände von Rotbuchen vorherrschen, die je nach Klima, Kalkgehalt, Hanglage etc. wärmeliebende Arten aus südlichen Gebieten eindringen, so daß an klimatisch besonders günstigen Orten den südlichen Bereiches, im Gebiete besonders auf Kalk, gelegentlich sogar mit der Flaum-Eiche Arten der submediterranen **Flaumeichenwälder** auftreten können.

An kalkarmen oder kalkfreien Standorten hat sich im mittleren westlichen Gebiet auf sauren Sandböden des Flachlandes die Entwicklung zu einem **Stieleichen-Birkenwald** mit Stiel-Eiche und Birken vollzogen, an deren Stelle vielerorts ausgedehnte artenarme Heiden, Kiefern- oder Fichtenforsten getreten sind. An ähnlichen Standorten im niederschlagsärmeren, kontinentaleren östlichen Gebiet sind durch das Eindringen der Wald-Kiefer **Kiefernwälder** entstanden. In der unteren Stufe der Mittelgebirge, in denen sich die

Bodenbildung über kalkfreien oder kalkarmen Gesteinen vollzogen hat, liegt verschiedentlich noch die natürliche Vegetation in Form von **Buchen-Traubeneichenwäldern** vor, u. a. mit Rotbuchen und Trauben-Eichen und verschiedenen kalkmeidenden Arten, die vielerorts aber durch Fichtenforsten ersetzt worden sind.

In Nordeuropa ebenso wie in den höheren Lagen der südlichen Gebirge (im Harz bereits oberhalb etwa 900 m) haben sich, klimatisch bedingt, ausgedehnte **Fichtenwälder** mit Fichten *(Picea abies)* und verschiedenen kalkmeidenden Arten auf rohhumosen Böden entwickelt.

Die Entwicklung zur Klimax-Vegetation in der Form der oben beschriebenen Wälder mit ihrer jeweils typischen Baum-, Strauch- und Krautflora ist in den extremen Tieflagen z. B. an den Ufern der Gewässer durch einen hohen Grundwasserstand, durch wiederholte Überflutungen etc. und in den extremen Lagen oberhalb bzw. nördlich der alpinen oder arktischen Baumgrenzen durch niedrige Temperaturen begrenzt. Hoher Grundwasserstand, gelegentliche Überflutung etc. haben in den Tieflagen bzw. an den Ufern der Gewässer zur Ausbildung von **Auenwäldern** auf Lehmböden, u. a. mit Eschen und Ulmen, heute meist ersetzt durch Wiesen und Weiden, und zu verschiedenen **Bruchwäldern**, so z. B. den **Erlen-Bruchwäldern** auf Flachmoortorf und den **Birken-Bruch** bzw. **Nadelholz-Bruch** (Kiefer, Fichte), auf nährstoffarmem, saurem Torf geführt. Diese Bruchwälder sind vielfach das Endstadium einer Verlandung der Gewässer bzw. der Flachmoor- oder der Übergangsmoorentwicklung.

Flachmoore sind durch die Verlandung nährstoffhaltiger Gewässer aus meist stark zersetzten, abgestorbenen Pflanzen der **Röhrichte** und **Großseggenbestände** hervorgegangen und weisen einen hohen Grundwasserstand auf. **Hochmoore** mit ihrer typischen Moosflora und den zahlreichen Vertretern der Familie der Heidekrautgewächse sind infolge hoher Luftfeuchte durch hohe Niederschlagsmengen und relativ geringe Verdunstung aus abgestorbenen, nicht oder kaum zersetzten Pflanzenresten entstanden, die zu einem sehr nährstoffarmen, sauren, wassergetränkten Untergrund geführt haben. Flach- und Hochmoore sind insbesondere im nördlichen Gebiet, im Bereich der Küsten und in den Hochgebirgen weit verbreitet.

Oberhalb der alpinen oder jenseits der arktischen Waldgrenzen treten **Zwergstrauch-Bestände** je nach den Gesteinen des Untergrundes oder der Bodenentwicklung in unterschiedlicher Artenzusammensetzung auf, so z. B. die ausgedehnten **Krummholz-** oder **Legföhrenbestände** der Alpen mit Berg-Kiefern, Rhododendren, verschiedenen *Vaccinium*-Arten.

Abgesehen von den sich anschließenden wiesenartigen Vegetationen (s. unten) finden sich bis an die Ränder der Schnee- und Eisfelder im Norden oder in den Hochgebirgen nur sehr extreme Standorte für höhere Pflanzen, für Standortspezialisten, die zur Ausprägung von **Geröll-, Felsspalten-** und **Schneebodenfluren** führen.

Wiesen stellen eine Vegetationsform dar, in der im allgemeinen Gräser vorherrschen und Sträucher und Bäume fehlen. Durch wiederholte Mahd wird diese Vegetationsform im Bereich der ursprünglichen Wald-Klimax-Vegetation durch den Menschen aufrechterhalten. Standortfaktoren, die ebenso eine Entwicklung von Sträuchern und Bäumen verhindern, haben zur Ausprägung von natürlichen **Urwiesen** jenseits der arktischen und alpinen Baumgrenzen und in den Überflutungsgebieten der Flüsse und Küsten geführt. Im ersten Fall sind es die niedrigen Temperaturen, die die Entwicklung höher wachsender Sträucher und Bäume ausschließen, im zweiten Fall sind es die Überflutungen, der Eisgang der Flüsse oder auch der Meersalzgehalt des Überflutungs- oder Grundwassers, die auslesend wirken.

Arktische und **alpine Urwiesen** schließen sich an die Zwergstrauch-Bestände der nördlichen Gebiete und der Hochgebirge an. **Flutrasen** können im Gebiet im Bereich der großen Flüsse auf nassen bis feuchten tonreichen Böden infolge wiederholter Überflutung, Überschlickung und winterlichen Eisgangs bei wechselndem Wasserstand der Flüsse auftreten.

Salzwiesen im weiten Sinne sind auf einer speziellen Flora an den flachen Meeresküsten auf meist nassen bis feuchten tonreichen Böden, z. T. Rohböden, verbreitet. Eine ähnliche Flora kann auch auf Salzstellen des Binnenlandes ausgeprägt sein. Der ± hohe Salzgehalt der Bodenlösung und des Überflutungswassers hat hier zur Auslese der Flora geführt. Arten mit auffällig fleischigen Stengeln (z. B. Queller) oder Blättern (z. B. Strand-Wegerich), Arten der Familie der Gänsefußgewächse treten hier ausschließlich bzw. häufig auf. An den **Küstenklippen**, im Sprühwasserbereich der Meeresküsten sind viele dieser salzertragenden Arten ebenfalls verbreitet.

Dünen-Vegetationen der Küsten und des Binnenlandes entwickeln sich auf ± trockenen, kalkhaltigen oder kalkfreien, bewegten oder festliegenden Sandböden. Auf bewegten Sandböden herrschen vornehmlich Gräser vor, die eine Bewegung des Sandes, so eine wiederholte Übersandung vertragen. Auf festliegenden Sandböden entwickeln sich **Sandrasen**, die je nach Kalkgehalt der Böden später von **Dünen-Weiden-Gebüschen** (Kriechender Weide, Sanddorn etc.) oder auf sauren Böden von Heiden (Besenheide, Krähenbeere etc.) besiedelt werden.

Trockenrasen — abgesehen von den trockenen sauren Sandrasen — sind vielerorts in den mittleren und südlichen Berggebieten nach Beseitigung des ursprünglichen Waldes entstanden und enthalten je nach Bodenfeuchte und Kalkgehalt des Bodens eine artenreiche, mannigfaltige Flora, in die zahlreiche wärmeliebende Arten aus südlichen oder trockenheitliebende Arten aus östlichen Gebieten eingedrungen sind.

Acker-Unkrautfluren sind Pflanzengemeinschaften aus meist krautigen Nutzpflanzen und einer großen Anzahl anderer krautiger Arten, die als Standortspezialisten durch die kulturtechnischen Maßnahmen des Menschen ausgelesen wurden. Die Artenzusammensetzung ist einerseits von Art und Rhythmus der für die Kultur der Nutzpflanze erforderlichen kulturtechnischen Maßnahmen und andererseits naturgemäß von allen übrigen Standortfaktoren abhängig. Häufig liegt auf den Äckern ebenso wie in vielen **Schuttunkrautfluren** eine Anreicherung von besonders nährstoffliebenden, oftmals stickstoffliebenden Arten vor, die z. T. aus trockeneren östlichen oder wärmeren südlichen Gebieten in das westliche oder nördliche Europa vorgedrungen sind.

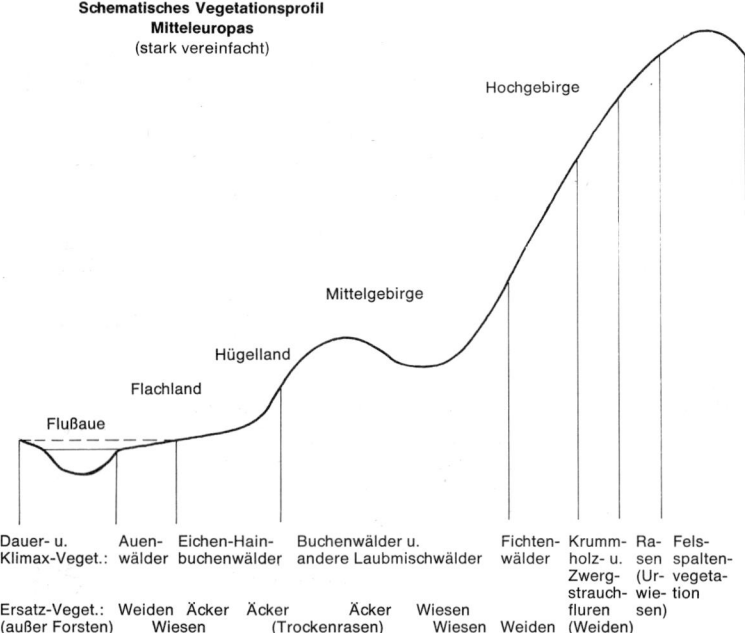

Schematisches Vegetationsprofil Mitteleuropas (stark vereinfacht)

Hochgebirge

Mittelgebirge

Hügelland

Flachland

Flußaue

Dauer- u. Klimax-Veget.:	Auen-wälder	Eichen-Hain-buchenwälder	Buchenwälder u. andere Laubmischwälder	Fichten-wälder	Krumm-holz- u. Zwerg-strauch-fluren	Ra-sen (Ur-wie-sen)	Fels-spalten-vegeta-tion
Ersatz-Veget.: (außer Forsten)	Weiden Wiesen	Äcker	Äcker (Trockenrasen)	Wiesen	Wiesen Weiden	(Weiden)	

Verzeichnis von Fachausdrücken

Die unten folgende Zusammenstellung umfaßt eine Auswahl der im deutschen Sprachgebrauch bei der Beschreibung von Pflanzen häufiger gebrauchten Fachausdrücke.

☐ verweist auf die Randabbildungen.

Achsenbecher: becher- od. röhrenförmig erweiterte bzw. verlängerte Blütenachse

Ähre ☐: Blütenstand mit sitzenden Blüten an unverzweigter, nicht verdickter Stengelachse

Ährenrispe: ährenähnlicher, verzweigter Blütenstand mit kurzen Rispenästen

Ausläufer ☐: ober- od. unterirdisch kriechender verlängerter Seitensproß

Außenkelch ☐: kelchähnlicher Blattwirtel unmittelbar unter der Blütenhülle

Ähre

Baum: ausdauerndes Holzgewächs mit Stammbildung

Beere: Schließfrucht mit vollständig fleischiger Fruchtwand

Beerenzapfen: ährenförmiger fleischiger Fruchtstand mit Verwachsung von Achse und Blättern

Blüte: gestauchter Sproß mit Staubblatt u./od. Fruchtblatt

Blütenachse: im Bereich der Blüte nicht gestreckte Sproßachse

Blütenhüllblätter: Kelchblätter, Kronblätter od. ähnliche, wirtelig angeordnete, die Blüte umhüllende Blätter

Blütenstandsboden: ± verbreiterte Achse eines Blütenstandes mit sitzenden Blüten

Brutzwiebel ☐: zwiebel- od. knollenförmige **(Brutknöllchen)** Knospe, sich später ablösend

Büschel ☐: Blütenstände unterschiedlicher Verzweigungstypen mit straußartig od. fast kopfig gedrängt stehenden Blüten

Bulbille: s. Brutzwiebel

Butte: Scheinfrucht aus becherförmigem fleischigem Achsenbecher, trockene Schließfrüchte enthaltend

Ausläufer

Außenkelch

Deckblatt: Tragblatt einer ausgetriebenen Achselknospe, letztere bisweilen verdeckend

Döldchen: Dolde 2. Ordnung bei zusammengesetzter Dolde

Dolde: kugeliger od. schirmartiger Blütenstand mit gestielten Blüten, Blütenstiele alle einem Punkt der Stengelachse entspringend

Doldenrispe: schirmartiger rispiger Blütenstand

Doldentraube: schirmartiger traubiger Blütenstand

Dorn: pfriemförmige, verholzte Umwandlung von Blättern, Sprossen od. Wurzeln

dorsiventral: hier: Blüten mit deutlicher Ober- u. Unterseite (z. B. Lippenblüte)

Einjährige: Lebensdauer 1 Vegetationsperiode (sommerannuell) od. Keimung im Herbst u. Blüte im folgenden Frühjahr (winterannuell)

Brutzwiebel

Fahne: Kronblatt der Schmetterlingsblüte; s. S. 118

Flügel: Kronblatt der Schmetterlingsblüte; s. S. 118

Frucht: nach Bestäubung u. Befruchtung vergrößerte Fruchtblätter (bzw. Fruchtknoten) einer Blüte mit reifenden od. reifen Samen

Fruchtblatt: umgewandeltes Blatt der Blüte, in der Regel Samenanlagen mit Eizelle tragend u. Narbe od. auch Griffel bildend

Fruchtknoten ☐: unterer, meist knotig verdickter Teil der Fruchtblätter

Büschel

Fruchtknoten

gefiedert ☐: zusammengesetztes Blatt mit (meist) gegenständigen Blättchen an einer Blattspindel

gefingert ☐: zusammengesetztes Blatt mit mehreren ungestielten Blättchen, alle an einem Punkt entspringend

geflügelt ☐: flügelartige Auswüchse od. Blattbildungen an Stengeln, Blüten, Früchten etc.

gegenständig ☐: zwei einander gegenüberstehende Blätter an einem Stengelknoten

gelappt ☐: hier: Blattspreite eingeschnitten od. mit buchtigem Umriß

gespalten ☐: ± spitzwinkeliger Einschnitt z. B. bei Kronblättern

gefiedert
(unpaarig)

gefingert

geflügelt
(Stengel)

geflügelt
(Schmetterlingsblüte)

geflügelt
(Frucht)

gelappt

Gliederhülse: Schließfrucht, aus einem Fruchtblatt gebildet, hülsenähnlich, quer zerbrechend

Gliederschote: Schließfrucht, aus dem oberen Teil von zwei Fruchtblättern gebildet, schotenähnlich, quer zerbrechend

Griffel ☐: oberer, verjüngter Teil von Fruchtblättern, Narbe u. Fruchtknoten verbindend

gespalten

Halbstrauch: ausdauernde, mindestens in unteren Teilen verholzende Pflanze; Triebspitzen im Herbst od. Winter absterbend

handförmig: ± tiefe Lappung od. tiefe Teilung einer einfachen Blattspreite; alle Blatthauptnerven aus einem Punkt entspringend

Hochblatt: Blatt (oft vereinfacht) zwischen typischen Laubblättern u. Blüte

Honigblatt ☐: verschieden gestaltetes, oft kronblattartiges Blatt mit Nektarien

Hüllblatt: verschieden gestaltetes Tragblatt eines Blütenstandes; Blätter des Hüllkelches

Hüllchenblatt: Hüllblatt eines Döldchens

Hülle: Gesamtheit der Hüllblätter

Hüllkelch: kelchähnliche Hüllblättter eines Blütenstandes

Hülse: Streufrucht aus 1 Fruchtblatt gebildet, sich an 2 Seiten öffnend

Griffel

Honigblatt
(→: Nektarien)

immergrün: grüne Laubblätter länger als 2 Jahre an der Pflanze bleibend

Insektivore: tierisches Eiweiß (u. a. von Insekten) verdauende Pflanze

Kätzchen

Kätzchen ☐: ährenähnlicher Blütenstand, später als Ganzes abfallend

Kapsel: Streufrucht aus mehreren Fruchtblättern gebildet

Kelch ☐: unterer, meist grün gefärbter Blattwirtel einer doppelten Blütenhülle

Kelchblatt: Einzelblatt des Kelches

Kernfrucht: Schließfrucht aus fleischiger Blütenachse gebildet, dünnwandige Fruchtblätter u. Samen („Kerne") umschließend

Kiel: s. Schiffchen (S. 118)

Kelch

Klause: einsamige Teilfrucht (Nüßchen) mit verholzter Wand aus zweiblättrigem 4samigem Fruchtknoten entstanden

Knolle: kugel- od. spindelförmig verdickte Sprosse od. Wurzeln; Speicherorgan

Knoten ☐: Blattansatzstelle des Sprosses, gelegentlich verdickt

Kolben: Blütenstand mit sitzenden Blüten an unverzweigter verdickter Stengelachse

Kronblatt: Einzelblatt der Krone

Krone ☐: oberer, meist auffällig gefärbter Blattwirtel einer doppelten Blütenhülle

gegenständig Knoten

lanzettlich: lanzenspitzenähnliche Organform, größte Breite unterhalb der Mitte

lineal: ± parallelrandige Organform

Krone u. Kelch

Mittelrippe ☐: stärkster rippenartiger Nerv in der Mitte der Blattspreite

Mittelrippe

Nagel: s. Platte

Narbe ☐: oberster, bisweilen etwas verdickter od. lappig verlängerter Teil von Fruchtblättern, Keimbett für Blütenstaub bildend

Nebenblatt ☐: Blattbildung am Grunde des Blattstieles

Nebenkrone: kronblattartige Organe einer Blüte, an Kronblättern od. anderen Teilen der Blüte gebildet

Nektarien: Zuckerlösungen absondernde Drüsen

netznervig ☐: Blattnerven netzartig verzweigt

Nuß: Schließfrucht mit vollständig holziger Fruchtwand

Narben

oberständig: Fruchtknoten frei oberhalb der Wirtel der Blütenhülle stehend

Ochrea: s. S. 40

Pappus: s. S. 230

Parasit: Pflanze, die ihre gesamten od. einen Teil (Hemiparasit) ihrer Nährstoffe anderen lebenden Pflanzen entnimmt

Platte: verbreiterter Teil eines Kronblattes (verjüngter Teil an der Basis eines Kronblattes: Nagel)

Nebenblätter

radiärsymmetrisch: Blüte mit mehr als 2 Symmetrieebenen

Ranke ☐: faden- od. stielförmige, gelegentlich verzweigte Blatt- od. Sproßdifferenzierungen bei bestimmten Kletterpflanzen

Rhizom ☐: unterirdischer, meist horizontal wachsender, gestauchter Speichersproß

Rispe: mehrfach verzweigter Blütenstand mit meist gestielten Blüten

netznervig

Saprophyt: Moderpflanze; Pflanze, die ihren Bedarf an organischen Nährstoffen abgestorbenen Pflanzenresten entnimmt

Schaft: blattloser, einen Blütenstand tragender Stengelabschnitt

Scheibenblüten: s. S. 228, 230

Scheindolde: doldenähnlicher Blütenstand (Doldenrispe, Doldentraube)

Schiffchen: Kronblätter der Schmetterlingsblüte; s. S. 118

Schließfrucht: Frucht sich nicht öffnend und Samen nicht entlassend

Schote, Schötchen: s. S. 84

sommergrün: grüne Laubblätter nur eine Vegetationsperiode an der Pflanze bleibend

Spalierstrauch: Holzpflanze mit dem Boden aufliegenden Stämmen und Ästen

Spatha: scheidenförmiges, bisweilen lebhaft gefärbtes Hochblatt unterhalb eines Blütenstandes

Sproß: pflanzliches Grundorgan mit Stengelknoten u. von Blättern umhüllter Knospe

Ranken

Rhizom

Stachel

Staubbeutel

Stachel ☐: pfriemförmiger, oft verholzter Auswuchs an verschiedenen Organen

Staubbeutel ☐: oberer, beutelförmiger Teil des Staubblattes, Blütenstaub enthaltend

Staubblatt: stark umgewandeltes Blatt der Blüte, in der Regel aus **Staubfaden** u. Staubbeutel bestehend

Staude: krautige, ausdauernde, mehrmals blühende Pflanze

Steinfrucht: Schließfrucht, außen mit fleischiger, innen mit holziger Fruchtwand

Streufrucht: Frucht sich öffnend u. Samen entlassend

Strahlenblüten: s. S. 228, 230

Strauch: ausdauerndes Holzgewächs mit Verzweigung unmittelbar über der Bodenoberfläche; ohne Stammbildung

submers: untergetaucht

Tragblätter

Tragblatt ☐: Blatt mit einer meist ausgetriebenen Achselknospe

Traube ☐: Blütenstand mit gestielten Blüten an unverzweigter Stengelachse

unterständig: Fruchtknoten in die Blütenachse eingesenkt, mit ihr verwachsen, unterhalb der Wirtel der Blütenhülle

Traube

Valve: s. S. 40

Vorblatt: unterste, meist schuppenförmige, vereinfachte Blätter an einem Seitenorgan des Sprosses

wechselständig ☐: an jedem Stengelknoten nur ein Blatt stehend

wintergrün: grüne Laubblätter über Winter an der Pflanze bleibend

Wirtel ☐: mehr als 2 Blätter an einem Stengelknoten einander gegenüberstehend

Wurzel: pflanzliches Grundorgan ohne Blätter u. Knoten, wachsende Spitze nicht von Blättern umhüllt

Wurzelsproß: aus einer Wurzel entstandener Sproß

wechselständig

Zapfen: ährenförmiger Blüten- od. Fruchtstand, Achse u. Tragblätter später verholzend

zurückgeschlagen ☐: Seitenorgane eines Stengels (z. B. Kelchblätter) durch Zurückkrümmen od. Herabschlagen dem Stengel genähert od. anliegend

Zweijährige: krautige, einmal blühende Pflanze; im 1. Jahr im Frühjahr od. Frühsommer keimend, im 2. Jahr blühend, fruchtend u. absterbend

Zwiebel: Speicherorgan aus verdickter Sproßachse u. schuppenförmigen verdickten Blättern

zygomorph: Blüte mit 1 Symmetrieebene

Wirtel

zurückgeschlagen

Fundortmeldungen

Die Verbreitung der einzelnen Pflanzenarten und die der Pflanzengemeinschaften sind ebenso wie die Analyse der Standorte Gegenstand intensiver wissenschaftlicher Untersuchungen. Änderungen in der Verbreitung der Arten liefern entscheidende Hinweise auf klein- oder großräumige Änderungen der Standorte. Einer laufenden Erfassung der genauen Fundorte der Einzelarten kommt ebenso wie der kartenmäßigen Erfassung der Vegetationseinheiten eine ganz wesentliche Bedeutung z. B. für alle kulturtechnischen und landschaftspflegerischen Maßnahmen zu. Die Floristik widmet sich der Verbreitung der Einzelarten, die Vegetationskunde bzw. die Pflanzensoziologie den Problemen der Verbreitung, der Standorte etc., die sich mit den verschiedenen Vegetationseinheiten ergeben.

Die übergreifenden Aufgaben auf den Gebieten der Vegetationskunde und des Naturschutzes werden in der Bundesrepublik Deutschland neben verschiedenen Einrichtungen der Bundesländer bzw. den Instituten der Universitäten und Hochschulen bearbeitet von der *Bundesanstalt* für Vegetationskunde, Naturschutz und Landschaftspflege, Bonn-Bad Godesberg.

In der Bundesrepublik Deutschland widmen sich den floristischen Arbeiten u. a. die verschiedenen
Arbeitsgemeinschaften, Arbeitskreise für Floristik bzw. Vegetationskunde, die fast in allen Bundesländern vertreten sind, die
Botanischen Vereine bzw. Gesellschaften, die
Botanischen Institute der Universitäten und Hochschulen und die
Zentralstelle für die floristische Kartierung Westdeutschlands
Bereich Nord: Göttingen, Systematisch-Geobotanisches Institut der Universität, Untere Karspüle 2
Bereich Süd: Regensburg, Fachbereich Biologie der Universität, Postfach 397.

Beobachtungen über die Verbreitung insbesondere der selteneren Pflanzenarten des deutschen Gebietes oder eines Teilgebietes innerhalb der Bundesrepublik sollten den genannten Institutionen — insbesondere den Arbeitsgemeinschaften oder der Zentralstelle für die floristische Kartierung — zur weiteren wissenschaftlichen Bearbeitung zugänglich gemacht werden.

Weiterführende Literatur

(Beispiele)

Wildpflanzen

Garcke, A. 1972: Illustrierte Flora. Deutschland und angrenzende Gebiete. 23. Aufl. Herausg. von K. von Weihe. Berlin u. Hamburg: Paul Parey.
Oberdorfer, E. 1970: Pflanzensoziologische Exkursionsflora für Süddeutschland und die angrenzenden Gebiete. 3. Aufl. Stuttgart.
Rothmaler, W. 1972: Exkursionsflora für die Gebiete der DDR und der BRD. 1. [7.] Aufl. Herausg. von H. Meusel u. R. Schubert. Berlin.
Schmeil, O., u. Fitschen, J. 1973: Flora von Deutschland und seinen angrenzenden Gebieten. 85. Aufl. Herausg. von W. Rauh u. K. Senghas. Heidelberg.
Tutin, T. G., u. Mitarbeiter [ed.] 1964—1972: Flora Europaea. Bd. 1—3. Cambridge.

Zierpflanzen, Gehölze

Encke, F. [ed.] 1958—1961: Pareys Blumengärtnerei. Bd. 1—2, Indexband. 2. Aufl. Berlin u. Hamburg: Paul Parey.
Krüssmann, G. 1960—1962: Handbuch der Laubgehölze. Bd. 1—2. Berlin u. Hamburg: Paul Parey.
Krüssmann, G. 1972: Handbuch der Nadelgehölze. Berlin u. Hamburg: Paul Parey.

Arznei- und Giftpflanzen, Drogen

DAB 7 [—DDR] 1964 ff.: Deutsches Arzneibuch 7. Ausg. Bd. 1—4 u. folgende Druckausgaben. Berlin.
DAB 7 [—BRD] 1968: Deutsches Arzneibuch 7. Ausgabe. Stuttgart—Frankfurt.
DAC 1972 ff.: Deutscher Arzneimittel-Codex (Ergänzungsbuch zum Arzneibuch). Frankfurt—Stuttgart.
Gessner, O. 1974: Die Gift- und Arzneipflanzen von Mitteleuropa. 3. Aufl. Herausg. von G. Orzechowski. Heidelberg.
HAB 1958: Homöopathisches Arzneibuch. 3. Aufl. (4. unveränderter Neudruck). Stuttgart.
Liebenow, H., u. Liebenow, K. 1973: Giftpflanzen. Stuttgart.
Ludewig, R., u. Lohs, K. 1971: Akute Vergiftungen. 3. Aufl. Stuttgart.

Naturschutz

Mitzschke, G. 1936: Das Reichsnaturschutzgesetz vom 26. Juni 1935. Berlin: Paul Parey.
Spezielle Rechtsvorschriften der einzelnen Bundesländer.

Register der lateinischen Artnamen

Abies alba 24
  grandis 24
  homolepis 24
Acaena anserinifolia 106
Acer campestre 34
  monspessulanum 34
  opalus 34
  platanoides 34
  pseudo-platanus 34
Aceras anthropophorum 280
Achillea atrata 309
  cartilaginea 309
  clavenae 309
  collina 309
  macrophylla 309
  millefolium 238
  nobilis 309
  pannonica 309
  ptarmica 238
  setacea 309
Aconitum napellus 74
  paniculatum 74
  septentrionale 74
  variegatum 74
  vulparia 74
Acorus calamus 296
Actaea erythrocarpa 72
  spicata 72
Adenostyles alliariae 308
  giabra 308
Adonis aestivalis 74
  autumnalis 74
  flammea 74
  vernalis 74
Adoxa moschatellina 220
Aegopodium podagraria 158
Aesculus hippocastanum 36
Aethionema saxatile 301
Aethusa cynapium 158
Agrimonia eupatoria 106
  procera 106
Agrostemma githago 60
Ailanthus altissima 36
Ajuga chamaepitys 196
  genevensis 196
  pyramidalis 196
  reptans 196
Alchemilla alpina 106
  conjuncta 106
  hybrida 301
  vulgaris 106
Alisma gramineum 258
  lanceolatum 258
  plantago-aquatica 258
Alliaria officinalis 90
Allium ampeloprasum 264
  angulosum 310
  babingtonii 264
  carinatum 264
  cepa 310
  fistulosum 264
  kochii 310
  montanum 264
  multibulbosum 310
  oleraceum 264
  paradoxum 264
  porrum 310
  pulchellum 310
  roseum 264
  rotundum 264
  schoenoprasum 264

scorodoprasum 264
  sphaerocephalon 264
  strictum 310
  suaveolens 310
  triquetrum 264
  ursinum 264
  victorialis 310
  vineale 264
Alnus glutinosa 30
  incana 30
  viridis 298
Althaea hirsuta 142
  officinalis 142
  rosea 142
Alyssum alyssoides 84
  montanum 84
  saxatile 84
Amaranthus albus 48
  blitoides 48
  bouchonii 48
  caudatus 48
  chlorostachys 48
  cruentus 48
  graecizans 48
  lividus 48
  retroflexus 48
Ambrosia elatior 230
Amelanchier ovalis 114
Ammi majus 156
  visnaga 156
Amsinckia intermedia 188
Anacamptis pyramidalis 278
Anagallis arvensis 176
  coerulea 176
  tenella 176
Anaphalis margaritacea 234
Anarrhinum bellidifolium 210
Anchusa italica 192
  ochroleuca 188
  officinalis 192
Andromeda polifolia 170
Androsace chamaejasme 305
  elongata 176
  hausmannii 305
  helvetica 305
  lactea 176
  maxima 176
  obtusifolia 305
  septentrionalis 176
Anemone apennina 76
  narcissiflora 76
  nemorosa 76
  ranunculoides 76
  silvestris 76
Anethum graveolens 166
Angelica archangelica 160
  palustris 160
  silvestris 160
Antennaria alpina 234
  carpatica 234
  dioica 234
  porsildii 234
Anthemis arvensis 232
  austriaca 236
  cotula 232
  nobilis 232
  ruthenica 308
  tinctoria 236
Anthericum liliago 260
  ramosum 260
Anthriscus caucalis 156

cerefolium 156
  nitida 304
  silvestris 156
Anthyllis vulneraria 126
Antirrhinum majus 210
  orontium 210
Aphanes arvensis 106
  microcarpa 301
Apium graveolens
    var. graveolens 162
  inundatum 162
  nodiflorum 162
  repens 162
Aposeris foetida 310
Aquilegia atrata 300
  einseleana 300
  vulgaris 74
Arabidopsis thaliana 94
  suecica 94
Arabis alpina 94
  caucasica 94
  coerulea 300
  corymbiflora 301
  hirsuta 94
  jacquinii 300
  pauciflora 94
  pumila 300
  recta 94
  stricta 94
  turrita 94
Arbutus unedo 172
Arctium lappa 244
  minus 244
  nemorosum 309
  tomentosum 244
Arctostaphylos alpina 172
  uva-ursi 172
Aremonia agrimonioides 106
Arenaria balearica 52
  biflora 299
  ciliata 52
  gothica 52
  humifusa 52
  norvegica 52
  serpyllifolia 52
Aristolochia clematitis 38
Armeria alpina 305
  maritima 178
  pseudarmeria 305
Armoracia rusticana 92
Arnica alpina 236
  montana 236
Arnoseris minima 252
Artemisia absinthium 238
  annua 309
  austriaca 309
  campestris 238
  dracunculus 309
  laciniata 309
  maritima 238
  mutellina 309
  norvegica 238
  pontica 309
  rupestris 309
  scoparia 309
  verlotorum 238
  vulgaris 238
Arthrocnemum perenne 48
Arum italicum 270
  maculatum 270
Aruncus dioicus 106

Asarum europaeum 38
Asparagus officinalis 268
Asperugo procumbens 190
Asperula arvensis 184
  cynanchica 184
  tinctoria 305
Aster alpinus 232
  amellus 308
  bellidiastrum 308
  lanceolatus 308
  linosyris 230
  novae-angliae 232
  novi-belgii 232
  salignus 232
  tradescantii 308
  tripolium 232
Astragalus alpinus 118
  arenarius 118
  australis 302
  cicer 118
  danicus 118
  exscapus 302
  frigidus 118
  glycyphyllos 118
  norvegicus 118
  penduliflorus 118
Astrantia bavarica 154
  major 154
Athamanta cretensis 158
Atriplex calotheca 298
  glabriuscula 299
  hastata 46
  laciniata 46
  litoralis 46
  nitens 298
  oblongifolia 298
  patula 46
  rosea 46
  tatarica 299
Atropa belladonna 206
Azolla filiculoides 292

Baldellia ranunculoides 258
Ballota nigra 198
Barbarea intermedia 86
  stricta 86
  verna 86
  vulgaris 86
Bartschia alpina 212
Bassia hirsuta 48
Bellis perennis 232
Berberis vulgaris 78
Berteroa incana 96
Berula erecta 162
Beta vulgaris
  ssp. maritima 46
Betula humilis 298
  nana 30
  pendula 30
  pubescens 30
Bidens cernuus 238
  connatus 238
  frondosus 238
  radiatus 238
  tripartitus 238
Bifora radians 156
Biscutella laevigata 84
Blackstonia perfoliata 180
Borago officinalis 192
Botrychium lunaria 270
Brassica juncea 88
  napus 88
  nigra 88
  oleracea var. oleracea 88

rapa f. campestris 88
Brassicella erucastrum 88
  monensis 88
  wrightii 88
Braya linearis 94
Bryonia alba 148
  dioica 148
Bunias erucago 86
  orientalis 86
Bunium bulbocastanum 158
Bupleurum baldense 166
  falcatum 166
  gerardi 164
  lancifolium 166
  longifolium 166
  ranunculoides 304
  rotundifolium 166
  tenuissimum 164
Buphthalmum salicifolium
  236
Butomus umbellatus 258
Buxus sempervirens 140

Cakile maritima 92
Caldesia parnassifolia 258
Calendula arvensis 309
  officinalis 240
Calepina irregularis 92
Calla palustris 270
Callitriche spp. 292
Calluna vulgaris 170
Caltha palustris 68
Calypso bulbosa 274
Calystegia sepium 184
  silvatica 184
  soldanella 184
Camelina sativa 84
Campanula alpina 308
  barbata 226
  baumgartenii 308
  bononiensis 226
  cervicaria 226
  cochleariifolia 308
  glomerata 226
  latifolia 226
  patula 226
  persicifolia 226
  rapunculoides 226
  rapunculus 226
  rhomboidalis 308
  rotundifolia 226
  scheuchzeri 308
  sibirica 308
  thyrsoides 308
  trachelium 226
  uniflorum 308
Cannabis sativa 38
Capsella bursa-pastoris 96
  procumbens 96
  rubella 96
Cardamine alpina 300
  amara 90
  bellidifolia 90
  flexuosa 94
  hirsuta 94
  impatiens 90
  parviflora 90
  pratensis 90
  raphanifolia 90
  resedifolia 300
  trifolia 300
Cardaminopsis arenosa 94
  halleri 94
  hispida 94

Cardaria draba 98
Carduus acanthoides 246
  crispus 246
  defloratus 246
  nutans 246
  palustre 246
  personata 246
  tenuiflorus 246
Carex acutiformis 296
  paniculata 296
  rostrata 296
Carlina acaulis 244
  vulgaris 244
Carpinus betulus 32
Carpobrotus edulis 42
Carthamus lanatus 248
  tinctorius 248
Carum carvi 156
  verticillatum 156
Cassiope hypnoides 172
  tetragona 172
Castanea sativa 32
Caucalis lappula 156
  latifolia 156
Centaurea aspera 248
  calcitrapa 248
  cyanus 248
  diffusa 310
  jacea 248
  maculosa 310
  melitensis 248
  montana 248
  nemoralis 310
  nigra 248
  nigrescens 310
  paniculata 248
  phrygia 310
  pseudophrygia 310
  scabiosa 248
  solstitialis 248
  stoebe 248
  triumfetti 310
Centaurium minus 180
  pulchellum 180
  scilloides 180
  tenuiflorum 180
  vulgare 180
Centunculus minimus 176
Cephalanthera damasonium
  282
  longifolia 282
  rubra 282
Cerastium alpinum 54
  arcticum 54
  arvense 54
  brachypetalum 54
  cerastoides 54
  diffusum 54
  dubium 299
  fontanum 54
  glomeratum 54
  latifolium 299
  pumilum 54
  semidecandrum 54
  tomentosum 54
  uniflorum 299
Ceratophyllum demersum
  292
  submersum 311
Cerinthe glabra 306
  minor 188
Chaenorrhinum minus 210
Chaerophyllum aromaticum
  156

aureum 156
bulbosum 156
hirsutum 156
temulum 156
Chamaecyparis lawsoniana 24
Chamaedaphne calyculata 172
Chamaenerion angustifolium 150
fleischeri 150
latifolium 150
palustre 150
Chamaeorchis alpina 280
Cheiranthus cheiri 86
Chelidonium majus 80
Chenopodium album 46
bonus-henricus 46
chenopodioides 46
ficifolium 46
glaucum 46
hybridum 46
murale 46
opulifolium 298
polyspermum 46
rubrum 46
suecicum 299
strictum 298
urbicum 46
viride 298
vulvaria 46
Chimaphila umbellata 168
Chondrilla chondrilloides 310
juncea 252
Chrysanthemum alpinum 309
atratum 309
corymbosum 240
leucanthemum 240
maximum 240
parthenium 240
segetum 240
vulgare 240
Chrysosplenium
alternifolium 100
oppositifolium 100
tetrandrum 100
Cicendia filiformis 180
Cicerbita alpina 250
plumieri 250
Cichorium intybus 250
Cicuta virosa 160
Circaea alpina 148
intermedia 148
lutetiana 148
Cirsium acaulon 246
arvense 246
canum 310
dissectum 246
eriophorum 246
erisithales 244
heterophyllum 246
oleraceum 244
rivulare 246
spinosissimum 244
tuberosum 246
vulgare 246
Claytonia perfoliata 42
sibirica 42
Clematis alpina 72
recta 72
vitalba 72
Cnidium dubium 164
Cochlearia aestuaria 92
anglica 92

danica 92
fenestrata 92
groenlandica 92
officinalis 92
pyrenaica 300
scotica 300
Coeloglossum viride 280
Colchicum autumnale 266
Colutea arborescens 120
Comarum palustre 110
Conioselinum vaginatum 160
Conium maculatum 160
Conopodium majus 158
Conringia orientalis 300
Convallaria majalis 260
Convolvulus arvensis 184
Corallorhiza trifida 286
Coriandrum sativum 156
Corispermum leptopterum 48
marschallii 48
Cornus alba 154
mas 154
sanguinea 154
stolonifera 154
suecica 154
Coronilla coronata 120
emerus 120
minima 120
vaginalis 120
varia 118
Coronopus didymus 98
squamatus 98
Corrigiola litoralis 56
Cortusa matthioli 305
Corydalis cava 78
claviculata 78
fabacea 78
lutea 78
ochroleuca 78
pumila 78
solida 78
Corylus avellana 32
Cotoneaster integerrima 114
melanocarpa 114
microphyllus 114
tomentosa 302
Cotula coronopifolia 238
Crambe maritima 92
Crassula rubens 102
Crataegus calycina 302
helvetica 302
laevigata 114
macrocarpa 302
monogyna 114
Crepis alpestris 310
aurea 310
blattarioides 310
biennis 256
capillaris 254
conyzifolia 310
foetida 256
jacquini 310
mollis 256
nicaeensis 256
paludosa 256
pontana 310
praemorsa 256
pulchra 256
setosa 256
tectorum 256
terglouensis 310
vesicaria 256
Crithmum maritimum 166

Crocosmia × crocosmiflora 272
Crocus albiflorus 272
nudiflorus 272
Cruciata glabra 186
laevipes 186
Cucubalus baccifer 62
Cuscuta epilinum 305
epithymum 184
europaea 184
gronovii 305
lupuliformis 305
Cyclamen hederifolium 176
purpurascens 176
Cynanchum vincetoxicum 178
Cynoglossum germanicum 188
officinale 188
Cypripedium calceolus 274
Cytisus nigricans 120
ratisbonensis 302
supinus 120

Daboecia cantabrica 170
Daphne cneorum 303
laureola 138
mezereum 138
striata 303
Damasonium alisma 258
Datura stramonium 206
Daucus carota ssp. carota 156
Delia segetalis 299
Delphinium consolida 74
ajacis 74
Dentaria bulbifera 90
enneaphyllos 90
heptaphylla 90
pentaphyllos 90
Descurainia sophia 86
Dianthus arenarius 64
armeria 64
barbatus 64
carthusianorum 64
caryophyllus 64
deltoides 64
gallicus 64
gratianopolitanus 64
plumarius 64
seguieri 64
silvester 299
superbus 64
Diapensia lapponica 168
Dictamnus albus 138
Digitalis grandiflora 212
lutea 212
purpurea 212
Diplotaxis muralis 84
tenuifolia 84
viminea 84
Dipsacus laciniatus 224
pilosus 224
silvester 224
Doronicum austriacum 309
columnae 309
glaciale 309
grandiflorum 309
pardalianches 236
plantagineum 236
Dorycnium germanicum 303
herbaceum 303
Draba aizoides 84
alpina 84
cacuminum 301

carinthiaca 301
cinerea 301
crassifolia 84
daurica 96
dubia 301
fladnizensis 96
glacialis 300
incana 96
muralis 96
nemorosa 96
nivalis 96
norvegica 96
sauteri 300
tomentosa 301
Dracocephalum ruyschiana 198
thymiflorum 198
Drosera anglica 100
intermedia 100
rotundifolia 100
Dryas octopetala 110

Echinocystis lobata 148
Echinops commutatus 244
sphaerocephalus 244
Echium lycopsis 192
vulgare 192
Elatine alsinastrum 290
hexandra 311
hydropiper 311
triandra 311
Empetrum nigrum 172
Ephedra distachya 298
Epilobium adenocaulon 150
adnatum 150
alpestre 150
alsinifolium 150
anagallidifolium 150
brunnescens 150
collinum 150
davuricum 150
glandulosum 150
hirsutum 150
hornemannii 150
komarovianum 150
lactiflorum 150
lamyi 304
lanceolatum 150
montanum 150
nutans 150
obscurum 150
palustre 150
parviflorum 150
pedunculare 150
roseum 150
Epipactis atrorubens 284
confusa 284
dunensis 284
helleborine 284
leptochila 284
microphylla 284
muelleri 284
palustre 284
phyllanthes 284
sessilifolia 284
Epipogium aphyllum 286
Equisetum fluviatile 296
palustre 296
Eranthis hiemalis 66
Erica carnea 170
ciliaris 170
cinerea 170
erigena 170
mackaiana 170

tetralix 170
vagans 170
Erigeron acer 232
alpinus 232
annuus 309
atticus 309
borealis 232
canadensis 230
neglectus 309
polymorphus 309
strigosus 309
unalaschkensis 232
uniflorus 232
Erinus alpinus 212
Eriocaulon aquaticum 260
Erodium cicutarium 132
glutinosum 132
maritimum 132
moschatum 132
Erophila verna 96
Erucastrum gallicum 88
nasturtiifolium 88
Eryngium campestre 154
maritimum 154
planum 154
Erysimum cheiranthoides 86
crepidifolium 300
hieracifolium 300
odoratum 300
repandum 300
Euonymus europaeus 140
latifolius 140
Eupatorium cannabinum 230
Euphorbia amygdaloides 136
austriaca 303
cyparissias 136
dulcis 303
esula 136
exigua 136
helioscopia 136
hyberna 136
lathyris 136
lucida 136
palustris 303
paralias 136
peplis 136
peplus 136
platyphyllos 136
polychroma 303
portlandica 136
seguieriana 136
stricta 136
verrucosa 303
villosa 303
virgata 303
Euphrasia officinalis 216
salisburgensis 216
Exaculum pusillum 180

Fagopyrum esculentum 40
tataricum 40
Fagus sylvatica 32
Falcaria vulgaris 160
Filago arvensis 234
gallica 234
germanica 234
minima 234
neglecta 234
spathulata 234
Filipendula ulmaria 106
vulgaris 106
Foeniculum vulgare 166
Fragaria ananassa 110
moschata 110

vesca 110
viridis 110
Frankenia laevis 148
Fraxinus excelsior 36
ornus 36
Fritillaria meleagris 262
Fumana procumbens 148
Fumaria bastardii 78
capreolata 78
densiflora 78
martinii 78
muralis 78
occidentalis 78
parviflora 78
purpurea 78
rostellata 300
schleicheri 78
vaillantii 78

Gagea bohemica 262
lutea 262
minima 262
pratensis 262
spathacea 262
villosa 262
Galanthus nivalis 270
Galega officinalis 118
Galeopsis angustifolia 200
bifida 306
ladanum 306
pubescens 200
segetum 200
speciosa 200
tetrahit 200
Galinsoga ciliata 232
parviflora 232
Galium anisophyllum 305
aparine 186
aristatum 305
boreale 186
debile 186
glaucum 305
harcynicum 186
lucidum 305
mollugo 186
noricum 305
odoratum 184
palustre 186
parisiense 186
pumilum 186
rotundifolium 186
rupicola 305
schultesii 305
spurium 186
sterneri 186
suecicum 305
sylvaticum 186
timeroyi 186
tricornutum 186
trifidum 186
triflorum 186
uliginosum 186
valdepilosum 305
verrucosum 305
verum 186
wirtgenii 305
Genista anglica 120
germanica 120
pilosa 120
sagittalis 120
tinctoria 120
Gentiana amarella 182
asclepiadea 182
aspera 182

aurea 180
austriaca 305
bavarica 305
campestris 182
ciliata 182
clusii 305
cruciata 182
detonsa 182
germanica 182
kochiana 305
lutea 180
nivalis 182
orbicularis 305
pannonica 305
pneumonanthe 182
punctata 182
purpurea 182
tenella 182
utriculosa 182
verna 182
Geranium bohemicum 134
columbinum 134
dissectum 134
divaricatum 303
endressii 134
lucidum 134
molle 134
nodosum 134
palustre 134
phaeum 134
pratense 134
purpureum 134
pusillum 134
pyrenaicum 134
robertianum 134
rotundifolium 134
sanguineum 134
silvaticum 134
versicolor 134
Geum hispidum 110
× intermedium 110
montanum 110
reptans 302
rivale 110
urbanum 110
Gladiolus illyricus 272
imbricatus 311
paluster 272
Glaucium corniculatum 80
flavum 80
Glaux maritima 176
Glechoma hederaceum 198
Globularia cordifolia 307
elongata 218
nudicaulis 307
Glyceria maxima 296
Gnaphalium luteo-album 234
hoppeanum 309
norvegicum 234
silvaticum 234
supinum 234
uliginosum 234
undulatum 234
Goodyera repens 282
Gratiola officinalis 212
Gymnadenia conopea 278
odoratissima 278
Gypsophila fastigiata 62
muralis 62
repens 62

Halimione pedunculata 48
portulacoides 48
Hammarbya paludosa 286

Hedera helix 154
Hedysarum hedysaroides 126
Helianthemum alpestre 148
apenninum 148
canum 148
nummularium 148
oelandicum 304
Helianthus annuus 236
rigidus 236
tuberosus 236
Helichrysum arenarium 234
Heliosperma quadridentatum 299
Heliotropium europaeum 188
Helleborus foetidus 66
niger 299
viridis 66
Helodea callitrichoides 311
canadensis 292
densa 292
major 292
Hepatica nobilis 76
Heracleum austriacum 304
elegans 304
mantegazzianum 160
sphondylium 160
Herminium monorchis 280
Herniaria ciliolata 56
glabra 56
hirsuta 299
incana 299
Hesperis matronalis 90
silvestris 300
tristis 300
Hieracium alpinum 256
aurantiacum 256
auricula 310
pilosella 254
sylvaticum 256
umbellatum 256
Himantoglossum hircinum 280
Hippophae rhamnoides 140
Hippocrepis comosa 128
Hippuris vulgaris 292
Hirschfeldia incana 88
Holosteum umbellatum 54
Homogyne alpina 240
discolor 309
Honckenya peploides 52
Horminum pyrenaicum 306
Hottonia palustris 176
Humulus lupulus 38
Hutchinsia alpina 301
petraea 96
Hydrilla lithuanica 292
Hydrocharis morsus-ranae 258
Hydrocotyle vulgaris 154
Hyoscyamus niger 206
Hypericum androsaemum 144
calycinum 144
canadense 144
elegans 304
helodes 144
hircinum 144
hirsutum 144
humifusum 144
inodorum 144
linarifolium 144
maculatum 144
montanum 144
perforatum 144

pulchrum 144
tetrapterum 144
undulatum 144
Hypochoeris glabra 254
maculata 254
radicata 254
uniflora 310
Hyssopus officinalis 198

Iberis amara 96
intermedia 96
umbellata 96
Ilex aquifolium 36
Illecebrum verticillatum 56
Impatiens capensis 138
glandulifera 138
noli-tangere 138
parviflora 138
Inula britannica 236
conyza 230
crithmoides 230
ensifolia 236
germanica 236
graveolens 230
helenium 236
helvetica 236
hirta 236
salicina 236
Iris aphylla 272
foetidissima 272
germanica 272
pseudacorus 272
sambucina 272
sibirica 272
spuria 272
versicolor 272
Isatis tinctoria 86
Isoetes lacustris 290

Jasione montana 224
levis 224
Juglans regia 30
Juncus articulatus 296
effusus 296
Juniperus communis 24
sabina 298
sibirica 24
Jurinea cyanoides 248

Kentranthus ruber 222
Kernera saxatilis 92
Kickxia elatine 210
spuria 210
Knautia arvensis 224
drymeia 308
silvatica 224
Kochia laniflora 48
scoparia 48
Koenigia islandica 42
Kohlrauschia nanteuilii 62
prolifera 62

Laburnum anagyroides 120
Lactuca perennis 250
quercina 310
saligna 252
serriola 252
sibirica 250
tatarica 250
viminea 310
virosa 250
Lagoseris sancta 256
Lamium album 200
amplexicaule 200

galeobdolon 200
incisum 200
maculatum 200
purpureum 200
Lappula deflexa 306
myosotis 190
Lapsana communis 252
Larix decidua 24
kaempferi 298
Laser trilobum 164
Laserpitium latifolium 164
pruthenicum 164
siler 164
Lathraea clandestina 218
squamaria 218
Lathyrus aphaca 124
filiformis 302
heterophyllus 124
hirsutus 124
latifolius 124
maritimus 124
montanus 124
niger 124
nissolia 124
paluster 124
pannonicus 124
pratensis 124
silvester 124
sphaericus 124
tuberosus 124
vernus 124
Lavatera arborea 142
cretica 142
thuringiaca 142
Ledum palustre 172
Legousia hybrida 226
speculum-veneris 226
Lemna gibba 311
minor 292
trisulca 292
Leontodon autumnalis 254
helveticus 310
hispidus 254
hyoseroides 310
montanus 310
incanus 310
saxatilis 254
Leontopodium alpinum 309
Leonurus cardiaca 200
marrubiastrum 200
Lepidium bonariense 98
campestre 98
densiflorum 98
divaricatum 98
graminifolium 301
heterophyllum 98
latifolium 92
neglectum 98
perfoliatum 301
ruderale 98
sativum 98
virginicum 98
Leucojum aestivum 270
vernum 270
Leucorchis albida 282
Levisticum officinale 166
Libanotis pyrenaica 158
sibirica 304
Ligusticum mutellina 164
mutellinoides 164
scoticum 164
Ligustrum ovalifolium 178
vulgare 178
Lilium bulbiferum 262

martagon 262
pyrenaicum 262
Limodorum abortivum 286
Limonium auriculae-
ursifolium 305
bellidifolium 178
binervosum 178
humile 178
paradoxum 305
recurvum 305
transwallianum 305
vulgare 178
Limosella aquatica 290
australis 311
Linaria alpina 210
arenaria 210
arvensis 210
bipartita 210
cymbalaria 210
genistaefolia 210
pelisseriana 210
purpurea 210
repens 210
supina 210
vulgaris 210
Lindernia pyxidaria 306
Linnaea borealis 222
Linum alpinum 303
austriacum 303
bienne 132
catharticum 132
flavum 132
leonii 303
perenne 132
suffruticosum 303
tenuifolium 303
usitatissimum 132
viscosum 303
Liparis loeselii 286
Listera cordata 280
ovata 280
Lithospermum arvense 188
officinale 188
purpureo-coeruleum 188
Litorella uniflora 290
Lloydia serotina 260
Lobelia dortmanna 290
urens 226
Lobularia maritima 96
Loiseleuria procumbens 172
Lomatogonium carinthiacum
305
rotatum 182
Lonicera alpigena 308
coerulea 308
caprifolium 222
nigra 308
periclymenum 222
xylosteum 222
Loranthus europaeus 38
Lotus angustissimus 128
corniculatus 128
subbiflorus 128
uliginosus 128
Ludwigia palustris 290
Lunaria annua 90
rediviva 90
Lupinus albus 120
angustifolius 120
arboreus 120
luteus 120
micranthus 120
nootkatensis 120

perennis 302
polyphyllus 120
Luronium natans 258
Lychnis flos-cuculi 60
Lycopsis arvensis 192
Lycopus europaeus 204
exaltatus 306
Lysimachia nemorum 174
nummularia 174
punctata 174
thyrsiflora 174
vulgaris 174
Lythrum hyssopifolia 150
salicaria 150

Maianthemum bifolium 260
Mahonia aquifolium 78
Malaxis monophyllos 286
Malus silvestris 114
Malva alcea 142
moschata 142
neglecta 142
parviflora 142
pusilla 142
silvestris 142
verticillata 142
Marrubium peregrinum 306
vulgare 198
Matricaria chamomilla 232
matricarioides 232
maritima 232
Matthiola incana 92
sinuata 92
Meconopsis cambrica 80
Medicago arabica 128
falcata 126
lupulina 128
minima 128
polymorpha 128
sativa 126
× varia 126
Melampyrum arvense 216
cristatum 216
nemorosum 216
paludosum 216
polonicum 307
pratense 216
saxosum 307
silvaticum 216
Melandrium album 60
noctiflorum 60
silvestre 60
viscosum 58
Melilotus albus 126
altissimus 126
dentatus 126
indicus 126
officinalis 126
Melissa officinalis 202
Melittis melissophyllum 198
Mentha aquatica 204
arvensis 204
longifolia 204
× piperita 204
pulegium 204
rotundifolia 306
× verticillata 204
× villosa 204
Menyanthes trifoliata 178
Mercurialis annua 136
ovata 136
perennis 136
Mertensia maritima 192
Mespilus germanica 302

Meum athamanticum 158
Micropus erectus 234
Mimulus guttatus 212
  luteus 212
  moschatus 212
Minuartia austriaca 299
  biflora 52
  cherlerioides 299
  fastigiata 52
  hybrida 52
  mediterranea 52
  recurva 52
  rubella 52
  rupestris 299
  sedoides 52
  setacea 52
  stricta 52
  verna 52
  viscosa 52
Moehringia ciliata 299
  muscosa 52
  trinervia 52
Moenchia erecta 54
Monotropa hypopitys 168
Montia fontana 42
Muscari atlanticum 266
  botryoides 266
  comosum 266
  neglectum 266
  tenuiflorum 311
Myagrum perfoliatum 84
Mycelis muralis 252
Myosotis alpestris 306
  arvensis 190
  baltica 190
  caespititia 306
  caespitosa 190
  discolor 190
  hispida 190
  laxa 306
  palustris 190
  secunda 190
  sicula 190
  silvatica 190
  sparsiflora 306
  stolonifera 190
  stricta 190
Myosoton aquaticum 54
Myosurus minimus 74
Myrica carolinensis 298
  gale 30
Myricaria germanica 304
Myriophyllum alterniflorum 311
  spicatum 292
  verticillatum 292
Myrrhis odorata 156

Najas flexilis 294
  marina 294
  minor 311
Narcissus × biflorus 270
  obvallaris 270
  poeticus 270
  pseudonarcissus 270
  stellaris 270
Narthecium ossifragum 262
Nasturtium microphyllum 90
  officinale 90
Neotinea intacta 280
Neottia nidus-avis 286
Nepeta cataria 198
  pannonica 198
Neslia paniculata 84

Nicandra physaloides 206
Nicotiana rustica 206
Nigella arvensis 66
  damascena 66
Nigritella nigra 274
Nonnea pulla 188
  rosea 188
Nuphar luteum 66
  pumilum 66
Nymphaea alba 66
  candida 66
Nymphoides peltata 178

Odontites jaubertiana 212
  lutea 212
  rubra 212
Oenanthe aquatica 162
  conioides 304
  crocata 160
  fistulosa 162
  fluviatilis 162
  lachenalii 162
  peucedanifolia 162
  pimpinelloides 162
  silaifolia 162
Oenothera biennis 148
  grandiflora ssp.
    erythrosepala 148
  muricata 148
  stricta 148
  strigosa 304
Omphalodes scorpioides 190
  verna 190
Onobrychis arenaria 126
  montana 303
  viciaefolia 126
Ononis hircina 303
  natrix 126
  pusilla 126
  reclinata 126
  repens 126
  spinosa 126
Onopordum acanthium 244
Onosma arenarium 192
Ophioglossum vulgatum 270
Ophrys apifera 274
  fuciflora 274
  insectifera 274
  sphegodes 274
Orchis coriophora 276
  elegans 311
  fuchsii 278
  incarnata 278
  latifolia 278
  laxiflora 276
  maculata 278
  mascula 276
  militaris 276
  morio 276
  pallens 276
  palustris 276
  praetermissa 278
  purpurea 276
  purpurella 278
  russowii 311
  sambucina 278
  simia 276
  traunsteineri 278
  tridentata 276
  ustulata 276
Origanum vulgare 204
Orlaya grandiflora 156
Ornithogalum nutans 268
  gussonei 311

  pyrenaicum 268
  umbellatum 268
Ornithopus perpusillus 128
  pinnatus 128
  sativus 128
Orobanche alba 218
  alsatica 307
  amethystea 307
  arenaria 307
  coerulescens 307
  elatior 218
  flava 307
  gracilis 307
  hederae 218
  loricata 307
  lucorum 307
  lutea 307
  minor 218
  picridis 218
  purpurea 218
  ramosa 307
  rapum-genistae 218
  reticulata 218
  salviae 307
  teucrii 307
  vulgaris 218
Otanthus maritimus 238
Oxalis acetosella 132
  articulata 132
  corniculata 132
  corymbosa 303
  europaea 132
  latifolia 303
  pes-caprae 132
  stricta 303
Oxyria digyna 44
Oxytropis campestris 118
  deflexa 118
  halleri 118
  lapponica 118
  montana 302
  pilosa 118

Papaver alpinum
    ssp. sendtneri 300
  argemone 80
  dahlianum 300
  dubium 80
  hybridum 80
  laestadianum 300
  lapponicum 300
  lecoqii 80
  radicatum 80
  rhoeas 80
  somniferum 80
Parentucellia viscosa 212
Parietaria erecta 38
  ramiflora 38
Paris quadrifolia 268
Parnassia palustris 100
Pastinaca sativa 166
Pedicularis flammea 216
  foliosa 216
  hirsuta 216
  lapponica 216
  oederi 216
  palustris 216
  recutita 307
  rostrato-capitata 307
  rostrato-spicata 307
  sceptrum-carolinum 216
  silvatica 216
  verticillata 307

Pentaglottis sempervirens 192
Peplis borysthenica 311
  portula 290
Petasites albus 238
  fragrans 238
  frigidus 238
  hybridus 238
  paradoxus 309
  spurius 238
Petroselinum crispum 162
  segetum 162
Peucedanum alsaticum 164
  carvifolia 164
  cervaria 164
  gallicum 164
  lancifolium 164
  officinale 164
  oreoselinum 164
  ostruthium 164
  palustre 164
Phlomis tuberosa 306
Phragmites communis 296
Phyllodoce caerulea 170
Physalis alkekengi 306
Physospermum cornubiense 158
Phyteuma betonicifolium 308
  hemisphaericum 308
  nigrum 224
  orbiculare 224
  ovatum 308
  spicatum 224
  tenerum 224
Picea abies 24
  sitchensis 24
Picris echioides 256
  hieracioides 256
Pimpinella major 158
  nigra 304
  saxifraga 158
Pinguicula alpina 307
  grandiflora 218
  lusitanica 218
  villosa 307
  vulgaris 218
Pinus cembra 298
  contorta 24
  mugo 298
  nigra 24
  pinaster 24
  radiata 24
  silvestris 24
  strobus 24
Pirus communis 114
  cordata 302
  domestica 114
Plantago alpina 308
  atrata 308
  coronopus 220
  indica 220
  lanceolata 220
  major 220
  maritima 220
  media 220
  sempervirens 308
  serpentina 308
Platanthera bifolia 282
  chlorantha 282
Platanus hybrida 34
Pleurospermum austriacum 160
Podospermum laciniatum 250

Polemonium acutiflorum 305
  coeruleum 184
Polycarpon diphyllum 56
  tetraphyllum 56
Polycnemum arvense 299
  majus 46
  verrucosum 299
Polygala alpestris 303
  amara 303
  amarella 303
  calcarea 303
  chamaebuxus 138
  comosa 303
  serpyllifolia 303
  vulgaris 138
Polygonatum × hybridum 268
  multiflorum 268
  odoratum 268
  verticillatum 268
Polygonum amphibium 40
  arenastrum 40
  aviculare 40
  bistorta 40
  convolvulus 42
  cuspidatum 42
  dumetorum 42
  foliosum 40
  hydropiper 40
  lapathifolium 40
  maritimum 40
  minus 40
  mite 40
  oxyspermum 40
  persicaria 40
  polystachium 42
  raii 40
  sachalinense 42
  viviparum 40
Populus alba 30
  balsamifera 298
  × canadensis 30
  canescens 30
  gileadensis 30
  nigra 30
  tremula 30
Portulaca oleracea 42
Potamogeton acutifolius 311
  alpinus 311
  coloratus 294
  compressus 311
  crispus 294
  densus 294
  epihydrus 311
  filiformis 311
  friesii 311
  gramineus 311
  helveticus 311
  lucens 294
  natans 294
  nodosus 311
  oblongus 294
  obtusifolius 311
  panormitanus 311
  pectinatus 294
  perfoliatus 294
  praelongus 294
  pusillus 294
  rutilus 311
  trichoides 311
Potentilla alba 110
  anglica 112
  anserina 112

  arenaria 112
  argentea 112
  aurea 112
  brauneana 302
  canescens 112
  caulescens 302
  clusiana 302
  collina 112
  crantzii 112
  erecta 112
  fruticosa 112
  heptaphylla 112
  hyparctica 112
  intermedia 112
  micrantha 110
  montana 110
  multifida 302
  nivea 112
  norvegica 112
  parviflora 112
  puberula 112
  recta 112
  reptans 112
  rupestris 110
  sterilis 110
  supina 302
  tabernaemontani 112
Prenanthes purpurea 250
Primula auricula 174
  clusiana 174
  elatior 174
  farinosa 174
  minima 174
  nutans 305
  scandinavica 305
  scotica 174
  stricta 305
  veris 174
  veris × vulgaris 174
  vulgaris 174
Prunella grandiflora 198
  laciniata 198
  vulgaris 198
Prunus avium 114
  cerasifera 114
  cerasus 302
  domestica 114
  fruticosa 302
  mahaleb 302
  padus 114
  serotina 302
  spinosa 114
Pseudotsuga menziesii 24
Ptychotis saxifraga 158
Pulicaria dysenterica 236
  vulgaris 234
Pulmonaria angustifolia 306
  longifolia 190
  maculosa 190
  mollis 306
  mollissima 306
  tuberosa 306
Pulsatilla alpina 300
  patens 76
  pratensis 76
  vernalis 76
  vulgaris 76
Pyrola chlorantha 168
  media 168
  minor 168
  norvegica 168
  rotundifolia 168
  secunda 168
  uniflora 168

Quercus cerris 32
  ilex 32
  petraea 32
  pubescens 32
  robur 32
  rubra 32

Radiola linoides 132
Ranunculus aconitifolius 300
  acer 68
  alpestris 300
  aquatilis 70
  arvensis 70
  auricomus 70
  baudotii 70
  bulbosus 68
  carinthiacus 300
  circinatus 70
  cymbalaria 68
  ficaria 68
  flammula 68
  fluitans 70
  glacialis 70
  hederaceus 70
  hololeucus 70
  homiophyllus 70
  hybridus 300
  hyperboreus 68
  illyricus 68
  lanuginosus 68
  lapponicus 68
  lingua 68
  montanus 68
  nemorosus 68
  nivalis 300
  ophioglossifolius 68
  oreophilus 300
  paludosus 68
  parviflorus 70
  petiveri 70
  platanifolius 70
  polyanthemus 68
  pygmaeus 300
  radians 70
  repens 68
  sardous 68
  sceleratus 70
  serpens 299
  sulphureus 300
  trichophyllus 70
  tripartitus 70
Raphanus maritimus 88
  raphanistrum 88
  sativus 88
Rapistrum perenne 88
  rugosum 88
Reseda alba 100
  lutea 100
  luteola 100
  phyteuma 100
Rhamnus cathartica 140
  frangula 140
  pumila 304
  saxatilis 304
Rhinanthus alectorolophus
  307
  alpinus 307
  aristatus 307
  minor 216
  rumelicus 307
  serotinus 307
Rhododendron ferrugineum
  304
  hirsutum 304

lapponicum 170
  luteum 170
  ponticum 170
Rhodothamnus chamaecistus
  304
Ribes alpinum 140
  nigrum 140
  petraeum 304
  silvestre 140
  spicatum 304
  uva-crispa 140
Robinia pseudacacia 120
Romulea columnae 272
Rorippa amphibia 86
  austriaca 300
  islandica 86
  silvestris 86
  stylosa 86
Rosa arvensis 108
  canina 108
  eglanteria 108
  gallica 108
  spinosissima 108
  stylosa 108
  tomentosa 108
Rubia peregrina 186
Rubus arcticus 108
  caesius 108
  chamaemorus 108
  fruticosus 108
  idaeus 108
  saxatilis 108
Rudbeckia laciniata 236
  hirta 236
Rumex acetosa 44
  acetosella 44
  alpinus 298
  angiocarpus 298
  aquaticus 44
  arifolius 298
  conglomeratus 44
  crispus 44
  frutescens 298
  hydrolapathum 44
  longifolius 44
  maritimus 44
  nivalis 298
  obtusifolius 44
  palustris 44
  patientia 298
  pseudonatronatus 298
  pulcher 44
  rupestris 44
  sanguineus 44
  scutatus 298
  stenophyllus 298
  tenuifolius 298
  thyrsiflorus 298
  triangulivalvis 298
Ruppia maritima 311
  spiralis 294
Ruscus aculeatus 268

Sagina apetala 56
  caespitosa 56
  ciliata 299
  intermedia 299
  maritima 56
  nodosa 56
  procumbens 56
  saginoides 56
  subulata 56
Sagittaria natans 258

rigida 258
  sagittifolia 258
Salicornia ramosissima 48
  stricta 48
Salix alba 26
  alpina 28
  appendiculata 26
  arbuscula 28
  atrocinerea 26
  aurita 26
  babylonica 26
  bicolor 28
  borealis 28
  breviserrata 28
  caprea 26
  cinerea 26
  daphnoides 26
  elaeagnos 26
  fragilis 26
  glandulifera 28
  glauca 28
  hastata 28
  herbacea 28
  hibernica 28
  lanata 28
  lapponum 28
  myrsinites 28
  myrtilloides 28
  nigricans 28
  pentandra 26
  phylicifolia 28
  polaris 28
  purpurea 26
  repens 28
  reticulata 28
  retusa 28
  serpyllifolia 28
  starkeana 28
  stipulifera 28
  triandra 26
  viminalis 26
  waldsteiniana 28
  xerophila 28
Salsola kali 48
Salvia glutinosa 202
  nemorosa 202
  pratensis 202
  verbenaca 202
  verticillata 202
Sambucus ebulus 222
  nigra 222
  racemosa 222
Samolus valerandi 176
Sanguisorba minor 106
  officinalis 106
Sanicula europaea 154
Saponaria officinalis 60
  ocymoides 299
Sarothamnus scoparius 120
Satureja acinos 204
  alpina 306
  calamintha 204
  montana 198
  vulgaris 204
Saussurea alpina 244
  discolor 309
  pygmaea 309
Saxifraga adscendens 301
  aizoides 104
  androsacea 301
  aphylla 301
  biflora 301
  bryoides 301
  burseriana 301

caesia 301
caespitosa 104
cernua 104
cotyledon 104
decipiens 104
foliolosa 104
× geum 301
granulata 104
hieracifolia 301
hirculus 104
hirsuta 301
hypnoides 104
moschata 301
mutata 301
nivalis 104
osloensis 301
oppositifolia 104
paniculata 104
× polita 301
rivularis 104
rotundifolia 301
sedoides 301
spathularis 104
stellaris 104
tenuis 301
tridactylites 104
umbrosa 301
× urbium 301
Scabiosa canescens 224
columbaria 224
lucida 308
ochroleuca 224
Scandix pecten-veneris 158
Scheuchzeria palustris 220
Schoenoplectus lacustris 296
Scilla autumnalis 266
bifolia 266
hispanica 266
non-scripta 266
verna 266
Scleranthus annuus 56
perennis 56
Scorzonera austriaca 250
hispanica 250
humilis 250
parviflora 310
purpurea 250
Scrophularia auriculata 208
canina 208
nodosa 208
scorodonia 208
umbrosa 208
vernalis 208
Scutellaria altissima 196
galericulata 196
hastifolia 196
minor 196
Sedum acre 102
album 102
alpestre 102
andegavense 102
anglicum 102
annuum 102
atratum 301
dasyphyllum 102
fabaria 102
hirsutum 102
hispanicum 102
maximum 102
purpurascens 102
rosea 100
rupestre 102
sexangulare 102
spurium 102

villosum 102
Selinum carvifolia 160
pyrenaeum 160
Sempervivum arachnoideum
301
arenarium 301
soboliferum 102
tectorum 301
Senecio abrotanifolius 309
alpinus 309
aquaticus 242
cineraria 242
doronicum 309
erraticus 242
erucifolius 242
fluviatilis 242
helenitis 242
incanus 309
integrifolius 242
jacobaea 242
nemorensis 242
ovirensis 309
paludosus 242
rivularis 242
rupestris 309
squalidus 242
subalpinus 309
sylvaticus 242
tubicaulis 242
vernalis 242
viscosus 242
vulgaris 242
Serratula tinctoria 248
Sesamoides canescens 100
Seseli annuum 158
hippomarathrum 158
montanum 158
Sherardia arvensis 184
Sibbaldia procumbens 112
Sibthorpia europaea 216
Sideritis montana 202
Silaum silaus 166
Silene acaulis 58
armeria 58
chlorantha 58
conica 62
dichotoma 58
furcata 58
gallica 62
italica 58
linicola 58
nutans 58
otites 58
rupestris 58
tatarica 58
vulgaris 58
wahlbergella 58
Silphium perfoliatum 309
Silybum marianum 244
Simethis planifolia 260
Sinapis alba 88
arvensis 88
Sison amomum 162
Sisymbrium altissimum 86
austriacum 86
irio 86
loeselii 86
officinale 86
orientale 86
strictissimum 86
supinum 94
volgense 86
Sisyrinchium angustifolium
272

Sium latifolium 160
Smyrnium olusatrum 166
perfoliatum 166
Solanum dulcamara 206
luteum 206
lycopersicum 206
nigrum 206
sarrachoides 206
Soldanella alpina 174
minima 305
montana 305
pusilla 305
Soleirolia soleirolii 38
Solidago canadensis 230
gigantea 230
graminifolia 230
virgaurea 230
Sonchus arvensis 252
asper 252
oleraceus 252
paluster 252
Sorbus aria 114
aucuparia 114
chamaemespilus 302
domestica 302
hybrida 302
intermedia 302
latifolia 302
mougeotii 302
torminalis 302
Sparganium angustifolium
311
emersum 290
erectum 296
minimum 311
Spergula arvensis 56
morisonii 299
pentandra 299
Spergularia bocconii 299
echinosperma 299
marina 56
media 56
rubra 56
rupicola 56
Spiranthes aestivalis 282
romanzoffiana 282
spiralis 282
Spirodela polyrrhiza 311
Stachys alopecuros 306
alpinus 202
annuus 202
arvensis 202
germanicus 202
officinalis 202
paluster 202
rectus 202
silvaticus 202
Staphylea pinnata 140
Stellaria alsine 54
calycantha 299
crassifolia 299
crassipes 299
diffusa 299
graminea 54
holostea 54
humifusa 299
media 54
nemorum 54
palustris 54
Stratiotes aloides 258
Streptopus amplexifolius 268
Suaeda maritima 48
vera 48
Subularia aquatica 290

Succisa pratensis 224
Succisella inflexa 308
Swertia perennis 182
Symphytum asperum 188
  bulbosum 306
  officinale 188
  orientale 188
  tuberosum 188
  × uplandicum 188

Tamarix gallica 140
Tamus communis 266
Taraxacum alpestre 310
  alpinum 310
  laevigatum 254
  obliquum 310
  officinale 254
  pacheri 310
  palustre 254
  spectabile 254
Taxus baccata 24
Teesdalia nudicaulis 96
Telekia speciosa 236
Tellima grandiflora 301
Tetragonolobus maritimus
  128
Teucrium botrys 196
  chamaedrys 196
  montanum 196
  scordium 196
  scorodonia 196
Thalictrum alpinum 72
  aquilegifolium 72
  flavum 72
  lucidum 72
  minus 72
  morisonii 72
  simplex 72
Thesium alpinum 38
  bavarum 38
  ebracteatum 38
  humifusum 38
  linophyllon 38
  pyrenaicum 38
  rostratum 38
Thlaspi alliaceum 98
  alpestre 98
  arvense 98
  montanum 98
  perfoliatum 98
  rotundifolium 301
Thuja plicata 298
Thymelaea passerina 138
Thymus serpyllum 204
  spp. 306
Tilia cordata 36
  platyphyllos 36
  × vulgaris 36
Tillaea aquatica 102
  muscosa 102
  vaillantii 102
Tofieldia calyculata 260
  pusilla 260
Tolmiea menziesii 301
Tordylium maximum 164
Torilis arvensis 156
  japonica 156
  nodosa 156
Tozzia alpina 307
Trachystemon orientalis 192
Tragopogon dubius 250
  porrifolius 250
  pratensis 250
Trapa natans 258

Traunsteinera globosa 311
Tribulus terrestris 303
Trientalis europaea 176
Trifolium alpestre 303
  arvense 130
  aureum 128
  badium 128
  bocconei 303
  campestre 128
  dubium 128
  fragiferum 130
  glomeratum 303
  hybridum 130
  incarnatum 130
  medium 130
  michelianum 130
  micranthum 128
  montanum 130
  occidentale 130
  ochroleucum 130
  ornithopodioides 130
  patens 128
  pratense 130
  repens 130
  resupinatum 303
  retusum 303
  rubens 303
  scabrum 303
  spadiceum 128
  squamosum 130
  striatum 130
  strictum 130
  subterraneum 130
  suffocatum 130
  thalii 303
Triglochin maritima 220
  palustris 220
Trigonella foenum-graecum
  126
  monspeliaca 126
Trinia glauca 158
Trollius europaeus 68
Tsuga heterophylla 24
Tuberaria guttata 148
Tulipa silvestris 262
Tunica saxifraga 62
Turritis glabra 94
Tussilago farfara 240
Typha angustifolia 296
  latifolia 296

Ulex europaeus 120
  gallii 120
  minor 120
Ulmus carpinifolia 34
  laevis 34
  procera 34
  scabra 34
Umbilicus rupestris 100
Urtica dioica 38
  kioviensis 298
  urens 38
Utricularia bremii 311
  intermedia 290
  minor 290
  neglecta 311
  ochroleuca 311
  vulgaris 311

Vaccaria pyramidata 62
Vaccinium macrocarpon 304
  myrtillus 172
  oxycoccos 172

uliginosum 172
  vitis-idaea 172
Valeriana dioica 222
  montana 222
  officinalis 222
  sambucifolia 222
  saxatilis 308
  supina 308
  tripteris 308
Valerianella carinata 308
  coronata 308
  dentata 308
  eriocarpa 308
  locusta 222
  rimosa 308
Vallisneria spiralis 292
Veratrum album 260
Verbascum blattaria 208
  densiflorum 208
  lychnitis 208
  nigrum 208
  phlomoides 208
  phoeniceum 208
  pulverulentum 208
  thapsus 208
  virgatum 208
Verbena officinalis 192
Veronica acinifolia 307
  agrestis 214
  alpina 214
  anagallis-aquatica 214
  anagalloides 307
  aphylla 307
  aquatica 214
  arvensis 214
  austriaca 307
  beccabunga 214
  bellidioides 307
  chamaedrys 214
  dillenii 307
  filiformis 214
  fruticans 214
  fruticulosa 307
  hederaefolia 214
  latifolia 307
  longifolia 307
  montana 214
  officinalis 214
  opaca 214
  peregrina 307
  persica 214
  polita 214
  praecox 307
  prostrata 307
  scutellata 214
  serpyllifolia 214
  spicata 214
  teucrium 214
  triphyllos 307
  verna 307
Viburnum lantana 222
  opulus 222
Vicia angustifolia 122
  bithynica 122
  cassubica 122
  cracca 122
  dasycarpa 302
  dumetorum 122
  hirsuta 122
  lathyroides 122
  lutea 122
  narbonensis 122
  orobus 122
  pannonica 122

pisiformis 122
sativa 122
sepium 122
silvatica 122
tenuifolia 122
tenuissima 122
tetrasperma 122
villosa 122
Vinca major 178
minor 178
Viola alba 304
arvensis 146
biflora 146
calcarata 304
canina 146
collina 304
elatior 304
epipsila 304

hirta 146
hispida 146
kitaibeliana 146
lactea 146
lutea 146
mirabilis 304
odorata 146
palustris 146
pumila 146
riviniana 146
rupestris 146
selkirkii 146
silvestris 146
stagnina 146
suavis 304
tricolor 146
uliginosa 304
Viscum album 38

Vitis vinifera
ssp. silvestris 304

Wahlenbergia
hederacea 226
Willemetia stipitata 252
Wolffia arrhiza 292

Xanthium orientale 308
riparium 308
spinosum 230
strumarium 308

Zannichellia palustris 294
Zostera marina 294
nana 311

Register deutscher Gattungsnamen

(einschließlich einzelner Artnamen)

Ackerfrauenmantel 106, 301
Ackerkohl 300
Ackerröte 184
Ahorn 34
Akelei 74, 300
Alant 236
Allermannsharnisch 310
Alpenbalsam 212
Alpendost 308
Alpenglöckchen 174, 305
Alpenheide 172
Alpenmaßliebchen 308
Alpenrachen 307
Alpenrebe 72
Alpenrose 304
Alpenscharte 244, 309
Alpenveilchen 176
Ambrosie 230
Ampfer 44, 298
Andorn 198, 306
Apfel 114
Aremonie 106
Arnika 236
Aronstab 270
Aster 230, 232, 308
Augentrost 216, 307
Augenwurz 158
Aurikel 174

Bachbunge 214
Bachburgel 290
Backenklee 303
Bärenklau 160, 304
Bärenschote 118
Bärentraube 172
Bärwurz 158
Baldrian 222, 308
Barbenkraut 86
Bartschie 212
Bastardelsbeere 302
Bauernsenf 96
Beifuß 238, 309
Beinbrech 262
Beinwell 188, 306
Bergfenchel 158
Bergminze 204
Berle 162
Berufkraut 230, 232

Besenginster 120
Besenheide 170
Bibernelle 158, 304
Bilsenkraut 206
Bingelkraut 136
Binse 296
Birke 30, 298
Birne 114
Bitterkraut 256
Bitterling 180
Blasenkirsche 306
Blasenstrauch 120
Blauaugengras 272
Blaubeere 172
Blauheide 170
Blumensimse 220
Blutauge 110
Blutwurz 112
Bocksbart 250
Bockshornklee 126
Borretsch 192
Brachsenkraut 290
Brandkraut 306
Brandlattich 240, 309
Braunwurz 208
Breitsame 156
Brenndolde 164
Brennessel 38, 298
Brillenschötchen 84
Brombeere 108
Bruchkraut 56, 299
Brunelle 198
Brunnenkresse 90
Bubiköpfchen 38
Buchsbaum 140
Buchweizen 40
Büchsenkraut 306
Bunge 176

Calypso 274
Christophskraut 72
Christrose 299
Claytonie 42
Comfrey 188

Dachwurz 301
Diapensie 168
Dickblatt 102

Dingel 286
Diptam 138
Distel 246
Doppelsame 84
Dornmelde 48
Dost 204
Dotterblume 68
Douglasie 24
Drachenkopf 198
Drachenmaul 306
Drehähre 282
Dreizack 220
Dürrwurz 230

Eberwurz 244
Edelraute 309
Edelweiß 309
Efeu 154
Ehrenpreis 214, 307
Eibe 24
Eibisch 142
Eiche 32
Einbeere 268
Einknolle 280
Eisenhut 74
Eisenkraut 192
Elsbeere 302
Engelwurz 160
Enzian 180, 182, 305
Erdbeerbaum 172
Erdbeere 110
Erdkastanie 158
Erdrauch 78, 300
Erle 30, 298
Erzengelwurz 160
Esche 36
Eselsdistel 244
Esparsette 126, 303
Estragon 309

Färberscharte 248
Färberwaid 86
Fahnenwicke 118, 302
Faltenlilie 260
Faserschirm 158
Faulbaum 140
Feinstrahl 309
Feldsalat 222, 308

Felsenbirne 114
Felsenblümchen 84, 96, 300, 301
Felsennelke 62
Fenchel 166
Ferkelkraut 254, 310
Fetthenne 102, 301
Fettkraut 218, 307
Fichte 24
Fichtenspargel 168
Fieberklee 178
Filzkraut 234
Fingerhut 212
Fingerkraut 110, 112, 302
Fingerstrauch 112
Finkensame 84
Flockenblume 248, 310
Flockenwurz 248
Flohkraut 234
Frankenie 148
Frauenflachs 210
Frauenmantel 106
Frauenschuh 274
Frauenspiegel 226
Froschbiß 258
Froschkraut 258
Froschlöffel 258
Fuchsschwanz 48

Gänseblümchen 232
Gänsedistel 252
Gänsefuß 46, 298
Gänsekresse 94, 300
Gagelstrauch 30
Gamander 196
Gartenerdbeere 110
Gauchheil 176
Gauklerblume 212
Gedenkemein 190
Geißbart 106
Geißblatt 222
Geißklee 120, 302
Geißraute 118
Gelbdolde 166
Gelbling 112
Gelbstern 262
Gemskresse 96, 301
Gemswurz 236, 309
Germer 260
Getreidemiere 299
Gewürzdolde 162
Giersch 158
Giftbeere 206
Gilbweiderich 174
Ginster 120
Gipskraut 62
Glanzkraut 286
Glaskirsche 302
Glaskraut 38
Gliedkraut 202
Glockenblume 226, 308
Glockenenzian 305
Glockenheide 170
Gnadenkraut 212
Götterbaum 36
Goldlack 86
Goldnessel 200
Goldregen 120
Goldrute 230
Graslilie 260
Grasnelke 178, 305
Graukresse 96
Greiskraut 242, 309
Günsel 196
Gundermann 198

Guter Heinrich 46

Haarstrang 164
Habichtskraut 254, 256, 310
Händelwurz 278
Haferwurz 250
Haftdolde 156
Hahnenfuß 68, 70, 299, 300
Hainbuche 32
Hainsalat 310
Hanf 38
Hartriegel 154
Hasel 32
Haselwurz 38
Hasenglöckchen 266
Hasenlattich 250
Hasenohr 164, 166, 304
Hauhechel 126, 303
Hauswurz 102
Heckenkirsche 222, 308
Hederich 88
Heide 170
Heideröschen 303
Heilglöckchen 305
Helmkraut 196
Hemlockstanne 24
Herzblatt 100
Herzlöffel 258
Hexenkraut 148
Himbeere 108
Hirschsprung 56
Hirschwurz 158, 304
Hirtentäschel 96
Hohldotter 84
Hohlsame 156
Hohlzahn 200, 306
Hohlzunge 280
Holunder 222
Hopfen 38
Hopfenklee 128
Hornblatt 292, 311
Hornklee 128
Hornkraut 54, 299
Hornmohn 80
Hühnerbiß 62
Hufeisenklee 128
Huflattich 240
Hundskamille 236, 308
Hundspetersilie 158
Hundsrauke 88
Hundsrose 108
Hundswurz 278
Hundszunge 188
Hungerblümchen 96

Igelgurke 148
Igelkolben 290, 296, 311
Igelschlauch 258
Immenblatt 198
Immergrün 178

Johannisbeere 140, 304
Johanniskraut 144, 304

Kälberkropf 156
Kalmus 296
Kamille 232
Karde 224
Karlszepter 216
Kastanie 32
Katzenminze 198
Katzenpfötchen 234
Katzenschwanz 200
Keilmelde 48
Kerbel 156, 304

Kiefer 24, 298
Kirschpflaume 114
Klappertopf 216, 307
Klee 130, 303
Kleeteufel 218
Kleingriffel 286
Kleinling 176
Klette 244, 309
Klettenkerbel 156
Klettenkraut 190, 306
Knabenkraut 276, 278, 311
Knackelbeere 110
Knäuel 56
Knautie 224, 308
Knoblauchhederich 90
Knöterich 40, 42
Knollenkümmel 158
Knopfkraut 232
Knorpelkraut 46, 56, 299
Knorpelmöhre 156
Knorpelsalat 252, 310
Knotenblume 270
Königskerze 208
Kohl 88
Kohldistel 244
Kohlröschen 274
Kompaßpflanze 309
Kopfnelke 62
Korallenwurz 286
Koriander 156
Kornblume 248
Kornelkirsche 154
Kornrade 60
Krähenbeere 172
Krähenfuß 98
Krannbeere 304
Kratzbeere 108
Kratzdistel 244, 246, 310
Krebsschere 258
Kresse 92, 98, 301
Kreuzblume 138, 303
Kreuzdorn 140, 304
Kreuzlabkraut 186
Kronlattich 252
Kronwicke 118, 120
Krummhals 192
Küchenschelle 76
Küchenzwiebel 310
Kümmel 156
Kugelblume 218, 307
Kugeldistel 244
Kugel-Knabenkraut 311
Kugelschötchen 92
Kuhkraut 62

Labkraut 186, 305
Lacksenf 88
Lämmersalat 252
Lärche 24, 298
Läusekraut 216, 307
Laichkraut 294, 311
Laserkraut 164
Lattich 250, 252, 310
Lauch 264, 310
Laugenblume 238
Lavatere 142
Lebensbaum 298
Leberblümchen 76
Leimkraut 58, 62
Lein 132, 303
Leinblatt 38
Lein-Dotter 84
Leinkraut 210
Lerchensporn 78
Levkoie 92

Lichtnelke 58, 60
Liebstöckel 166
Liguster 178
Lilie 262
Linde 36
Lobelie 226, 290
Lochschlund 210
Löffelkraut 92, 300
Löwenmaul 210
Löwenschwanz 200
Löwenzahn 254, 310
Ludwigie 290
Lungenkraut 190, 306
Lupine 120, 302
Luzerne 126

Mädesüß 106
Märzbecher 270
Mäusedorn 268
Mäuseschwanz 74
Maiglöckchen 260
Maludenwurz 160
Malve 142
Mannsschild 176, 305
Mannstreu 154
Margerite 240
Mariendistel 244
Mastkraut 56, 299
Mauerlattich 252
Mauerpfeffer 102
Mauerwicke 122
Meerkohl 92
Meerrettich 92
Meersenf 92
Meerträubel 298
Meerzwiebel 266
Mehlbeere 114, 302
Meister 184, 305
Meisterwurz 164
Melde 46, 298, 299
Melisse 202
Merk 160
Mertensie 192
Miere 52, 299
Milchkraut 176, 254, 310
Milchlattich 250
Milchstern 268, 311
Milzkraut 100
Minze 204, 306
Mispel 302
Mistel 38
Möhre 156
Mönchskraut 188
Mohn 80, 300
Moltebeere 108
Mondraute 270
Moorglöckchen 226
Moosbeere 172
Moosglöckchen 222
Moschuskraut 220
Mutterkraut 240
Mutterwurz 164

Nabelkraut 100
Nabelmiere 52, 299
Nachtkerze 148, 304
Nachtschatten 206
Nachtviole 90, 300
Nadelröschen 148
Nagelkraut 56
Narzisse 270
Natterkopf 192
Natterzunge 270
Nelke 64, 299
Nelkenwurz 110, 302

Nestwurz 286
Netzblatt 282
Nieswurz 66
Nixenkraut 294, 311

Ochsenauge 236
Ochsenzunge 192
Odermennig 106
Ohnhorn 280
Orant 210
Osterluzei 38
Otanthus 238

Pappel 30, 298
Pastinak 166
Pechnelke 60
Pentaglottis 192
Pestwurz 238, 309
Petersilie 162
Pfaffenhütchen 140
Pfeilkraut 258
Pfeilkresse 98
Pfennigkraut 174
Pflaume 114
Pfriemenkresse 290
Pimpernuß 140
Pippau 254, 256, 310
Platane 34
Platterbse 124, 302
Porree 310
Porst 172
Portulak 42
Preißelbeere 172

Queller 48
Quellkraut 42

Radmelde 48
Ragwurz 274
Rainfarn 240
Rainkohl 252
Raps 88
Rapsdotter 88
Rauke 86, 94
Rauschbeere 172
Rebendolde 162
Reiherschnabel 132
Reseda 100
Rettich 88
Riemenblume 38
Riemenzunge 280
Ringelblume 240, 309
Rippensame 160
Rittersporn 74
Robinie 120
Rohrkolben 296
Romulea 272
Rose 108
Rosenwurz 100
Rosmarin 170
Roßkastanie 36
Roßkümmel 164
Rotbuche 32
Rübsen 88
Rühr-mich-nicht-an 138
Ruhrkraut 234, 309
Ruhrwurz 236
Ruprechtskraut 134

Sadebaum 298
Säuerling 44
Safran 272
Salbei 202
Salde 294, 311
Salomonssiegel 268

Salzkraut 48
Salzkresse 96
Salzmiere 52
Sanddorn 140
Sandglöckchen 224
Sandkraut 52, 299
Sandröschen 148
Sanikel 154
Sauer-Ampfer 44
Sauerdorn 78
Sauerkirsche 302
Sauerklee 132
Schabenkraut 208
Schachblume 262
Schachtelhalm 296
Schafgarbe 238, 309
Scharbockskraut 68
Scharfkraut 190
Schattenblume 260
Schaumkraut 90, 94, 300
Schaumkresse 94
Scheinmohn 80
Scheinzypresse 24
Schierling 160
Schilfrohr 296
Schlammkraut 290
Schlangenwurz 40, 270
Schlehe 114
Schleifenblume 96
Schlüsselblume 174
Schmalwand 94
Schmerwurz 266
Schneckenklee 128
Schneeball 222
Schneeglöckchen 270
Schnittlauch 264
Schöllkraut 80
Schöterich 86, 300
Schuppenheide 172
Schuppenmiere 56, 299
Schuppenwurz 218
Schwaden 296
Schwalbenwurz 178
Schwanenblume 258
Schwarzkümmel 66
Schwarznessel 198
Schwarzwurzel 250, 310
Schwedenklee 130
Schwertlilie 272
Sechszack 220
Seegras 294, 311
Seekanne 178
Seerose 66
Segge 296
Seide 184, 305
Seidelbast 138, 303
Seifenkraut 60, 299
Sellerie 162
Senf 88
Sesel 158
Sichelklee 126
Sichelmöhre 160
Siebenstern 176
Siegwurz 272, 311
Silberblatt 90
Silberwurz 110
Silge 160
Simsenlilie 260
Skabiose 224, 308
Sommerwurz 218, 307
Sonnenhut 236
Sonnenröschen 148
Sonnentau 100
Sonnenwendkraut 188
Sophienrauke 86

Spargel 268
Spargelbohne 128
Speierling 302
Sperrkraut 184
Spitzklette 230, 308
Spörgel 56, 299
Spornblume 222
Springkraut 138
Spurre 54
Stachelbeere 140
Stechapfel 206
Stechginster 120
Stechpalme 36
Steinbeere 108
Steinbrech 104, 301
Steinklee 126
Steinkresse 84
Steinquendel 204, 306
Steinraute 309
Steinrich 96
Steinsame 188
Steinschmückel 301
Steintäschel 301
Sterndolde 154
Sternmiere 54, 299
Stiefmütterchen 146, 304
Stielsamenkraut 250
Storchschnabel 134, 303
Strahlensame 299
Stranddistel 154
Strandflieder 178
Strandling 290
Strandsode 48
Strauchpappel 142
Strohblume 234
Süßdolde 156
Süßklee 126
Sumpf-Abbiß 308
Sumpfkresse 86, 300
Sumpfrosmarin 170
Sumpfwurz 284

Tabak 206
Tännel 290
Tännelkraut 210
Täschelkraut 98, 301
Tamariske 140, 304
Tanne 24
Tannenwedel 292
Tarant 182
Taubnessel 200
Tauernblümchen 305
Tausendblatt 292, 311
Tausendgüldenkraut 180
Teichfaden 294
Teichkraut 102

Teichlinse 311
Teichrose 66
Teichsimse 296
Tellima 301
Teufelsabbiß 224
Teufelsauge 74
Teufelsbart 300
Teufelskralle 224, 308
Thymian 204, 306
Tollkirsche 206
Tolmiea 301
Tomate 206
Topinambur 236
Torfgränke 172
Tragant 118, 302
Traubenhyazinthe 266, 311
Traubenkirsche 114, 302
Tripmadam 102
Trollblume 68
Türkenbund 262
Tulpe 262
Turmkraut 94

Ulme 34

Veilchen 146, 304
Venuskamm 158
Vergißmeinnicht 190, 306
Vogelbeere 114
Vogelfuß 128
Vogelkirsche 114
Vogelkopf 138
Vogelmiere 54

Wacholder 24
Wachsblume 188, 306
Wachtelweizen 216, 307
Waldhyazinthe 282
Waldrebe 72
Waldvöglein 282
Walnußbaum 30
Wanzensame 48
Wasserdarm 54
Wasserdost 230
Wasserfeder 176
Wasserfenchel 162, 304
Wasserlinse 292
Wassernabel 154
Wassernuß 258
Wasserpest 292
Wasserpfeffer 40
Wasserschierling 160
Wasserschlauch 290, 311
Wasserschraube 292
Wasserstern 292
Wau 100

Wegerich 220, 308
Wegwarte 250
Weichselkirsche 302
Weichwurz 286
Weide 26, 28
Weidenröschen 150, 304
Weiderich 150
Weinrebe 304
Weißdorn 114, 302
Weißmiere 54
Weißwurz 268
Weißzüngel 282
Wendich 92
Wermut 238, 309
Wicke 122, 302
Widerbart 286
Wiesenknopf 106
Wiesenraute 72
Wiesensilge 166
Wildbete 46
Wildkohl 88
Winde 184
Windröschen 76
Winterbohnenkraut 198
Wintergrün 168
Winterheliotrop 238
Winterlieb 168
Winterling 66
Winterzwiebel 264
Wirbeldost 204
Wolfsmilch 136, 303
Wolfstrapp 204, 306
Wucherblume 240, 309
Wundklee 126

Ysop 198

Zackenschote 86
Zahntrost 212
Zahnwurz 90
Zaunrübe 148
Zaunwinde 184
Zeitlose 266
Ziest 202
Zindelkraut 180
Zirmet 164
Zitterlinse 122
Zweiblatt 280
Zweizahn 238
Zwergalpenrose 304
Zwergkirsche 302
Zwergknabenkraut 280
Zwerglein 132
Zwerglinse 292
Zwergmispel 114, 302
Zymbelkraut 210